融媒时代普通高等院校新闻传播学类
核心课程"十二五"规划精品教材

编辑委员会

主 编 张 昆 华中科技大学

编 委 （以姓氏拼音为序）

蔡 琪	（湖南师范大学）	舒咏平	（华中科技大学）
陈先红	（华中科技大学）	唐海江	（华中科技大学）
陈信凌	（南昌大学）	陶喜红	（中南民族大学）
董广安	（郑州大学）	魏 奇	（南昌理工学院）
段 博	（河南师范大学）	吴廷俊	（华中科技大学）
方雪琴	（河南财经政法大学）	吴卫华	（三峡大学）
何志武	（华中科技大学）	吴玉兰	（中南财经政法大学）
季水河	（湘潭大学）	肖华锋	（南昌航空大学）
姜小凌	（湖北文理学院）	肖燕雄	（湖南师范大学）
靳义增	（南阳师范学院）	徐 红	（中南民族大学）
廖声武	（湖北大学）	喻发胜	（华中师范大学）
刘 洁	（华中科技大学）	喻继军	（中国地质大学）
彭祝斌	（湖南大学）	张德胜	（武汉体育学院）
强月新	（武汉大学）	张举玺	（河南大学）
邱新有	（江西师范大学）	郑 坚	（湖南工业大学）
尚恒志	（河南工业大学）	钟 瑛	（华中科技大学）
石长顺	（华中科技大学）	邹火明	（长江大学）

融媒时代普通高等院校新闻传播学类核心课程『十二五』规划精品教材

广告文案

丛书主编◎张昆

主　编◎王　志
副主编◎李德团　胡国华

华中科技大学出版社
http://www.hustp.com
中国·武汉

内 容 简 介

  本教材共设 16 章,包括广告文案概说、广告文案策略、广告文案创意、广告标题、广告正文与随文、广告语、平面广告文案、电视广告文案、广播广告文案、产品广告文案、服务广告文案、企业广告文案、公益广告文案、系列广告文案、广告软文、品牌命名艺术等内容。全书内容精当,文案丰富,深入浅出,图文并茂。适合大学、高职院校开设广告文案课程使用,也适合广告公司、企业从事文案策划的人员使用。

图书在版编目(CIP)数据

广告文案/王志主编.—武汉:华中科技大学出版社,2014.7(2019.8 重印)
ISBN 978-7-5680-0234-9

Ⅰ.①广… Ⅱ.①王… Ⅲ.①广告—写作—高等学校—教材 Ⅳ.①F713.8

中国版本图书馆 CIP 数据核字(2014)第 155139 号

广告文案   王 志 主编

策划编辑:周晓方 陈培斌	
责任编辑:刘 烨	
封面设计:范翠璇	
责任校对:邹 东	
责任监印:周治超	
出版发行:华中科技大学出版社(中国·武汉)	电话:(027)81321913
武汉市东湖新技术开发区华工科技园	邮编:430223
录 排:武汉正风天下文化发展有限公司	
印 刷:武汉华工鑫宏印务有限公司	
开 本:787mm×1092mm 1/16	
印 张:23 插页:2	
字 数:528 千字	
版 次:2019 年 8 月第 1 版第 4 次印刷	
定 价:58.00 元	

本书若有印装质量问题,请向出版社营销中心调换
全国免费服务热线:400-6679-118 竭诚为您服务
版权所有 侵权必究

总序

当前,世界新闻传播学的发展正处在一个关键的历史节点,新闻传播学科国际化、实践化趋势日益凸显。尤其是现代传播技术的发展,新兴媒体层出不穷、迅猛崛起,媒介生态格局突变,使得新媒体与传统媒体共生的格局面临着各种新的问题。传播手段、形式的变化带来的传播模式的变化,媒体融合背景下专业人才需求的演变,媒体融合时代传统媒体的生存与发展战略,网络化时代的传播自由与社会责任,新的媒介格局决定的社会变迁,全球化语境下国家软实力建构与传播体系发展,等等,这些问题都不是传统意义上的新闻传播学所能完全解释的。

传统意义上的新闻传播学本身需要突破,需要新视野、新方法、新理论,需要拓展新的思维空间。新闻传播学科"复合型、专业化"人才培养模式改革势在必行,尤其是媒介融合时代专业人才需求的演变,使得已出版的教材与新形势下的教学要求不相适应的矛盾日益突出,加强中国新闻传播教育对交叉应用型人才培养急需的相关教材建设迫在眉睫。毋庸置疑,这对新闻传播学而言,是一种巨大的推力,在它的推动下,新闻传播学才有可能在现有基础上实现新的超越。"融媒时代普通高等院校新闻传播学类核心课程'十二五'规划精品教材"正是在这种巨大推力下应运而生。

为编写这套教材,我们专门成立了编委会,编委会成员有国务院学位委员会学科评议组新闻传播学科组成员、新闻与传播专业学位教育指导委员会委员,教育部高等学校新闻学科教学指导委员会委员,以及中国新闻传播教育理事会、中国新闻史学会、中国传播学会、中国网络传播研究会、中国广播电视学专业委员会、中国广告教育学会的专家学者,各高校新闻传播学院(系)院长(主任)和主管教学的副院长(主任)与学术带头人。

在考虑本套教材整体结构时,编委会以教育部 2012 年最新颁布推出的普通高等学校本科专业目录新闻传播大类五大专业核心课程设置为指导蓝本,结合新闻传播学科人才培养特色和专业课程设置,同时以最新优势特设专业作为特色和补充,新老结合,优势互补,确定了以新闻传播学科平台课及新闻学、广播电视学、广告学、传播学(网络与新媒体)等四大专业核心课程教材共计 36 种为主体的系列教材体系。其中,新闻传播学科平台课程教材 8 种,即《新闻学概论》、《传播学原理》、《传播学研究方法》、《媒介经营管理》、《媒介伦理》、《传播法》、《新闻传播史》、《新媒体导论》;新闻学专业核心课程教材 6 种,即《马克思主义新闻学经典导读》、《新闻采访与写作》、《新闻编辑》、《新闻评论》、《新闻摄影》、《新闻作品赏析》;广播电视学专业核心课程教材 9 种,即《广播电视导论》、《电视摄像》、《广播电视编辑》、《广播电视新闻采访与报道》、《广播电视写作》、《电视专题与专栏》、《广播电视新闻评论》、《电视纪录片》、《广播电视节目策划》；广告学专业核心课程教材8种，即《品牌营销传播》、《广告学概论》、《广告调查与统计》、《新媒体广告》、《广告创意与策划》、《广告文案》、《广告摄影与设计》、《广告投放》；传播学（网络与新媒体）专业核心课程教材5种，即《人际传播》、《公共关系学》、《活动传播》、《网络新闻业务》、《新媒体技术》等。

为提高教材质量，编委会在组织编写时强调以"立足前沿，重在实用；兼容并蓄，突显个性"为特色，内容上注重案例教学，加强案例分析；形式上倡导图文并茂，强调多通过数据、图表形式加强理论实证分析，增强"悦读性"。本套教材的作者都具有比较丰富的教学经验，他们将自己在教学中的心得和成果毫无保留地奉献给读者，这种奉献精神正是推动新闻传播学科教育发展的动力。

我们期待"融媒时代普通高等院校新闻传播学类核心课程'十二五'规划精品教材"的出版能够给中国新闻传播学科各专业的教材建设、人才培养乃至学术研究注入新的活力，期待这套教材能够激活中部地区的新闻传播学科资源，推动中青年学术英才在科学思维和教学探索方面攀上新的台阶、进入新的境界，从而实现中国新闻传播教育与新闻传播学术的中部崛起。

国务院学位委员会学科评议组新闻传播学科组成员
2006—2010 教育部高等学校新闻传播学类教学指导委员会副主任委员
华中科技大学新闻与信息传播学院教授、博导

张昆

2014 年 8 月 1 日

前言 PREFACE

本教材是湖南、湖北、江西、河南四省高校广告学专业教师集体协作成果。编写组成员为从事广告文案教学多年的教授、副教授与讲师。他们专业理论知识扎实,教学经验丰富。编写一部老师爱教、学生爱学的教材,是大家共同的心愿。

一部好的教材,其衡量标准是什么?对这个问题会有不同的答案。大家都知道,大学的课程教学以内容取胜。这个内容指什么?应该是指学生毕业后从事某职业所需的知识储备。就广告文案这门课程而言,综观通行的十几本教材,其内容都各不相同,即使同样的内容,各位编写者的论述差异也显而易见。

因此编写本教材的一个想法是:选取比较公认的内容,采取比较公认的论述,从而编出一本内容比较规范的教材。第二个想法是:现在的学生读文案太少!古人云:"读书破万卷,下笔如有神。"阅读是写作的基础。因此我们在本教材的编写中,很多篇幅设置了完整的文案文本,而这并不是文案的堆砌,而是要用文案来阐述文案写作的概念与理论。这样,学生在接受有关理论知识时,又同时接触到许多的文案。理论与实践相结合,学生的文案水平就能不断提高。

至于我们上述的想法实施如何,那就要接受广大教师与学生的检验了。编写组的各位成员,秉持着自己的职业精神,排除各种困难,潜心编写,朝着预定的目标努力。其中的艰辛只有自己才能体会得到。如果我们的这本教材能得到读者的认可,那编写组的每一位老师都会感到由衷的高兴,因为这意味着,这本书成为了我们的一项事业。

本教材编写具体分工如下:

王志:组织整个教材的编写。拟定编写大纲,分配编写任务,处理编写中的各种问题。对编写者的初稿提出修改意见,最后负责整个文稿的修改与统稿。

李德团:第二章、第十章、第十一章。

胡国华:第一章、第五章、第七章。

郑伶俐:第八章、第十六章。

李春梅:第四章、第六章。

马亚琼:第十四章、第十五章。

吴象枢:第三章、第十二章。

孙鹏志:第九章。

彭小球:第十三章。

梁敏俐　李莹:协助主编统稿,对全书做修改。

目 录

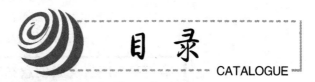

第一章 广告文案概说/1

第一节 广告文案的概念/2
一、概念的来源/2
二、概念的理解/4

第二节 广告文案结构/6
一、广告文案与文体/6
二、广告文案的结构/8

第三节 广告文案的分类/12
一、根据媒体划分的类型/12
二、根据内容划分的类型/13
三、特定形式划分的类型/15

第四节 广告文案的功能/17
一、促进产品销售/17
二、塑造品牌形象/19
三、传播社会文化/20

第二章 广告文案策略/22

第一节 广告策略与文案/23
一、广告策略的概念/23
二、文案的策略思考/24

第二节 文案立足点与主题确定/26
一、文案的立足点/26
二、文案主题确定/26

第三节 文案诉求方式/32
一、理性诉求/32
二、感性诉求/35
三、诉求方式的运用/41

第四节 文案的风格/43
一、文案风格的概念/43
二、文案风格的类型/43

三、文案风格的表现/47
第五节　撰写创意简报/49
一、什么是创意简报/49
二、创意简报的写法/49

第三章　广告文案创意/53
第一节　广告创意与文案/54
一、广告创意的概念/54
二、文案的创意构思/56
第二节　文案创意经典理论/57
一、USP 理论/57
二、定位论/59
三、品牌形象论/61
四、品牌个性论/62
五、共鸣论/64
第三节　文案创意思维/65
一、本体思维法/65
二、联想思维法/66
三、逆向思维法/68
四、头脑风暴法/69
第四节　文案创作的原则/71
一、真实性原则/71
二、效益性原则/72
三、独创性原则/72
四、关联性原则/74
五、图文配合原则/75

第四章　广告标题/78
第一节　广告标题的作用/79
一、吸引受众/79
二、突出主题/80
三、引导购买/80
第二节　广告标题的类型/81
一、按诉求划分/81
二、按结构划分/83
第三节　广告标题的常见写法/89
一、利益式/89
二、新闻式/90

三、故事式/91
　　四、引证式/92
　　五、提醒式/93
　　六、建议式/94
　　七、问题式/95
　　八、反常式/96
　第四节　广告标题检核表/99
　　一、奥格威的广告标题写作十大原则/99
　　二、约翰·卡普斯的广告标题写作35条规律/100
　　三、广告标题的15类诉求题材/101

第五章　广告正文与随文/103

　第一节　正文与随文的作用/104
　　一、广告正文的作用/104
　　二、广告随文的作用/107
　第二节　正文的内容/108
　　一、诱发注意/108
　　二、表明利益/109
　　三、提供承诺/109
　　四、强调重点/109
　　五、号召行动/110
　第三节　正文常见写法/110
　　一、陈述事实/110
　　二、主观表白/111
　　三、名人代言/112
　　四、人物对话/112
　　五、叙述故事/112
　第四节　随文的内容与写法/115
　　一、随文的内容/115
　　二、随文的写法/116
　第五节　广告正文检核表/118

第六章　广告语/120

　第一节　广告语概述/121
　　一、广告语的定义、特点与作用/121
　　二、广告语与广告标题的互转与区别/124
　第二节　广告语的类型/127
　　一、按诉求的对象划分/127

二、按内容类型划分/128
三、按结构划分/129
第三节 广告语创作技巧/130
一、内涵深刻/130
二、突出特点/132
三、表达新颖/133
四、简洁凝炼/134
五、诱导行动/135
六、适时变化/136
第四节 广告语检核表/138
一、广告语写作要领/138
二、广告语分析方法/139
三、广告语写作检测表/140
四、世界经典广告语赏析/140

第七章 平面广告文案/145
第一节 平面媒体与平面广告/146
一、平面媒体的特点/146
二、平面广告的优势/146
第二节 报纸广告文案/147
一、报纸广告的特点/147
二、报纸广告文案写作/148
第三节 杂志广告文案/153
一、杂志广告特点/153
二、杂志广告文案写作/154
第四节 直邮广告文案/157
一、直邮广告的概念/157
二、直邮广告的特点/157
三、直邮广告文案写作/158
第五节 户外广告文案/162
一、户外广告的特点/162
二、户外广告文案写作/164

第八章 电视广告文案/167
第一节 电视媒体与电视广告/168
一、电视媒体的特点/168
二、电视广告的优势/169
三、电视广告的分类/170

第二节　电视广告文案的创作/171
一、文案在电视广告中的表现形式/171
二、电视广告文案的创作格式/175

第三节　电视广告文案的创意表现与创作要求/182
一、电视广告文案的创意表现/182
二、电视广告文案的创作要求/186

第九章　广播广告文案/189

第一节　广播媒体与广播广告/190
一、广播媒体的特点/191
二、广播广告的优势/193

第二节　广播广告创意脚本/193
一、广播广告构成要素/193
二、广播广告文案脚本/196
三、广播歌曲与声音识别系统 SI/197

第三节　广播广告文案写法/198
一、播报式/199
二、对话式/199
三、故事式/200
四、曲艺式/201

第四节　广播广告文案写作技巧/202
一、注意声音效果/202
二、引发听众想象/204
三、重复主要信息/204
四、促发购买行为/205

第十章　产品广告文案/208

第一节　产品与产品广告/209
一、产品的概念与分类/209
二、产品广告的作用/209

第二节　消费品广告文案/212
一、消费品广告的诉求/212
二、消费品广告文案的写法/218
三、各类消费品广告文案写作/223

第三节　工业品广告文案/230
一、工业品广告的诉求/230
二、工业品广告文案的写法/231

第十一章　服务广告文案/234

第一节　服务与服务广告/235
一、服务的概念与特点/235
二、服务广告的作用/237

第二节　服务广告诉求与写法/240
一、服务广告典型诉求/240
二、服务广告文案写法/244

第三节　各类服务广告文案写作/249
一、服务广告文案写作要求/249
二、各类服务广告文案写作/251

第十二章　企业广告文案/260

第一节　企业广告概述/261
一、企业广告的概念/262
二、企业广告的功能/262
三、企业广告的类型/263

第二节　企业告知广告/264
一、企业告知广告的作用/264
二、企业告知广告的内容/264
三、企业告知广告的写作/264

第三节　企业形象广告/267
一、企业形象广告的作用/267
二、企业形象广告的内容/267
三、企业形象广告的写作/269

第四节　企业公共关系广告/272
一、企业公关广告的作用/272
二、企业公关广告的内容/272
三、企业公关广告的写作/274

第十三章　公益广告文案/278

第一节　公益广告概述/279
一、公益广告的概念/279
二、公益广告的历史沿革/280
三、公益广告的作用/281

第二节　公益广告写作内容与方法/284
一、公益广告的写作内容/284
二、公益广告的写作方法/285

第三节　公益广告文案创作技巧/291
- 一、避免说教/291
- 二、诉求单一/292
- 三、深化主题/293
- 四、有震撼力/294

第十四章　系列广告文案/297

第一节　系列广告概说/298
- 一、系列广告的概念/298
- 二、系列广告的特点/299
- 三、系列广告的作用/301

第二节　系列广告文案的展开方式/302
- 一、重心转换/303
- 二、整体分解/304
- 三、角色交换/306
- 四、连续展开/307
- 五、场景置换/308

第三节　系列广告文案技巧/310
- 一、保持一致/310
- 二、适当变化/310
- 三、相对独立/312

第十五章　广告软文/314

第一节　广告软文概说/316
- 一、广告软文的概念/316
- 二、广告软文的特点/317
- 三、广告软文的作用/320

第二节　广告软文的类型/322
- 一、科普型软文/322
- 二、功能型软文/323
- 三、故事型软文/323
- 四、新闻型软文/324
- 五、事件型软文/324

第三节　广告软文的写作/326
- 一、策划系列软文/326
- 二、确定软文主题/327
- 三、制作软文标题/329
- 四、软文正文写作/331

五、媒体与版面设计/333

第十六章　品牌命名艺术/336

第一节　品牌命名概说/337
一、品牌命名的概念/337
二、品牌命名的作用/337
三、品牌命名的原则/338

第二节　品牌命名的方法与流程/342
一、品牌命名的方法/342
二、品牌命名的流程/344

第三节　品牌名称的翻译/347
一、英文品牌的汉译方法/347
二、中文品牌的英译方法/349
三、中西文化差异/350

参考书目/352

CHAPTER 1 第一章 广告文案概说

本章任务

1. 认识广告文案的概念
2. 了解广告文案的分类
3. 掌握广告文案的结构

本章引例

DDB 德国大众汽车"甲壳虫"广告

20世纪60年代的美国汽车市场是大型车的天下,德国大众的"甲壳虫"刚进入美国时根本就没有市场,当时大众汽车的竞争对手正在为婴儿潮时期孩子日益增多的美国家庭打造更加宽大的汽车。而"甲壳虫"相当小,且与美国人对汽车的传统认识有很大差距,还有就是"甲壳虫"汽车是在德国沃尔夫斯堡一家由纳粹建立的工厂制造的。可以预见,这对于公共关系而言简直是一场噩梦。就是在这样的环境中,DDB广告公司接手了大众汽车"甲壳虫"广告,著名文案撰写人威廉·伯恩巴克以激进前卫的广告运动将甲壳虫介绍给了美国人,凭借完美的产品定位、优秀的广告文案获得了美国大众的认可。改变了美国人的观念,使美国人认识到小型车的优点。从此,大众的小型汽车就稳执美国汽车市场之牛耳,直到日本汽车进入美国市场。以下是其著名的"甲壳虫"广告文案之一。

广告文案

> 广告标题：想想小的好处
>
> 广告文案：我们的小车不再是个新奇的事物了。不会再有一大群人试图挤进里边。不会再有加油工问汽油往哪里加。不会再有人感到其形状古怪了。事实上，有很多驾驶我们的"廉价小汽车"的人已经认识到它的许多优点，并非笑话，如 1 加仑汽油可跑 32 英里，可以节省一半汽油；用不着放冷装置；一副轮胎可以跑 4 万英里。也许一旦你习惯了金龟车的节省，就不再认为小是缺点了。尤其当你挤进狭小的停车场时，当你支付那笔少量的保险金时，当你付修理账单时，或者当你用旧大众时，请想想小的好处。

第一节 广告文案的概念

一、概念的来源

"广告文案"一词于 20 世纪 90 年代初期由我国港台地区传入大陆。西方将"广告文案"译为"advertising copy"，将"文案撰稿人"/"文案人员"译为"copywriter"，简称 CW，为简便起见，本书中"广告文案"简称"文案"，将"文案撰稿人"简称"文案人员"。

"文案"一词并非现代生造，《辞海》中对"文案"的解释为"公文案卷和旧时衙署中草拟文牍、掌管档案的幕僚"。在广告行业，"文案"指广告作品中的文案，也指文案撰稿人员。广告文案的历史与广告历史同步。早在古代，人们经商时自觉地使用语言、文字，结合物品和形象符号进行商业信息传播，便是广告文案的当然原始形态。

世界上最早的广告文案是 3000 多年前古埃及一名织布匠散发的悬赏缉拿逃奴的广告宣传单，其内容如下：

> 有一名叫希姆的奴隶，从底比斯市善良市民——他的善良的主人——哈普织布匠那里逃走了，请见到的人把他送回来。希姆是希泰族人，身高 5 英尺 2 英寸，红脸膛，茶色眼睛。如能告知希姆住处的奉送金币半枚，如将其送回普店里者，送金币一枚。
>
> ——素负盛望的最佳织布匠哈普

这则广告写在一张长 20 厘米、宽 25 厘米的芦苇类植物加工品上，现藏于伦敦英国国家博物馆。文案虽然久远，却传递了完整的广告信息。

古时的酒旗幌子也是早期文案的一种。例如在《水浒传》中有这样一段描述：

> 武松在路上行了几日，来到阳谷县地面。此去离那县还远。当日晌午时分，走得肚中饥渴，望见前面有一个酒店，挑着一面招旗在门前，上头写着五个字道："三碗不过冈"。

"三碗不过冈"是对白酒的烈度的一种描述，是非常出色的广告语。此外，在店堂装饰中，有些店铺用对联来做广告宣传，如旅店以"未是先投宿，鸡鸣早看天"为对联，"太白遗风"、"民食为天"的酒店招牌，均可见古代社会广告文案的发展情况。

印刷术发明之后，广告创作进入了以文案为主的时代。至今发现的世界上最早的印刷广告文案实物是现存于上海博物馆的北宋"济南刘家功夫针铺"广告钢板模，其印刷出来的广告，上方横排标题是店铺字号"济南刘家功夫针铺"，标题下方，中间偏上位置是商标——白兔抱杵捣药图；图案两侧分别竖排"认门前白"、"兔儿为记"；图案下方竖排数行商品说明和经销办法，这表明我国当时的印刷广告已能做到图文并茂，并且文案部分的结构合理、内容基本完整。（见图1-1）

图 1-1　济南刘家功夫针铺广告

西方现存的最早印刷广告文案是英国的印刷家威廉·凯尔斯顿于15世纪70年代印刷的一则广告，可以说是一则比较成熟的广告文案。广告全文如下：

  需要购买这种字体印刷而成的美丽无误的灵魂符咒的两三个礼拜规则的僧侣或其他人，请到威斯特-敏斯特施舍分配所挂有红竖线招牌的店铺，就能便宜地买到。希望不要揭掉。

——威廉·凯尔斯顿

这是推销宗教书籍的印刷广告，广告采用严格规范的书面语言写成，为方便受众的阅读，广告正文用通行的字体在同一广告中重印了一遍。

"广告文案"的说法何时固定下来并成为明确的专业概念，很难考证。1918年，我国最早出版的广告学著作是甘永龙的《广告须知》（译自美国著作《How to Advertise》），其中有"稿本为广告之魂魄"一节，将文案称之为"稿本"。我国较早的新闻学著作《新闻学》（1919，徐宝璜）和《中国报学史》（1927，戈公振），都有关于广告的内容，且都对报纸广告经营和运作有详细介绍，但都未见"广告文案"的提法。1931年出版的广告专业著作《广告学概论》（苏上达）强调："标题"是"广告全幅上最重要之文字"，但未提及广告中的其他文字。关于标题，书上说：

  广告全幅上最重要之文字，厥为标题。盖标题者，全幅广告之精粹也，标题而得其法，则全体广告大可生色，人人竞读之不生厌。标题而不得其法，则以下任有若何优美之广告材料，必致埋没而无人过问。是故标题者，广告之魂魄也，广告之先锋也。使先锋而为精锐，则全线之士气大振，声势浩大，易奏凯旋。使广告而失其魂魄，则其余之文字，不为散沙，必为疮痍，人人避之不暇，广告又何由而奏效哉。

20世纪二三十年代的上海广告实务界则将写作广告中的文字称为"写广告"。20世纪70年代末，我国广告业开始复苏，新的广告学论著也相继出版。但对广告作品中的语言文字部分仍没有统一的提法。有的将广告的文字稿与图画稿统称为"广告稿"；有的将语言文字部分称为"广告文"，将"advertising copy"直译为"广告拷贝"，有的则称"广告文稿"。

广告文案

我国最早采用"广告文案"概念的应该是与国外广告业交流合作较早、广告业比较发达的香港和台湾广告界,大陆广告界则于20世纪90年代上半期开始采用"广告文案"概念。

当时大陆广告界与港台广告界交流越来越多,跨国广告公司开始主要通过香港或台湾分公司与中国大陆广告公司合资的方式进入大陆市场,带来了先进的广告运作概念和方式,"广告文案"的提法逐渐传入大陆。1991年,中国友谊出版公司出版了主要译自海外广告学名著的"现代广告学名著丛书",其中有数本以"advertising copy"或"copywriter"为中心内容,并且统一采用了"广告文案"、"文案撰稿人"的译法,这对于"文案"概念在中国大陆广告界的普及也起到重要作用。

早期报刊出版不久就开始刊登广告,广告逐渐走向行业化,并相继产生了广告代理商和广告公司,出现了专业的广告文案撰稿人。约翰·鲍尔斯是美国最早的广告文案专业撰稿人,他从1880年开始由广告代理商转向专业的广告文案创作;约翰·肯尼迪对广告文案的认识提出了"广告是印在纸上的推销术"的早期广告理论。优秀文案撰稿人克劳德·霍普金斯为舒里兹啤酒创作的广告文案使该啤酒市场排名由第五位跃升为第一,而该文案也闻名广告界。之后相继出现非常多的优秀广告文案撰稿人,如广告教皇大卫·奥格威、ROI理论的提出者威廉·伯恩巴克、乔治·葛里宾、USP理论提出者罗瑟·瑞夫斯,等等,他们撰写的广告文案已成为广告史上的文案典范,他们的宝贵经验影响着一代又一代文案创作者。

二、概念的理解

国内广告学术界关于广告文案的定义有很多,都是从不同角度来解释广告文案的含义、特点和属性。归结起来,有以下几种。

1. 广告文案就是广告活动全程运作过程中出现的所有文本

这一概念从广告策划的系统流程出发,将整个广告运作过程中使用的全部文字材料都统称为文案。包括广告调查、广告创意、广告策划书内容、广告媒体计划书内容、广告作品上的文字内容。对有些广告设计人员来说,他们大概认为文案就是艺术作品或者图片文字,这是错误的。

这一概念与广告策划内容相混淆,广告策划是对在同一广告目标统摄下的一系列广告活动的系统性预测和决策,即对包括广告调查、广告目标确定、广告定位、战略战术确定、广告创意、媒体计划、经费预算、效果评估在内的所有运作环节进行总体决策。广告中所有文字材料应归为广告策划的内容,而非文案,广告文案只是广告策划的一部分内容。

2. 广告文案就是所有广告作品

广告文案泛指传递广告信息的全部符号,主要包括语文、图画两个部分。语文既指文字,又指有声的语言;图画既指静止的画面,也指动态的图像。在刘毅编译的《怎么创作广告》中有这样一段话:"文案的使命是去形成动机与欲望,建立信任感,给消费者找一个在众多品牌中一定要选择某一品牌之原因。它在广告信息中是最具有弹性的部分。此处所说的文案是包括标题、文本、图片、音响——在商品名称之外的一切要传达给消费者的有关商品的信息。"

邬晓光和张晓在《广告文案写作》中对广告文案的意义界定是："广义的广告文案是指一则广告作品的本身,包括广告作品的全部要素,如广告上的语言文字、图画、照片、色彩及布局排列等。"

这一概念明显没有将广告文案创作与美工设计区别开来。很明显,广告美工设计不属于文案的部分,它是广告设计的内容。

3. 广告文案就是广告作品中的正文

日本广告学者植条则夫在其编写的《广告文稿策略——策划、创意与表现》中将"广告文案"的含义界定为："广告文案是广告的正文,即被称为主体文稿的部分。"

这一概念从广告推销的功能出发,重视广告产品或服务的具体展示,认为对产品或服务的介绍只局限于广告正文部分,却表现出了关注范围过于小的不足。很明显,广告标题、广告语也是广告文案的一部分。

4. 广告文案就是用文学写作手法写广告

广告教皇大卫·奥格威曾经指出："广告是文字性的行业……在奥美公司,通常写作越好,提升越快。"美国一位著名广告学者曾经指出："广告文案写作,当前已被视为文学写作中的一种。"

我国著名诗人闻捷为上海一家灯泡创作了一首广告诗:

　　向太阳取来的熔岩
　　从碧空中摘来的星星
　　耐得住千度高温
　　负得起延长白昼的使命
　　把五彩缤纷的晚霞
　　焊接上金光灿烂的晓云

这是一首我国广告史上很有名的广告诗,很多人对它推崇备至。如果从文学鉴赏角度出发,这首诗的确立意高远、句式工整,但是从广告的角度分析,你读完这首诗记住了什么品牌又或者想买这个灯泡吗?

所以说将文案创作理解为文学创作,体现的是以偏概全,文学创作可以是文案创作的一种方式,而非全部。大多数文案都是用较抽象的语言,通过说明、论证等逻辑方法来阐明产品或服务的特征功能以及对消费者的利益承诺,以达到以理服人、促进销售的目的。文案创作不同于文学创作,作家写的文案往往缺乏销售观念,没有传播品牌信息,也没有说服受众,只是对社会生活做出审美反映的特殊意识形态,毫无广告创意。

5. 广告文案是广告作品中的全部语言文字部分

高志宏和徐志明在《广告文案写作——成功广告文案的诞生》中给"广告文案"定义:"广告文案,就是每一个广告作品中为传达广告信息而使用的全部语言符号(包括有声语言和文字)所构成的整体。它与非语言符号共同构成有效传达信息的广告作品。"

这一概念认为广告是一种信息传播活动,广告文案就是广告信息传播过程中广告作品内所有的语言符号。它从传播学角度认识了文案,认为广告作品内容由语言符号和非语言符号构成,语言符号就是文案内容,非语言符号是设计内容,它们对广告人员有不同素质要求,体现了广告文案人员的主要职责。此定义符合现代广告运作分工规律,是广告文案诸多概念中广泛认可的一类界定方法。

通过以上分析,我们可以看出,要给广告文案下一个定义,确实是因人而异,但不管从哪个角度来理解广告文案,其基本认识是相同的。正是从这些认识出发,我们对广告文案有了一个比较明确而清晰的概念。我们认为,广告文案是广告作品中全部的语言文字部分。

(1) 广告文案是存在于广告作品中,非广告作品中的文字不是文案。像广告策划书、广告调查、广告媒体计划书、广告活动计划书等都不属于广告文案范畴。

(2) 广告文案是指广告作品中的"语言"或"文字"部分。此处的语言指有声音语言,包括动漫广告和影视广告中的人物对白、画外音,以及广播广告中的人物对白、旁白。文字是指书面形式的语言,包括通过印刷媒体发布的广告作品的文字部分,像报纸广告、杂志广告、户外广告等广告作品上的文字,以及电视和广播的广告文案脚本等。

(3) 广告文案由广告标题、广告正文、广告随文、广告语四个要素构成。广告标题是广告作品中,为传达广告主题信息或引起受众阅读广告的兴趣,而在最显著位置以特别字体或特别语气突出表现的语句。广告正文是广告作品中承接标题、对广告信息进行展开说明、对受众进行深入说服的语言或文字。广告随文是广告作品中传达商品信息,促进或者方便消费者采取行动的文字说明。广告语是广告作品中为加强受众对企业、产品或服务的印象而在广告中长期反复使用的简短口号性语句。报刊广告中的广告文案一般都具备完整的四要素,广播、电视广告中的广告文案标题可省略。品牌形象广告可以不出现广告随文。

(4) 广告文案写作是关于广告作品中全部语言、文字的写作;是写作者在广告目标指导下,围绕广告主题,进行的创造性的写作。广告文案就是为完成广告策划的目标服务,为传播品牌销售信息(产品、观念、形象、刺激受众产品购买欲望等)的文字类写作,它的成功在于体现了广告主题、说服受众、完成广告目标。

第二节 广告文案结构

一、广告文案与文体

(一) 广告文案与文学写作

1. 写作目的不同

广告文案的写作目的是说服受众产生购买行为,文案写作是一种手段,一种广告表现形式,最终目的都是传播品牌销售信息,说服受众,使其产生购买行为。而文学写作是以语言文字塑造社会形象,再现生活形态,反映生活的一种意识形态。

2. 写作过程不同

广告是带着"枷锁"跳舞,广告不是纯艺术作品或文学作品。在创作广告文案前,需要对市场进行调查了解,要分析市场、产品、消费者和竞争对手,认识广告策划目标,提炼出明确的广告主题,再围绕广告主题进行有说服性的创作,打动消费者产生购买行为,达到销售的目的。这一过程中,对产品的认识和对消费者的了解尤其重要。否则创作出来的广告文案将没人去注意、去看,无法完成广告目标。而文学创作则不受商业限制,它是用自然而然的对生活的认识、对某一事物的把握去反映生活和表现生活。它是作者的一种心理感受、自然表达。

3. 写作方式不同

广告文案写作是广告公司集体智慧的结晶,是团队的合作。没有市场人员提供品牌相关资料和竞争对手资料,没有确定广告主题,也不知道这次文案创意的目的是什么,是无法写出像样的文案的。广告文案写作是广告策划里的一个内容,一个环节。而文学创作,是个人对生活、对社会的一种认识与反映。

4. 文学创作是广告文案创作的一种形式

文案创作是广告的一种表现形式,文案创作的最终目的是为了说服受众产生购买行为。所以,文案创作形式多种多样,有说理性文案创作、论证性文案创作、文学性文案创作等形式。文学性文案创作形式是巧妙地运用描写、抒情、创造意象和意境等多种文学表现手法,塑造出感人的美的形象,使受众读后产生一种精神愉悦和美感享受,其目的还是为了传达广告的诉求信息,说服受众产生购买行为。如观澜国际花园平面广告文案如下:

> **广告标题**:观澜国际花园 收藏昆玉河醉美一段
>
> **副标题**:月牙弧板 看得见河的房子
>
> **广告正文**:假如有一天,女儿告诉你:一艘轮船从她的窗前驶过,你不必诧异,生活在观澜国际花园,天天不一样的水景,晨雾茫茫,春江花月。
>
> 观澜国际花园,板楼外形有圆润的弧度,行如月牙,五栋弧板相互错落排列,精妙设计形成一种奇妙的景观——可观昆玉河的月牙板楼。淡黄的月牙板楼,现代而简洁,如音符般跃动。昆玉河水汤汤,西山逶迤起伏,观景长桥连起点点美景,楼仿佛从流动的自然里长出来的一样,一切的一切和谐了。

(二)文案写作与新闻写作

新闻写作是对新近发生的事情和生活中存在的客观事实进行客观报道,一般都按照人物、时间、地点、经过、原因、结果等六要素进行写作。广告是对企业产品或形象进行创造性的写作。只要能传达广告信息,表现形式可以多样化,所以广告可以采用新闻写作的手法进行创作。新闻写作是广告文案写作的一种形式。具体来说,广告文案写作与新闻写作有以下区别。

1. 真实性不同

真实性是新闻写作的最基本原则,所谓"真实性",就是通过报道事实向读者阐明某种思想和观点。作者的倾向性通过事实自然而然地显示出来,而不是特意将它指出来。而广告写作在写作表现手法上可以虚构、夸张,可以采用戏剧化、故事化、艺术化表现形式,只要宣传的产品或企业等的信息内容是真实的。

2. 传播媒介不同

新闻写作采用广播、电视、报纸、杂志、网络等大众传播媒介传播新闻。而文案写作不仅能通过广播、电视、报纸、杂志、网络等大众传播媒介传播广告信息,也可以通过户外媒介、自制媒介(如广告太阳伞、广告钥匙扣等)传播信息,其媒介选择范围更广。

3. 时效性不同

新闻写作注重时效性,时效性是新闻作品的生命,其报道的都是新近发生的人和事,文案写作不追求时效性,它所传达的信息内容可以是任何一个时期所发生的。只要传播的信息准确、真实即可。为了更好地传播效果,广告甚至会加大重复投放力度,而新闻是不可能二次报道的。

二、广告文案的结构

广告文案的结构指广告文案内部的组织构造,即广告文案由哪几个要素构成。一般来说,广告文案由广告标题、广告正文、广告随文和广告语四部分构成。广告文案的结构具有灵活多样性特点:有的广告文案具有完整的结构,它包括广告标题、广告正文、广告随文三部分;更完整的还包括广告语;有的广告文案则没有广告随文;有的广告文案则没有广告随文和广告标题;有的文案只有一条广告语,比如某些海报;有的广告文案只有一个词或词语。赫胥尔说:"在所有文体中,广告刺激性最强,最让人棘手,这最难以掌握,但又最丰富地孕育着各种奇妙的可能性。"这里所说的文体的各种可能性也就包括广告文案结构的多样性。

大卫·奥格威曾经说过:"每则广告都应该是一件推销你的产品的完整的作品;标题是大多数平面广告最重要的部分,它是决定读者是不是读正文的关键所在;在我们的行业中,最大的错误莫过于推出一则没有标题的广告。"

大卫·奥格威认为,只有结构完整的广告文案才能完整地表现广告信息,每一则广告都应该是一个独自完整的结构。他因此反对无标题广告文案,反对悬念广告文案。

他还说:"我不要对我的创作小组说,把图片放在上方,下面放进标题,把文案放在最下面,在另一方面,我也不要说:不要那样做;有时没有标题才合适,有时有一个标题才合适,有时带有公司名称商标才行,有时你如果用上公司名称就是天下最糟的事,标题中总是要有一个公司名称和商标是不对的。"

对文案结构问题的不同看法,导致了不同的文案作品风格:大卫·奥格威写作的广告文案多为详尽的、理性的长文案,结构较完整严密。相对而言,威廉·伯恩巴克则不拘泥于文案结构的完整和严谨,他的文案显出了灵活和多样性。在国际广告史上,他们都以其出色的文案写作成为著名广告文案大师。

尽管广告文案的结构灵活多变,但并不能因此就认为广告文案的结构没有规律可循,一般来说,报刊广告文案结构较完整,广播广告和电视广告文案则采用省略结构,只要突出广告正文创意即可。

广告文案创作的目的是为了完成广告目标,说服受众产生行动。根据美国学者刘易斯提出的心理模式理论——AIDMA法则(attention(注意)、interest(兴趣)、desire(欲望)、memory(记忆)、action(行动)),可将广告任务分为注意、兴趣、欲望、记忆、行动五个阶段。可对上述几个阶段,创作出不同类型文案,它们发挥的功能都不尽相同。

1. 广告标题

广告标题的主要功能就是引起受众注意(attention),激发受众对正文的兴趣(interest)。如下面的广告文案标题:

> **广告标题**:爸爸,我要做狐狸精
> **广告正文**:奶奶总说,爸爸在狐狸精那里
> 　　　　　如果我变成了狐狸精,爸爸是不是就会回家了?
> **广告语**:珍惜家庭,爱惜家人

看完这则平面公益广告文案的标题之后,会不会产生疑问:为什么一个六七岁的小女孩会说出如此话,而且还是对着自己爸爸说的?有没有想继续看下去找到问题的原因的兴趣呢。通过看正文才知道,小女孩的爸爸有了婚外情,小女孩渴望爸爸能够回归家庭,所以才说出了那样一句天真的话。这则广告告诉我们:为了家人,要好好保护好自己的家庭。

哈佛大学曾经做过一个关于广告效果的课题,分析发现:世界上85%的广告是没有人看的,看广告标题的人数是看正文人数的5倍,也就是说标题比正文多5倍的阅读力。在信息化的今天,要想在信息海洋中让受众注意你的广告,以挤进那15%的广告中,那么你的广告要更具有吸引力,否则其他内容都是空谈。

2. 广告正文

广告正文主要功能是展示广告主题,说服受众,形成购买欲望(desire),产生购买行动(action)。不管有多少实例证明广告语和广告标题非常重要,但实际上,那些只不过是"钓鱼的钩子",真正能说服受众产生行动的,还是正文的内容创作。在正文里,你必须给出一个让受众产生购买行动的理由。以下是奥美广告公司创始人、广告教皇大卫·奥格威为劳斯莱斯撰写的著名经典广告文案。

这辆新型劳斯莱斯时速达到60英里时,最大的噪音来自车上的电子钟

"什么原因使得劳斯莱斯成为世界上最好的车子?"一位知名的劳斯莱斯工程师说:"说穿了,根本没有什么真正的戏法——这只不过是耐心地注意到

了细节罢了。"

1.《行车技术》主编报告:"在时速60英里时,最大的噪音是来自电子钟。引擎是出奇地安静。三个消音装置把声音的频率从听觉上拔掉。"

2. 每辆"劳斯莱斯"的引擎在安装前都先以最大马力开足7小时,而每辆车子都在各种不同的路面试车数百英里。

3. "劳斯莱斯"是为车主自己驾驶而设计的,它比国内制造的最大车型小18英寸。

4. 本车有机动方向盘、机动刹车及自动排档,极易驾驶与停车,不需雇用司机。

5. 除驾驶速度计之外,在车身与车盘之间无金属衔接。整个车身都加以封闭绝缘。

6. 完成的车子要在最后测验室经过一个星期的精密调整。在那里分别受到98种严酷的考验。例如,工程师们使用听诊器来注意听轮轴所发出的低弱声音。

7. "劳斯莱斯"保修三年。从东岸到西岸已有了经销网及零件站,在服务上不再有任何麻烦了。

8. 著名的"劳斯莱斯"引擎冷却器,除了亨利·莱斯在1933年去世时,把红色的姓名的第一个字母R改为黑色外,从来没更改过。

9. 汽车车身之设计制造,在全部14层油漆完成之前,先涂5层底漆,然后每层都要人工磨光。

10. 移动在方向盘柱上的开关,你就能够调整减震器以适应道路状况(驾驶不觉疲劳,是本车显著的特点)。

11. 另外,有后车窗除霜开关,它控制着1360条看不见的在玻璃中的热线网。备有两套通风系统,因而你坐在车内也可随意关闭全部车窗而调节空气以求舒适。

12. 座位垫面是由8张英国牛皮所制——足够制作128双牛皮鞋。

13. 镶贴胡桃木的野餐桌可从仪表板下拉出,另外有两个可以从前座后面旋转出来。

14. 你也能有下列额外随意的选择:做浓咖啡的机械、电话自动记录器、床、盥洗用冷热水、一只电动刮胡刀等。

15. 你只要压一下驾驶者座下的面板,就能给整个车盘加上润滑油。在仪表板上的计量器,指示出曲轴箱中汽油的存量。

16. 汽油消耗量极低,因而不需要买特价汽油,这是一款使人喜悦的经济车。

17. 具有两种不同传统的机动刹车,水力制动器与机械制动器。"劳斯莱斯"是非常安全的汽车,也是非常灵活的车子。可在时速85英里时宁静地行驶。最高时速超过100英里。

18. "劳斯莱斯"的工程师们定期访问以检修车主的汽车,并在服务时提出忠告。

19."班特利"是"劳斯莱斯"所制造。除了引擎冷却器之外,两车完全一样,是同一工厂中同一群工程师所制造的。"班特利"因为其引擎冷却器制造较为简单,所以便宜300美元。对驾驶"劳斯莱斯"感觉没有信心的人士可买一辆"班特利"。

价格:本广告画面的车子——在主要港口岸边交货——13550美元。

假如你想得到驾驶"劳斯莱斯"或"班特利"的愉快经验,请与我们的经销商接洽。他的名字写于本页的底端。

劳斯莱斯公司　纽约　洛克菲勒广场十号

显然,这则劳斯莱斯轿车广告文案正文非常有说服力,给出了购买劳斯莱斯的充足理由,告诉受众劳斯莱斯车的各种优点及细节。

3. 广告随文

广告随文的作用是促成受众形成购买行动(action)。它是放在广告文案最后面的内容,一般像电话号码、联系地址、乘车路线之类的,还有就是为了配合促销,出现一些"数量有限,欲购从速"、"最后三天,先到先得"之类的文字。这些随文承载着两种功能:要么让受众能找到购买产品的地方或询问产品的联系方式;要么就是让受众赶快去买,形成一种热销的场面,促使受众产生购买行动。

4. 广告语

广告语是为了强化品牌,对受众形成记忆(memory)的口号性语言,也叫广告口号。广告教皇大卫·奥格威曾经说过:"广告的目的都是为一个品牌而长期投资。"塑造品牌形象永远比强调产品的功能要重要得多。现在的企业竞争,已不再是简单的产品竞争,而是品牌竞争,尤其是在产品差异化越来越小的今天,品牌的创造对企业而言更显重要。

广告语的目的是让受众对品牌有一个清晰的印象,它是为塑造品牌形象而产生的。很多优秀的品牌都有一句响当当的广告语,随着广告语的传播,以让更多的人认识了解该品牌。如下面这些广告语:

味道好极了(雀巢咖啡)
一切皆有可能(李宁)
没有不可能(阿迪达斯)
科技以人为本(诺基亚)
想做就做(耐克)
男人的世界(金利来)
新一代的选择(百事可乐)
只溶在口,不溶在手(M&M巧克力)
沟通从心开始(中国移动)
地球人都知道(南极人保暖内衣)

第三节 广告文案的分类

广告文案分类可依据的标准有很多,主要有以下三种类型。

一、根据媒体划分的类型

1. 平面广告文案

平面广告文案,主要指报纸、杂志、直邮广告中的文案,其文案一般以纯文字的形式呈现,有时会结合图形设计形成平面广告。平面广告文案结构较完整,一般有广告标题、广告正文、广告随文和广告语。各要素在广告作品中较易清晰辨别。如以下的麦氏咖啡更名的报纸广告文案:

> **广告标题**:麦氏换上新名字
> **广告正文**:你钟情的麦氏咖啡,现在已经换上新名字——麦斯威尔,香醇幼滑,带来百分之百纯咖啡满足感。享受悠闲一刻,全新麦斯威尔咖啡。
> **广告随文**(略)

2. 电视广告文案

电视广告文案,是为拍摄电视广告而写作的文字脚本。它包含广告语言、镜头说明、音乐、音响要求等内容。它是视听结合的媒体,主要通过视觉符号和听觉符号相结合的形式传播信息,文案中既要有画面语言描述,又要有有声语言、字幕、音乐和音响。电视广告文案创作主要包括分镜头脚本和文学脚本。南方125摩托车电视广告文案文学脚本形式如下:

南方125摩托车——草原篇

一望无际的草原上传来一阵急促的马蹄声和催马扬鞭"驾"的焦急吆喝声。

地平线上跃出两位策马飞驰的牧民。

他们纵马狂奔,闯进了草原医院的栅栏。

牧民神情紧张地边敲窗户,边大声地喊着:"大夫!大夫!"

一个医用救护箱挎在了医生的身上。

医生用脚发动南方125摩托车,手加油门。

牧民连忙打开栅栏,医生飞车冲出。

牧民跨上马,调头疾追。

摩托车、骏马奔驰在辽阔的草原上。

医生驾车冲过河溪。

牧民策马直追。

遇到沟坎,医生飞车一跃而过。

马匹却在沟边踌躇不前。
摩托车终于驰到蒙古包前，
夕阳西下，南方125摩托车醒目地停在蒙古包外，
牧民们焦急地在等待着。
忽然一声婴儿高亢的啼哭声震动了静寂的草原。
母子平安。牧民们脸上露出兴奋而宽慰的笑容。
日落草原，南方125摩托车停立在蒙古包外，格外醒目。
结尾字幕："有多少南方摩托车，就有多少动人的故事。"

3. 广播广告文案

广播广告是以广播为传播媒介，以语言、音乐和音响作为诉求符号，诉诸受众的听觉系统的广告形式。广播广告不同于平面广告，它是以听觉形式呈现的，即以有声语言的形式出现。所以其文案中标题可以省略，主要以广播广告脚本形式表现，由有声语言、音乐和音响三要素构成。如矛盾牌洗衣粉广告文案。

旁白：听众朋友，我叫圆方，今天的广告节目仍然由我来主持。这次呢，我请大家听一小段小品，然后根据小品的含义，请大家猜地名和厂家的产品。

（音乐效果）

卖者：各位父老乡亲，咱有钱的捧个钱场，没钱的捧个人场。

众人：……

卖者：我这盾坚固无比、世上无双，任何锋利的东西都刺不破它。

众人：……

卖者：来来来，大家再看看我这矛，这是世界上最锋利的，没有它刺不破的。

众人：……

老者：用你的矛刺你的盾，怎么样啊？

卖者：这……

众人：哈……

旁白：听众朋友，听了"自相矛盾"这个小品，想必你已猜出它的地名和厂家的产品了。

众人：开封！矛盾牌洗衣粉。

旁白：对，地名是全国著名的矛盾城开封。开是开放的开，封是封闭的封，厂家的产品是开封日用化工厂以"矛盾"为商标的名牌系列洗衣粉。

二、根据内容划分的类型

1. 产品广告文案

产品广告文案内容以诉求产品信息为主，从产品功效、性能、质量、外观、价格、包装、口感等某方面为广告主题进行文案创作。如红牛饮料平面广告文案：

广告标题：还在用这种方法提神

广告正文：都新世纪了，还在用这一杯苦咖啡来提神，你知道吗？还有更好的方式来帮助你唤起精神：全新上市的强化型红牛功能饮料富含氨基酸、维生素等多种营养成分，更添加了8倍牛磺酸，能有效激活脑细胞，缓解视觉疲劳，不仅可以提神醒脑，更能加倍呵护你的身体，令你随时拥有敏锐的判断力，提高工作效率。

广告语：轻松能量　来自红牛

2. 服务广告文案

服务广告文案是内容创作上以企业服务项目、服务的内容、服务的价格、服务的水平等为诉求的文案。如以下公司广告语：

我们的公司大得足以满足你的一切需求，同时又小得能记住你们每一个人。

——E.凯恩父子公司

我们制造你所需要的一切，其中包括利润。

——潘尔沃特联合制造公司

为了你的货架永远琳琅满目。

——HON批发公司

进步是我们的产品，解决困难是我们的拿手好戏，人类生活幸福是我们的唯一目标。

——通用电气公司

3. 企业广告文案

企业广告文案是内容主要以传播企业实力、介绍企业相关信息、塑造企业形象的文案。如TCL平面广告文案：

广告标题：科技取悦你

广告正文：今天，TCL集团拥有多媒体电子、通信、信息、家电、电工照明等产业。TCL的想象工程师糅合先进的科技与人性的感受，创造出"生动数字生活"的音响电视、"科技美学化"的宝石手机、"适合才更好"的可定制电脑，为生活带来更多享受体验。

TCL不断超越，2003年集团销售额突破400亿，TCL集团吸收合并TCL通信整体上市，TCL与汤姆逊合并重组彩电业务、控股全球最大彩电企业……未来3到5年，多媒体显示终端与移动信息终端两大业务，将进入全球前五名，与世界级企业同场竞技，成为腾飞寰宇的"龙"；家电、信息和电工照明三大业务，以及正在发展的部分产业和文化产业形成国内领先优势，成为雄踞神州的"虎"。

4. 公益广告文案

公益广告文案是以社会公众为诉求对象,一般由公共机构,如政府机关单位、法院、医院、消防等部门创作,在大众媒介发布的广告文案。如新加坡旅游广告文案:

> **广告标题**:夕阳西下,新加坡依然魅力十足
> **广告正文**:星光下的晚餐如梦如幻,芬芳的美酒香飘河畔,奔放的迪斯科挥舞热情,夜色中的大都市依旧生机盎然。这就是新加坡。

三、特定形式划分的类型

1. 系列广告文案

系列广告文案是指经过统一策划、连续发布的主题、风格相同,画面、文字、内容有所变化的系列广告作品,数量一般在两个或三个以上。系列广告文案创作的目的是全方位、多角度、全过程和立体地表现广告主体,从而形成较大的广告影响力和较强广告气势,满足受众对广告信息深度了解的需求,文案注重刊播的连续性和信息的全面性。如S&W罐头平面广告文案。

第一则

我们添加的唯一的东西就是盐

我们公司的鲑鱼没有必要添加油料以增其汁味。因为它们都是特别肥大的鲑鱼。这些健康的鲑鱼,每年溯游到菩提山之北的长长河川。如果我们在蓝碧河选不出理想的鲑鱼怎么办呢?我们会耐心地等到明年。为什么?因为如果不是完美的,不会被S&W装入罐头。

第二则

从50颗大粒的桃子里,S&W精选出5颗

光是最好的还不行。从S&W挑选桃子的条件是:全熟,又圆又肥大。多汁而甘甜是理所当然的。

以此标准挑选出来的桃子,自然不多,而能贴上S&W标签的,更是经过精选后的少数。我们坚守此要求:S&W不会把不完美的东西装入罐头。

第三则

一颗S&W豆子的际遇

这是叫做"完美"的特别品种

在西部广阔丰沃的土壤中育成

在它非常鲜嫩时就要采摘

它外皮的柔软度要经过测试

它的成熟度要用我们的圆熟度计来证明

它如砂糖般的甜美要由我们的老手亲尝

当它在这些方面都无懈可击,这粒豆子才能获得S&W的标签。

第四则

这些番茄仅供饮用

我们把炖菜用的番茄和饮用番茄区分开来。不少优秀的罐头业者,从收获的番茄里,选出较好的作为菜用番茄,剩下的才拿去制番茄汁。这是很实际的做法。我们的做法就不太讲究实际。我们把加州番茄当做制汁用番茄来种植,一直等番茄长到柔软甜美,汁液饱满。这是旷日持久、耗费金钱的做法。但这也是S&W的方针。我们认为,这是把完美的制汁用番茄制成完美的番茄汁的唯一做法。它若非完美,就不会被S&W装入罐头。

第五则

我们把大鱼放生

小金枪鱼,简直就像小羊、小豆子、嫩玉米粒一样柔嫩。因此,S&W绝不用大金枪鱼制作罐头。您把S&W的罐头打开,一定会发现里面是多汁的小金枪鱼。那如果捕到的都是大鱼呢?很简单,S&W就不把它装罐。为什么?因为,如果是不完美的,就不会被S&W装入罐头。

2. 广告软文

广告软文指企业通过策划以报道形式或报告文学形式在媒体上刊播的可以提升企业品牌形象和知名度,或可以促进企业销售的一些宣传性、阐释性文章,包括特定的新闻报道、深度文章、付费短文广告、案例分析等。广播、电视节目中的以访谈、座谈形式进行企业或品牌宣传的也属于软文的一种。广告软文是相对传统硬广告而言,其文案要让受众看上去不像广告,倒像是通讯报道或报告文学,以降低受众对广告的排斥度。

3. 品牌命名

品牌命名就是给企业或产品的品牌取个好听、易记、易传播、有意义的名字。国内知名命名专家宋派民老师说:"商业品牌视觉感知固然极为重要,然而品牌命名才是创立品牌的第一步。"孔子说:"名不正则言不顺,言不顺则事不成"。一个好的名字,是一个企业、一种产品拥有的一笔永久性的精神财富。企业只要其名称、商标一经登记注册,就拥有了对该名称的独家使用权。一个好名字能时时唤起人们美好的联想,使其拥有者得到鞭策和鼓励。像百事可乐、可口可乐、宝马、奔驰等,都是非常好的命名。

广告是印在纸上的推销术

约翰·肯尼迪(John Kennedy)是美国早期专业广告文案撰稿人,1904年提出一个极为有名的广告概念:"广告是印在纸上的推销术。"他认为,广告应像一个挨门挨户进行推销的推销员,广告所说的应该像推销员对消费者口头所讲的东西,广告不一定非要十分漂亮和非常悦目,一般的图片、上口的诗歌都不重要,重要的是讲清为什么值得花钱买某种产品,一则好的广告应该是合情合理而不必多加修饰的销售工具。正是在这一广告观念的指导下,他一反19世纪末流行于美国的华丽歌谣体的广告创作作风,撰写朴素而极富销售力的广告,一时成为风尚。

提出背景:十九世纪末,一些比较发达的资本主义国家相继完成了工业革命,机器在社会化大生产中得到广泛应用,促进了工业生产的迅速发展,社会经济日益繁荣。但由于技术的落后,生产能力依然有限;另一方面,城市经济日益发达,城市人口急剧增长,引发了市场需求量急剧扩大。因此,此期市场的基本状况是总需求大于总供给,处于求大于供的卖方市场。只有生产不出来的产品,没有卖不出去的东西,或者说只要能向消费者提供买得起、买得到的产品,就会实现销售,成为厂家的普遍认识。这是生产主亟须解决的问题,不是销售,而是扩大生产,降低成本。

然而,由于技术的改进,机器化社会大生产的发展,尤其是管理科学的引入,20世纪初,许多大企业劳动生产率在短期内迅速提高,生产能力迅速增强,美国工业逐渐从生产资料的生产转向消费商品的生产,一个消费型的社会逐渐形成。此时,广告是"经过策划的广告战役的一个构成部分",它"必须与适切的、安全的市场营销战略融为一体"。许多成功的市场销售商都认识到市场推销的重要性,制造商们也大张旗鼓地用广告来宣传其商品。

约翰·肯尼迪作为一个广告业界人士,认识到企业推销与销售的需要,广告作为一种销售促进方法,而被他纳入其研究范畴并应用。

大众媒介不够发达也是肯尼迪提出"广告是印在纸上的推销术"的重要原因。在20世纪初期,报纸是比较发达的大众媒介,广播、电视等电子媒介还没有出现,广告形态和运作方式均较简单,影响的范围也较有限,"营销"和"传播"作为广告运动的两个层面,并没有被截然分开,并且,传播的媒介——报纸,承载了广告要传达的重要任务。

约翰·肯尼迪看到了报纸运用于广告的重要作用,同时,因为媒介的局限,广告被肯尼迪视为传播信息的方式或者推销商品或观念的"技术",而且是"印在纸上的推销术"。

第四节 广告文案的功能

一、促进产品销售

广告在沟通产销渠道、疏通产供销关系、促进产品销售中起着桥梁作用。市场经济的发展,地域不断打破,使流通渠道增多而流通环节减少。现代广告已成为加速商品流通和扩大商品销售的有效手段。广告是促进企业市场营销的重要策略之一。文案作为广告的重要表现形式,通过传达广告信息,达到促进产品销售的目的。好的广告文案能直接促进消费者购买产品。"怕上火,喝王老吉",动感地带的"我的地盘听我的","今年过节不收礼,收礼只收脑白金!",李宁,"一切皆有可能"……这些都是脍炙人口的文案代表作。

文案人员创作文案可以直接向消费者介绍产品或服务,让消费者了解其特色、质量、用途等利益点,促进产品销售。瑞士欧米茄手表的报纸广告文案如下:

> **广告标题**:见证历史　把握未来
>
> **广告正文**:全新欧米茄碟飞手动上链机械表,备有18K金或不锈钢型号。瑞士生产,始于1848年。对少数人而言,时间不只是分秒的记录,亦是个人成就的佐证。全新欧米茄碟飞手表系列,将传统装饰手表的神韵重新展现,正是显赫成就的象征。碟飞手表于1967年首度面世,其优美典雅的造型与精密科技设计尽显贵气派,瞬即成为殿堂级的名表典范。时至今日,全新碟飞系列更把这份经典魅力一再提升。流行的圆形外壳,同时流露古典美态;金属表圈设计简洁、高雅大方,灯光映照下,绽放耀目光芒。在转动机件上,碟飞更显工艺精湛。机芯仅2.5毫米,内里镶有17颗宝石,配上比黄金罕贵20倍的铑金属,价值非凡,经典时计,浑然天成。全新欧米茄碟飞手表系列,价格由八万元至二十余万元不等,不仅为您昭示时间,同时见证您的杰出风范。备具纯白金、18K金镶钻石、18K金,及上乘不锈钢款式,并有相配衬的金属或鳄鱼皮表带以供选择。
>
> **广告语**:欧米茄——卓越的标志

也可以不直接推销产品,而是通过企业或品牌的形象树立,在消费者心中留下良好印象,促进产品销售。例如瑞典VOLVO汽车的报纸广告文案。

> **广告标题**:放心——沃尔沃汽车已来到中国
>
> **广告正文**:满载生机勃勃的荣誉,携带近70年的安全设计史,今天VOLVO汽车已来到中国,以其珍惜生命便是财富、热爱生活、勇于挑战的豪气,准备驶进您的生活。这是一部令您放心的车,入乡随俗,特别针对中国道路行驶需要而制造。它不仅安全可靠、性能卓越,更巧妙地将安全性能与汽车动力完美结合,助您在人生路上,安心驰骋。VOLVO汽车的外观大方,车厢内部更是宽敞典雅,令人倍感安全舒适。无论在什么场合当中,它都备受瞩目。安稳轻松地为您增添风采,每一部驶入中国大地的VOLVO汽车,都将享有瑞典VOLVO汽车公司所建立的完善维修网络为您提供原厂零配件与高质量的售后服务。

还可以向消费者介绍产品或形象,改变消费者观念或态度,引导消费者购买行为,促进产品销售。因为消费者的需求往往是不太明确的,尤其是产品同质化现象严重,而市场上的产品又丰富多样化时,消费者在产品选择时总会犹豫。文案人员通过把握消费者的心理特点,确定适合的广告诉求,引导消费者形成新的消费观念。如左岸咖啡的广告文案:

> **统一左岸咖啡默剧篇**
> 下午5点钟
> 是咖啡馆生意最好的时候
> 也是最吵的时候
> 窗外一位默剧表演者
> 正在表演上楼梯和下楼梯
> 整个环境里
> 只有他和我不必开口说话
> ——他不说话是为了讨生活
> 我不说话是享受
> 不必和人沟通的兴奋
> 我在左岸咖啡馆
> 假装自己是个哑巴

二、塑造品牌形象

品牌形象是企业或其某个品牌在市场上或在社会公众心中所表现出的个性特征,它体现公众特别是消费者对品牌的评价与认知。

品牌形象与品牌不可分割,形象是品牌表现出来的特征,反映了品牌的实力与本质。形象是品牌的根基,所以企业必须十分重视塑造品牌形象。

广告文案对有效提高品牌形象有着重要作用。广告文案既然能传递商品信息,当然也能扩大企业整体影响力。只要在广告所宣传的文案内容中有意识地突出企业品牌,用精简、朗朗上口的广告语言,就有可能通过大量宣传而树立企业的整体形象。生活当中许多熟悉的品牌都是因为其响亮的广告语,才为我们所记住的。"人类失去联想,世界将会怎样——联想","不走寻常路——美特斯·邦威","新一代的选择——百事可乐","钻石恒久远,一颗永流传——戴比尔斯钻石","学琴的孩子不会变坏——山叶钢琴"等,这些优秀的广告文案使我们熟悉了品牌,塑造了品牌形象。

文案创作中只为塑造品牌形象而写的文案称为品牌文案,其创作的目的就是塑造品牌形象。如欧米茄品牌形象文案:

> **欧米茄**
> ——经典时尚追求卓越品质
> 锐意开拓的先驱精神,不仅将欧米茄引领到遥远的月球,征服了幽深的海

洋,更让我们为全世界最重要的体育赛事进行计时。自1848年,锐意开拓的先驱精神,让我们在不断缔造最精准计时纪录的同时,重新界定最先进的机械制表技术。

三、传播社会文化

诺基亚的文化核心是"以人为本",海尔是"真诚",飞利浦是"追求更好",但是他们并没有直接这么表述,而是用一种"广告的语言",更加引起顾客的共鸣,如诺基亚的"科技以人为本",海尔的"真诚到永远",飞利浦的"让我们做得更好"。

联想标识中"科技创造自由"这句话,也反映了联想的企业文化,那就是以科技为基础,注重创造性,并且能为顾客创造更大的价值——"自由",这句话深刻地体现了联想的企业价值观,并且用一种生动富有内涵的语言加以表述,让人回味无穷。

日本企业在中国销售推广,则更加刻意追求中华民族文化的认同感,如日本汽车公司的广告语:"车到山前必有路,有路必有丰田车","有朋远方来,喜乘三菱牌","古有千里马,今有日产车"。三家汽车厂商都巧妙地引用了中国人非常熟悉的三句话,增强了广告的文化韵味。

广告制胜的灵魂在于优秀文化。中国广告业面对西方广告的入侵和文化超越,别无选择!但广告的文化品位是商业性与文化观念有机结合的产物,不是伦理的、哲学的、艺术的或者甚至是古董什么的。

广告本身具有商业的属性,广告同时是社会文化的产物。广告文案作为广告的重要组成部分,最鲜明地传递了广告中的社会文化信息,这种信息在很大程度上支配着人们的消费观念、消费方式、消费文化,而且影响着人们的世界观、价值观、社会观和生活观。人类社会的各个方面都在不同程度上表现着广告文明,展示着广告文化。广告文化是一种大众消费文化,大众文化是随着市场经济应运而生,以大众传媒为载体,以市民大众为主要对象的文化,是目前中国社会文化领域出现的一种现代文化形态。

任何一个社会的广告文案的内容都带有其社会文化的痕迹。广告语言负载着商品的信息,也负载着一定的价值观念和行为取向,其在很大程度上受到民族习俗、伦理道德等社会因素的制约和影响。

文案创作除了传播产品或服务的信息外,同时也向公众传播有关的社会准则和规范。当然,文案所传递的准则和规范是隐藏在产品信息之中的,而不是直接地表述出来。

因为广告要影响消费者,就要用消费者乐于接受的方式来诉求,或者是引导消费者接受广告所传达和提倡的生活方式,这当中就包含着许多被社会所承认的价值标准或行为规范,消费者在接受广告的同时,也获得了社会文化。

广告通过引导消费者社会化的内容来诉求,达到市场营销的目的。广告教会人们如何消费,提出消费理由,而附着其上的正是社会文化的内容。尤其是现代社会,在大众媒体的影响日益增强的情况下,通过广告来传播社会文化日益重要。

关键词

广告文案　advertising copy
产品广告文案　product advertising copy
广告文案结构　advertising copy structure
广告文化　advertising culture

思考题

1. 简述广告文案的结构。
2. 简述广告文案的功能。
3. 分析文案写作与文学写作的区别。
4. 分析文案写作与新闻写作的区别。
5. 自选品牌写一则结构完整的文案。

推荐阅读书目

1.《广告文案写作——成功广告文案的诞生》(第2版),高志宏、徐智明著,中国物价出版社,2002年。

2.《广告文案创作——商人的诗行》,张立梅编著,经济管理出版社,2010年。

CHAPTER 2 第二章 广告文案策略

本章任务

1. 了解创意简报的内涵及其写法
2. 掌握广告策略思考与文案撰写的关系、文案的立足点、文案的主题确立
3. 运用理性诉求和感性诉求的基本知识,能够创作具有一定风格的文案

本章引例

一个广告文案的自白

一趟从东单开往通州的地铁,过四惠东站,一直换乘到土桥,在一号线、八通线两岸,公交五站以内的辽阔小区内,北京广告公司的大多数文案们就生活在这里。

文案们怀着顾城、海子的情怀,拿着超市收银员的待遇,被总监和客户踩躏得外形与爱因斯坦日趋一致,却始终没有放弃在戛纳获奖的光荣梦想。

随着岁月无情地强奸了青春,大多数文案不是梦想碎了一地,就是节操揣在了裤裆里,从此,菊花残,满地伤,江湖里不再有文案青年。

在我曾经生长的土地上——广告公司,辣手摧文案的典型工作流程是这样滴,某一天,甲方市场部的内心想要一个这样的文案:用征服天空的雄心,征服大地。

然后,AE(客户经理)这么理解了客户的需求:用制造飞机的品质制造汽车。

> 策略部是这样制定策略的：上帝造人，我们造车。
>
> 创意总监在头脑风暴时出了这样的点子：让我们在钢筋水泥的丛林里撒点儿野。
>
> 而文案写的是这样的句子：不翼而飞。
>
> 客户给的修改意见是这样的，或许仅仅是为了表示他的存在：五行缺土，不翼而飞。
>
> 讽刺的是，有效的文案却总是这样的：暑期促销，直降十万……后来我才知道，所有的文案都在困惑中度过了好多年。
>
> 我想说的是，文案不仅是出来卖的，文案也是个技术活，如果你想获得这门技术，不妨关注我们的创意文案训练营吧。

这则文案的作者是前奥美互动广告副创意总监、蓝色光标策略总监小马宋（原名王勇）。2013年，小马宋因连续在互联网上发布《一个广告文案的自白》（1～6）系列而爆红网络。这则文案是以诙谐幽默的语言，描述了一线城市广告公司广告文案的工作流程：甲方（客户）—AE—策略部—创意总监—文案—甲方（客户），每个环节都作用于文案，并最终影响文案。不可思议的是，辣手文案定下的"不翼而飞"却最终让位于直白促销文案：暑期促销，直降十万……小马宋通过混迹广告圈多年的身份爆料广告人内幕，让人在忍俊不禁的幽默中，体验到一个广告文案工作的艰辛，并借此宣传其创立的第九课堂文案训练营，可谓匠心独具。

第一节 广告策略与文案

一、广告策略的概念

"策略"是广告创意经常使用的工作语言。策略的正确与否直接影响广告运动的成败。就广告公司运作而言，策略是创作部门和客户部门联系的工作单，直接表现为创意简报。何谓策略？可以从不同角度解读：从广告创意的层面来看，广告创意主要包括"说什么"和"怎么说"两个方面，而策略即是指"说什么"层面，这是广告创意的方向性规定，广告表现必须围绕这一方向性规定展开。由此可见，创意与策略在某些方面具有共通性，不易准确区分。

广东平成广告董事长吴晓波是在中国第一个倡导"策略性创意"的，他认为策略即创意，创意即策略，并成功将区域性品牌广东喜之郎果冻塑造为全国第一品牌，其策略性指导思想：不断延伸品牌的"亲情"价值，创造"果冻我就爱喜之郎"的品牌价值。尤其是借势1998年全球热播爱情大片《泰坦尼克号》贴片歌曲式广告，成功塑造了水晶之恋果冻"爱你一生不变"的爱情价值观。

某一天,醒在梦的旁边,手指间,光线有些特别。我能看得见,看见光在变,变七彩的预言,将时间穿越将空间穿越,寻找水晶之恋,飞向梦的起点。是你让我相信爱会永远,是你占据着我全部视线。我的心想为你跳跃,我的心在为你跳跃,给你最美的水晶之恋,一生不变。一生不变,水晶之恋,喜之郎荣誉出品。

"策略归根到底是促使一个广告必须达到某一程度的一种表述。它既是一个广告策略发展的依据,也是衡量创意性工作的标准。"①宝洁公司多年来遵循"提出问题＋解决问题"的策略,不断通过概念的塑造,赢得消费者的信赖。宝洁认为广告策略是"促成消费者购买我们而非他人产品所遵循的指导思想,它是品牌整体营销战略的一个组成部分,与广告文案有关。"很多时候,广告策略往往体现为一个恒久不变的广告主题,围绕广告主题的一系列广告运动持续展开,内涵不断延伸,从而产生源源不断的品牌价值。

腾讯QQ在2014年十五周年之际推出主题为"乐在沟通"的全新广告运动,一改延续多年的温情路线,以一种更接地气的冷幽默风格围绕"乐在沟通"策略发展创意,让人忍俊不禁。

看！这位低头不语的杰出青年,他在思考宇宙的命运？还是人类的未来？不,他在讲老板八卦。这要比会上发言轻松,不怕说多错多。噢！还有这一幕,不科学的美女与野兽。又有多少人知道,手指才是世界上最屌的泡妞神器。没错！这就是传说中的聊天。如果你忙着聊天,远远看上去,嗯,工作特别卖力。就算是拥有三只手的人类,也没有机会拿走你的手机。走夜路再阴森恐怖,你也可以跟老妈聊得很温馨。不管你有多不开心,只要说出来,嘿嘿,大家都会很开心。

它打破牛顿物理定律,神奇地让旅途变短,聊着聊着,我×！坐过站都不知道。最凶残的是,它还能帮你减掉大肚腩,饭局上让手机先吃,最后发现,连渣都不剩了。

另外,聊天让世界上没有陌生人,只有还没认识的小伙伴。噢对了,千万别错过任何一次群聊,你敢不在场,那帮没节操的,就敢讲你的烂笑话。所以,接着使劲儿聊吧！

此则文案浓墨重彩地歌颂了人们的日常行为——"聊天"。"聊天"看似无足重轻,却在日常生活沟通中扮演着极其重要的角色,让人体会快乐。

二、文案的策略思考

策略是评判广告创意的重要标准,它要求高度浓缩,言简意赅,让人过目不忘,并具有良好的延续性,不断延伸出系列广告运动,以强化广告主题,这需要创意人不断思考,认真推理。"一个好的有创意的策略无疑是一个广告的整个策划的过程中最艰难的一

---

① 鹏程,梁岩.大创意——与生俱来的戏剧性[M].北京:机械工业出版社,2006.

步。它是一个认真推理的过程,是思维和丰富想象的结合体。"①

策略对文案的提炼力提出较高的要求,策略的制定涉及广告目标、目标消费群、消费理由、品牌格调等整体规定性,从整体上确立策略文本的生成;同时,还需从文案的立足点、诉求点、风格、调性、创意简报等局部思考。以下是绝对伏特加酒的创意策略:

著名广告公司TBWA(腾迈)为绝对伏特加酒制定的创意策略:对"ABSOLUT"(绝对)的双关内涵的深入挖掘,并不断延伸出"绝对"的话题:从绝对的产品、物品、城市再到绝对的艺术、节目、口味……绝对相同,而又绝对不同。

TBWA避开"瑞典"(Sweden),而力攻"ABSOLUT"(绝对)这个具有双重意思的字眼。瑞典文"绝对"是品牌名称,英文"绝对"是绝对的、十足的、全然的意思。TBWA提出的广告概念是揭示绝对牌与市场上其他品牌的差异点。这个概念也旨在把绝对牌捧为人们热衷的品牌,并使之成为成功和高级的象征。

平面广告的创意要领都以怪状瓶子的特写为中心,下方加一行两个词的英文,是以"ABSOLUT"为首词,并以一个表示品质的词居次,如"完美"或"澄清"。没有必要讲述任何产品的故事。该产品的独特性由广告产生的独特性准确地反映出来。把瓶子置于中心充当主角当然很可能吸引顾客,但更重要的是,与视觉关联的标题措词与引发的奇想赋予了广告无穷的魅力和奥妙。

1. 绝对的产品——以酒瓶为特写。例如TBWA制作的第一则广告是在酒瓶上加个光环,下面的标题为"绝对的完美"。第二则广告则在瓶身加上一对翅膀,标题为"绝对的天堂"。

2. 绝对的物品——将各种物品扭曲或修改成酒瓶状。例如某滑雪场的山坡,从山顶至山脚被滑出一个巨大的酒瓶状,标题为"绝对的山顶",意味着酒的品质是绝顶的。

3. 绝对的城市——1987年,绝对牌伏特加在加州的热销,TBWA小组制作了一座酒瓶状的泳池,标题为"绝对的洛杉矶",以感谢加州对此酒的厚爱。没料到全美不少城市纷纷要求也来一张该城市的特写广告,遂衍生出"绝对的西雅图"、"绝对的迈阿密"等佳作。

4. 绝对的艺术——波普艺术大师Andy Warhol率先为绝对酒瓶作画,并制成广告,一夜之间为绝对牌塑了一个全新的形象。往后与Carillon进口商签约作画的大小艺术家多达300余位。

5. 绝对的节目,绝对的惊人之举——为营造圣诞气氛,绝对牌的平面广告暗藏玄机,或塞一双手套、一条丝裤,或一块不断以四国语言贺节的晶片等。

6. 绝对的口味——除了以蓝色为标准色的纯伏特加外,绝对牌还有柑橘、辣椒等多种口味。TBWA使出浑身解数,例如将一只橘皮扭成酒瓶状,标题为"绝对吸引人"。

绝对伏特加酒的策略制定立足于品牌名称的双关,并从感性诉求的角度,以酒瓶为

---

① 鹏程,梁岩.大创意——与生俱来的戏剧性[M].北京:机械工业出版社,2006.

主体展开了一系列可以延展的广告作品,格调绝对大胆求异,风格自成一派。

在策略的指导下,诉诸文字,找寻出与消费者建立关联的主张,这是文案人员的真正价值所在。

第二节 文案立足点与主题确定

一、文案的立足点

文案在本质上是广告创意和策略的文字表达。策略的制定决定文案的创作思路,创意的形成影响文案的表达方式,这是文案的方向性立足点。从操作层面来看,诉诸文案的客体主要有三种:产品、服务(无形产品),以及建立在产品、服务基础之上的品牌。产品、服务注重物性、人性的传达;品牌则是产品、服务的高度抽象,注重塑造有形、无形的价值。

我们认为产品、服务的物性、人性特点具有横向不断拓展的特性,从而作用于同一社会的不同人群,引发广告经济效益;而品牌的有形及无形价值则具有纵向不断深入的特性,从而作用于同一目标消费人群,引发广告价值效益。品牌的有形、无形价值来源于产品及服务的物性、人性;同时,产品及服务的物性、人性对品牌的有形、无形价值也有影响,从而导致品牌的有形、无形价值与产品及服务的物性、人性形成相互影响、相互制约的闭环系统,共同作用于文案的立足点。因此,文案的立足点应从产品、服务的物性和人性特点以及品牌的有形和无形价值四个方面寻求巧妙的文字表达,或者说它就是产品物性与消费者人性的一个有机结合。

二、文案主题确定

如果说,策略是整体广告活动的核心,那么主题的确定则是广告作品的灵魂。文案的主要工作除了策略制定外,更多是创作具体的广告作品。在创作作品的过程中,文案主题的确定至关重要。它是文案作品的核心思想,所有的文字都是围绕文案主题展开的。

文案主题是策略的再次细分,即是在策略的指导下,进一步细化文案,挖掘一个可以执行的、简单的、清晰的、具有竞争力内涵的核心思想。

因此,文案主题的确立是一个系统、整体的综合过程,是在牢牢把握策略思想的基础上,思考广告目标、广告对象、消费者、销售难题、竞争广告以及社会文化等方面对主题的影响。

(一)广告目标

商业广告都带有明显的商业性和倾向性,其目的是促进产品、服务的销售,塑造品牌价值。"广告的目标是确定我们所寻求的是要影响哪些人的消费行为,在哪个方向上影响。"①广告目标是确立文案主题首先考虑的要素。

定位为未来基于家庭互联网形态的长虹集团,已将主营业务电视转型为家庭互联网业务,收购美菱冰箱后,基于"家庭互联网"推出全新CHiQ(启客)智能冰箱。为推广启客,长虹以社交网站为平台,借助2014年奥斯卡颁奖日推出的"冰雪奇缘女王吐槽篇",通过改编歌词的方式,巧妙"偷换概念"植入启客冰箱。

安娜不在,雪宝去泡温泉,一大桌饭哪吃得完。艾伦戴尔那么热,还不让我用魔法,那么多菜全部得找冰箱去放。只有天知道我受过的伤,买个冰箱那么球贵,还要自己手动调节温度先,还能不能更坑爹点!不能忍耐!坑爹啊!坑爹啊!坏了没有也不知道啊!啤酒啊炸鸡啊!冷藏冷冻分不清啊!我不管你家冰箱多好看,长相能吃吗?

山珍海味馊了都一样臭,这么小的一个冰箱要塞多少东西?安娜那个调皮蛋,臭袜子也放进去。这种日子没法过了,姐要自己造个冰箱看看:高贵、典雅、时尚、大方。开始想象吧,想象吧!冰箱该是什么样子,想象吧!想象吧!我马上就开挂。

这冰箱,颠覆过往。让想象发生吧!我魔法从空气中扩散到冰箱,拿你的手机就能看见它里面怎样;快坏的食物还能提醒你吃掉。算一算这账!一年省多少钱?一年啊!一台啊!一年能省台冰箱的钱啊!发生吧!发生吧!让想象发生吧!就叫它启客冰箱吧!来人抬回家!安娜看见一定会说哎——哟——喂!

整个改编后的曲风与画面MV十分和谐,改编的歌词也十分幽默,借助流行剧、网络文化,从"坑爹啊"到"想象吧"再到最后的"发生吧",不仅表现出了全曲情绪的变化、完善了故事性,更不留痕迹地将长虹的Slogan"让想象发生"成功植入。

(二) 广告产品

文案的对象主要是产品、服务和品牌。产品的最大特点是物性以及由此延伸的人性;服务的最大特点是无形以及由此转化的"化无形为有形";品牌的最大特点是围绕产品或服务的物性和人性产生的有形及无形价值。因此,产品广告、服务广告、品牌广告存在明显的差异。在文案主题确立时,要准确把握产品、服务和品牌的区别。

iPhone5S(见图2-1)是美国苹果公司继iPhone5后在2013年9月推出的一款高品质智能手机,其发布的"土豪金"(金色)版更为中国消费者所追捧。以下是iPhone5S的产品及品牌广告。

……在iPhone 5S中,我们以更大的光圈f/2.2为起点,并配以全新的800万像素背照式CMOS感光元件。它比以前增大了15%,令单个像素尺寸点大了1.5微米,足以吸纳比以前多达33%的光线,并转换成图像数据。而这些数据都经过全新的A7芯片,以64位台式电脑级架构的强大性能进行处理……光线不足时,iPhone 5S可使用全新自动图像防抖动功能。当你按下快门,它

---

① 鹏程,梁岩.大创意——与生俱来的戏剧性[M].北京:机械工业出版社,2006:36.

会以难以察觉的速度拍出多达4张快照,然后智能地将他们融为一体,从而减少由于相机抖动和物体运动所造成的图像模糊。光线微弱时,全新 True Tone 闪光灯则可大派用场。iPhone 5S 会预算现场光线的色温,然后同时启动白色和黄色闪光灯,以恰如其分的比例创造出色彩平衡的图像效果,令你的照片更加真实,肤色表现也更为自然。……而你所要做的,只是专心去拍摄精彩的照片和视频,至于其他的事,就交给 iPhone 吧。

图 2-1 苹果 iPhone 5S 电视广告

这则产品广告,将 iPhone 的物性——强大的拍摄功能——呈现,并在此基础上阐释物性带给消费者的"人性"——让你专心拍摄精彩照片和视频,因为 iPhone 的"物性"能够完美处理"拍摄前后"工作。

这则品牌广告用高端大气上档次的色调,以及局部特写的方式表现出外观上与此前产品的不同之处。iPhone 5S 的物性——"土豪金"颜色似熔岩般流淌勾勒出 iPhone 的形状,并着重金色的覆盖面,屏幕下方出现"人性"象征符号——手指,通过人点击新版 Home 键,解锁手机,品牌带给消费者的有形价值——土豪金,以及由此获得的无形价值——高大上气质,让人爱不释手——我需要你!文案虽简略,但与画面、音乐的配合紧密,让人体现到由"有形产品"延伸至"无形品牌"的无穷价值。

(三)沟通对象

消费者是文案的沟通对象,是文案的受众,不同的消费人群需采用不同的沟通方式。即使是同一目标的"年轻人"或"青少年",他们在人口统计学、心理学、生活方式和价值观方面都有显著的差异,文案主题的确立需要细分人群,以锁定有效目标消费群。

纳爱斯超能洗衣液重新定义独立女性,冠以无所不能的"超能女人"独特称谓,并由此发起一场主题名为"超能女人用超能"的广告运动。

能隐忍;能绽放;能繁花似锦;能纯净如一;能超乎所能;我是超能女人孙俪;超能女人用超能;超能植翠低泡洗衣液。

能攻;能守;能屈;能伸;能超乎所能;我是超能女人许安琪;超能女人用超能;超能植翠低泡洗衣液。

能传统;能新锐;能妙笔生花;能浑然天成;能超乎所能;我是超能女人蒋方舟;超能女人用超能;超能植翠低泡洗衣液。

能简单;能丰富;能温婉;能张扬;能超乎所能;我是超能女人于娜;超能女人用超能;超能植翠低泡洗衣液。

能妙曼;能极致;能让世界看东方;能让完美看自己;能超乎所能;我是超能女人邱思婷;超能女人用超能;超能植翠低泡洗衣液。

纳爱斯通过演员孙俪、奥运击剑冠军许安琪、新锐作家蒋方舟、超模影星于娜、芭蕾艺术家邱思婷集体变身"超能女人"宣言,向全社会宣告"超能女人"时代的到来。

(四)销售难题

广告大师大卫·奥格威认为广告的目的是促进销售,否则便不是做广告。营销实效,历来是广告效果追求的目标,从这个意义上说,解决销售难题是广告存在的真正价值。广告界的艾菲奖(EFFIE AWARDS)集中关注广告带来的实际效果,以实效论英雄。

过去,大众汽车是中国消费者眼中的行业领导者、开拓者,后来这一地位已经被奔驰、宝马等汽车品牌所替代。大众汽车的品牌形象正在不断下滑,从最初中国消费者眼中梦想的品牌慢慢变成了一个大众型、实用实惠的品牌。为解决这一销售难题,大众汽车发起了一场名为"大众自造"运动。

随着中国汽车市场日益白热化的竞争及消费观念的不断改变,大众汽车的品牌知名度及感知度也在不断下降,消费者从功用性购买驱使到感性购买驱使的转变对大众汽车的影响很大。品牌调研显示:认为大众汽车品牌是"合理和理性"的消费者大大多于认为其代表"领先及社会地位"的消费者。在一个重外观及面子消费的市场,大众汽车"实用、合理"的品牌印象留给消费者的是"普通、缺乏个性"的感觉。这直接导致了大众汽车品牌领导力和社会地位的下降。

为了重新获得市场领导地位,天联广告为大众汽车创意"大众自造"项目,旨在为消费者搭建了一个史无前例的在线互动平台,通过向消费者提出一个核心品牌问题"你最想要什么样的汽车",让中国消费者自由想象、表达、创造他们心目中最理想的汽车。

项目实效:超过1800万次的访问量,已诞生超过141000个汽车创意,70%的消费者认为大众汽车是一个创新品牌,大众成为中国关注度排名第一的汽车品牌,中国曝光度居首的汽车品牌。

(五)竞争广告

在同质化市场环境下,竞争是不可避免的。如何通过主题的确立区隔竞争对手,是文案必须考虑的问题。

2013年,电商6月的年中大促在5月31日被京东点燃。5月31日晚19点59分,京东官方微博下发红色战帖,上书赫赫二字"别闹",显得来者不善:"把你们无聊战书捡回去!把你们泄密邮件收起来!保护好自己,保护好钱包。六月有且只有京东",宣告京东十年不遇的六月店庆启动的同时,其他电商也顺势而来。仅仅1小时40分钟后,苏宁的迎战书便赫然亮相。接下来的12个小时,当当网、易迅、亚马逊中国、1号店、国美在线迅速在微博上回应这一次比价宣言。6月4日15点,一直观战的凡客也终于把持不住,以"对不起,我来晚了",凑足这起六月"群价"的热闹。

别闹:把你们无聊战书捡回去!把你们泄密邮件收起来!保护好自己,保护好钱包。六月有且只有京东。

别慌:不敢捡的战书,现在准备好了?没关系,我等你!不敢看的邮件,现在心发慌了?没关系,还有呢!早点睡,明天见!6月,速来!

别不信:1号店吃货嘉年华不落幕,早说了有我在。1号店手机不断货,比价?比不怕,不怕比,怕不比!1哥很忙,大过节别闹!严肃点,这儿办实事呢!不信?!来!六月来看1哥,1号店。

都别装:要搞促销,就促全年。生日会搞个噱头玩假摔,没劲!要玩降价,就降彻底。0元购把用户当计算器,没劲!六月只在国美最巅峰!

都别吵:口水仗,没意思!休养生息?没门!玩假摔,没意思!退出价格战?做梦!6.3图书第一枪!6月,逆袭战!

别吹:你们价格再低我们都"贵就赔",你们速度再慢我们都"闪电送"。对了,六月,易迅全场商品价格举报有奖。别躲哦,我等你!易迅网。

比价:你见,或者不见我,我就在那里不悲不喜;你跟,或者不跟我,我就在这里不急不躁;你比,或者不比我,它就在那里不躲不藏。六月亚马逊比价,一如既往。

真别扭:去年一旁看忽悠,今年你们还忽悠。可惜凡客不卖拐。别脱了!虚头巴脑没意思,底线到底在哪里。对不起,我来晚了,凡客诚品6月真心大促销,等你来!凡客诚品。

(六) 社会文化

广告作用于社会,形成文化,并进一步影响文化。"广告对于我们社会生活的影响更以其特有的文化张力全面参与了社会生活的建构,并且因其覆盖了我们的生活方式,改变了我们的文化形态,影响了我们的价值观念,成为了当今社会生活活动的风向针、时尚潮流的流行图谱甚至当代人的知识谱系。"[①]2013年,聚美优品80后创始人陈欧"我为自己代言"广告引发热议。以下是"陈欧体"文案。

你只闻到我的香水,却没看到我的汗水。

你有你的规则,我有我的选择。

你否定我的现在,我决定我的未来。

你嘲笑我一无所有不配去爱,我可怜你总是等待。

你可以轻视我们的年轻,我们会证明这是谁的时代。

梦想,是注定孤独的旅行,路上少不了质疑和嘲笑,但,那又怎样?

---

① 刘泓.广告社会学论纲——关于广告与社会互动关系的阐释[J].福建师范大学学报(哲学社会科学版),2006(3):188-194.

哪怕遍体鳞伤,也要活得漂亮。

我是陈欧,我为自己代言。

相较于之前陈欧为自己产品代言的广告而言,这次广告词规避了纯粹的产品宣传,而是配上了工作潜规则受挫、考试录取、恋爱告白等画面,还原一个个年轻人在质疑声中的奋斗经历,整个镜头给人带来一种激情澎湃的正能量。

由于"陈欧体"与当下年轻一代产生强烈共鸣,各种模仿版本流传开来,以下是湖南某高校版的代言。

你只嘲笑我的校名,却不知道它也是一本。

你有你的星城,我有我的110。

你否定我的努力,我决定我的未来。

你嘲笑它遍布草莓田和油菜花,不配浪漫。我可怜你总是挥霍真爱。

大学,是注定孤独的旅程,路上少不了质疑和嘲笑,但那又怎样?

哪怕每天六点早自习,也要活得漂亮。

我在湖南×大,我为自己代言!

阅读材料2-1

创意的三驾马车——产品、受众和品牌

有能力的创意人员,不会认为他的工作只是做一则或一套广告,他一定会下功夫去了解影响产品销售的其他因素。

在我认为,做广告最伟大的成就是使人信服;而没有任何东西比产品本身更能说服人。

消费大众并不真正知道自己要什么。直到那些创意以商品形式呈现在他们的面前。如果他们能事先告诉你自己要什么,今天就不会有轮子、杠杆,甚或汽车、飞机和电视的出现。

——李奥·贝纳

如何在市场环境下产生具有销售力的成功的广告创意?

这是广告实施过程中一项最重要的任务。

多年来,我们已从李奥·贝纳公司对广告的系统分析中吸收了不少成功创意的经验。

几乎每一次成功的广告运作,都显示出了广告表现方法和创意灵感的重要性。

一般而言,广告通过创意展示一定的品牌形象,将产品与大众联系起来。如果我们想提升某一广告的创意水准,可以从以下几个方面考虑。

针对产品,我们的竞争优势在哪里?

针对目标群体,我们的创意是否吸引人?是否受到关注?

针对品牌,我们的广告创意能树立起品牌形象吗?

通常这三个方面在实际情况下只有某一个能成为侧重点。有时明显要以产品为主

导,有时则要依赖于目标群体,有时却要侧重品牌。若想在市场环境下产生成功的广告创意,把握侧重点是非常重要的。

第三节 文案诉求方式

广告诉求的历史可追溯至20世纪初至50年代的产品推销时期,以约翰·肯尼迪、克劳德·霍普金斯、阿尔伯特·拉斯克尔等广告人为代表的硬性推销派强调广告必须说明销售理由和购买理由,主张以理服人,从而奠定现代广告的理性诉求;同一时期,以西奥多·麦克马纳斯、雷蒙·罗必凯为代表的软性推销派则强调广告要创造情感氛围,用间接的提示和委婉的手法发挥广告的说服力,主张以情动人,从而奠定了现代广告的感性诉求。

在硬性推销派基础上发展而来的科学推销派,以罗瑟·瑞夫斯提出的USP理论为典型代表,强化了硬性推销派的"理由",从而提炼出"销售主张"的全新概念,并日益从产品的"销售主张"转化为品牌的"销售主张"。因为品牌这一高度抽象符号的介入对"人性"的强调,日益消解了产品的"物性",从此,瑞夫斯USP理论中的"销售主张"的"硬性"色彩被淡化,转化为"卖点"。广告诉求由此也获得了另一个称谓——"卖点"。

文案是做广告的基础,广告史上涌现的著名广告人绝大多数是作为文案人员出现的。循此思路,文案诉求可分为理性诉求、感性诉求。

一、理性诉求

理性诉求的核心要义是"以理服人",即是通过讲道理,摆事实的方式强调产品、服务及品牌带给消费者的好处。理性诉求可分为道理型诉求和事实型诉求。道理型诉求诉诸理性思维,可细分为认知性、普及性、竞争性诉求;事实型诉求诉诸客观真实,可细分为品质性、功能性、事件性诉求。

(一)道理型诉求

道理型诉求晓之以理,注重事物规律的说服,事实依据的呈现。

1. 认知性诉求

认知是人认识外界事物的过程,或者说是对作用于人的感觉器官的外界事物进行信息加工的过程,它包括感觉、知觉、记忆、思维等心理现象。由于经验范围的有限,人类对事物的认知是一个渐进的过程,甚至出现认知的偏差而自己浑然不知。广告的目的是力图说服消费者改变某些固有的认知,建立对产品、服务及其品牌的全新态度,促成销售。

宝洁的舒肤佳自1992年进入中国市场,一直采取认知性诉求,通过一系列广告,一直引导儿童养成良好的卫生习惯,"从娃娃抓起",以推广其"舒肤佳,健康为全家"的核心概念。

哇！小蘑菇长得真快。菌类在温暖潮湿的环境里长得特别快。那我们身上也会长蘑菇吗？不会啦，洗一洗细菌就没有啦。你只说对了一半，其实细菌会很快再长出来的。啊……我们来做个试验。普通清洗，三个小时后细菌繁殖了100倍。细菌会导致感冒、腹泻和某些皮肤问题。啊……那怎么办？

用全新舒肤佳，不但除菌，还能在皮肤表面形成保护层，抑制细菌再生，保护一整天。用有保护层的舒肤佳，身体更健康。小蘑菇不会长出来啦！耶！中华医学会验证，全新舒肤佳，保护多一层。

这则广告用形象化的手法，将"小蘑菇"比喻成"菌类"，并用试验的方式呈现"细菌"的超快繁殖能力及其对健康的危害，将"使用舒肤佳洗手能够有效除菌保护"这种认知传达给孩子，引导孩子养成勤洗手的好习惯。

2. 普及性诉求

普及是指通过呈现使用某产品、服务及品牌的消费者数量、销量，间接强调其市场领先地位和良好的口碑效应。普及性诉求背后隐含的是人的从众心理。从众是指个人受到外界人群行为的影响，而在自己的知觉、判断、认识上表现出符合多数人的行为方式，表现为趋向性。

宁波的方太集团专注于高端厨电领域，坚持"专业、高端、负责"的战略性定位，广告以普及性诉求为主，通过权威机构统计的数据，强调连续十年高端油烟机的销量领先，以间接提示方太高端厨电的领导地位。

权威机构统计，方太高端油烟机，2004年至2014年，连续10年销量真正遥遥领先。方太，高端厨电领导者。

同样专注高端，与方太形成对抗性定位的杭州老板集团，则通过强调占市场六成的大风量吸油烟机的销量，并因此感谢消费者的方式，强调老板15年销量的领先地位。

在中国，每卖出10台大风量吸油烟机，就有6台来自老板。"感谢全国人民，让老板高端吸油烟机15年销量领先"。老板厨房电器，精湛科技，轻松烹饪。

3. 竞争性诉求

竞争是市场经济的基本驱动力，适者生存是市场的竞争法则。在国外，广告允许直接竞争，可以直接呈现竞争品牌，并以此呈现自己的竞争优势。《广告法》第十二条规定："广告不得贬低其他生产经营者的商品或者服务。"因此，中国广告是不允许直接竞争的，但并不意味着不能从竞争性方面展开诉求，可采用隐性对比的方式来强调自身的竞争优势。多年来，南孚一直采用竞争性诉求，与普通KK电池对比，突出南孚"1节更比6节强"的超强电量。

底部有聚能环，1节更比6节强

南孚碱性电池采用全新聚能环技术，有效锁住更多电量！经国家轻工业电池质量监督检测中心权威论证，电量可达普通电池6.6倍。玩具车好搭档。

（二）事实型诉求

事实型诉求诉诸真实，注重客观事实的呈现，遵循真实可信的原则。主要包括产品、服务的品质及其功能的诉求以及由此展开的事件性诉求。

1. 品质性诉求

产品的质量是文案诉求的重点,对于一些高卷入度、高科技的产品,诉诸产品带来的科技含量、优异质量往往能给消费者带来强大的利益和价值点。

由乔布斯开创的苹果公司是世界公认的高科技产品公司,设计开发的革命性的iPhone和iPad两大高品质产品引发了全球消费者追捧。以下是苹果的iPhone 5S广告:

> 超前,空前。iPhone 5S敢于构想,缜于思量,更精于工艺。它创造了技术上的可能,更缔造了技术为人所用的典范。它不仅是顺理成章的下一代,更是本该如此的新一代。
>
> 众多尖端科技,在此凝聚。iPhone 5一开先河,将众多令人赞叹的技术融入纤薄轻巧的设计之中。iPhone 5S更进一步,带来了Touch ID指纹识别传感器、64位架构的全新A7芯片、更加出色的iSight摄像头和超快的无线网络连接。
>
> iOS 7与iPhone 5S相得益彰的设计。iPhone 5S是全球首部64位智能手机。iOS 7在设计时便考虑到了这一点,并专门围绕64位架构而打造。这也令iOS 7和iPhone的超前堪称齐头并进。
>
> 只有工艺精湛的保护壳,才配得上工艺精湛的手机。iPhone 5S Case的精密设计使其可与iPhone紧密契合。精选的优质皮革,赋予了它优雅的外观和奢华的气质。色彩协调、触感柔软的超细纤维内衬,尽可能呵护你的iPhone 5S。

这则广告清晰呈现了iPhone 5S的尖端科技以及完美设计,从科技内核到至美保护壳,从内至外让消费者感受到高科技产品带来的高端利益。

2. 功能性诉求

产品、服务满足消费者需求和需要的属性谓之为功能。如果有一项或几项明显区隔竞争对手的功能,那么突出功能性诉求,就能带给消费者较强的利益点。

2013年,OPPO推出全球首款旋转摄像头的智能手机,可206°自由旋转。这一功能成为N1的独特卖点,以下是NI的功能性诉求广告:

> **N1,一转倾心**
>
> N1,一款与众不同的手机。背部触控(O-Touch)、手机遥控器(O-Click)、高通骁龙四核处理器、16/32G内置存储3610mAh索尼电芯聚合物锂电池,基于Android 4.2的Color OS系统。
>
> 有N1,你我都是摄影师。独一无二的旋转摄像头,独一无二的拍照体验。N1的旋转摄像头帮你轻松抓拍最美角度,你的奇妙创意,一转一拍即可实现。

这则文案将"旋转摄像头"转化为消费者利益的"一转倾心",并强调有了N1,普通人也可以成为摄影师。

3. 事件性诉求

事件营销是商业广告的一种市场推广手段。随着竞争的白热化,"广告需要事件营销"已成业界共识。从策略上看,事件营销主要有两种,一是借势,即借助热点事件推广自身;二是造势,即创造有价值事件推广自身。以下是苹果 iPad Air 的广告:

我们读诗写诗是因为我们是人类的一分子,而人类是充满激情的。

没错,医学、法律、商业、工程,这些都是崇高的追求,足以支撑人的一生。但诗歌、美丽、浪漫、爱情,这些才是我们生活的意义。

惠特曼曾写道:"呵!自我,呵!生命!这些问题总在不停出现,毫无信念的人群川流不息,城市充斥着平凡……生活在其中有什么意义?呵!自我,呵!生命!答案是……因为你的存在,因为生命和个体存在,因为伟大的戏剧在继续,因为你可以奉献一首诗。"

因为伟大的戏剧在继续,因为你可以奉献一首诗。你的诗是什么?

iPad Air 被定位成一款通向梦想的工具,这则广告极具人文和艺术气息,以诗意的反问"你的诗是什么?"为品牌造势,邀请消费者用 iPad Air 分享"你的诗篇",在其官方网站则详尽展示了 iPad Air 应用于医学、法律、商业、工程各领域的诗篇故事。

2013 年 12 月 31 日,新浪微博上有网友发布了一条翻拍妈妈年轻时照片的长微博,以深情的文字表达,配以母女惟妙惟肖的神情,戳中许多人的泪点。OLAY 借势这一温情事件,在新年推出以下暖心文案:

不知道从什么时候开始,妈妈脸上多了岁月的细纹,却少了笑容,可能是因为我们忙着生存,忙着竞争,忙着被责骂,也忙着联系一个人,才会让妈妈觉得,我们忙着离开她。我们也学会说谎。骗妈妈我们吃饱了,穿很暖,一切顺利,有空就回去。还好,我们也懂得表达——用泪水,用笑容,献给最美的笑容。

在 2014 农历新年前夕,玉兰油借势这次充满正能量的"献给最美的笑容"网络事件以推广其 OLAY 私人定制版新年礼物。

二、感性诉求

感性诉求的核心要义是"以情动人",即是通过感情渲染、情绪撩动的方式,强调产品、服务及品牌带给消费者的心灵震撼,引发情绪反应,展现人性关切,传达无形价值。感性诉求涉及人类的情感和情绪反应,内涵丰富,可细分为亲情、爱情、友情、同情、思乡情、爱国情,以及另类的激情和综合各类情感的温情等八种类型。

1. 亲情

亲情是表达血脉相连的情感,可分为母子(女)情、父子(女)情、手足情、祖孙情等,尤以"母爱"、"父爱"为甚。

2011 年,腾讯 12 周年品牌形象广告以母子之间近距离的隔膜因为远距离的 QQ 沟通而拉近了母子情,升华了"弹指间,心无间"这一主题。

她,是我最亲近的人。但也许,正因为相距太近,反而有了距离。那个时候,我好想逃开,我终于实现了这个愿望。有一天,她突然在 QQ 上出现。当与她相隔在地球两端,我才逐渐读懂生活、读懂她。对她的思念,因为距离而不断放大;对她的偏见,因为距离而消失不见。距离远了,心却近了。爱,突然变得清晰;唠叨,变得动听。不论母亲离我有多远,弹指间,我觉得,她就在身边。

弹指间,心无间 12年相伴,腾讯

这则广告以母爱为主线,强调弹指间十二载,腾讯始终相伴左右,即便身处天涯海角,心始终无间的品牌诉求,塑造了腾讯有效地拉近人与人之间距离的品牌精神。

2. 爱情

爱情是人与人之间的强烈的依恋、亲近、向往,以及无私专一并且无所不尽其心的情感。

多年来,铁达时手表围绕广告主题"Time is Love",多角度多人物多层次展现"时间与爱情的关系",20世纪90年代巨星周润发、吴倩莲为铁达时表定下的"不求天长地久,只求曾经拥有"的爱情誓言,成就了华语广告史上难以逾越的经典之作,21世纪以来,铁达时的爱情路线沿袭不变,在2010年、2011年接连推出了长达数分钟的电视广告,分别讲述恋人的心事以及杂货店的三年情愫。2012年圣诞之前,铁达时的全新电视广告再度宣告上线,向观众呈现了一个更加经典、浪漫的"百年之约"的爱情故事。

我的职业是婚姻合约登记员,这个地方的法律是只有结婚,没有离婚,而结婚可以选择年期,约满可以再续。有一对老夫妇我已经见了他们三年,我不懂他们为什么不干脆续个十年八年,反而要在一起这么多年后,一年一年续下去。老先生说老太太患上严重痴呆症,她对时间的观念都混乱了。老先生决定每年再追求她一次,再向她求一次婚,每年都记得要开心一次。(女:好浪漫呀!你会这样对我吗?男:你说呢?)但慢慢地,我看到更多人为年期而吵架,为小事而不再续约。在工作的时候我很公事公办,但我越来越迷糊,两个人一起的时间,中间的意义。(男:时间差不多了。女:那你努力工作吧!)每天我穿梭的街道好像差不多,每对有期限的婚姻也好像差不多,直至今天……老先生居然说要订一百年的约,我的第一个一百年。我忍不住问为什么?(老先生:医生说她剩下的日子不到一年,我想预约她的下辈子。)我听到他们这番说话,突然好想放下所有东西,马上去找你。(男:小彤、小彤,我想给你我的答案——我愿意。)

时间就是最好的合约——铁达时

这则广告,比起此前广告片呈现的少男少女的猜心游戏以及杂货店小姐和百货店男孩若有若无的暧昧情愫来看,这一次触及到"婚姻问题"的爱情故事显得更为成熟,加上张学友《爱是永恒》的背景音乐也让故事情节足够煽情,爱情结下百年之约的硕果,弥足珍贵。

3. 友情

友情是泛指朋友之间存在的感情,是人与人在长期交往中建立起来的一种特殊的情谊。

2012年,腾讯为自身品牌打造的形象微电影《兄弟》延续了2011年"弹指间,心无间"的品牌主张,情感线索由去年的亲情转移到友情身上,讲述从小在一起的兄弟玩伴长大后继续追随梦想的故事。

为什么我们会是兄弟?因为大家的梦都长着一对翅膀,谁都不知道天高地厚。那年,没一个人飞起来,各自奔天涯。多年以后,发现想要起飞,可我的目光是地心引力。在这个世界上总有人提醒我,永远不要停飞。兄弟的支持,变成我的坚持。我一次次迫降,就一次次被加满能量。地心引力不再大了,天也不再高了。青春呼啸而过,他们却一直在那里,守护着少年的友情。弹指间,兄弟永远肩并肩。

弹指间,心无间——腾讯

这则广告描述一群共同有着飞翔梦想的少年成为情同手足的兄弟,虽然生活让他们各奔天涯未能实现飞翔的梦想,但腾讯让彼此的心离得很近,梦想总在鼓励中起飞,兄弟肩并肩,心无间。

4. 同情

同情是指对他人的苦难、不幸会产生关怀、理解的情感反应,在广告中更多是表达对弱者和不幸者的怜悯之情。

"一小步幸福计划"是飞利浦(中国)在2011年推出的社会公益项目,旨在通过该项目吸纳更多社会公众力量,通过你我一小步的努力,成就更多贫困儿童的幸福。

爱心校园行早餐篇

幸福,是什么?12:00,今天的第一餐。幸福,就是有早餐。他们的幸福,也许只是你我的一小步。

爱心校园行读书篇

幸福,是什么?幸福就是可以读书。他们的幸福,也许只是你我的一小步。

爱心校园行喝水篇

幸福,是什么?贵州思南地区,因为水质,许多人感染了疾病。孩子们的饮水得不到保障,有的一天喝不到一口干净的水。一小步幸福计划,致力于帮助贫困山区的孩子,改善他们的生活环境。他们的幸福,也许只是你我的一小步。

爱心医疗站篇

幸福,是什么?我在这儿工作了十多年,由于我们这个地方是太穷了,眼看好多病人没有钱治,甚至连生命都失去了,心里面感觉到很愧疚。生病了能够到他们身边,他们感觉到很亲热,实际上就觉得有希望。哪怕有一颗药啊或者是打一针啊,能够给老百姓化解一些疼痛,甚至能挽救生命,我很高兴。如果能够帮助这个小孩,小孩能够像常人一样健康活泼成长,我也很高兴。幸福,就是生病时能有医生。看到老百姓一天一天好,感觉到幸福。1个医生,15个村庄,3000多个村民。他们的幸福,也许只是你我的一小步。

飞利浦秉持"精于心,简于形"的品牌承诺,强调以人为本。该系列广告,以震撼性的画面,朴实的文字,让人深受感动,间接体现出飞利浦的社会责任感。

5. 思乡情

思乡情是指对故乡、故土的人物、景物或往事的追忆、怀念。以返乡、团聚为主题，以亲情为主线的思乡题材表达游子思乡、恋乡的情感，成为节庆营销屡试不爽的情感牌。以下是肯德基以思乡情为题材的全新产品广告。

藤椒麻香双层鸡腿堡思乡篇

习惯了这里的节奏、工作、生活，还有这里的气候，但还是想念家乡的味道。肯德基采用地道工艺特制藤香麻香翅、藤椒麻香双层鸡腿堡，清新椒香，给你回味悠长的家乡味。

肯德基藤椒系列全新上市。

双椒双层鸡腿堡思乡篇

记忆里家乡的味道就是双椒的鲜辣和清香。不管在哪里，双椒的味道都留在心里。肯德基将地道双椒层层融入双层鸡腿肉，全新双椒双层鸡腿堡，午餐套餐16元。

肯德基严选优质鸡肉！

两则广告以游子思乡情为基调，从女孩的思乡情结切入，将双层鸡腿堡赋予家的味道，温馨暖人心。

6. 爱国情

爱国情是指表达强烈的爱国、爱党、爱人民情感，是对自己祖国的一种深厚感情。《广告法》第七条规定："广告内容应当有利于人民的身心健康，促进商品和服务质量的提高，保护消费者的合法权益，遵守社会公德和职业道德，维护国家的尊严和利益。"商业广告虽不能直接出现以表达爱国情为主题的题材，但可以借势爱国情，以某一关注的爱国事件为基点，巧妙传达广告主题。

借势爱国情，国产汽车荣威W5于2012年确立"丈量边关，致敬英雄"广告主题，并借此展开一系列以爱国情为基调的广告活动。在2012年钓鱼岛事件的敏感时期，荣威以"绝不退让"的主题配合指代鲜明的文案，将荣威W5的爱国心提升到了极致。（见图2-2)以下是系列平面广告的文案：

960万平方公里，没有一寸是多余的

有一种决心，叫做绝不退让

英雄从不退让，无论是81年前，还是今天

6.344和960万同样神圣

什么都可以跨越，除了底线

这是你的出价，也将是你的代价

有些时候，绝不退让，已经是我的宽宏大量

不必拥有一辆中国车，但必须有一颗中国心

中国的版图，容不下他人的企图

图 2-2　荣威 W5 广告

这一系列平面作品以抢眼的标题,大气的排版构图,字字显得铿锵有力。非常时期,不仅把"绝不退让"的铁血豪情发挥得淋漓尽致,还将荣威的爱国心提升到了极致,与产品定位衔接恰到好处。

7. 激情

激情是一种强烈的情感表现形式。往往发生在强烈刺激或突如其来的变化之后,具有迅猛、激烈、难以抑制等特点。近些年来,"激情"一词的本义正在演变为一种以性、秀色为取向的另类激情。广告界流行的"3B"原则(beauty——美女、beast——动物、baby——婴儿)仍然是广告引起注意屡试不爽的法宝。因为以此为表现手段的广告符合人类关注自身生命的天性,极容易赢得消费者的注意。使用此类激情题材的广告要注意一定尺度,不能乱了方寸,陷入情色广告的泥沼。

2012年,网易门户正式发布了全新"有态度"系列品牌广告,以"激发每个人思考,态度就在你身上"为品牌理念,延续门户有态度的品牌定位,6支平面广告以超近视距的身体敏感部位特写来表现存在于每个人身体上的人生态度,并发布以黑白为色调的影视广告。每一支广告对应的文案如下。

　　不盲从才能看得更清楚
　　慎言多思
　　有重点才能一针见血
　　扛得住压力,顶的起真相
　　不为博眼球,只要近人心
　　良心是态度的核心
　　要深入才有重点

该系列广告以裸体的男女敏感部位为激情要素,以极强的视觉冲击力,表达网易"态度在每一个人身上"的主题,以恰到好处地遮挡敏感部位留下无限遐想空间,刺青的风格非常贴近网民表达立场、态度的心理。

8. 温情

温情是指人与人之间温馨真挚的感情,令人感到温暖。温情更多是一种基调,其中穿插亲情、爱情、友情等各种情感,旨在营造温暖的人性氛围,让消费者感受温暖。

"至爱品牌"理念是著名广告公司盛世长城观察人与产品、服务和公司之间关系的一种独特视角。盛世长城认为"至爱品牌"是"能让人们无理由忠诚于其产品、服务或者公司"的品牌,这不是商业工具,这是一种内心情感的联系。秉承这一理念,盛世长城为味千拉面塑造的至爱"温情",与广告主题"这一碗让心里好满"交相辉映,让人倍感温馨。

  小时候,爸爸常常给我做拉面。最开心的就是他看着我吃面。后来他越来越忙,忙得再也没有时间给我做面,我开始偷偷生他的气。直到有一天终于离家出走,我没想过去哪儿,却不知道走回去。我害怕极了,我怕爸爸把爱分给了别人。我错怪了他。
  "回到家喽。""好不好吃?""好吃!"
  这一碗,让心里好满——味千拉面

这则广告配以温暖的文字,以父女情为主线,室外风雪天的寒冷与室内爸爸做的那一碗热气腾腾的拉面形成强烈反差,温情让女儿感动——这一碗,让心里好满。

下面这则广告,仍然延伸的是温情路线,表现的是人们品尝热气腾腾的拉面时那种满足感,以温暖的场景与配音,传达出味千拉面满满的"温暖"带来的美味享受。

  厨房,是美味的源头。美味,需要秘制的灵感。当世界越来越大,如何将传统厨房的秘制熬煮,能在二十一世纪的今天与更多人分享?我们需要一个更大的厨房(中央大厨房)。味千拉面,与日本大型一流拉面企业做法保持一致,统一采用中央厨房系统,从原料挑选、分割、迅速脱骨出味,到高温酶解、过滤、真空浓缩,都严格执行温度和时间的控制,最大化萃取骨中的营养化配比,牢牢锁住骨汤营养,与传统厨房熬煮相比,在精确保留每一碗骨汤美味营养的同时,也更加保证了骨汤的食用安全。在中国,每天都有十万碗味千拉面被售出。在世界,每天都有无数消费者分享到更多拉面美味。这一碗,让心里好满——味千拉面。

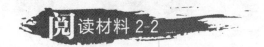

许舜英的时尚广告学

  许舜英是一个广告人,也是一个品牌。她原本是台湾意识形态广告公司的创始人,很多人通过她为台湾中兴百货做的一系列平面广告而认识她,并把她做广告的方式命名为"意识形态广告",因为她的文案总是"带有强烈的态度"。

  1998年,中兴百货春装上市,一个叫做"书店篇"的平面广告上写着:

  有了胸部之后,你还需要什么?脑袋!到服装店培养气质,到书店展示服装

  不得不承认,这种交叉策略即便到今天可能也是有作用的。

  2008年,许舜英在上海成立垂直创意公司——奥美时尚,旨在通过时尚思考去帮助品牌找到一些影响消费者的角度,或者呈现品牌的手法。换言之,这其中不仅仅涉及一两则广告创意,而是正如现在流行的说法:对客户品牌目前的定位和整体的包装。

  "接触客户时会先进行一个全方位的诊断,从诊断中得出一些策略性的思考。"这是

奥美时尚的创意策略，许舜英频频提到为时尚企业建立视觉系统，比如门店形象，甚至是包装手法。"这些不是我以前做的一些炫的广告，或者文案，我是在一个系统层面去接触客户，必须要有对消费文化和消费现象的洞察。"许舜英说。

许舜英认为任何一个产业和品牌都需要被时尚化。时尚与其说是一个行业，不如说是一种表达方式。

三、诉求方式的运用

（一）以理服人促产品

理性诉求是挖掘有形产品和无形产品的物性并强调"物性"带给消费者的"人性"价值。因此，理性诉求能够有效促进产品的销售。以天猫、京东等为代表的电商网站分页面、分层次、分区域、全方位展现产品的物性，并在此基础上进一步挖掘产品物性带来的"人性"价值：使用评价、证实证言、试用体验，通过理性信息劝服消费者购买。

空付（KungFu）是支付宝于2014年推出的一种全新支付方式。通过扫描授权、设置限额，可以赋予任何实物价值，之后就可以该实物来完成支付。以下是支付宝将推全新支付产品"KungFu"空付广告。

现代化的支付方式已经遍布我们的生活，几年前我们还在用现金结账，而现在我们已经可以使用手机钱包，来取代现金和银行卡。在真正的互联网时代，我们每个人都可以成为中心。正是基于这样的考虑，我们推出了这个革命性跨时代的新产品。我们管他叫"KungFu"。

在功夫里有种境界叫"手中无剑，心中有剑"，你可以选择任何的实体实物，去赋予他在互联网世界中的身份和价值。扫描需要授权的实物，接着设置支付的金额上限，完成后，即使你空着手也可以到处空付了，你能想象比这更有效的支付方式吗？

考虑设计"KungFu"的时候，实现精确的识别匹配是我们的首要任务。KungFu技术包含两个部分：APR以及IRS。APR可以识别像素级的极小特征，IRS系统会根据APR技术解析后的信息，去追溯匹配在云端加密存储的个人支付账户，最终完成支付。

我们在测试中还发现，进行KungFu设置的时候，人体肌肉的非正常扭曲，可以将识别时间从1~2秒缩短到0.3~0.5秒。

当你可以使用你的宠物来支付的时候，你知道你的工作是多么有价值。你可以选择任何东西空付，这真的非常酷。

没有什么比这种新型的支付方式更能让我兴奋的了，我们很高兴KungFu的时代已经到来了。（KungFu空付：支付宝，知托付）

这则广告以技术人员对空付的技术性理性阐释以及由此带给消费者无处不在的"空付"体验，让消费者对"空付"充满期待。

（二）以情动人塑品牌

感性诉求是挖掘产品、服务的价值属性，提炼产品、服务的"人性"，以此展现人性关怀，传达无形价值。因此，感性诉求是塑造品牌的有效途径。以下是大众银行的广告：

母亲的勇气篇

一个老妇人因为携带违禁品，在委内瑞拉机场被拘捕了。她是一个中国台湾人，没有人认识她。她告诉他们这是一包中药材，她是来这里炖鸡汤给女儿补身体的。她女儿刚生产完，她们有好几年没见了。

蔡英妹，63岁，第一次出国，不会英文，没有人陪伴，一个人独自飞行3天，3个国家，32000公里，她是怎样做到的——坚韧、勇敢、爱。

不平凡的平凡大众——大众银行

梦骑士篇

人为什么活着？为了思念，为了活下去，为了活更长，还是为了离开……5个台湾人，平均年龄81岁，一个重听，一个得了癌症，3个患有心脏病，每一个都有退化性关节炎。在"去骑摩托吧"的灵感感召下，6个月准备，1139公里，从北到南，从黑夜到白天，只为了一个简单的理由——梦。

不平凡的平凡大众——大众银行

马校长合唱团篇

马大山先生，他不会乐器，不懂乐理，但他有个合唱团。15年来他坚持每天放学后，教孩子们唱歌，他像父亲一样用歌声教他们长大。他对孩子们说，你能唱出那么美的声音，就表示上帝对你与众不同，你也要爱你的与众不同。那个大日子，孩子们吓坏了，校长告诉他们，闭上眼睛，张开嘴巴，只管唱出身上的你自己。这一天，他终于让天使相信，自己就是天使。关注陪伴相信。

不平凡的平凡大众——大众银行

以上广告，通过三个平凡人的不平凡故事传达出平凡大众的不平凡：一是为女儿炖鸡汤而远渡重洋的老妇人；二是为追逐年轻梦想不惧病魔的老年人；三是为合唱团唱歌用心传授的马校长，他们塑造出了大众银行"服务不平凡的平凡大众"这一品牌形象。

（三）情理交融为沟通

理性诉求的要点在于以近乎白描的手法，通过摆事实、讲道理的方式作用于人的理性；感性诉求的要点在于以接近人性的表达，通过无形价值的挖掘和人性关怀的强调作用于人的情感。各有优劣，因此，在文案创作过程中，往往通过加合、融合、交叉等方式将理性与感性结合，情理交融，从而形成综合性诉求，其目的是促进产品、服务及品牌与消费者的沟通，建立良好的关系。以下是公主邮轮广告（见图2-3）：

作为全球第三大邮轮公司，公主邮轮（Princess Cruises）携手上海麦肯（McCann Worldgroup）开启主题为"公主礼遇点亮旅程"2014年中国启航广告宣传活动。

为什么你会钟情于公主礼遇？因为学习与快乐的同行，因为惬意与英式下午茶的相遇，或是因为品尝曾属于政要精英的国宴，还是因为繁星下的荧幕星光？最美的记忆，在海上。登陆公主游轮，发现更多钟情旅游。欢迎畅享公主礼遇。

图 2-3　公主邮轮公主礼遇

这则广告尽情展示了公主游轮上的美好体验，其优美的配音与情理交融的文字让人"礼遇"感同身受。

第四节　文案的风格

文案是一种纯文字的艺术表达，它与音、图、画、像协同，形成丰富多彩的广告作品。风格的形成是长期塑造的结果，也是间接展现不同广告人写作魅力的窗口，亦是消费者识别不同品牌的沟通方式。

一、文案风格的概念

文案风格是指在整体广告策略的指导下，围绕广告主题形成的独具特色的文字表达方式。文案风格优劣的评判至少应考虑以下三个要素：是否能够鼓励消费者积极参与进来，从而激发各类模仿体；是否能够促进文案主题的表达，从而激发消费者兴趣；是否有足够的感召力，从而激发消费者行动。

二、文案风格的类型

有研究者指出："广告文案的风格可分为五大类型：雄健豪放型、沉稳老成型、柔情婉约型、平实质朴型、幽默诙谐型。"[①]我们结合新媒体时代媒体融合后形成的平台属性，认为在新媒体语境下，新媒体平台的数字化和互动性，文案风格既传承了传统媒体时代的特性，又具有新媒体平台的独特个性。具体可分为：强劲有力型、婉约动心型、文艺诗意型、卖萌可爱型、个性张扬型。

1. 强劲有力型

此类文案往往给人以力量，激发人性，强而有力。以下是林丹代言的英特尔广告：

---

① 杨先顺,陈韵博,谷虹.广告文案写作原理与技巧[M].3版.广州：暨南大学出版社,2009.

每一处印记,都是男子汉的勋章。
每一处印记,都源自内心。
致我的外婆,我内心最温暖的必杀武器。
致我的过去,留下赢的荣耀,是为了记住输的历练。
致我的另一半,你无私的支持是我内心最大的幸福。
致我的未来,即使放下球拍,依然还是林丹。
致我的信仰,直到世界尽头,我的信念与热爱永不改变。
你看到的不再是林丹,是林丹的内心。
INTEL:Look inside

在英特尔"Look inside"campaign 中,这支最新广告片邀请到了羽毛球界王子林丹代言,展现夺得过18次世界冠军的强者之内心世界,以强有力的文字阐释英特尔看不到但感觉得到的内部力量——强者的力量从何而来？请 Look inside!

2. 婉约动心型

此类文案往往诉诸人性,细腻真切,触发真情实感,委婉动人。

美即面膜,倡导全新的"女性休闲主义"生活方式,其广告以细腻的文字倡导都市白领"停下来,享受美丽"的主张。以下是美即面膜的两则广告:

美即木马篇
时间就像一弯流水,不经意地流走,不变的生活,重复的轨迹。一天24小时,你有多少时间留给自己？停下来,享受美丽！——美即面膜

美即滋养篇
时间,润物无声,15分钟,静享深度滋养,the magic moment(美即时刻)!
美即面膜,停下来,享受美丽！

美即以细腻的文字,寥寥数语,清晰勾勒"时间"带给女人的"意义",阐释时间带给女人的忙碌,主张女人停下来享受属于自己的15分钟面膜时间,带来的美丽、滋养。

3. 文艺诗意型

此类文案注重以一种艺术的方式,对于现实或想象的描述与自我感受的表达。它可以营造意境美,给人以愉悦的氛围。

李欣频以文艺、诗化的文字影响了广告文案界,被誉为华语世界"文案天后"。至今出版了27本畅销书,其中多本书名列畅销书排行榜前列。李欣频为台湾文化地标——诚品书店撰写的文案如下:

诚品西门片场消费指南
——欢迎依喜好自由运镜,剪接您的满足感

场景一/3F:到书店去找自己下一部剧本——以包罗万象的书籍,文化商品为创意剧本,供给您自编自导,下一阶段独一无二的生活大戏……

场景二/2F～1F:人生如戏,流行的星探们提前张罗下一季演出的行头——以国内外知名品牌服饰,提供最时尚的戏服选择,让您在自我的生活大戏里,扮演最出色的明星风采……

场景三/B1：依气温更换生活布景，寻找家的创意新道具——提供高品质及设计感兼具的时尚用品，构筑您生活大戏里每个重要分镜中的品味场景……

　　场景四/B2：胃和楼下的美食片约不断，永远的食物恋——美食、咖啡、芭比的盛宴、巧克力情人的电影食谱，具体而为。一场嘴与鼻的食欲对白，全天候热腾上映中……

本则文案的创意亮点是将书店看成艺术影片的创作过程，以影片创作的场景精彩呈现诚品不同楼层消费指南，营造出诚品为艺术及生活的品位，主标题与副标题很好地诠释了产品的利益点，并与消费者建立了关联。以"运镜"、"剪接"为关键词，鼓励消费者在诚品各取所需，获得满足感。语言表述生动形象，又不失品位。

4. 卖萌可爱型

"卖萌"一词经由网络平台不断扩散，一般指"刻意显示自身的萌"。此类文案注重展示自己可爱或者憨囧的状态，营造轻松可爱的基调，给人以友爱。试看易迅网平面广告：

　　2013年过去了，我很怀念它：永远上不了头条的汪峰，一直放弃治疗的假日办，一直不曾放弃的土豪梦……这些离我都很远，但所幸我身边有一群极品，他们让我的人生更温暖。

　　Story 1：我的极品老婆

　　爱妻原则：老婆用苹果，我只吃苹果。本人乡土气息太浓，只适合吃杂粮，比如小米……但小米太抢手，就光买了个小米盒子……结果是，电视也没我的份儿……

　　老婆也有温情的时候……（老公！来，喝苹果汁！还给你买了5袋苹果，反正6袋是我的嗒！）比如晚上加班回来给我榨个果汁……在易迅，卖出的229882台苹果手机成了无数男女扮白富美装高富帅的利器；90461台小米盒子让无数屌丝看到了他们想看的东西。2014，易迅与你一起加油！

　　Story 2：我的极品萌娃

　　2年后，我们终于有了娃……但每天开口不是唱"爸爸去哪儿"，就是要喝奶，奶粉一个月喝10罐，坑爹啊！"爸爸的画像"，自从有了iPad mini，娃就爱上了抽象画，比本人长得抽象多了……但抓周的时候，娃却一手抓起相机，这是一个被"数码化"的萌娃时代……在易迅，465937罐奶粉解决了成千上万个萌娃的温饱问题；207091台iPad mini成了他们的最佳伴侣；130253台相机记录了无数个家庭的温馨时刻。2014，易迅与你一起加油！

此一广告以插画式的风格，配以卖萌文字，让人感受到2013年易迅带给网友的温暖，并巧妙传达易迅在2013年的表现，期待2014与你一起加油。

5. 个性张扬型

此类方案注重个人化的语言表述，是个人化情感的倾泻与突显。通过独立独行的文案风格，给人以强烈冲击。试看陌陌广告文案（见图2-4）：

广告文案

我的眼睛就是我的镜头。我用眼睛,看这个世界的不寻常。我爱狂妄得像一条疯子,我爱扮演性饥渴者,我爱过期不变质的暧昧,我爱激光枪坦克车的儿童式杀戮,我爱看见你爱上他,我爱沸腾的冒险。在这样的时空里,我愿意把更好的给你。我是狂热摄影师,我是编号223。

你不停在八卦,it's ok。你不停在八卦,it's ok。你在网络上骂,it's ok。随便你叫我 bitch,it's ok。你男友把我当女神,it's ok。你不停在八卦,it's ok。你在网络上骂,it's ok。我是说唱歌手,我是呆宝静。

几个无聊的信息,却引来了巨大的影响。热爱街头艺术,却成为了别人的研究对象。一直坚持的态度,后来被人穿在身上。不买衣服的人被误认了是潮人。荒唐的世代,恶作剧,我最爱……我是社会观察员,我是宁死不屈MC仁。

20岁那一年,我拥有了属于自己的第一个刺青,因为我不喜欢被设计的人生。刺青不是时尚,不是另类,不是叛逆和无知,而是一种信仰。总有一天我会证明自己,这一切都是源于我心中有梦,我相信你与我一样。我是有梦的刺青师,我是大飞。

公益需要设计吗?是的。因为我们不希望乡村的孩子,仅仅依靠我们的同情活下去。自由、快乐、尊严,同样属于他们。我们设计有趣的教育活动,和孩子们一道把校园变得更快乐、更好玩、更有创意。在这里,需要你、需要我、也需要他。我是公益创业家,我是安猪。

图2-4 陌陌广告

以上文案通过几个不同职业的人自述内心独白,自成一体,措辞上各有特点却又紧扣主题。表达了一种不管你是做什么的,只要怀揣梦想、从容与坚持,你我都是"陌陌分之一"的品牌理念,给予受众一种强烈的认同感。

三、文案风格的表现

文案风格的表现,从宏观层面而言,是在广告整体策略的指导下完成的,是围绕广告主题展开的艺术化表达。从微观层面而言,文案风格的形成与目标消费者、营造的销售环境以及与消费者的情感共鸣有关。

(一)贴近目标人群

文案风格的表现往往与目标人群有关。"我们应该清楚,我们广告对准的目标受众是目前的购买者和使用者(经常购买使用或是偶然性的)还是非使用者"。[①] 因此,文案风格应贴近目标人群。以下是小米的电视广告文案:

> 我们的名字叫年轻,在追逐梦想的路上,我们不断向前,去探索,去改变,去拼搏,我们的时代来了!小米,为发烧而生。

小米公司正式成立于2010年2月,是一家专注于智能手机自主研发的移动互联网公司,定位于高性能发烧手机。"为发烧而生"是小米的产品理念。整支广告没有出现任何关于小米产品的介绍也没有相关的产品画面,只是以贴近产品与目标消费群"发烧友"的贴心沟通。

(二)呈现销售环境

风格的表现与销售情景有关。文案首先应抓住读者的注意力,并引导消费者进入文案创造、设定的购买环境。对文案而言,销售环境是通过措辞的方式、词语的选择以及表达完整性水平决定的,从而形成自己的风格。2013年,红星美凯龙于7月20日即鲁班的2520周年诞辰日,发起了"我爱鲁班"红星美凯龙·鲁班文化节活动,以下是宣传片文案:

> 你有没有想过2500年前,路不拾遗夜不闭户的真正原因是什么?因为没有路灯什么都看不到,没有门所以想闭也闭不了。可就算是这样寒碜的条件,也不能阻挡中国历史上第一个真正的技术宅改变世界的脚步,他叫鲁班。就像黄帝不姓黄一样,鲁班并不姓鲁,而姓公输。很显然这个姓氏注定在搓麻上是毫无建树的,所以他才会更加专注于发明创造。
>
> 真正对鲁班有所了解的人,一定会惊异于他疑似穿越般的天才创造力。如果他没有发明锯子,你得买多大的房子才能装的下整棵树做的家具;如果他没发明刨子,放在桌子上的咖啡一定会自己流出来;如果他没有发明钻,世界上就只有火车没有地铁;如果他没有发明尺子和圆规,你打算怎么做该死的数学作业。事实上正是鲁班的存在,才使家看起来有了家的样子,包括门、窗、床、桌子在内的几乎所有家具,都是鲁班的创造。如果看到现代家居Mall的繁荣景象,他是该欣慰呢,还是欣慰呢,还是欣慰呢?……

---

① 鹏程,梁岩.大创意——与生俱来的戏剧性[M].北京:机械工业出版社,2005.

广告文案

鲁班发明的云梯，为后来秦始皇统一中国提供了可能，更在很多年后演化成今天的消防必备神器，挽救了无数人的生命……很多年之后，我们将他奉为中国创造第一人，也愿意尊称他为刨客。一个简单的"刨"字，蕴含了那些乐于探索的单纯和执着，也凝聚了他对于现代家具的贡献。历史告诉我们鲁班其实不是一个人，他的身后是千千万万个刨以致创的中国人。今天，我们纪念伟大的鲁班，纪念他刨以致创的精神，纪念他开创了博大精深的中国木文化，更要纪念所以默默付出的中国刨客，是你们让一切变得更好。

    红星美凯龙·鲁班文化节

这则广告以调侃式的措辞将鲁班的秘史一一呈现，不失幽默风趣，其间较好地营造出家居环境氛围，将鲁班的发明与家居结合起来，将红星美凯龙与鲁班建立了较强的关联性。

（三）引发情感共鸣

共鸣理论主张广告创意中针对目标群体通过珍贵的难以忘怀的生活经历及人生的美好温馨的体验和感受等诉求内容唤起并激发目标受众内心深处的情感共鸣，从而赋予品牌特定的内涵和象征意义，建立起目标对象的移情联想，产生互动沟通的传播效果。因此，注重从目标人群的生活经历、人生体验、人生感受入手，唤起共同的情感，形成共鸣的风格，是摆在文案人员面前的重要任务。以下是手机QQ的节日情感宣传文案：

  七夕节——想念不如相见

我们任性地相爱，不肯向距离妥协，忍受分离的孤单，等待相聚的甜蜜。因为我们相信，只是暂时分开，心却一直都在。七夕，想念不如相见。

  手机QQ，只想与你更接近

  中秋节——视频·回家

我们带着梦想，远离了家。努力学说，贴心的话，不多的时间，分给了大家。中秋，是时候把这些留给爸妈，只要一点点时间，见见面，说说话。我们带着梦·想家。

  手机QQ，只想与你更接近

  光棍节——有爱没爱，都不要慌

你没有沉迷旧情，你只是在心中为过往留下了一个柔软的角落。你并非不可亲近，你只是想用坚强的外表掩护自己敏感的内心。你不是只有工作，你只是明白面包之于爱情不是虚荣更是责任。有爱没爱都不要慌，未来很长很长。

  手机QQ，只想与你更接近

互联网早已渗透普通消费者的日常生活中，并与其息息相关，腾讯深谙其道，借助温情以激发情感共鸣，是腾讯全线产品广告的主要基调。本则广告，以人性化的文字，传达的是腾讯手机QQ陪伴在你的节日里，与你同心声。

第五节 撰写创意简报

一、什么是创意简报

在整体广告目标和策略确立后,就需实施、执行广告策略,一般以创意简报的形式简要说明、阐释广告策略应包含的各种要素和环节,以进一步指导创意小组撰写与制作广告。

创意简报[①](creative brief)是指在广告制作过程中对必须考虑的一些重要问题的简要书面说明。创意简报的内容一定要准确、精简且有策略性。阿伦斯认为,一份创意简报应涉及:谁、为什么、是什么、在哪里以及什么时候。

谁?从行为学、地理学、人口统计学、消费心态学的角度来看,谁是潜在消费者,他们有什么典型个性?

为什么?消费者是否具有广告可以针对的特殊需要和欲望?在此基础上,要确立不同诉求,理性诉求针对消费者对产品或服务的实际性和功能性需要;感性诉求针对消费者的心理、社会或象征性需要。

是什么?产品是否具备能满足消费者需要的特性?有哪些因素可以支持产品的承诺?产品是如何定位的?可以或已经为产品或服务创造了什么样的个性或形象?有哪些感知上的优势值得宣扬?有哪些弱点必须处理?

何时、何处传播这些讯息?通过什么媒介?在什么时候、什么地区?

广告活动将采用什么风格?什么手法?什么基调?文案要说些什么?

注意,创意简报是给创意人员看的,其编写同样需要技巧,应简明而深刻,如同写广告一样,实际上,缺乏考虑的创意简报可能产生差劲的创意。

创意简报必须说明准备向消费者展示产品或服务的什么利益,但不涉及实施上的问题,如何表现这些利益则是创意小组的工作。

二、创意简报的写法

创意简报往往反映出广告公司对创意的不同理解,因此,创意简报并没有固定的格式,但创意简报必须体现出策略性。宝洁公司和李奥·贝纳广告公司采用一种简明创意简报,由三个部分组成。

1. 目标说明

具体、简洁地描述广告打算达到什么目的或要解决什么问题。目标说明还包括产品或服务的品牌名称和简要、具体的目标消费者描述。

---

① 威廉·阿伦斯,迈克尔·维戈尔德,克里斯蒂安·阿伦斯.当代广告学[M].11版.丁俊杰,程坪,陈志娟,等,译.北京:人民邮电出版社,2010.

2. 支持性说明

对支持产品或服务承诺的证据进行简要说明,也就是利益的缘由。

3. 基调或品牌特点说明

对广告基调或品牌长远特点进行简要说明。基调说明是对广告战略的短期感性描述;品牌特点说明则是对品牌持久价值——赋予产品或服务的品牌资产的东西——的描述。

文武文在《方法:国际著名广告公司操作工具》中展示了国际著名广告公司的创意简报格式,其中提到智威汤逊公司对创意简报的要求,现择其要点,摘录如下:

(1)从消费者角度来看待一切:写创意简报时,要将自己视为目标消费者,努力想象他们的思想,甚至以他们的方式来表达,通俗易懂,尽量不用广告语言和专业术语。

(2)主要观众是创作人员:如创作人员不能明了你的构思结构,期待达到的方向,那么这已失败,创作人员会费很大劲儿才能找到方向,更糟的是会游离策略。

(3)富有创意:将T计划(智威汤逊的客户简报)生动演绎于生活是很重要的,事实上,它有时被称为广告的广告,运用速写,构思时用照片、模型、电影等任何东西来激发创作灵感。

(4)思维直接简单:无关重要的信息会将消费者弄糊涂,列清单是行不通的,除了撰文,无人更能清楚诉求的重点,因此,创意简报必须短小精悍且准确。

(5)精益求精:创意简报几经修正才可通过,不是无理由的,检查、重写、修改、精减并通过准观众测试,直到发现它已是再好不过了才罢休。

为更好地理解创意简报,本章末附上著名广告公司盛世长城创意简报格式。

ATCHI & SAATCHI ADVERTISING 盛世长城国际广告有限公司
CREATIVE BRIEF 创意简报

CLIENT(客户):	BRAND(品牌):	SWO No.(工作编号):
		Date(日期):

ACCOUNT GROUP (客户部):	CREATIVE GROUP (创意部):	MEDIA GROUP (媒介部):	CONTROLLER (财务部):

JOB TITLE(任务题目):

CAMPAIGN REQUIREMENT(广告计划要求):
Campaign, one off ad, no. of ads(配套广告、单次性广告、版本数目)

THE TARGET AUDIENCE(目标受众): Demographics,Lifestyle,Product(消费者层次类别比例统计): Usage/Attitudes(生活方式、产品使用/感受):	
WHAT IS THE ADVERTISING INTENDED TO ACHIEVE(广告预期达到什么目的)?	
ACCEPTED CONSUMER BELIEF(消费者现有的信念):	
THE SINGLE MINDED PROPOSITION(传达给消费者的单一承诺):	
SUBSTANTIATION FOR THE PROPOSITION(支持单一承诺的论点):	
MANDATORY INCLUSIONS(必须包括的内容): Stockists,Logos,Numbers,etc.(经销商、商标、电话号码等)	
DESIRED BRAND IMAGE(设定的产品形象): Friendly,Sophisticated,Contemporary,etc.(友好、高品位的、现代化等)	
TIMING OF CREATIVE WORK(创意时间表): To Creative Director(提交创意总监): To Account Group(提交客户部): To Client(提交客户):	GROUP ACCOUNT DIRECTOR SIGNATURE(客户部总监签字):

关键词

广告策略　　advertising strategy
文案立足点　copywriting standpoint
文案主题　　copywriting theme
文案诉求　　copywriting appeal
文案风格　　copywriting style
创意简报　　creative brief

思考题

1. 简述创意与策略的关系。
2. 结合具体案例,思考如何从物性、人性、有形及无形价值等方面确立文案的立足点。
3. 根据本章介绍的相关知识,分析产品、服务及品牌文案之间的差异。
4. 阅读文武文《方法:国际著名广告公司操作工具》,思考不同4A广告公司的创意简报的异同。

5. 自选某一电商品牌，为其撰写几则不同风格的品牌形象文案。

推荐阅读书目

1.《大创意——与生俱来的戏剧性》，鹏程、梁岩编著，机械工业出版社，2006年。

2.《广告文案写作教程》，罗伯·鲍德瑞著，许旭东译，上海人民美术出版社，2009年。

3.《文案训练手册》，约瑟夫·休格曼著，杨紫苏、张晓丽译，中信出版社，2011年。

4.《广告文案写作原理与技巧》(第3版)，杨先顺、陈韵博、谷虹著，暨南大学出版社，2009年。

5.《方法：国际著名广告公司操作工具》，文武文，线装书局，2003年。

第三章 广告文案创意

本章任务

1. 对广告创意、经典的创意理论、创意思维方法概念进行识记理解
2. 理清经典创意理论的发展脉络及现代实用性
3. 掌握广告创意思维的方法
4. 深刻领会关于广告文案创作的原则

本章引例

"相信品牌的力量"形象片创意

2007年,中央电视台广告部——"相信品牌的力量"形象片,用有力的声音和超写实的画面给大家留下了深刻印象。

创意思考

"相信品牌的力量"并不是一个新的理念,自2005年中央电视台实施从"频道专业化"到"频道品牌化"的战略,品牌影响力一步步凸显。中央电视台广告部主任夏洪波也曾说过:"在多年与客户的沟通与合作当中,我们有这样一个共识——无论对于企业还是媒体来说,品牌都是最宝贵的资产、最强大的力量。这个力量,不仅是媒体品牌的力量,也是企业品牌的力量,广告公司品牌的力量。媒体的广告经营,就是在媒体品牌与客户品牌之间架起双赢的桥梁。"2005年中央电视台广告部"相信品牌的力量"形象片就是在这一理念基

础上创作出来,利用大量超现实类比,将中央电视台对企业强大的助推力表现得淋漓尽致。时至奥运临近,作为中国国家电视台和2008北京奥运的东道主电视台,中央电视台的品牌力量更是达到了前所未有的高度。因此,新的形象片创作,我们的任务是将"品牌的力量"与奥运精神相结合,使概念全新升级并达到另一高度。

创意策略

在创意中我们整合北京奥运的时机背景,融合体育要素、奥运精神,将创意场景放置于高楼林立的大都市。从目标受众的心理洞察着手,以消费者利益点为表现主体,大量运用超现实的类比手段,将城市场景与赛场交叉对比:斑马线与跨栏闪叠,马路的虚实线幻化成泳道,高楼间的街道变为一条条泳道……并通过紧凑快节奏的镜头画面,表现商场如赛场,激烈紧张的竞争形式。超现实的神奇力量使跨栏轰然倒下,高楼掘地而起,大厦楼宇快速移开展现更为宽广的视野。结尾巧妙道出"超越梦想,不是梦想"的寄语,给人留下丰富的想象空间,从而引出"相信品牌的力量"这个核心理念。赋予了这一力量更为深刻的哲理性,暗喻了央视作为中国最具权威的电视媒体,用强势传播资源,帮助客户占领传播制高点。寓意清晰明了,观点深入人心,情感自然而成。

创意阐述

整条广告片将中央电视台"品牌的力量"与奥运的大背景结合起来,融入体育精神、竞技元素,将城市场景与赛场之间快速切换,并用超现实的手段展示神奇的力量,赋予其更深的哲理性。整体调性大气蓬勃,气势宏伟,力量十足,有很高的可信度,暗喻中央电视台在品牌美誉度和传播力量上具有其他媒体无法匹敌的雄厚实力。

从上面的案例来看,创意也许就那么简单,或者就是"新组合"。从大处入手,该广告把体育要素、奥运精神和高楼林立的大都市组合;从小处入手,把斑马线与跨栏闪叠,把马路的虚实线幻化成泳道,把街道变为一条条泳道;在广告文案方面,由原来的"频道品牌化"进一步具体到"相信品牌的力量",这些组合和变化,便是创意。

第一节 广告创意与文案

一、广告创意的概念

在了解创意的概念时,先分清"发现"和"创意"的不同。对陌生事物或大家未知领域的探索,可以叫发现;而对熟悉事物的重新组合或选择,这虽然也是一种发现,但它有创意的成分,这两者是不同的两回事。有人说"创意就是将熟悉的东西联系,然后重新组合,令人感觉新鲜",这是有道理的。比如我们拍照,你拍到了我们从没看到过的异域风光,大家虽然很喜欢,但是,这不叫创意,这叫发现。如果你从一个大家都很熟悉的环境中拍到一张照片让人看起来很舒服很美,这叫创意。

至于什么是广告创意,广告学者苗杰先生于1994年最早做出"广告创意"的广义、狭义的划分。他总结为狭义广告创意和广义的广告创意。狭义的广告创意是"单纯指广告艺术创作,主要是艺术构思";广义广告创意是"指广告中涉及创造性领域的所有问题。"[①] 广义上的创意包含了广告活动中创造性思维,只要是涉及创造新的方面,不管是战略、形象,还是战术、媒体的选择等,"创意"二字体现在创新的方案上。狭义上的广告创意就是指广告作品的创意性思维,也就是艺术构思。

从动态角度看,广告创意是现代广告活动中的核心环节之一,它是广告人根据广告策略对有效的广告信息及其传达方式的创造性思考过程,是创意思维活动。从静态角度看,广告创意是现代广告活动的重要产物之一,它是广告人在分析广告目标、广告产品及目标消费者需求基础上构思的创造性的广告信息及其传达方式,是创意思维成果。

创意是广告的灵魂,是"将广告赋予精神和生命"的活动。广告创意在英语中的表达为:idea 或 creative。

广告创意由两大部分组成,一是广告诉求方面的创意,二是广告表现方面的创意,而且这两者整体作用于广告传播,只有达到两者的全面创意,才能产生最佳的传播效果。

就广告创意的思维特点来说,广告创意是一种非逻辑思维。广告创意必须打破一切常规思维,采用如我们平时所说的逆向思维、发散性思维、横向思维、形象性思维、情感性思维等思维方式才可能产生新颖的结果。在我们平时的思考中,我们可以对一些事物进行简单的思维转变,也许就可以产生创意。如钻石不一定是坚硬的,它可以是永久的,于是就有了"钻石恒久远,一颗永流传"的著名广告语。香是产生嗅觉影响的事物,如果说香可以看得见,也许就是一个优秀的创意。再如其他的很多事物我们都可以这样去思考,流水不一定是柔软的,它可能是愁的("恰似一江春水向东流");男人不一定是刚强的,女人不一定是美丽的,夜晚不一定是黑的,月亮不一定是白的,最大的可能是最小的,最弱的可能是最强的,等等。这种转变,极可能对我们的创意活动产生积极的效果。

在语言创作中,用常规的方式描述事物时不一定吸引人,变化一个词便觉得很美。常规说春风又到江南岸,诗人却用"春风又绿江南岸"。杜甫的"香稻啄馀鹦鹉粒,碧梧栖老凤凰枝",从语言逻辑来说显然不通,可成名句。传说有个博士在答辩时,答辩席提问说"为何'孔雀东南飞'而不往西北飞?"博士回答说:"'西北有高楼,上与浮云齐',楼高若此,孔雀飞不过。"我们不能说这是两个傻瓜在对话吧,这是诗意的非逻辑思维活动,或者叫语言艺术。我们现代很多语言艺术大师也常常说一些让我们听起来很有意思而经不起逻辑分析的话,如"我是千年的狐狸,你和我玩什么聊斋?"当然,如果硬如21世纪90年代初有人提议说"今年二十,明年十八"是虚假广告一样,那我们也只能停

---

① 苗杰,李国强.现代广告学[M].4版.北京:中国人民大学出版社,2008.

用,但我们还是可以坚持这种创作方式。幸好一直没人说"农夫山泉有点甜"是假广告。

非逻辑思维特别适用于广告创意。但有一点要注意的是,广告创意并非完全的、彻头彻尾的创新。事实上,世界上也并不存在彻头彻尾的创新,辩证法告诉我们,任何新事物都是由旧事物发展而来。那么广告创意的"新",常常表现在"旧元素、新组合"的创新。

伯恩巴克曾说:"广告行业出现了太多的广告技术员,可怜的是,他们太注重规则,太遵循'过于绝对'的游戏规则。他们认为自己是广告科学家,但最不幸的是,广告本来就是劝说,而劝说刚巧不能成为纯科学,它是一种艺术。"伯恩巴克的DDB公司所提出的广告创意的关联性原则、原创性原则、震撼性原则,准确而深刻地概括了广告创意的本质。

二、文案的创意构思

其实,一切人类活动都需要构思,只不过,在其他方面的叫法略有差别而已。有的叫意念,显得宽泛模糊;有的叫灵感,只是点出了构思的精华和契机;有的叫创意,限于广告而言;有的叫创思,倒有较高的准确性,但是认可度不高;还有的叫主意、点子、计谋等,显然都有片面性,或者说这些概念都点到了构思的某些内涵。

广告文案写作的构思,其实质就是写作过程中的思维活动。而思维活动,先要有思维活动的基础、材料和结果,这就是知识,这是静态的东西。另一方面,思维活动还有动态的东西,它在思维活动中把各种不同的知识联系起来,这就是思维能力。思维可以划分为逻辑思维和非逻辑思维,那么思维能力也可以相应地划分为逻辑思维能力和非逻辑思维能力。这样,创意思维活动需要同时具备三个要素:知识、逻辑思维能力和非逻辑思维能力。

广告文案写作的构思,也和其他文体的写作一样,它是在知识的基础上,通过非逻辑思维的直觉、或灵感、或猜想、或顿悟、或假设、或横向思维等非逻辑思维方式爆发出一个想法,再通过逻辑思维(充足理由)方式来论证这个想法是否正确,如果论证的结果验证了这个想法是正确的,那就可以认可这个想法和这个论证的过程以及结果是一次有效的构思。

从思维活动的三个要素来看,知识的积累和准备很重要,在此不是讲述的重点。按思维活动动态的过程,可以把广告文案写作的构思分成如下三步来训练。即通过非逻辑思维产生想法(idea),通过逻辑思维验证想法正确与否,最后把这个思维结果形成文本提纲。

中国历史上南北朝时期的南朝梁代,有一位文学理论家、文学批评家刘勰,在他的《文心雕龙·神思第二十六》中描述了写作过程的重要现象——"神思"。虽然刘勰对"神思"的概念解释得有些模糊神秘,但是,能让人感觉到"神思",就如我们现代人所说的构思、创意、运思等写作思维过程。《神思》认可"神思"为创作的总纲。是"驭文之首术,谋篇之大端"。刘勰以生动的比喻,描述了艺术想象的自由性及其超时空的特点。"寂然凝虑,思接千载",讲的是超越任何时间的差距;"悄焉动容,视通万里",讲的是超越任何空间的差距。《神思》中的"神思",即想象,是一种精神活动,与现代所说的形象思维相似。该篇虽然讲如何运用神思来进行文学创作构思,即以想象为特征的文学艺术构思问题,但对于广告文案写作也同样具有指导作用。

构思一篇精彩的广告文案是许多从事广告行业的朋友梦寐以求的事,但不少人都认为好的广告文案"可遇不可求",将创意神秘化。实际写好一篇文案并非有想象的那般高深莫测,仍然有很多诀窍可循。

文案创作者在产品研究、消费者研究、竞争对手研究的基础上,可根据自身已有的知识,凭借自己对传播、营销的直觉,用精要的语言,对产品、消费者、竞争对手等三要素进行描述,记录下5~10个(最多不超过20个)关键词,概括产品的特点、功能,总结目标消费群的定位、精神层次、心理倾向,发现超越或不足于竞争对手的关键点,并针对这些关键词进行选择。

在挑选关于产品特点或功能时,尽量剔除共性,找到个性。在把握目标消费者特征时,越详细的资料越能提供有意的启发。在与竞争对手较量时,多思维多角度分析市场。例如广州市致诚广告有限公司策划制作的海尔银色变频冰箱系列广告。海尔银色变频冰箱作为产品亮点显然是高科技变频。但是,策划小组觉得应以产品直观属性为主、信任属性为辅进行整合推广,创造一个有记忆度、能和产品完美契合的载体。从而确定了此次系列广告诉求点:高格调的品位。产品的高档品性与目标消费群的高雅生活品位共同决定了海尔冰箱的高格调的品位。强化了产品的直观属性(银色外观),以此涵盖产品信任属性(数字变频技术)。

第二节 文案创意经典理论

世界最早的广告文案目前还不好确定,随着考古的不断发现而不断更新,目前认定的世界上最早的印刷广告文案是山东济南的"刘家功夫针铺"印刷铜板,应产生于960年—1127年。美国广告史家称:1880年为美国广告专业撰稿人出现的年份,约翰·鲍尔斯是美国第一位专门广告文案撰稿人,他曾长期为"沃纳玛克百货公司"撰写广告文案。但在过去很长时期,都没有总结系统的创作理论。目前大家比较了解的有:USP理论、"定位"理论、"创意革命"时代的创意观、"视觉至上"观、"整合营销传播"理论,等等,无论哪一种创意策略观,在我们今天都不会过时,学习者可以因人、因时、因地而灵活使用。

一、USP 理论

USP 理论是 20 世纪 50 年代美国广告"科学派"领头人罗瑟·瑞夫斯在《实效广告》一书中提出来的。USP 是 unique selling proposition 的首位字母组成,称为"独特的销售主张"或"销售要点",或叫"独特的卖点",还把 USP 称为"三条道路通罗马"。

USP 的独特卖点,就是向消费者或客户表达一个主张,必须让其明白,购买自己的产品可以获得什么具体的利益;所强调的主张必须是竞争对手做不到的或无法提供的,必须说出其独特之处,强调"人无我有"的唯一性;所强调的主张必须是强有力的,必须集中在某一个点上,以达到打动、吸引消费者购买产品的目的。①

这个独特的销售主张有三个要点:一是利益承诺,强调产品有哪些具体的特殊功效和能给消费者提供哪些实际利益;二是独特,这是竞争对手无法提出或没有提出的;三是强而有力,要做到集中,是消费者很关注的。

初期的 USP 理论由于受当时历史条件的限制,不可避免地带有自身的缺陷,主要表现在:注重产品本身、以产品及传播者为中心,而很少考虑到传播对象。20 世纪 70 年代,USP 理论从满足基本需求出发追求购买的实际利益,逐步走向追求消费者心理和精神的满足。90 年代后,USP 理论的策略思考的重点上升到品牌的高度,强调 USP 的创意来源于品牌精髓的挖掘。USP 理论在当今时代仍然没有过时,经过不断丰富、发展和完善,具有了更强的针对性,更能适合新环境的要求。USP 理论在与品牌相结合的过程中,它不仅能帮助企业销售产品,还肩负起了营建和增长品牌资产的新的使命。

凭借 USP 成功的广告很多,如高露洁广告,几十年中都是强调"口气清新,洁白牙齿"。再比如说大家很熟悉的"白加黑",也是很成功的案例。

1995 年,"白加黑"上市仅 180 天销售额就突破 1.6 亿元,在拥挤的感冒药市场上分割了 15% 的份额,登上了行业第二品牌的地位,在中国大陆营销传播史上,堪称奇迹。这一现象被称为"白加黑"震撼,在营销界产生了强烈的冲击。

一般而言,在同质化市场中,很难发掘出"独特的销售主张"(USP)。感冒药市场同类药品甚多,市场已呈高度同质化状态,而且无论中药、西成药,都难于做出实质性的突破。康泰克、丽珠、三九等"大腕"凭借着强大的广告攻势,才各自占领一块地盘,而盖天力这家实力并不十分雄厚的药厂,竟在短短半年里就后来者居上,其关键在于崭新的产品概念。

"白加黑"是个了不起的创意。它看似简单,只是把感冒药分成白片和黑片,并把感冒药中的镇静剂"扑尔敏"放在黑片中,其他什么也没做;实则不简单,它不仅在品牌的外观上与竞争品牌形成很大的差别,更重要的是它与消费者的生活形态相符合,达到了引发联想的强烈传播效果。

在广告公司的协助下,"白加黑"确定了干脆简练的广告口号"治疗感冒,黑白分明",所有的广告传播的核心信息是"白天服白片,不瞌睡;晚上服黑片,睡得香"。产品名称和广告信息都在清晰地传达产品概念。

读材料 3-1

罗瑟·瑞夫斯的经典之作

在 1954 年,罗瑟·瑞夫斯为 M&M 巧克力所做的"只溶在口,不溶在手"广告创意

---

① 参见:http://wiki.mbalib.com/wiki/USP。

是 USP 理论典范之作。

1954年,美国玛氏公司苦于新开发的巧克力豆不能打开销路,而找到瑞夫斯。玛氏公司在美国是有些名气的私人企业,尤其在巧克力的生产上具有相当的优势。此次,公司新开发的巧克力豆,由于广告做得不成功,在销售上没有取得太大效果。公司希望瑞夫斯能构想出一个使 M&M 巧克力与众不同的广告,从而打开销路。瑞夫斯认为,一个商品成功的因素就蕴藏在商品本身之中,而 M&M 巧克力豆是当时美国唯一用糖衣包裹的巧克力。有了这个与众不同的特点,又何愁写不出打动消费者的广告呢。瑞夫斯仅仅花了 10 分钟,便形成了广告的构想——M&M 巧克力"只溶在口,不溶于手"。广告语言简意赅,朗朗上口,特点鲜明。

随后,瑞夫斯为 M&M 巧克力豆策划了电视广告片:

画面:一只脏手,一只干净的手。

画外音:哪只手里有 M&M 巧克力?

不是这只手,而是那只干净的手。

因为 M&M 巧克力,

只溶在口,不溶在手。

简单而清晰的广告语,只用了 8 个字,就使得 M&M 巧克力不粘手的特点深入人心,它从此名声大振,家喻户晓,成为人们争相购买的糖果。"只溶在口,不溶在手",这条广告语作为 M&M 巧克力的促销主题,一直流传至今,把 M&M 巧克力送到了各国消费者的心中,而玛氏公司也成为年销售额达 40 亿美元~50 亿美元的跨国集团。瑞夫斯一直认为,广告的成功与否取决于商品是否过硬,是否有自己的特点。他说:"M&M 巧克力之所以不溶化,是因为有糖衣。发现这一事实是世界上最容易的事情,而事实已经存在于商品本身之中。"

二、定位论

从 20 世纪 60 年代末 70 年代初开始,美国的商业竞争越来越激烈,原来起作用的传统的广告此时已经不起作用,随着全球经济化的发展和互联网时代的来临,商业竞争超越时空的限制,竞争的速度、深度和广度前所未有,竞争空前惨烈,传统的注重组织内部运营效率提升的各种管理理论、管理工具已经不能帮助企业取得成功,所以,如何应对竞争成为商业竞争的主题。于是,美国著名营销专家艾·里斯(Al Ries)与杰克·特劳特(Jack Trout)提出了定位理论。

里斯和特劳特认为:定位是你对未来的潜在顾客的心智所下的功夫,也就是把产品定位在你未来潜在顾客的心中。[①] 从中可以看出,市场定位就是对现有产品进行的一种创造性试验。

到 20 世纪 90 年代,杰·特劳特重新刷新了定位理论。在他和史蒂夫·瑞维金的

---

① 艾·里斯,等.广告攻心战略——品牌定位[M].刘毅志,译.北京:中国友谊出版公司,1991.

《新定位》一书中,总结了消费者五大心智模式[1]:

(1) 消费者只能接收有限的信息;

(2) 消费者喜欢简单,讨厌复杂;

(3) 消费者缺乏安全感;

(4) 消费者对品牌的印象不会轻易改变;

(5) 消费者的心智容易失去焦点。

艾·里斯与杰克·特劳特的理论告诉我们,在目前这个传播过多的社会,消费者只能接受有限的信息,消费者抵御这种"信息爆炸"的最有力武器就是最小努力法则——痛恨复杂,喜欢简单,让产品在顾客心目中都有一定的位置。例如,人们认为可口可乐是世界上最大饮料生产商,格兰仕是中国最大的微波炉生产商,北京同仁医院是中国最著名的眼科医院等,这些产品和服务的提供者在与消费者长期的交易中所拥有的地位,是其他人很难取代的。也就是说,消费者对品牌的印象不会轻易改变。定位的基本原则不是去创造某种新奇的或与众不同的东西,而是去操纵人们心中原本的想法,去打开联想之结,目的是要在顾客心目中占据有利的地位。只有这样,才能在市场上赢得有利的竞争地位。

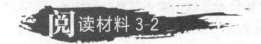

阅读材料 3-2

加多宝更名定位[2]

2012年6月上旬,加多宝推出了最新广告:"凉茶,现在喝加多宝。中国最畅销的红罐凉茶改名加多宝,还是原来的配方,还是熟悉的味道。怕上火,喝加多宝"。

新广告好就好在没有没有直接去与"王老吉"进行正面竞争,而是把广告诉求主题调整为"改名",改名后所谓的"正宗凉茶"、"凉茶领导者",才有逻辑上的可信度。

改名广告利用了"加多宝"与"王老吉"关系中这个显而易见的事实力量。"改名"是如此的显而易见,它完全消除了消费者心中的疑惑、认知混乱:红罐凉茶怎么一面是"王老吉",一面是"加多宝"?"加多宝"怎么是"正宗凉茶"?"怕上火",怎么喝"加多宝"?市场上怎么同时出现了两个"红罐凉茶"?

新广告中"还是原来的配方,还是熟悉的味道"强化了"改名"这个诉求主题,为"改名"提供了核心支持。客观上产品本身也完全支持这个显而易见的事实,配方没有变,红罐没有变,变的只是名字。"原来的配方,原来的味道"是回归后的王老吉的战略弱势,正是加多宝的战略强势,加多宝在这个点上对王老吉发起攻击,非常有力量。

通过"改名"公关宣传和"改名"广告,兵不血刃,"加多宝"就顺势把原来"王老吉"品牌的核心资产几乎完全地承接过来,这里包括"正宗凉茶"、"凉茶领导者地

---

[1] 杰克·特劳特,史蒂夫·瑞维金.新定位[M].李正栓,贾纪芳,译.北京:中国财政经济出版社,2002.

[2] 参见:鲁建华,《加多宝"偷走"王老吉?》. http://blog.sina.com.cn/s/blog_68c77ba501017zjh.html,2012-09-17 11:29:41.

位",等等。

新广告很机巧地说"中国销量领先的红罐凉茶"改名为"加多宝",没有直接说"王老吉"改名为"加多宝",还顺带地突出了其在凉茶中的地位——销量领先。这里涉及法律问题。客观上讲,新广告在最可能避免法律纠纷的条件下,用最简单的思想——"改名"把自己的"加多宝"品牌给建立起来了,同时把回归到广药的"王老吉"品牌给掏空了。四两拨千斤。

三、品牌形象论

品牌形象论(Brand Image)是大卫·奥格威在20世纪60年代中期提出的创意观念。他认为品牌形象不是产品固有的,而是消费者联系产品的质量、价格、历史等所形成的印象,此观念认为每一则广告都应是对构成整个品牌的长期投资。因此每一品牌、每一产品都应发展和投射一个形象。形象经由各种不同推广技术、特别是广告传达给顾客及潜在顾客。消费者购买的不止是产品,还购买承诺的物质和心理的利益。

品牌形象论的基本要点是:

(1) 塑造品牌服务是广告最主要的目标;

(2) 任何一个广告都是对品牌的长程投资;

(3) 产品同质化,使得消费者选择品牌时所运用的理性逐渐越少,描述产品的形象要比强调产品的具体功能特性重要得多;

(4) 消费者购买时追求的是"实质利益+心理利益",广告尤其应该重视运用形象来满足消费者心理的需求。

根据品牌形象的理论,由于一个产品具有它的品牌形象,消费者所购买的是产品能够提供的物质利益和心理利益,而不是产品本身。因此,广告活动应该以树立和保持品牌形象这种长期投资为基础。品牌形象的理论提出后在广告界产生了巨大的影响,这就像一场广告观念的变革。而引起巨大震动的原因是这种广告创意法把对产品品牌的长程投资放在首要地位,一旦以长程投资为目标,企业在有些时候就必须牺牲短期利润。

万宝路香烟是品牌形象成功的案例(见图3-1)。

图3-1　万宝路经典广告

在万宝路创业的早期，万宝路的定位是女士烟，消费者绝大多数是女性。其广告口号是："像五月天气一样温和。"可是，事与愿违，尽管当时美国吸烟人数年年都在上升，但万宝路香烟的销路却始终平平。女士们抱怨香烟的白色烟嘴会染上她们鲜红的口红，很不雅观。于是，莫里斯公司把烟嘴换成红色。可是这一切都没有能够挽回万宝路女士香烟的命运。莫里斯公司终于在20世纪40年代初停止生产万宝路香烟。

第二次世界大战后，美国吸烟人数继续增多，万宝路把最新问世的过滤嘴香烟重新搬回女士香烟市场并推出三个系列，然而万宝路的销路仍然不佳，吸烟者中很少有人抽万宝路的，甚至知道这个牌子的人也极为有限。

后来莫里斯公司找到了当时非常著名的营销策划人李奥·贝纳。

是品牌定位出了问题？还是别的什么原因？如果战略方向错了，那么再多的努力也是白费。在对香烟市场进行深入的分析和深思熟虑之后，发现，"温和"的品牌形象不足以打动人心。于是，李奥·贝纳对万宝路进行了全新的"变性手术"，大胆向莫里斯公司提出：将万宝路香烟改变定位为男子汉香烟，变淡烟为重口味香烟，并大胆改造万宝路形象。

在形象上，要让万宝路成为烟民心中的最爱，一个粗犷豪放、野性不羁的强有力形象不可或缺，生活在钢筋水泥中的现代人，向往的是宽阔无垠的蓝天、一望无际的草原和那奔驰的骏马、矫健的骑马者……那么就让万宝路也插上翅膀，自由地奔跑起来吧，越过群山、翻过峻岭，跑遍世界的每个角落，跑进每一个向往自由奔放的人的心里。

在广告上的重大改变是：万宝路香烟广告不再以妇女为主要诉求对象，广告中一再强调万宝路香烟的男子汉气概，以浑身散发粗犷、豪迈、英雄气概的美国西部牛仔为品牌形象，吸引所有喜爱、欣赏和追求这种气概的消费者。这是迄今为止最为成功的营销策划，彻底改变了莫里斯公司的命运，现在万宝路已经成为全球仅次于可口可乐第二大品牌，其品牌价值高达500亿美元。

这个案例告诉我们品牌形象很重要。第二次世界大战后，人们都向往着那种西部牛仔形象，独立、自由、强悍、大男子主义。万宝路真正带给烟民们的是优越感而不是它的口感和味道，人们喜欢真正的男人而并非伪君子。所以，万宝路的品牌最终换位成功。自此后，美国的快餐品牌麦当劳和肯德基也分别以"麦当劳叔叔"和"肯德基上校"的形象来体现品牌特点，输入民族性格的符码而获得成功。

四、品牌个性论

品牌个性，又名品牌人格，既根植于心理学的经典人格理论，又体现了品牌所特有的人格特征。虽然很早就有学者运用人格的定义对品牌个性进行定义，但学术界对品牌个性的概念界定还存在一些分歧。其中最主要的分歧表现为品牌个性与品牌形象的关系，这种分歧或模糊性在此不去分辨，上文已经对品牌形象进行了简单描述，下面对品牌个性再进行简要介绍。

20世纪50年代，对品牌内涵的进一步挖掘，美国Grey广告公司提出了"品牌性格哲学"，日本小林太三郎教授提出了"企业性格论"，从而形成了广告创意策略中的另一种后起的、充满生命力新策略流派——品牌个性论（Brand Character）。该策略理论在回答广告"说什么"的问题时,认为广告不只是说利益、说形象,而更要说个性。由品牌个性来促进品牌形象的塑造,通过品牌个性吸引特定人群。这一理论强调品牌个性,品牌应该人格化,以期给人留下深刻的印象;应该寻找和选择能代表品牌个性的象征物,使用核心图案和特殊文字造型表现品牌的特殊个性。

1997年美国大卫·艾克首先借鉴人格特质论中的"大五"模型,采用归纳法对品牌个性维度进行研究。研究发现美国文化背景下的品牌个性体系包括五大维度,分别为"sincerity(真诚)、excitement(刺激)、competence(胜任)、sophistication(教养)和ruggedness(强壮)"。在此基础上,大卫·艾克和他的同事(2001)还对美国、日本、西班牙三种文化背景下的品牌个性维度进行比较研究。结果表明,sincerity(真诚)、excitement(刺激)、sophistication(教养)这三个品牌个性维度是上述三种文化背景下的品牌个性所共有的,而peaceful(平和)是日本文化背景下的品牌个性所特有的,passive(激情)是西班牙文化背景下的品牌个性所特有的,ruggedness(强壮)是美国文化所特有的,competence(胜任)则是日本文化和美国文化所共有的,而西班牙文化中没有。通过比较研究,大卫·艾克等人提出了不同文化背景下的品牌个性维度具有差异的论断。

品牌个性维度的研究影响中国以后,国内学者综合国内外的研究成果,根据我国特殊的文化背景以及不同的产品背景,对品牌个性维度进行了深入研究。其中中山大学管理学院学者黄胜兵和卢泰宏(2003)通过实证研究开发了中国的品牌个性维度量表,并从中国传统文化角度阐释了中国的品牌个性维度为"仁、智、勇、乐、雅"①。黄胜兵和卢泰宏的品牌个性维度划分被广泛认同以后,相继有人对各个具体的品牌维度进行了本土化阐释。

通过对品牌个性维度的认识,我们可以从中得到一些启发,广告在实现与消费者的沟通时,将品牌从标志到形象再到个性的传播,"个性"是广告传播的最高层面。品牌个性比品牌形象更深入一层,形象只是带来认同,个性可以制造崇拜。

七匹狼的品牌个性塑造②③

在品牌印象感知测试中,策划人员发现了一个极具趣味性的现象:大部分消费者对"七匹狼"品牌的联想依然集中于"狼"这种肉食群居野生动物之上,但对"狼性"却出现了完全相反的描述:一则认为其具有狡猾、阴险、凶恶的兽性特征;二则认为具有自由、勇敢、智慧的挑战特质。究其根源,乃是"印象"问题,"狼性"的名称在汉民族文化中是兽性中很不好的特质,其实这完全是个误会,它来源于汉民族农耕文化的一个重大缺陷,缺乏对狼的智慧和运动哲学的深刻体悟。这种印象也是七匹狼的原产地——晋江人在发展初期给国人印象的二重性质之直接反映。

---

① 黄胜兵,卢泰宏.品牌个性维度的本土化研究[J].南开管理评论,2003(1).
② 程燕."七匹狼"的品牌成长之路[J].当代经济,2008(21).
③ 蔡清毅.从七匹狼品牌管理案例看品牌个性的塑造[J].厦门理工学院学报,2006(1).

所幸的是经过更有效的沟通、传播之后,消费者(特别是目标消费群体)的心智对七匹狼提倡的男性品牌文化有着较深的接纳空间,甚至可以去拥抱更具鲜明内涵的品牌个性。因此,七匹狼品牌管理的当务之急是提升原有的心智定位,提升七匹狼的品牌个性,使品牌凸显出某种形态的人性,使品牌与顾客忠诚相待。

品牌个性本质上是品牌的人性化,因此七匹狼的个性化之路,只能以"狼"为品牌形象的主体,并把品牌人格化。具体思路是:把七匹狼视为一个人、一群人或一个主体,而这一群人应具有什么样的特征呢?

研究发现:在现代社会的竞争环境中,男士的世界是一个"群狼混战"的世界。男士面临着巨大的社会压力,包括家庭责任、社会关系、事业成败等方面的因素。生存本身意味着沉勇机警、不懈奋斗。追求不懈奋斗的男士部落是当今男士的主流群体。而男性在表面和潜质上兼具狼的性格:孤独、勇往直前、百折不挠、精诚团结——这些正是追求成功的男性必经的心灵历程。成功和走向成功的"男士族群"身上折射出的是一种个人英雄主义和传统集体主义并重的精神综合体:一种在人生旋涡里激流勇进、百折不挠,积极挑战人生的英雄气概;一种在冷静中思考、在负重中专注,在豪迈、自信、慷慨甚至不羁反叛中充分展示自己的理想人格。

五、共鸣论

"共鸣",作为一个汉语词汇来说,意思是思想上或感情上的相互感染而产生的情绪。而在在文学或艺术中,是一个鉴赏术语。艺术鉴赏中,鉴赏主体在审美直觉和审美体验的基础上,进而深深地被艺术作品所感动、所吸引,以至于达到忘我的境界,使鉴赏主题与艺术形象之间契合一致、物我同一、物我两忘。

共鸣应用于广告学,还不能说是一种系统的理论,只能说是一种非常重要的创作方法。主张在广告中述说目标对象珍贵的、难以忘怀的生活经历、人生体验和感受,以唤起并激发其内心深处的回忆,同时赋予品牌特定的内涵和象征意义,建立目标对象的移情联想。通过广告与生活经历的共鸣作用而产生效果和震撼。铁达时手表的广告语"不在乎天长地久,只在乎曾经拥有",配以兵荒马乱年代的动人爱情场面,使受众对该品牌产生了强烈的共鸣,从而打开了销量,这就是共鸣理论指引下创造出来的广告。

共鸣论最适合大众化的产品或服务,在拟定广告主题内容前,必须深入理解和掌握目标消费者。通常选择目标对象所盛行的生活方式加以模仿。运用共鸣论取得成功的关键是要构造一种能与目标对象所珍藏的经历相匹配的氛围或环境,使之能与目标对象真实的或想象的经历联结起来。

在具体的广告策划中,在拟定广告主题内容前,必须深入理解和掌握目标消费者,并选择目标对象所盛行的生活方式加以模仿,要构造一种能与目标对象所珍藏的经历相匹配的氛围或环境,使之能与目标对象真实的或想象的经历联结起来。这种共鸣性质的广告的主题内容常常有:爱情、童年回忆、亲情等。

南方黑芝麻糊电视广告创意构思:

短片以故事的手法讲述：在遥远年代的麻石小巷，天色近晚。一对挑担的母女向幽深的陌巷走去。此时响起"黑芝麻糊哎——"的叫卖声。

在深宅大院门前，一个小男孩使劲拔开粗重的樘栊，挤出门来，深吸着飘来的香气。画外音："小时候，一听见黑芝麻糊的叫卖声，我就再也坐不住了……"

担挑的一头，小姑娘头也不抬地在瓦钵里研芝麻。另一头，卖芝麻糊的大嫂热情地照料食客。大锅里，浓稠的芝麻糊不断地滚腾。小男孩搓着小手，神情迫不及待。大铜勺被提得老高，往碗里倒着芝麻糊。小男孩埋头猛吃，大碗几乎盖住了脸庞。研芝麻的小姑娘投去新奇的目光。几名过路食客美美地吃着，大嫂周围蒸腾着浓浓的香气。小男孩站在大人身后，大模大样地将碗舔得干干净净，小姑娘捂嘴讪笑起来。大嫂看到后，爱怜地给小男孩又添上一勺芝麻糊，轻轻地抹去他脸上的残糊。小男孩默默地抬起头来，目光里似羞涩、似感激、似怀想，意味深长……

整个广告用传统的民族乐器二胡配乐，将二胡的悠扬、缠绵融入广告中，营造富有淡淡怀旧气息的氛围，勾起受众的思念。人物均为非著名演员扮演，和蔼可亲的大嫂、活泼可爱的小朋友，都充满了朴素和真挚的情感，让人觉得温暖亲切。广告画面构成元素有昏黄的灯光、热气氤氲的大锅等，都与配乐风格相统一。画面色调选择的是暖色调，给人以温馨的感觉。

"南方黑芝麻糊"广告最成功之处是，通过创造情感诉求，以情动人，赋予产品以人性的关怀。从演员的穿着、画面的设置、道具的使用都让人联想起在那个遥远的年代，每个或相似或有些许不同的经历，直接勾起人们的回忆，使观众产生共鸣，拉近产品与消费者的距离，增强消费者对产品的情感认同，使得产品被赋予了情感价值。

第三节 文案创意思维

一、本体思维法

广告创意中的本体思维法指的是指用产品本身的某个信息来作为广告的创意构思，这是创意构思方法中最常见的方式。例如，乐百氏纯净水的广告语"二十七层过滤"，这就是抓住该纯净水的生产流程来创作广告语；泸州老窖的广告语"泸州老窖，中国第一窖"，"泸州老窖，可以品味的历史"，是抓住始建于公元1573年的老窖池群于1996年经国务院批准为全国重点文物保护单位的信息来进行的创意；力士香皂在文案中宣传自己是"香港影星所使用的香皂"，这是抓住产品销售后的消费人群在宣传。

面对产品本体来进行广告文案创意，这类广告很普通，这和人们习惯于直线思维（或纵向思维）有关，直接从广告对象本体的信息入手寻找创意点。然而，在面对产品本体进行创意时，广告人如何去抓住产品信息作为广告创意点，这才是广告创意的关键。

广告文案

广告文案写作运用本体思维方法来进行创意,我们先回到事物本身,聚焦广告的产品"如何存在"又"为何存在"的提问方式,选择从"存在方式"进入"存在本质"的思维路径,从现象学探索其存在方式,从价值论探索其存在本质。下面提供一条搜索产品本体信息总和的一个方法,以便在产品众多信息中找到能带来创意点的信息。

从产品本身的结构来说,产品可能是一群信息的综合体,大致可以包括如下的六个部分。

(1)产品名称。产品或品牌的名称就是产品本体的构成,很多的广告创意,直接就从名字开始创意。例如:"你就是我的优乐美"(优乐美是喜之郎公司推出的一款奶茶),"好迪,真好"(好迪化妆品),"人生百年,难忘湘泉"(湘泉酒),"海尔,中国造","喝开口笑酒,笑口常开","将船买酒白云边"(白云边酒)。

(2)产品核心。产品核心是指向顾客提供的产品的基本效用或利益。从根本上说,每一种产品实质上都是为解决问题而提供的服务。因此,广告向顾客宣传任何产品,都必须具有反应顾客核心需求的基本效用或利益。乐百氏纯净水的"二十七层过滤",显然就是抓住了产品的核心利益在进行宣传,即宣传水的纯净。

(3)产品形式。产品形式是指产品核心借以实现的形式。有五个特征构成,即品质、式样、特征、商标及包装。即使是纯粹的服务,也具有相类似的形式上的特点。广告向顾客宣传产品时,经常会抓住其中的一条形式信息而能起到好的宣传效果。例如海尔银色变频冰箱广告,就是抓住"银色"这一外在属性即产品的形式作为主要广告点。

(4)产品期望。产品期望是指购买者在购买产品时期望得到的与产品密切相关的一整套属性和条件。日本三洋电器曾有一条广告是"事不关己,高高挂起",配合图片说明三洋电器免维修,对于消费者来说,正是总期望产品不需要维修。

(5)产品延伸。产品延伸或叫产品附加,是指顾客购买产品时附带获得的各种利益的总和,包括产品说明书、保证、安装、维修、送货、技术培训等。国内外很多企业的成功,在一定程度上应归功于他们更好地认识到服务在产品整体概念中所占的重要地位。

(6)产品潜在。产品潜在是指现有产品包括所有附加产品在内的,可能发展成为未来最终产品的潜在状态的产品。潜在产品指出了现有产品可能的演变趋势和前景。前几年,茅台酒不只是消费品还成了收藏品,因为茅台酒在民间不断涨价,人们看好它的增值趋势。以产品的潜在价值为创意点,在房地产广告中频频使用。

关于产品的结构,还可以从简单意义来细分,如构成产品实体的各零件,以及各零件的性能、部位是否协调合理,也是产品结构本体的范畴。如:机床由车身、车头、刀架、尾座、齿轮箱等零部件组成,以及各零部件在整个机床中的结构关系,这都是产品结构层次的本体。再比如产品的制造过程、成品的运行过程、产品的生命周期等各方面,都属于产品的结构范畴。

二、联想思维法

前些年,在网络上有一条流言,流言是这样的:

爱因斯坦说:"如果蜜蜂从地球上消失,人类将只能再存活四年。没有蜜蜂,没有授粉,没有植物,没有动物,也就没有人类。"

这显然是流言,也早就证明爱因斯坦根本不可能也没说过这句话。在此,我们不是再次来证明,而是用来作为联想思维知识学习的一个开场白。

这条流言就是联想思维的结果,那一系统链条的联想都是十分合理的,而获得的结论"如果蜜蜂从地球上消失,人类将只能再存活四年"却大大出乎人们意料,这就是运用了联想思维的结果。

联想思维是指人脑记忆表象系统中,由于某种诱因导致不同表象之间发生联系的一种没有固定思维方向的自由思维活动。主要思维形式包括幻想、空想、玄想。其中,幻想,尤其是科学幻想,在人们的创造活动中具有重要的作用。

在创意过程中,联想思维是一种常见而有效的方法,这是因为自然界中的一切事物都有着某种内在的联系,创新者都可以从中发现互通的东西。根据联想思维产生的目的性,我们可以将联想思维方法分成自由联想法和强迫联想法两种。

自由联想法是一种主动自由的积极联想,是在自由奔放、毫无顾忌的情况下进行联想,该方法是属于探索性的,它是由美国芝加哥大学的心理学家们首先提出并开始实验的。心理学家提出一个有趣的问题,要求试验的人尽快地想到许多观念,再从这些观念中,选择出新的观念来。例如,提及"飞机"一词,就可以联想到航空、机身、机翼、机尾与着陆装置等,还可以联想到飞机的原理、起飞的上升力、着陆的下降力以及飞机冲力必须超过它的阻力,等等。经过一系列的追踪研究发现,自由联想越丰富的人,做出创新的可能性也往往越大。

强迫联想法是苏联心理学家哥洛万斯和塔斯林茨发明的,其方法是要求拿一本产品目录,随意翻阅,联想翻看到的两种产品能否构成一种新事物。

日本软件银行总裁孙正义认为自己的成功得益于他早年在美国留学时的"每天一项发明"。那时候不管多忙,他每天都要给自己5分钟的时间强迫自己想一项发明。他发明的方法很奇特:从字典里随意找三个名词,然后想办法把这三样东西组合成一个新东西。一年下来,竟然有250多项"发明"。在这些"发明"里,最重要的是"可以发声的多国语言翻译机"。这项发明后来以1亿日元的价格卖给了日本夏普公司,为孙正义赚到了创业的资金。在这里,孙正义所用的就是强迫联想法。

哥洛万斯和斯塔林茨曾经用实验证明,任何两个概念词语都可以经过四五个步骤建立起联系的关系。比如高山和镜子,是两个风马牛不相及的概念,但联想思维可以使它们之间发生联系:高山—平地,平地—平面,平面—镜面,镜面—镜子。再如天空和茶:天空—土地,土地—水,水—喝,喝—茶。假如每个词语都可以与10个词直接发生联系,那么第一步就有10次联想的机会,第二步就有100次机会……第五步就有1000000次机会。

因此,联想思维有着广泛的基础,它为我们提供了无限广阔的天地,一个人如果不会运用联想思维,学一点就只知道一点,那么他的知识是零碎的、孤立的,派不上什么用处;可如果他善于运用联想思维,就会由此及彼扩展开去,做到举一反三、闻一知十、触类旁通,从而使思维跳出现有的圈子,突破思维定势而获得创新的构思。

用联想思维法创意的DIPLOMA奶粉广告文案如下:

广告文案

广告标题：试图使他们相会？

广告正文：亲爱的扣眼/你好,我是纽扣/你记得我们已经有多久没在一起了？/尽管每天都能见到你的倩影/但肥嘟嘟的肚皮横亘在你我之间/让我们有如牛郎与织女般不幸/不过在此告诉你一个好消息/主人决定极力促成我们的相聚/相信主人在食用 DIPLOMA 脱脂奶粉后/我们不久就可以天长地久,永不分离。

三、逆向思维法

逆向思维又叫反向思维,是指一种与常人思维取向相反的思维形态。如果多数人考虑问题是以自我为出发点,那么以他人为出发点考虑问题就是逆向思维;如果多数人考虑问题以现在为出发点,那么以未来为出发点考虑问题就是逆向思维;如果多数人对某一问题持肯定意见,那么持否定意见的就是逆向思维,反之亦然。由此可见,这个世界上并不存在绝对的逆向思维模式,当一种公认的逆向思维模式被绝大多数人掌握并应用时,它也就变成了顺向思维。求异思维也可以看成逆向思维。

通俗地说,逆向思维的表现有人弃我取、人进我退、人动我静、人刚我柔等特点。这种与一般常规或大多数人的思维取向截然相反的思维方式,从表面看似乎不可理喻,但最终却往往出乎人们的意料,能取得更好的结果,因此它常常给人一种不可思议的神奇感觉。例如,在司马光砸缸的故事中,一个小朋友掉到水缸里了,一般人都会想把小朋友从水里捞出来,而司马光的思维就与众不同,他采用的就是一种逆向思维。

如何才能养成逆向思维习惯,主要的方法就是克服从众心理的消极影响,积极进行逆向思维训练。之所以会形成从众心理,是因为有时人们需要从众,从众的做法至少有两大实际好处:第一,社会上的群居生活,需要大家互相合作。第二,在某些情况下当你茫然不知所措时,仿效他人的行为与见解,从而找到正确的应对办法。在通常情况下,从众比较有效、经济,能解决大部分常规问题;但在需要创新时,从众心理不仅不能解决问题,而且还会束缚人的思维,影响人的创新。这时,如果善于转换视角,从逆向去探索,从相反方向去思考,即善于采用逆向思维方法,往往会引起新的思索,产生超常的构想和不同凡响的新观念。

通常,人们在思考问题时,思维的注意力会自然而然地盯住明显的或对自己有利的思路,而对那些不太明显的或对自己不利的思路视而不见。人同此心,情同此理,这本无可厚非,但是在一些特殊的情况下,这种大众式的思维方式往往行不通。而善于采用逆向思维、舍近求远的人能最先到达目的地。逆向思维需要的是反过来想,突破顺向思维的逻辑模式,获得突破的观念。我们学习逆向思维方法就是要形成一种观念,即在思维的过程中,并不是只存在着一条明显的思维道路,对客观事物要向相反的方向分析、思考,这样可以改变传统的立意角度,产生全新的见解。

逆向思维法创作的广告举例如下(见图 3-2):

"老二主义":艾维斯宣言

我们在出租业,面对世界强人只能做个老二。最重要的是,我们必须学会如何生存。在挣扎中我们也认识到这个世界上做老大和老二有什么基本不同。老大的态度是:不要做错事,不要犯错,那就对了。老二的态度是:做对的事情,寻找新方法,比别人更努力。"老二主义"是艾维斯的信条,它很管用。艾维斯的顾客租到的车子都是崭新干净的;雨刷完好,烟盒干净,油箱已加满油,而且各处的服务小组都笑容可掬。结果,艾维斯扭亏为盈了!艾维斯发明了"老二主义",任何人都可以采用它。全世界的老二们,奋起吧!

图 3-2 艾维斯宣言广告

四、头脑风暴法

中国有句俗话:"三个臭皮匠胜过一个诸葛亮。"这是头脑风暴法的生动写照。

头脑风暴法是由创造学之父美国的奥斯本发明的。在我国,也译为"智力激励法"、"脑力激荡法"或"BS法"。该法在20世纪50年代于美国推广应用,许多大学相继开设头脑风暴法课程,其后,传入西欧、日本、中国等国家和地区,并有许多演变和发展,成为创意方法中最重要的方法之一。

该方法的核心是高度充分的自由联想。这种方法一般是举行一种特殊的小型会议,与会者可以毫无顾忌地提出各种想法,彼此激励、相互启发、引起联想,导致创意设想的连锁反应,产生众多的创意。其原理类似于"集思广益"。采用头脑风暴法组织群体决策时,要集中有关专业人士召开专题会议,主持者以明确的方式向所有参与者阐明问题,说明会议的规则,尽力创造融洽轻松的会议气氛。一般不发表评价式意见,以免影响会议的自由气氛。

其具体实施要点如下。

(1) 召集 5~12 人开小型特殊会议,人多了不能充分发表意见。

(2) 会议有1名主持人,1~2名记录员。会议开始,主持人简要说明会议议题、要解决的问题和目标;宣布会议遵循的原则和注意事项;鼓励人人发言和提出各种新构想;注意保持会议主题方向、发言简明、气氛活跃。记录员要记下所有方案、设想(包括平庸、荒唐、古怪的设想),不得遗漏。会后协助主持人分类整理。

(3) 会议一般不超过1小时,以半小时最佳。时间过长,头脑易疲劳。

(4) 会议地点应选在安静不受干扰的场所,切断电话,谢绝会客。

(5) 会议要提前通知与会者,使他们明确主题,有所准备。

为顺利实施该法,应遵循以下原则:自由、平等、不评判、不追求数量,每人每次发言仅提一个设想,鼓励多对已发表观点做综合、改善,赞赏已发表的意见,不议论也不否定别人的构想,更不许提及不好的设想是谁提出的。

实施"头脑风暴法"应注意,讨论的题目不宜过大或过小,也不宜限制性太强,题目宜专一;会议要很有节奏,按顺序"一个接一个"轮流发表构想;参加会议的人员应定期轮换,应有不同部门、不同领域的人参加,以便集思广益;布置一个气氛轻松自然的会议场所,等等,这些都是提高创意质量的因素。

头脑风暴法的价值主要在于它能集众人的智慧来解决问题,从而产生整体大于部分的整体效应。通过集体的讨论激励,能使与会者的潜意识慢慢地显露出来,使沉睡着的记忆信息活跃起来,使大脑处于兴奋的工作状态之中,产生出一些大家意想不到的新的思想观点。

《中国广告》2001年第6期刊登了《外表平常如水内在震撼如雷——海尔银色变频冰箱系列广告诞生记》的文章,其中记载了一段关于形象载体的确定的一场头脑风暴会。

有了详尽的市场分析、明确的目标消费群、清晰的诉求定位,策划小组开始了艰苦的创作,小组成员们为此日夜奋战相继提出了几十个创意,大家还觉得不满意。难道就没有能整合"银色变频"冰箱直观属性与信任属性的载体吗?

当大家在会议室内激烈地提议着的时候,一位同事抬头看着天上的一轮弯月突然问道:"你们觉得它像什么?"大家众说纷纭:"像镰刀"、"像小船"、"像银色!"真是一语惊破梦中人,一句"像银色"顿时打开了大家的思路。月亮不一是个很好的载体吗?银色变频就像月亮,月亮不也是由峨眉月变为圆月的吗?接下来的创作变得一帆风顺。第二天,大伙儿热火朝天地开工了。连续几个昼夜的不停奋战,文案终于写成功了。

电视系列广告文案:

第一则广告文案——"自动控冷";

第二则广告文案——"变频节能";

第三则广告文案——"变频静音";

第四则广告文案——"银色变频"。

报纸系列广告文案:

第一则广告文案——"百变的月亮银色变频";

第二则广告文案——"默默的月亮银色变频";
第三则广告文案——"冷冷的月亮银色变频";
第四则广告文案——"静静的月亮银色变频"。

第四节 文案创作的原则

一、真实性原则

如何理解广告真实性原则?真实性是广告文案写作的首要原则,真实是广告的灵魂,真实也是广告永恒的生命力。广告的真实性也是法律法规的规定性,即广告真实性原则在内涵上所体现出的本质属性,只有认识其质的规定性,才能在《广告法》的执法实践中,准确地判断广告产品的真实性,从而确保消费者的权益。当然,广告常常是真实性和艺术性的有机结合,艺术的真实是非逻辑性的,是真实性原则下的艺术表达。

有一种情节式广告,这种广告形式常常通过叙述一个故事来达到直接或间接宣传产品的目的,具有文学性、情节性以及题材多样性等特征。比起普通类型的广告,情节式广告常常具有更好的宣传效果。情节式广告中不乏虚拟的故事成分,例如一些日用品广告常常会讲述一个温馨的家庭故事达到宣传产品的效果。宝马汽车的网站也曾经使用一系列类似电影007的故事短篇作为广告,设计了一些"英雄救美"、"魔鬼与人比赛"等悬念情节,让汽车飞过水面、行走森林、驰骋沙漠,借以介绍宝马车的性能,虽然手法较为夸张,但是广告效果非常好,并具备很高的视听审美价值,可以称得上是制作精美的"短电影"。

还有的广告,在表达上采用夸张手法。广告适度的夸张可以增加产品的趣味性,带给人们美好的感受,从而加深受众的印象。如"今年二十,明年十八",这明显是夸张修辞艺术,这样的形式是广告真实原则下的艺术性真实,不能用逻辑思维去测评它的真实性。

广告作为一种特殊的媒介形态,兼具艺术性和信息性,这也带来了广告真实性的"两面"。一方面,"真实"是一种客观存在。要严格遵守《广告法》中对于真实性的质的规定性,保证广告产品整体上的客观存在性,保证广告信息选择的准确性,保证广告信息传达给受众的感觉是真实的,不会产生误解。这种"真实",作为与"虚假"相对立的概念,强调的是广告传播内容的真实性,是广告作为信息必须具备的规定性。另一方面,我们很难赋予"真实"一个明确的、肯定的且唯一的依据与标准,也很难用一句话来断定真实的依据是什么。由于广告同时还具有艺术性,我们也很难苛求广告内容的完全真实。艺术本来就是超越生活的一种提炼与夸张,是一种对生活的再加工,好的广告常常是具有较高的审美价值和创意的艺术作品。一些国际品牌的商品广告,常常是以创意取胜,将艺术性与真实性融为一体,观众在欣赏广告的同时,也能够领会广告中传达的商品含义。

二、效益性原则

广告要实现的效益无非是两者:一是经济效益,二是社会效益。不管是经济效益还是社会效益,这都是从广告的结果来考察广告的优劣。而实现这种结果的前提,就是广告必须有效传播。广告的有效传播,是一种有目的、有责任、以说服和诱导目标消费者产生消费行为的信息传播活动,广告以销量作为最终目的。

广告文案写作的效益性原则,就是要用最好的创意创作出优秀的广告作品与消费者进行有效的沟通,达到说服消费者购买商品的目的。其创作要求创意以人为本,站在消费者的角度,使广告诉求能为消费者所理解和认同,从而达到推销产品获取经济效益的目的。广告文案的效益性原则还要求广告具有良好的社会效益。广告的经济效益与社会性效益是统一的。广告是一种社会文化,对受众有文化影响的功能,受众可从广告宣传中受到教育。因此创意人员要有较高的思想道德素质和社会责任感,通过广告传播先进文化,启迪陶冶受众心灵。

营销专家史玉柱创作"脑白金"广告,虽然这广告多次被网民评为最恶俗的广告,然而它在营销上却是成功的,创作者史玉柱以效益性原则为前提,对该产品进行了策划。

从广告创意策划来看,"脑白金"广告是按以下原则和思路进行创作的。

(1)目标明确:"脑白金"广告的目标相当明确,就是打送礼牌,按中国人的习惯,自己不吃好的,不穿好的,但礼要送得好。脑白金是保健品,史玉柱知道中国人自己不喜欢吃保健品,但是在逢年过节的时候喜欢给老人、亲戚送保健品。

(2)抓住眼球:广告的目的无疑是吸引消费者的注意力,并且能在消费者的心目中留下深刻的印象,抓住消费者的耳目。"脑白金"广告,以卡通的形式出现,形式与其他广告不同,可以吸引消费者视觉,"送礼就送脑白金"简短但多次重复宣传,也能抓住观众的听觉,在观众心中留下印象。

(3)情感共鸣:史玉柱完全抓住的是过节送礼,孝敬父母,尊敬长辈,关爱老人等一系列在中国社会中已经刻下深厚印记的感情习俗,这则广告无处不注入浓浓的情感因素。

(4)简单明了:真正的好广告创意就应该简单明了,"脑白金"广告完全做到了,无论是广告的画面,都是那么几个简单的动作,还是广告台词,都是那几句简单得不能再简单的话重复播放。正因为广告的情绪化、戏剧化、单纯化,使它在消费者心里留下了深而难以磨灭的记忆。

从广告艺术来说,"脑白金"广告的确是恶俗广告;从广告产生的效益来说,"脑白金"广告为史玉柱一年增加了数亿的财富,不得不说这是一个成功的广告。无论"脑白金"广告怎么被恶评,"脑白金"广告成就了一个被万人崇拜的史玉柱,然而不管是"脑白金"还是其广告,并没有给社会带来什么负面影响。

三、独创性原则

独创性又称原创性、原创力。原创性是与众不同的首创,是广告人在广告运作过程中赋予广告运动和广告作品以独特的吸引力和生命力的与众不同的力量。广告人将原本存在的要素重新加以排列组合，用一种新颖而与众不同的方式来传达，发现人们习以为常的事物中的新含义。

独创性的首创、与众不同和突破常规、出人意料不是从纯粹的形式角度来提出的。独创的意义并不仅仅在于形式上的想人所未想，而且还是内容上的新颖独特。

形式上的独创，也就是表现手法上的独创，为了使广告文案能更吸引人，产生新奇感，在众多的广告文案中脱颖而出，也为了使文案形式成为品牌的一种独特的标记，在众多的品牌中富于个性，更为了使感性消费的受众因为喜爱文案中所体现的某种品牌情趣而发生购买行为，广告文案写作需要在形式上体现独创。这个独创，可以是创造新的表现形式，也可以是发掘前人创造的有意味的形式，再运用现代的表现形式，按今人的理解重新组合起一种新的形式、赋予新的含义。

信息内容的独创，主要表现在能发现同一产品和服务中的不同的特点和借助心理作用形成或创造出的不同价值。广告文案寻找到独特的信息内容进行表现，寻找到能让产品在同类中跳出来吸引人的新信息，这就是信息的独创。信息的独创，不仅表现在能表现另一产品无法替代的消费利益点、产品生产背景以及产品的附加价值上，也表现在能抓住别人没有诉求的产品特点上。

不管是形式的独创还是内容的独创，独创必须是原创，而且独创是形式和内容的共同独创，广告的独创是为了广告信息的有效传播。形式和内容的有机组合，是使形式和内容之间产生一种共同的意象，共同的感应的努力。这不仅要体现在形式与产品的"类"的特性的共通上，更要体现形式和产品个性的独特上。独创的目的是为了传达信息，是为了说服和诱导目标消费者。因此，信息是独创性存在的基础，不立足于广告信息有效传播的独创只是毫无意义的花样。

广告文案独创中的广告信息，要以广告的企业、商品、服务为原点，体现信息表现内容的与众不同的首创。广告文案独创的形式结构、语言风格、特殊排列组合，要体现与所表现的广告信息之间的组合的独特性和默契程度。

例如中兴百货的广告，其独创性一直成为广告界关注的焦点。中兴百货一向以引领时尚，独树风格为特色，并首开百货公司每季展演服装秀之先河，奠定领导流行之典范。1985年起中兴百货，更落实以"精致生活文化"为经营理念，将商品与生活精致串联，塑造优质之消费文化楷模。中兴百货致力发扬生活创意文化的经营特色，成为国内第一家具有民族美学自觉及风格的国际级百货公司，以多店化及多角化经营为努力方向，积极成立百货店、中盛精品店系统，随时以崭新的创意生活提案，丰富中国人的生活。下面选几则以欣赏。

没有禁欲的消费者，只有太清教徒的百货公司
没有不性感的脚踝，只有太冷感的凉鞋。
没有不会放电的眼睛，只有抓不到重点的墨镜。
没有平凡的表情，只有无法聚焦的化妆品。
没有平庸的身体，只有不懂挑逗的服装。

没有不冲动的本能,只有迟到的感观刺激。

没有禁止进入的梦,只有想象力不足的床。

深藏不露的购买欲重新复苏,中兴百货信义店全新开幕。

继续购物,才能提升国家竞争力

难道你们不知道女人上街次数跟股市指数呈正比吗?没发现市面上每增加一种番茄酱品牌时,劳资关系就较调和吗?中正机场海关越友善,上班族翘班的概率就越低,不懂吗?不相信青少年流行穿肚脐环,唱片工业和软件产业绝对大卖吗?这么简单的道理,还需要开会吵架立法想对策吗?管他戒严令是否松绑、两岸是否直航三通、基本工资是否取消,有空的时候多陪陪夫人小姐公子们瞎拼、逛街、上市场,向热爱购物的台湾人民学习,我们的明天一定会更好。

美好的生活就是温柔的报复

你应该穿上最漂亮的衣服去散步遛狗,让街道上迫害视觉神经的建筑物丢脸。

你应该用最奢华的骨瓷餐盘吃荷包蛋,让使用保丽龙餐具的餐厅有经济危机。

你应该以鹦鹉螺音响听小奏鸣曲,让制造装潢噪音的坏邻居觉得魔音穿脑。你应该会用普斯旺斯香草料理,让背叛的情人只能以泡面当夜宵。

你应该用法文录电话答录机,让假日找你加班的主管当场哑口无言。你应该把写满报复拥护核武器人士和前男友的日记本资源回收,让亚马逊雨林继续茂盛繁郁。尽管用美学将生活经营成全面性的温柔报复工具,打击那些曾经逼迫你内在的外在丑恶。

四、关联性原则

20世纪60年代美国DDB(恒美广告公司)创始人威廉·伯恩巴克提出广告创作的ROI理论,他认为一个好的广告应当具备三个基本要素,即ROI:相关性原则(relevance)、原创性原则(originality)、震撼性原则(impact),这三个要素被称之为广告的"鬼斧"。

广告的关联性(或相关性),主要是指广告与受众的关联性,以及广告与产品的关联性。广告与受众的关联性主要指广告符号与受众知识经验领域的相关性,同时也指广告内容与消费者需要的相关性。广告与产品的关联性,是指广告与产品的形式的关联,也指广告和产品内涵的关系。

关联性原则在ROI理论中为首要的基本的原则,它主要指的是广告创意必须与产品、消费者、竞争者相关联,广告人应该从这种关联性中去发掘创意。

要实现与产品的关联,先要对产品概念有个清晰的了解,在此基础上发掘与创意有关的资料。这里的产品概念应该是指产品的不同层次,比如,向消费者提供的基本效用或利益是什么,这是产品的核心内容,该产品的实体和劳务的外观是什么,即包装、质量、价格、厂牌、商标、式样、设计特色等,这是产品的实用层;再次就是产品的延伸层,这是有形产品为消费者提供的除基本利益以外的其他所有利益之和,它包括交货、安装、使用指导、产品担保、维修,以及提供的各种售后服务[①]。

在了解产品概念之后,对整体的产品进行分析的基础上找到产品的个性,然后在此基础上发展创意。所谓产品的个性,应该是人无我有、人有我优、独一无二的,一般可以从产品的性能、价格、质量、市场、产品给人心理上的感受等方面去寻找。

找到了产品的个性,那就恰当地运用表现技巧彰显产品的个性。

在广告创意中有两类技巧,即直接关联与间接关联。直接关联指的是直接诉求产品,它通常以逼真、生动、诱人的写实手法来表现产品的质感与效用。这种表达虽然没有更多的背景及环境的衬托,也没有富于情趣的故事情节,但是仍然能够引人注目和引起人们的遐想。间接关联指的是通过比喻、象征、借代、拟人等创意表现手段来传递商品信息。间接关联的关键是要找到可以表现产品个性的替代物——喻体,它可以是人、事、物,也可以是细节、场景等。选择喻体的原则必须是生活中司空见惯的,生动、形象、简单浅显的,大众喜闻乐见的,有针对性的。

在广告创意过程中,与竞争者的关联主要表现在:努力寻找和发现广告的产品所具有的能够为消费者提供的,而竞争对手的产品却不具有的不能够为消费者提供的独一无二的好处与功效,并将这一信息如实传达给消费者。

要实现广告创意与消费者的关联,首先必须明确消费者。确切地说广告创意与消费者的关联指的是广告要站在消费者的立场说话。与消费者的心理相吻合,激发消费者的心理共鸣。这里的消费者不是泛指所有的消费者,而是指广告产品的目标受众。广告产品的目标受众是由企业的目标市场决定的。企业的目标市场从质的角度而言指的是企业所生产产品的使用者。

五、图文配合原则

广告文案写作中,除了广播广告仅以声音为载体以外,其他媒体广告都可能是文案与画面结合。图文配合,这是广告文案创作另一个不可忽视的原则。

广告文本图文关系的正式分析由巴特引领,他提出了"锚定-接力"[②]的说法,认为图像和文字有两种关系:第一种为锚定(anchorage)关系,即图像具有不确定性和多义性,文字的作用就是固定其中某一种含义,图像和文字信息有部分相同;第二种为接力(relay)关系,即图像与文字传达不同的内容,两者在信息上互相补充,并在更高层面上创造讯息。这种分析得到了很多研究者的认同,但是在广度和深度上却存在简单化的倾向,中国传媒大学的冯丙奇、王媛对此就提出了批评,他们指出"虽然巴尔特已经强调,大部分广告文本都是锚定与接力的结合,但以往的研究者对广告图文关系复杂性的关注不够,很多研究者倾向于对广告图文关系进行简单化的界定,对比较复杂的状态缺乏

---

① 余明阳.广告策划创意学[M].上海:复旦大学出版社,1999:85.
② 冯丙奇,王媛.平面广告图文关系分析框架:"锚定-接力连续轴"的概念[J].国际新闻界,2009(9).

足够的分析与说明。"①由此他们提出了"锚定-接力连续轴"的概念,即认为任何一则平面广告文本都是锚定与接力按照不同比例进行的整合。"锚定-接力连续轴"对图文关系的认识更加深刻。

在此基础上,华东师范大学甘莅豪,提出了广告图文关系的分析框架,即基于"语法、语义、语用"三个维度的图文关系。②

例如雪碧广告中的图文关系(见图3-3):

图3-3 雪碧平面广告

广告中的图,主体是一个少男拿着一个雪碧瓶。文案是:我好钟意你,Miss Chan(广告标题);师生恋是禁忌?都21世纪啦!为什么不可以挑选自己钟意的人?放榜那天,我鼓起最大勇气和Miss Chan说我钟意她,虽然她没有接受我,但我没有后悔(广告正文)!

该广告在语法维度,图"少男"是文"我好钟意你,Miss Chan"的主语;在语义维度,文是少男的自白,是受事;在语用维度,图文关系为转喻关系,整个广告的意思是"一个少年大胆地向老师表示了他的爱意",从而表现了青少年的一种打破常规、无所畏惧的特质。而少年喜欢喝雪碧,由于光辉泛化,广告受众也会赋予雪碧"打破常规、无所畏惧"的特质。

广告创意　advertising creative
创意思维　creativity thought

---

① 冯丙奇,王媛.平面广告图文关系分析框架:"锚定-接力连续轴"的概念[J].国际新闻界,2009(9).
② 甘莅豪.平面广告图文关系的分析框架:基于"语法、语义、语用"三个维度[J].国际新闻界,2012(5).

广告文案创作原则　　AD copywriting Rules

思考题

1. USP 理论与定位理论的主要区别在于什么?
2. 试用自由联想的列举法对某一个产品的属性进行列举。
3. 头脑风暴法使用过程中应注意什么?
4. 一家位于纽约的商店叫做"七只钟",然而在它的外面却挂着八只钟,一开始这是一个错误,但是正因为这个错误它的业务量大大增加。这是为什么?
5. 用联想思维法创作一则文案,品牌自选。

推荐阅读书目

1.《文心雕龙全译》,刘勰著,龙必锟译注,贵州人民出版社,1992 年。
2.《广告攻心战略——品牌定位》,艾·里斯、杰克·特劳特著,刘毅志译,中国友谊出版公司,1999 年。
3.《创新思维训练教程》(第 2 版),余华东著,人民邮电出版社,2007 年。

CHAPTER 4 第四章 广告标题

本章任务

1. 理解广告标题的含义与作用
2. 掌握广告标题的类型
3. 运用广告标题的常见写作方法与检核原则

本章引例

下面是广告大师威廉·伯恩巴克为奥尔巴克百货商场撰写的广告文案之一,对于整篇文案,伯恩巴克自认最得意的是它的广告标题。

广告正题:慷慨的旧货换新

广告副题:带来你的太太,只要几块钱,我们将给你一位新的女人。

广告正文:为什么你硬是欺骗自己,认为你买不起最新的与最好的东西?在奥尔巴克百货公司,你不必为买美丽的东西而付高价。有无数种衣物供你选择——一切全新,一切使你兴奋。

现在就把你的太太带给我们,我们会把她换成可爱的新女人——只花几块钱而已。这将是你有生以来最轻松愉快的付款。

广告随文:奥尔巴克 纽约·纽瓦克·洛杉矶

广告语:做千百万的生意 赚几分钱的利润

第一节 广告标题的作用

在文案中使用标题,最早是为了适应报纸、杂志等印刷媒介的传播特性。今天,印刷媒介仍旧是最能充分发挥标题作用的媒介。广播和电视广告以及新兴的网络媒体、移动媒体广告,同样需要以标题性质的语句在开头几秒钟引起诉求对象的注意,只不过标题的存在和形态没有在印刷媒介中那么鲜明。

关于广告标题的含义,不同学者或从它在整个文案中的重要性,或从它的位置字体特殊性等方面进行了阐述。

广告标题就是广告的题目,是整个广告文案乃至整个广告作品的总题目。它表明广告的主旨,又是区分不同广告内容的标志。广告标题为整个广告提纲挈领,将广告中最重要的、最吸引人的信息进行富于创意性的表现,以吸引受众对广告的注意力。它昭示广告中信息的类型和最佳利益点,使人们继续关注正文。[1]

标题是每一广告作品为传达最重要或最能引起诉求对象兴趣的信息,而在最显著位置以特别字体或特别语气突出表现的语句。[2]

简言之,广告标题就是表现广告主旨,用以揭示、评价内容的一段最简洁的文字,是广告主题的凝结和提炼,是广告文案的点睛之笔。

广告标题在广告文案甚至整个广告作品中的地位十分重要,诚如苏上达先生所说"广告全幅上最重要之文字,厥为标题。盖标题者,全幅广告之精粹也。标题而得其法,则全体广告大可生色,人人竞读之而不生厌。标题而不得其法,则以下任有若何优美之广告材料,必致埋没而无人过问。是故标题者,广告之魂魄也,广告之先锋也。使先锋而为精锐,则全线之士气之大振,声势浩大,易奏凯歌。使广告而失其魂魄,则其余之文字,不为散沙,必为疮痍,人人避之不暇,广告又何由而奏效哉。"[3]

一、吸引受众

约翰·卡普莱斯曾经说过,"在大多数广告中,无论插图多么精彩,标题都是最为重要的。大多数读者在读过标题后,便会以对其感兴趣或不感兴趣为标准来决定是否继续读下去"。因此,一个好的标题,首先必须引起受众的注意。现代社会生活节奏加快,人们的闲暇时间有限,而人们能够接触到的信息无论是来源还是数量都是海量的,在有限的时间和精力里,人们只能选择自己感兴趣的信息浏览。因此,受众的注意力成了稀缺资源。"注意力经济"、"眼球效应"应时而生。同时,媒介形态的丰富和信息的海量增加,并没有同时增加人们对广告的好感和信任,所以一般人对广告都带有些抵触心理,刻意浏览广告甚至关注广告的人的比例并不高。而广告成败的关键首先是看广告有无

---

[1] 刘西平,黄小琴.广告文案写作[M].广州:暨南大学出版社,2007.
[2] 高志宏,徐智明.广告文案写作——成功广告文案的诞生[M].2版.北京:中国物价出版社,2002.
[3] 苏上达.广告学概论[M].北京:商务印书馆,1931.

公众阅读、收看或收听。而对于吸引公众阅读、收看或收听广告,标题起着至关重要的作用。如果一则广告能吸引读者注意到广告标题,可以说这个广告就成功了一半。

此外,一个好的标题还必须吸引受众继续阅读正文和图片。如果标题引不起受众的兴趣,他们往往会放弃阅读,或产生不了继续阅读的欲望,尤其是在受众阅读时间有限的情形下,这样广告效果就无从谈起。反之,如果标题十分精彩有趣,能牢牢抓住受众的注意力或者成功地引发了受众的好奇心,他们就会继续阅读正文和图片。例如广告大师乔治·葛里宾在20世纪曾为箭牌衬衫撰写过这样一个标题"我的朋友乔·霍姆斯,他现在是一匹马了",读者看到这样一个标题,自然会产生好奇心,为什么人会变成马呢?再看图片,是一个人好像在对着一匹马说话,因此读者的好奇心会更加强烈,为一探究竟,读者就能继续地阅读下去。而这恰好引证了乔治·葛里宾的广告文案写作信条——新奇,他认为好标题的典范就是要做到:"这个标题是否使你想去读文案的第一句话?而文案的第一句话能否使你想去读文案的第二句话?使你看完了整个文案。一定要做到使读者看完广告的最后一个字才想睡觉。"

二、突出主题

广告标题往往是整篇广告的主题,概括了广告的中心思想,它是广告作品向消费者传递信息的一个主要渠道。所谓"看报看题"、"题好一半文",广告也是如此。大多数的消费者在时间有限的情况下,在无意识的阅读中都养成了首先看标题的习惯,然后根据标题是否有趣,是否引发自己的阅读欲望而决定是否继续读下去。因此,在广告标题的写作中,除了注意要尽量运用标题的魅力将消费者的兴趣和视线转向广告正文和图片之外,也要考虑到大多数消费者可能不会阅读正文的现象。正如大卫·奥格威所说,"阅读标题的人数一般是阅读正文人数的五倍。也就是说,如果标题无法起作用,那么你就浪费了80%的广告费"。所以,为了抓住那些只阅读标题的受众,为了不致浪费80%的广告费,在广告标题写作中就应该尽量体现广告主题,使得消费者在无意注意到广告标题时就对广告要传达的信息主题有所了解,在消费者的快速浏览中就能得到广告的最主要内容、商品卖点、利益承诺和整个广告表现的主题因素等。比如"杰魄打火机每天使用,20年后唯一需要更换的部件无非是它的铰链。"这个标题,读者至少能接收到如下信息:杰魄打火机,耐用!再比如"今年夏天你只需要花1100元就能畅游海南,5个去处等着你"这样一个标题,受众即使不读正文和其他信息,也能知道这是一个旅游广告,地点是海南,而且价格便宜,还可以去好几个地方;反之,还是同样的内容,标题如果换成是"今年夏天,我和海南有个约会",只看标题的受众就会不知所云,就会因为接收不到有用信息而放弃阅读,从而商家可能丧失潜在客户,也就是浪费了广告费。

三、引导购买

广告的劝导作用大多数是从标题开始的。根据路易斯的广告心理学"AIDA"理论,广告标题除了引起消费者注意,诱导消费者阅读正文,让其产生兴趣和欲望之外,更重要的就是诱发消费者产生购买行为。另外,读图时代的到来和生活节奏的加快,使得更多消费者习惯浏览标题。如果标题成功地引起了消费者的阅读兴趣,同时广告标题也呈现了品牌或商品的卖点,或者产品能带给消费者的利益也符合消费者心目中的商品消费利益,消费者就可能产生消费渴望,这直接诱发他们产生了消费行为。比如"总有一卡适合你!神州行,我看行"这样直接或间接地对消费者发出消费劝导和呼唤的标题,又比如"看足球,喝可口可乐"这样用煽动性的口吻来号召购买行动的标题,广告受众甚至不用看正文就已经被产品利益点、被劝导和呼唤所吸引,这直接诱发他们产生购买行为。

第二节 广告标题的类型

广告标题,有许多种划分方法,因人而异。这里介绍几种常见的划分方法。

一、按诉求划分

1. 直接标题

又叫直接诉求式标题。就是文案撰稿人用简洁凝练的文字,将所要宣传的事物或情况的主题和销售重点开门见山地直接表达出来,使人们一看就清楚广告说些什么,以便使人们采取行动。这类标题往往以商品、商标、品牌或企业名称直接作标题。比如:

  投资万科就是投资中国的未来(万科公司)

  选择东信,把握成功(东信手机)

下面是广告大师大卫·奥格威为哈撒威衬衫撰写的经典文案:

> **广告标题**:穿"哈撒威"衬衫的男人
>
> **广告正文**:
>
>   美国人最后终于开始体会到买一套好的西装而被穿一件大量生产的廉价衬衫毁坏了整个效果,实在是一件愚蠢的事。因此在这个阶层的人群中,"哈撒威"衬衫就开始流行了。
>
>   首先,"哈撒威"衬衫耐穿性极好——这是多年的事了。其次,因为"哈撒威"剪裁——低斜度及"为顾客定制的"——衣领,使得您看起来更年轻、更高贵。整件衬衣不惜工本的剪裁,使您更为"舒适"。下摆很长,可深入您的裤腰。纽扣是用珍珠母做成——非常大,也非常有男子气。甚至缝纫上也存在着一种南北战争前的高雅。
>
>   最重要的是"哈撒威"使用从世界各角落进口的最有名的布匹来缝制他们的衬衫——从英国来的棉毛混纺的斜纹布,从苏格兰奥斯特拉德来的毛织波纹绸,从英属西印度群岛来的海岛棉,从印度来的手织绸,从英格兰曼彻斯特来的宽幅细毛布,从巴黎来的亚麻细布,穿了这么完美风格的衬衫,您会得到众多的内心满足。

广告文案

"哈撒威"衬衫是缅因州的小城渥特威的一个小公司的虔诚的手艺人所缝制的。他们老老小小的在那里工作了已整整114年。

您如果想在离您最近的店家买到"哈撒威"衬衫,请写张明信片到"G.F.哈撒威"缅因州·渥特威城,即复。

"哈撒威"衬衫广告如图4-1所示。

图4-1 "哈撒威"衬衫广告

直接标题的优点是简单明了,直截了当,使人一目了然,标题带有一定的信息性和针对性,符合快节奏生活下那些只浏览标题的人的阅读习惯,可以节约阅读时间。缺点就是比较直白,容易雷同,缺少广告的艺术感染力。如果没有诱人的利益点或者产品卖点,难以引起读者的好奇心。

2. 间接标题

又叫间接诉求标题。就是文案撰稿人不直接揭示广告主题,而是采用迂回曲折、含蓄委婉的方式,间接宣传产品的功能特点。标题常采用暗示或诱导的手法,用引发人好奇心的词句,引导读者进一步阅读正文或者观看画面。消费者往往要将标题同广告正文以及图像等联系起来,才能体味出整个广告的间接意图。这类标题里面通常不含有产品名称或品牌名称。比如下面的标题:

成就天地间(TCL王牌彩电)

我爱上一个名叫Cathy的女孩,但我却杀了她(交通广告)

下面是著名广告文案撰稿人威廉·伯恩巴克曾为大众甲壳虫汽车撰写的文案"柠檬":

> 广告标题：柠檬
>
> 广告正文：
>
> 　　这辆甲壳虫没赶上装船启运。
>
> 　　仪器板上放置杂物处的镀铬有些损伤，这是一定要更换的。你或许难以注意到，但是检察员克朗诺注意到了。
>
> 　　在我们设在沃尔夫斯堡的工厂中有3389名工作人员，其唯一的任务就是：
>
> 　　在生产过程中的每一阶段都去检查甲壳虫（每天生产3000辆甲壳虫，而检查员比生产的车还要多）。
>
> 　　每辆车的避震器都要检查（绝不做抽查），每辆车的挡风玻璃也经过详细的检查。大众汽车经常会因肉眼所看不出的表面擦痕而无法通过。
>
> 　　最后的检查实在了不起！大众的检查员们把每辆车像流水一样送上车辆检查台，通过总计189处查验点，再飞快地直开自动刹车台，在这一过程中，50辆车总有1辆被卡下"不予通过"。
>
> 　　对一切细节如此全神贯注的结果是，大体上讲，大众车比起其他车子耐用而不大需要维护（其结果也使大众车的折旧较其他车子为少）。

　　间接标题的优点是在引人注意和激发兴趣方面，相比直接标题更加有效，缺点是因为标题里面经常不含有产品或品牌名称，也很少带有产品的功能或特点，如果不看正文或相应的图片解释，容易让人莫名其妙，从而容易流失那些快节奏生活下只浏览标题的消费者。

二、按结构划分

1. 单一标题

　　就是由单词、多词组、单句构成的广告标题形式，用以表达广告宣传的主题内容，具有直截了当的特点，也是最普遍使用、最为常见的标题形式。单一标题可以短到一个字、一个词组或多个词组，或者是一个独立的句子，也可以长到几句话。直接标题和间接标题都属于单一型标题。比如：

　　120年来，我们走在时代之先，从没浪费一分一秒（精工手表）

　　think small（大众汽车）

　　热烈祝贺凯恩西湖金座顺利结顶，感谢新老客户对凯恩西湖金座的关心与支持！（楼盘广告）

　　下面是广告大师西奥多·麦克马纳斯所撰写的美国凯迪拉克汽车公司的文案：

广告文案

> 广告标题：出人头地的代价
>
> 广告正文：在人类活动的每一个领域，得到第一的人必须长期生活在世人公正无私的裁判之中。无论是一个人还是一种产品，当它被授予了先进称号之后，赶超和妒忌便会接踵而至。在艺术界、文学界、音乐界和工业界，酬劳和惩罚总是相同的。酬劳就是得到公认，而惩罚则是遭到反对和疯狂的诋毁。当一个人的工作得到世人的一致公认时，他也同时成了个别妒忌者攻击的目标。假如他的工作很平庸，就没有什么人去理会他；如他有了杰作，那就有人喋喋不休地议论他；妒忌不会伸出带叉的舌头去诽谤一个只有平庸之才的画家。无论是写作、画画，还是演戏、唱歌或从事营造业，只要作者的作品没有打上"杰作"的印记，就不会有人力图赶超作者，诽谤作者。在一项重大成果或一部佳作已完成后的很长一段时间里，失望和嫉妒的人仍会继续叫喊："那是不可能的。"
>
> 外界人早已将惠斯勒（Whistler）称颂为最伟大的艺术大师之后，艺术领域中仍然流言纷纷，将自己的艺术大师说成是江湖骗子；当人们成群结队到音乐殿堂 Bayreuth 向瓦格纳（Wagner）顶礼膜拜时，而一小撮被他废黜或顶替的人却气势汹汹地叫嚷"他根本就不是音乐家"；当众人涌向河边观看轮船行驶之时，少数人仍坚持说富尔顿（Fulton）绝不可能造成轮船。杰出人物遭到非议，就是因为他是杰出者，你要是力图赶上他，只能再次证明他是出色的；由于未能赶上或者超过他，那些人就设法贬低或损害他——但只能又一次证实他所努力想取代的事物的优越性。
>
> 这一切都没有什么新鲜，如同世界和人类的感情——嫉妒、恐惧、贪婪、野心以及赶超的欲望——一样，历来就是如此，一切都徒劳无益。如果杰出人物确实有其杰出之处，他终究是一个杰出者。杰出的诗人、著名的画家、优秀的工作者，每个人都会遭到攻击，但每个人最终也会拥有荣誉。不论反对的叫喊如何喧嚣，美好的或伟大的，总会流传于世，该存在的总是存在。

从举例可以看出，单一标题有两个特点：一是单一标题不等同于一句话标题，它可以是词组也可以是几句话；二是单一标题的字数不限，没有一个刻意死板的规定和模式，字数的多少取决于能否达成广告目标，或是否有力传达了广告诉求或卖点。

2. 复合标题

又称为多重标题，指由多个单标题形成的、相互之间具有某种内在逻辑关系且在排列上呈先后次序的标题组合。复合标题能够对受众进行多重层次的、符合受众各种接受心态的诉求。简言之，复合标题就是以两种或两种以上标题形式综合表达信息的标题。

典型的复合标题是由引题、正题和副题等三个标题组成。

引题，又称肩题、眉题或上辅题，它的位置在正题之前，一般用于交代广告信息的背景或原因，在文字上一般要少于正题和副题。正题是复合标题的中心，在位置上也居于中心位置,它传达广告信息中最主要或最关键的内容。副题,在位置上居于正题之后,一般是对正题做有效补充。它在正题的基础上,进一步做细部诉求,具有明晰的分类和信息指向性,是标题和正文之间的桥梁。①

在具体的操作上,常见的复合标题有引题＋正题、正题＋副题、引题＋正题＋副题三种复合形态,另外还有大小标题。

1) 引题＋正题

引题为正题的广告信息的表现做铺垫,提供一个特定的背景情况或说明原因。

比如:

  引题:经验告诉我,家人总有吃坏了肚子的时候

  正题:香港保济丸随时用得着(香港保济丸)

又如:

  引题:天生好绝配　财富好帮手

  正题:联名存款(中国农业银行)

再如:

  引题:不是天王天后,也可大摆架子

  正题:宜家唱片架,最低75元起(宜家唱片架)

2) 正题＋副题

这是复合标题中最常见的标题形式,一般正题直接地将广告信息进行展现,而副题的作用是将受众的视线从标题引导转向正文。

比如:

  正题:蜜丽疤痕灵

  副题:不知不觉　攻克病源(蜜丽疤痕灵)

又如:

  正题:咽喉防火墙

  副题:清火消肿,止痛利咽,三金西瓜霜(三金西瓜霜)

再如:

  正题:药材好,药才好

  副题:来自八百里伏牛山天然药库(仲景六味地黄丸)

3) 引题＋正题＋副题

这是复合标题中最完整的标题形式,它由三个单句构成,相互之间形成一种背景交代、主题诉求、指向性补充的内在关联。因为此种标题结构的完整性,使得它能在标题中较完整地将广告信息表现出来,有利于无目的阅读和接收的消费者在标题的浏览中就能大致了解广告信息,也经由副题建立了标题和正文之间的桥梁。

比如:

  引题:四川特产,口味一流

  正题:天府花生

---

① 胡晓云.广告文案[M].杭州:浙江大学出版社,2009.

副题:越剥越开心(天府花生)

又如:

引题:用了抽油烟机,厨房还有油烟怎么办?

正题:科宝排烟柜,将油烟控制在柜内,一抽而净

副题:三年保修,终身维修!(科宝抽油烟机)

有时,引题和正题并不在一起,而是出现在图片中,通过与图片的组合来引出正题。例如,IBM 一款 Aptiva 多媒体电脑的广告标题:

引题:别动手!(背景是一个电脑键盘)

正题:有话好好说

副题:无须拼音,无需拆字,Aptiva 带您步入中文语音输入新时代

4) 大小标题

当然,并不是所有的复合标题都是由引题、正题、副题三个部分组成。实际的广告文案写作过程中,尤其是在以文字见长的报刊广告文案中,还经常在主标题下分成几个小标题,以避免文案编排的沉闷,同时增强广告讯息的可读性。这种复合标题形态又叫大小标题。

大小标题同时运用常存于两种场合:①广告文案内容较多文字较长,这时有必要在总的大标题下分立小标题,引导并辅助读者良好地阅读;②文案内容涉及的角度较多,从不同角度共同支撑广告标题,进一步增强标题诉求力和可信度等。[①]

大小标题结合,是长文案最为常用的方法,不仅可以增强正文的条理性、突出重点,也可以有效吸引读者阅读。

大卫·奥格威曾为波多黎各经济开发署撰写的著名长文案,就是典型的复合标题的大小标题结合。大卫·奥格威说:"这是我生平所写的最有效果的广告,拜尔斯利·鲁姆尔看过后一字不改地核准了。"这个广告给"波多黎各"带来了许多新工业。此一文案,五个小标题分别引领不同的内容,既方便读者仅阅读大小标题就能了解大致内容,也方便读者就自己感兴趣的内容,对应小标题做重点阅读和反复性阅读。

广告标题:现在"波多黎各"对新工业提供百分之百的免税

——拜尔斯利·鲁姆尔

副题:总督缪拿兹(Munoz)说:

我们不要'逃迁的'工业,但我们确在寻找"新的"与"扩展中的"工业。联邦税法不适用于"波多黎各",而本邦也提供豁免全部地方税。这就是为什么 317 家新工厂已经设立在"波多黎各"的原因,这些保障都是美国宪法所赋予的。

广告正文:

为了提高"波多黎各"生活水准而做的一项戏剧性的邀请,本邦政府现在正提供美国制造厂和如此压倒性的鼓励,因而已有 300 家以上的新工厂建立在这个距佛罗里达海岸 961 英里的充满阳光的海岛上了。最大的鼓励政策是

[①] 徐玉红,沈彬.广告文案创作[M].杭州:浙江大学出版社,2007.

对绝大多数设在"波多黎各"新厂的制造商都给以百分之百的免税。

例如：假如你的公司今年在税后净赚53500美元，你如在"波多黎各"则净利就会是10万美元？多赚87％，只因为联邦的所得税法不适用于"波多黎各"，而一切地方捐税也全部免除。

一项对一家俄亥俄州公司最近的分析显示。由于税金的免除与经费的节省，把新厂设在"波多黎各"将把他全年的净利从187000美元增至442000美元。

在"波多黎各"的公司中，你的股息如得到5万美元，而你如在美国只净得25000美元？因为联邦个人所得税法也不适用于此地。

小标题：关于劳工怎样？
文案：
"波多黎各"供应为数65万的男女劳工，都具有相当高程度的生产能力与效率——这一部分要感谢本邦政府的职业训练学校。这些学校也为经理人及监督人提供特别的课程。

在技术能力方面的进步也许要用如今有28家工厂生产精密的电子设备这个事实来计量。

在美国的公司中已在"波多黎各"设厂生产的有"西凡尼亚电气公司"(Sylvania Electric)、"卡宝蓝顿公司"(Carbornandun Company)、"圣·来吉斯纸业公司"(St Regis Paper)、"雷明顿·蓝德"(Remington Rand)、"尤尼魏斯·连斯"(Univis Lens)、"美国皮鞋公司"(Shoe Corporation of America)、"魏斯顿电气公司"(Weston Electric)。

小标题："接近乐园"
文案：
注意听一下"圣·来吉斯纸业公司"的副总经理克理士坦生(Christensen)所说的：

这里的气候表明这可能是人类所能见到的与乐园最接近的地方了。我发现一般讲来，波多黎各人极为友善、有礼貌并且合作。

在"波多黎各"的这个工厂是我们在品质与产量两方面最有效率的工厂之一。我们的劳工在一切情况之下都有极好的效果。

克理士坦生可能还加上说，"全年12个月气温总是停留在温和的二十几度，你住在屋外就行了"。

游泳、划船与钓鱼，真是世外桃源。而你的太太也会为听到家事有充足的帮佣而欢欣。

小标题："波多黎各"的最好时刻
文案：
假如你决定把你下一个工厂设在"波多黎各"，你将不只得到由于免税而得到的经济上的利益以及政府的协助。你也将发现这是作为提升作业的极好刺激;以及参与西半球成长最快的社区的光荣,这也许是"波多黎各"最好的时刻。而决定成为其一部分的美国制造商在财务上及精神上将不会得不到报偿。

本邦将会不遗余力地协助你启动。它将为你建立工厂,它将帮助你获得财源,甚至会代你选择安排人事——然后训练他们来操作你的机械。

小标题:运输情况
文案:

"波多黎各"与美国大陆之间有六家轮船公司及四家航空公司有定时航运服务。从纽约到"圣胡安"(San Juan 波多黎各之首府)乘飞机只要五小时半。

有利的运输情况能使一家住西部的制造商在"波多黎各"建立一个较大而更有效率的工厂,以代替在美洲大陆建立两个较小的工厂——并能很经济地为加州及纽约两个市场服务。

重量轻的货品,像雷达组件等,今天离开在"波多黎各"的生产线,用航运明天就会在洛杉矶、芝加哥或其他各美国大陆城市交货。并且,当然,对美国大陆任何种类的交易都不课税。

小标题:你是否合格?
文案:

总督缪拿兹说:

我们所拉的是新的资本家,我们的口号不是"把某种旧的移到'波多黎各'来",而是"在'波多黎各'开始某种新的"或者"扩展到'波多黎各'来"。

本邦正对一切适合的工业产生极大的兴趣而加以吸引,特别欢迎电子工业、男女服装、编织业、鞋业及皮革业、塑胶业、光学商品、人造珠宝业、小家电用具及医药用品等。

想得知全部事实以及确知你及你的公司是否合乎完全免税条件,请电告我们离你最近的办事处。

读材料 4-1

广告标题创意"傻瓜"原则

标题的诉求是什么呢?这是"革命的首要问题"。弄不清楚,以下的事情肯定就得出岔子。广告标题的诉求,应该是回答受众(你的潜在顾客)这样一个顶顶要紧的问题:"(广告呈现的产品或服务)关我啥事儿?"或者说"你的广告对我有何益处?"

你的标题必须迅速、肯定、准确地回答这个问题。要不然,广告就变成了一堆垃圾信息,乏人问津。

要回答这个问题,你可以在下面的思路中二者选其一:①呈现一种特定的益处;②公告一种重要新闻信息。在构思标题时,永远要站在受众的角度,从受众需求出发。受众不会对你自己、你的企业、你的需求感兴趣,人家不关心你的销量是上升了还是下降了,不关心你是什么背景、几级企业、企业规模有多吓人,人家感兴趣的是你的产品或服务对人家有何益处,人家关心的是他们自己的生活、是你的东西能不能解决人家生活中的问题!

这一点,千万要先搞清楚,糊涂不得、一点偏差也出不得。

标题要为人家着想,想什么呢?或者说,标题诉求的重点是什么?如果把广告比作钓鱼,那广告标题就是鱼饵。你想钓的鱼是什么,你的鱼饵就该用那种鱼喜欢的,对吧?所以,广告标题的诉求重点,也应该比照这个原则。

第三节 广告标题的常见写法

如上所述,标题具有吸引受众、突出主题、引导购买等重要作用,现代广告的创作中对标题也越来越重视,广告中的标题越来越新颖醒目。广告处于报刊、电视、网络等不同媒介的海量信息之中,如果没有足够吸引人的标题,受众的注意力就会被其他更加吸引人的标题夺走。因此广告标题写作需要一些更具创造性的手法。

虽然说文无定式,广告标题的写作也没有一成不变的格式,但仍然是有章可循的。由于不同时代、不同广告人的创意精神和持续探索,广告标题的表现形式已经多种多样,丰富多彩。但对于标题各种类型的划分和归类,是见仁见智。有划分为 12 类、15 类,也有分成 20 个大类的,更有学者将其细分为 31 类的。除了前面所述的直接标题、间接标题,单一标题、复合标题等常见类型,这里借鉴了众多学者的标题归类和创作手法,总结出如下常用的、具有普遍适用性,且被实践证明有效的创造性写法。

一、利益式

利益式广告标题也被称为承诺式、许诺式广告标题。这种标题的主要特点是在标题中向消费者承诺某种利益或好处。这些利益或好处可以是企业给予消费者的服务承诺,或者是商品的优越性能、赠品的多少,价格的公道,抑或品牌的价值、品牌带给消费者的精神愉悦和身份象征等各种各样的附加价值。比如"6 分钟,让地板焕然一新"(某地板蜡),这是省时的承诺;"劲量电池,电力增强多达 60%"(劲量电池),这是耐用的承诺。

利益式标题大量运用于产品广告和服务类广告之中,因为这种标题的承诺,可以在物质利益、精神价值各个方面满足消费者的需求。利益式标题常常采用如下词汇:免费、优惠、减价、附赠、方便等。当然利益承诺的表现不只是常用词汇的使用,除了直接承诺方式之外,还有间接的或者暗示性的承诺。标题"就是帮你省钱"就属于直接承诺;"你只要按下快门,其余的事由我们来做"属于间接承诺,暗示了柯达相机的省事方便人性化。

利益式标题的优点是让消费者明确利益所在,让消费者对获得该利益充满信心。同时标题的利益保证对目标消费者具有极大的诱惑力,让消费者对于购买商品后的利益实现充满期待。因为它符合消费者的消费心理,被实践证明是一种比较有效的标题写作诉求方法。利益式标题的不足是为了增加对消费者的诱惑力,承诺常常有夸大倾向。一旦承诺不能兑现,易于引发消费者的不满,从而损害品牌的口碑甚至有损品牌形象和品牌价值。

二、新闻式

新闻式标题是指采用新闻标题和导语的写法形成的广告标题。此种标题善于挖掘出广告产品的新闻价值或与产品相关联的新闻性信息,凸显产品或服务的创新性,从而使广告信息传播染上传统的新闻色彩,增强广告的诉求力,增加广告的新奇性和可信性,有助于增强产品的吸引力和销售力。采用新闻标题的先决条件是,广告信息的本身必须具有新闻价值,必须是真实的、新的事物和事件的产生和发现。例如新产品上市、产品突破性进展或成就、发现老产品的新用途、企业有新的举措抑或公司周年庆典、品牌赢得引人注目的荣誉等就可以使用新闻式标题。

新闻式广告标题的常用词汇有:新、发现、推出、首次、目前、现在、消息等。作者在发现了商品、企业或服务的新状态、新趋向时,就可以运用以上的词汇来写作新闻式广告标题。

比如:

中国贵州茅台集团隆重推出新一代浓香型经典白酒(茅台集团"东方之子"酒)

上海航空公司增开南京始发航班(上海航空公司)

健康之神——氧立得火爆登场(氧立得便携式制氧器)

20世纪,大卫·奥格威就曾告诫文案人员,标题中需要挖掘一些"新"东西,让标题富有新闻性。他获得成功的许多著名广告标题,都是属于新闻式的广告标题。比如下面的"舒味思"(见图4-2):

广告标题:"舒味思"的人来了

广告正文:英国伦敦"舒味思"厂派出的惠特海先生来了。"舒味思"厂自1874年起即为伦敦的一家大企业。惠特海先生来到美国各州,为的是调查在此地生产的每一滴"舒味思"奎宁柠檬水是否都具有本地厂所独具的口味。这种口味是长久以来由"舒味思"厂所制的全世界唯一的杜松子酒及滋补品的混合物形成的。

惠特海带来了"舒味思"独创的秘方,而"舒味思"碳化秘方就锁在他的小公事提包里。他说:"'舒味思'有一整套毫厘不差、道道地地的制法。"

"舒味思"历经了百余年之经验,才研究出了奎宁柠檬水现在这种半苦半甜的完美口味。你把这种奎宁柠檬水和杜松子酒及冰块混合在高脚杯中,只需30秒钟。然后,高雅的读者,你将会由于读上上述文字而赞美这一天。

广告随文:附言 你如果喜爱这篇文字而没有喝过"舒味思",请以明信片通知,我们即做适当的安排。

图 4-2 奎宁柠檬水广告

"舒味思"杜松子酒的"'舒味思'的人来了"这个标题,虽然没有"新"字,没有"某某产品新上市了"那种毫不掩饰的洋洋自得,但新闻式标题的简单宣告,却能调动消费者对陌生人的好奇心;这个人是谁,他来干什么,他来了与我们有何关系等种种联想,从而使得消费者会因为好奇去正文中寻求答案。

新闻式标题的优点是具有新闻性,能吸引受众;便于传播商品品牌富有新闻价值的一面或者有效利用新闻事件;能更好地抓住受众的注意力资源。它的不足在于常有"炒作"、"造新闻"之嫌;不能适用于产品和品牌的任何时候;必须严格控制新闻性的挖掘和广告目标之间的契合度,不能舍本逐末。写作新闻式广告标题时的主要问题在于,如何发现新的有新闻价值的东西,又如何以专用的新闻标题的写法、专用的词汇来到位地表达。

三、故事式

故事式广告标题也叫叙事式标题或情节式标题,类似于一则故事的题目,它以叙事性标题暗示故事的发生和情节的展开。它的主要特点是能吸引消费者阅读正文和图片。广告大师们也是写故事式标题的高手。前文提到的广告大师乔治·葛里宾为箭牌衬衫撰写的"我的朋友乔·霍姆斯,他现在是一匹马了"就是典型的故事式标题,而且这个故事从第一句话开始就一步步吸引读者阅读正文:

乔常常说,他死后愿意变成一匹马。

有一天,乔果然死了。

五月初我看到一匹拉牛奶车的马,看起来很像乔。

我悄悄地凑上去对他耳语:"你是乔吗?"

他说:"是的,可是现在我很快乐!"

我说:"为什么呢?"

他说:"我现在穿着一件有舒服的衣领的衣服,这是我有生以来的第一次。我衬衫的领子经常收缩,简直在谋杀我。事实上有一件把我窒息死了。那就是我致死的原因。"

"天哪,乔!"我惊讶失声。

"你为什么不把你衬衫的事早点告诉我?我就会告诉你关于'箭牌'衬衫的事。它们永远合身而不收缩。甚至织得最紧的深灰色棉布做的也不收缩。"

乔无力地说:"唉!深灰色棉布是最会收缩的了!"

我回答说:"可能是,但我知道'戈登标'的箭牌衬衫是不缩的。我正在穿着一件。它经过机械防缩处理。收缩率连1%都不到!此外,还有箭牌所独有的'迷陶夏'特适领!"

"'戈登标'每件只卖两美元!"我说得达到了高潮。乔说:"真棒,我的老板正需要一件那种样子的衬衫。我来告诉他'戈登标'的事。也许他会多给我一夸脱燕麦。天哪,我真爱吃燕麦呀!"

在阅读正文的过程中,读者才知道他是因为穿了不合适领口的衬衫被勒窒息而死。虽然这个故事荒诞不经,但因为撰写者高明的写作技巧抓住了读者的强烈寻求答案的好奇心,从而吸引读者读完正文。

当广告不需要传达具体信息,只希望与诉求对象沟通某种观念和感受时,故事式标题可以不需要正文的配合。比如香港地区九广铁路公司的一套平面广告,每一则画面都是一个学生在月台上等车,每个广告都只有一句标题而没有正文。

有时,我真想火车可以迟到——战战兢兢回校取成绩单的 Ann

火车会准时到站,期待的始终会来——满怀自信的阿文正回校取成绩单

一班错过了,一班很快便再来——凡事乐观的 Winnie 正准备重读中五[①]

故事式广告标题的优点是比较容易创造故事情境,引发人们的兴趣;使广告节奏舒缓,淡化广告推销的强烈意图;富有亲和力,能激发受众进一步了解的欲望。它的不足在于广告诉求不直接,诉求信息不能在第一眼就明确展现、直接传播,必须迂回曲折地传递,如果标题太老套陈旧、吸引力不足,则会造成广告费用的浪费。此外,故事式标题写作时虽然在标题中可以写进广告信息,但切记不要过于明显直接,否则可能消减诉求对象继续阅读正文的兴趣,甚至使诉求对象取消阅读。

四、引证式

引证式标题是引用证言和数字形式进行广告诉求、创作广告标题的标题形式。因其具有实证性,用名人、专家、权威机构、消费者、员工、业内外人士等多种途径的证言,用科学而可靠的实证性数据表达,能获得消费者的注意和信赖。其中,运用名人的证言和一般消费者的证言的广告标题,利用消费者的攀附心理、名人效应、同类间的沟通等

---

① 高志宏,徐智明.广告文案写作——成功广告文案的诞生[M].2版.北京:中国物价出版社,2002.

达到广告信息的传播和说服效果。如:"现在'波多黎各'对新工业提供百分之百的免税——拜尔斯利·鲁姆尔"这个标题就是运用了实证的表现形式,用长官的话体现"百分之百的免税"这个利益点的确实可靠。大卫·奥格威另外一个标题"这辆新款劳斯莱斯时速达到60英里时,最大的噪音来自车上的电子钟",也是直接引用的《汽车杂志》的技术主编报告来增强说服力。而力士香皂的"我只用力士"也是运用名人证言的典型。而一般性的产品消费者的证言,也会因为生活形态的相似性,更能表现说服力。如:"为了一支骆驼牌香烟,我宁愿多走一英里路"(骆驼牌香烟),"十粒大豆一粒油"(一品精制色拉油),"你生命的三分之一是在床上度过的"(某床具广告),等等。

引证式标题的优点是使广告诉求看起来证据确凿,真实可信;使广告传递的信息更生动充实,有观点、感受和看法等的诉求意图,消费者的接受度更高,传播效果较好。它的不足之处在于这种标题在广告中运用得十分普遍,缺乏创新;引证来源的形象和数据如果不真实或者不适合,容易适得其反,不仅不能说服人,还会大大减低广告的信任度;有些证言在法律法规中受到限制。所以此类标题的写作一定要注意实事求是,绝对不能用虚假的数据和名人证言欺骗广告消费者,否则就会害人害己。

五、提醒式

这类标题一般是披露被人忽视或不为人知的某些事实,以吸引目标消费者的关注。例如,全能隐形眼镜护理液的广告标题:"用隐形眼镜配套的护理液,只照顾你的隐形眼镜,疏忽你的眼睛!"一些公益广告常常采用这种标题,提出一些人们所不了解或忽视的事实。"塑料品是木乃伊,埋在土里几千年也不会腐化分解"(台湾地区公益广告,图案是包着裹尸布的塑料瓶)。Uvistat防晒霜的广告标题给了那些安于现状的读者一记重击:"如果你的皮肤是这张报纸,那么太阳光已经深入到运动版了。"[①]

下面是耐克针对女性消费者的消费心理进行诉求的系列广告标题和文案,也是提醒女性,应该有自我主张,行动起来,运动起来。

> **广告标题一**:竞争是女生的天性
> **广告正文**:
> 女生就是这样:什么都喜欢比——比成绩、比男朋友、比发型,总想凭着比别人更好来肯定自己。
> 其实比赛的竞争性更适合你,你可以比卡拉的速度,比勾射的狠劲儿,在游戏规则中泼辣紧张地比个过瘾。现在,就上场比一比吧!
> 在女生的游戏中:比赛比比较更有趣。
>
> **广告标题二**:女生是1/2的人口,不是1/2的弱势团体
> **广告正文**:
> 你是不是总以为会输给男生,所以什么都不争不抢,事实是男生是会

---

① 初广志.广告文案写作[M].北京:高等教育出版社,2006.

哭,会逃避,会害怕,和女生一样。其实全力以赴的人最有力量。不要让你的梦想在别人的看法中死掉,放手去做,你就有赢的机会。这正是世界最公平的地方。

输赢没有性别,各占1/2的概率。

广告标题三:月经不是运动的障碍
广告正文:

你是不是曾经用生理期当借口,不上体育课,为懒得运动找天生的理由。月经,只是你的身体有更多可能性的证明,没有你做不到的动作,除非你不想做,请记住女生每天都有权利运动。别忘了,在下个月的生理期,要跑得更快,你会发现:

打破纪录比打破观念容易。

提醒式广告标题的优点是利用人们不知道、不重视或忽视的事实来引起消费者的注意,能吸引消费者阅读下文。它的不足在于选取的事例或事实一定要真实有据,不能哗众取宠,而且需要在调查和了解目标消费者的相关消费心理的基础之上进行,才能具有说服力。

六、建议式

建议式标题也叫进言式或祈使式标题,是用温婉的口吻或劝导性的语言组合,向消费者提出某种消费建议或者劝诫消费者尝试或坚持使用自己品牌产品的一种广告表达形式。有时候,这类标题还将建议的原因、理由等一并进行阐述。建议式广告标题可以站在企业或产品的立场针对诉求对象说话,也可以以诉求对象的口吻说话。它可以使用命令、祈使、建议三种不同轻重程度的语气。命令式可能口吻上比较生硬,但是最容易引起诉求对象的注意。建议式相对最为委婉,从而督促行动的力量也最弱。建议式广告标题的主要特点是可以运用亲情、友情、爱情、喜怒哀乐等各种情感因素,缩短广告和消费者之间的距离,又因为告知了原因和理由,从而使标题具有一定的说服力、感召力和吸引力。比如"请喝可口可乐"(可口可乐)、"好吃你就多吃点"(福建达利食品)、"保护嗓子,请选用金嗓子喉片"(广西金嗓子)"让世界看看中国的颜色"(立邦漆)等就属于这种标题。耐克针对女性消费者,唤起女性消费者的心理共鸣,使用的也是此类标题。

广告标题:你决定自己穿什么
广告正文:

找出你的双脚,穿上它们
跑跑看,跳一跳……用你喜欢的方式走路
你会发现所有的空间都是你的领域

> 没有任何事物能阻止你独占蓝天
> 意外吗？你的双脚竟能改变你的世界
> 没错,因为走路是你的事
> 怎么走由你决定
> 当然,也由你决定自己穿什么

建议式标题的优点是软性诉求,对于消费者具有一定的亲和力,不易引起他们的反感;在劝说目标受众试用产品或品牌时效果较好。它的不足在于,软性诉求从宣传力度来说,比硬性诉求要弱,不适用于所有时期,尤其是经济萧条时期的广告宣传。

此外,运用这种标题形式,情感表达上要向消费者表现出坦诚的心意,在句子长度适中的前提下,尽量用建议的原因或理由来直接说服消费者,从而使广告标题具有直接的说服力。在语言组合和表达的口吻、情绪倾向等方面诚心实意,在内容方面具有说服人的有力的理由和证据,祈使式的标题才能起作用。

七、问题式

大卫·奥格威认为每三十五个广告标题中,就有一个问答式的标题形式,它是使用最广泛的广告标题种类。所谓问题式广告标题就是指提出问题,问句本身不直接回答或隐含答案,从而设置悬念吸引消费者的注意力,将要传达的信息以答案的方式给出,有利于加深印象或增强消费者的记忆。它常用的词汇和句式如"难道……?"、"它是……?"、"谁不愿……?"、"谁能……?"、"怎能……?"、"怎么样……?"、"为什么……?",等等。

问题式标题一般有两种类型,一是设问式。二是反问式。设问式一般分为两种情形。

第一种是在标题中设问,正文中回答,也有人称为提问式;第二种是在标题中自问自答。在标题中设问,正文中给出答案是问题式广告标题最为常见的形式。比如"鞋上有342个洞,为什么还能防水?"(Timberland 野外休闲鞋),这个标题就非常吸引人的目光。对啊,这么多洞,为什么还防水呢,带着深深疑问,消费者就会主动去长长的正文中间寻求答案,从而了解到 Timberland 野外休闲鞋的精湛制造工艺。再如:

> **广告标题**:大家都在谈论 e,但是它的背后谁在支持,您知道吗?
>
> **广告正文**:大家都在谈论 e-business,e-service,e-management,e-media 等。各种各样的电子商务,但是很少有人知道它背后的强大支持者——Cisco。Cisco 是业界公认的网际互联技术和互联产品的领先厂商。全球80% Internet 骨干设备都是由 Cisco 提供的。Cisco 这位信息时代的幕后巨人,虽然很少与您直接见面,却真正地存在于您的身旁。Cisco 正凭借其不容置疑的实力,为您构筑通向 Internet 的神奇之桥。

Cisco 的这个广告标题,同样是以疑问吸引人注意,正文中间解释了 Cisco 的基本信息,包括其主要作用和业内地位等。

广告大师罗瑟·瑞夫斯为总督牌滤嘴香烟所写"总督牌能给你而别的滤嘴没有能够给你的是什么?"也是配合诉求重点直接提问,而且在提问中包含信息。这样的标题虽然不新奇,但是标题结尾的"什么"会有效地将读者的目光引向正文内容去寻求解答。

采用自问自答表现形式的广告标题不是很多,比如"夏日炎炎何须愁? 蝙蝠电扇可排忧"(蝙蝠电扇)、"谁为万家燃灯火? 恒星牌灯泡为你带来光明与快乐"(恒星牌灯泡)、"有比脸面更重要的吗? 留住青春除去疤,不再是梦——痤疮平涂上就好"(痤疮平药膏)。

第二种是反问式。反问式是在问答基础上进一步用较为强烈的口吻,吸引消费者注意的方式。这种方式,如果运用得当,会产生意想不到的正面效果。比如"VOLVO汽车很长寿,对这一行岂不是件坏事?" HERTZ 出租汽车公司则以颇具挑衅意味的"第二名说他们更努力,比谁?"来回应 AVIS 公司"因为我们是第二,所以我们更努力"的宣称。当然,有些反问式广告标题因为采用了否定词汇和否定语句,可能会增加消费者的理解难度和接受难度,在实际使用过程中需要考虑目标消费者的阅读和接收习惯来决定是否运用。

问题式标题的优点是针对目标消费者关心的问题,利用人们的好奇心理,以充分调动消费者发现问题并寻求答案的本性,调动他们的参与感,从而将消费者的目光引向广告想要宣传的产品或者品牌。它能有效激发目标消费者的积极性和注意力,是一种传递信息的良好策略手法。它的不足在于问题的提出,真正能引人注目的问题必须在深入的调查和深刻的消费者心理洞察的基础之上进行。如果脱离这个前提,往往沦为自说自话,发挥不了问题应具备的作用,传播效果也会受到影响。

八、反常式

反常式广告标题是指在广告中创造出一种容易引起对方误解的情境,故意违背常规,对产品、服务或广告本身持否定的态度,然后再在充分意识到这种可能性误解的前提下对可能的误解在标题或正文中交代合理、可信但出人意料的理由,从而达到与目标消费者进行心灵对话的一种标题写作形式。比如"没有广告,你错了!"(飞利浦长寿灯管,大幅空板灯箱,中间一行小字);"没有老师,你就读不懂这句话。"(上海电扬广告公司的公益广告,小黑板上用白粉笔写着一行字)

例如网易在 2000 年的整体品牌广告系列标题:

广告标题一:要是长城只有一个人建造?

广告正文:任何时候,唯有共同参与,才能创造出万里长城的奇迹。网络时代每个人都可能创造奇迹。因为互联网把所有人连在一起。当所有人同参与共分享时,12亿人的力量谁可估量? 网易致力于推动中国互联网的发展,率先开发出全中文搜索引擎、免费电子邮件系统、网上虚拟社区等先进技术,建造中国互联网的平台。然而若没有数百万人的共同参与,我们又如何创造日均页面浏览量 2400 万,登记用户 590 万,聊天室 34000 人同时共用的骄人业绩?感谢大家的参与,期盼更多人参与进来,与我们一起共建中国互联网美好的未来。

网聚人的力量。

广告标题二:要是面对挑战都是孤军奋战?
广告正文:任何挑战,唯有更多同伴支持,才能临危不惧,赢得胜利。网络时代你绝不再孤军奋战,因为互联网把所有人连在一起。当所有人同参与共分享时,12 亿人的力量谁可估量?网易致力于推动中国互联网的发展,率先开发出全中文搜索引擎、免费电子邮件系统、网上虚拟社区等先进技术,建造中国互联网的平台。然而若没有数百万人的共同参与,我们又如何创造日均页面浏览量 2400 万,登记用户 590 万,聊天室 34000 人同时共用的骄人业绩?感谢大家的参与,期盼更多人参与进来,与我们一起共建中国互联网美好的未来。

网聚人的力量。

广告标题三:要是节日只有一人庆祝?
广告正文:任何庆祝,只有更多人参与,才能拥有更多的快乐。网络时代每个人的欢乐都能变成大家的快乐。因为互联网把所有人连在一起。当所有人同参与共分享时,12 亿人的力量谁可估量?网易致力于推动中国互联网的发展,率先开发出全中文搜索引擎、免费电子邮件系统、网上虚拟社区等先进技术,建造中国互联网的平台。然而若没有数百万人的共同参与,我们又如何创造日均页面浏览量 2400 万,登记用户 590 万,聊天室 34000 人同时共用的骄人业绩?感谢大家的参与,期盼更多人参与进来,与我们一起共建中国互联网美好的未来。

网聚人的力量。

网易系列广告获《现代广告》2001 年"创意无限"大奖赛金奖和全场大奖。该系列广告文案创意新颖独特,采用了同一信息的多角度表现方式,形成一个风格独特的广告系列。该广告的三个标题属于明显的反常式,长城不可能只有一人建造,面对挑战也不应该是一人应对,节日也不可能一人庆祝,在标题因为反常引起注目后,广告正文并没有向大众宣传网络如何神乎其神,而是将广告创意定位在"以人为本",号召更多的人参与到网络中来,体现了"科技以人为本"的思想,展现了网络广告的诱人的前景,同时也表达了只有人们的积极参与,网络才会红红火火地发展的主题。

又如,苹果电脑在 1981 年 IBM 进入个人电脑市场时刊登了一则企业广告,标题是"真诚欢迎 IBM"。广告并不是反讽,也不是向 IBM 挑战,而是真诚地欢迎 IBM 加入这个市场,共同为人类社会生产力的提高作出贡献。但是对读者来说,欢迎同业的广告是少见而且不合常规的,自然会多加留意。而且,这个标题巧妙地将苹果这样的新兴企业

广告文案

置于与电脑巨头 IBM 并列的位置。此后,苹果与 IBM 开始被相提并论。

再如,云丝顿香烟一则地铁车厢内的广告的标题是"不许我们向你介绍云丝顿香烟,那么说点别的来消磨时间"。对香烟广告的限制众所周知,一般香烟都尽力避而不谈,云丝顿如此诚实地说出来,无疑令人好奇。接下来的正文中,丝毫没有提到产品,只是和乘客谈了一些无聊的闲话"看看你旁边的人,猜猜他是干什么的",等等。这正是人们在车上随便想想消磨时间的闲事。但只要给人留下云丝顿幽默风趣的印象,广告的目的就达到了。①

反常式广告的优点是因为违背常规,所以更能引起诉求对象的注意,吸引他们继续探究。它的不足在于,这种形式有一定风险,运用不当可能适得其反,应在非常有把握的前提下使用。

此外,写作反常式广告时要注意提供的情境的确能够造成消费者某种特定的误解,然后标题或正文给出的解释或理由确实是围绕误解展开。最为重要的是,通过此种标题写作能够更好地传达广告想要传达的信息。

阅读材料 4-2

广告文案创作的"五字法则"

法则一:实,就是"用事实说话"

广告文案是为产品而作并服务于产品的文字,要让消费者观文而知产品,故其内容一定要真实可信。在文案中加入一些真实的数据,或者结合新闻、事件、活动写文案,都是不错的方法。

法则二:新,乃创意、创新之意

文案的构成要素大致可分为主标题、副标题、正文和标语。而这个"新"主要体现在主标题上。写好主标题关键在于"立意新"。其次,还应做到"文笔新"。

法则三:美,即文案的意境美

一篇好文案要在完成文案的基本功能(介绍产品、引起兴趣、促使行动)之上,尽可能给人以美的感受。借鉴意境深远的中国古典诗词、对联等,寻找意境美的灵感或者巧用拟人、比喻等修辞手法都是文案意境美的表现手法。

法则四:简,即简洁

坚持一则广告就集中诉求某一点,简单的承诺。广告文案的写作应力求简约,诉求重点明确突出,切忌玩"猫捉老鼠"的游戏,勿让消费者产生未看先烦的心理反应。

法则五:情,即在文案创作中融入情感

情感是人类永恒的话题,亲情、爱情、友情等情感的融入,不仅仅是让广告和产品拥有了生命力,更重要的是它能让消费者从中找到自己过去和现在的影子,激起产品和消费者之间的共鸣,由此建立起一个产品或品牌最重要的价值——顾客忠诚度。

---

① 高志宏,徐智明.广告文案写作——成功广告文案的诞生[M].2版.北京:中国物价出版社,2010.

第四节 广告标题检核表

一、奥格威的广告标题写作十大原则[①]

广告教皇大卫·奥格威曾经总结自己写作标题的经验,虽然他所生活的时代与现在的新媒体时代有很大的差距,这些经验之谈可能稍显过时,但有些观点仍旧值得我们参考。

(1) 标题好比价码标签,用它来和你的消费者打招呼

如果你卖的是彩色电视机,那么在标题中就要用上"彩色电视机"字样,这样就能抓住希望买彩色电视机的人的目光。如果你希望做母亲的人阅读你的广告,就要在标题中写上"母亲"的字样。反之,也不要在标题中写任何可能排斥你的潜在顾客的话。

(2) 每个标题都应包括对潜在顾客的自身利益的承诺。

(3) 始终注意在标题中加入新的信息,因为消费者总是在寻找新产品、老产品的新用法或者新的改进。在标题中可以使用的最有分量的字眼是"新"和"免费",使用"免费"的机会可能不多,但是"新"总是用得上的。

(4) 其他会产生良好的效果的字眼是:如何、突然、当今、宣布、引进、就在此地、最新到货、重大发展、改进、惊人、轰动一时、了不起、划时代、令人叹为观止、奇迹、魔力、奉献、简易、需求、挑战、奉劝、实情、比较、廉价、从速、最后机会,等等。不要以为这些词是老生常谈,它们在广告中很有作用。标题里加进一些充满感情的字可以起到加强的作用,如亲爱的、爱、怕、引以为傲、朋友、宝贝,等等。

(5) 读广告标题的人是读广告正文的人的五倍,因此至少应该告诉那些浏览者,广告宣传的是什么品牌,所以应将品牌名称写进标题。

(6) 在标题中写进你的销售承诺,这样的标题就要长一些,10个字或10个字以上的带有新信息的标题比短的更能推销商品。

(7) 标题若能引起读者的好奇心,他们很可能会继续读你的广告正文。因此在标题结尾前你应该写点诱人继续往下读的东西进去。

(8) 有些撰稿人常写一些故意卖弄的标题:双关语、引经据典或者别的晦涩的词句,这是罪过。你的标题必须以电报式文体讲清你要讲的东西,文字要简洁、直截了当,不要和读者捉迷藏。

(9) 调查表明,在标题中写否定词是很危险的,读者可能会忽略否定词,而对广告信息产生错误的印象。

(10) 避免使用有字无实的瞎标题,那样的标题使消费者不读正文就不明白它的意义。

---

① 高志宏,徐智明.广告文案写作——成功广告文案的诞生[M].2版.北京:中国物价出版社,2010.

二、约翰·卡普斯的广告标题写作 35 条规律[①]

美国著名的广告撰稿人约翰·卡普斯总结了广告标题写作的 35 条规律,他认为,这些规律可以起到两种作用:一是仓促之下设计标题时,可以把它当做一件工具;二是可以激发你的想象力并启发你去发现新规律。

(1) 在你的标题前加上"介绍"一词。
(2) 在你的标题前加上"公告"一词。
(3) 选用带有"公告"、"通告"类字眼的词语。
(4) 在标题前加上"新"。
(5) 在标题前加上"现在"。
(6) 在标题前注明"最后"。
(7) 在标题里注明日期。
(8) 以新闻样式撰写标题。
(9) 在标题里着重强调价格。
(10) 突出减价。
(11) 突出特殊的商品设计服务。
(12) 突出一种便捷的付款方案。
(13) 突出免费服务。
(14) 提供有价值的信息。
(15) 讲故事。
(16) 在标题前加上"怎样才能"。
(17) 在标题前加上"怎样"。
(18) 在标题前加上"为什么"。
(19) 在标题前加上"哪一个"。
(20) 在标题前加上"还有谁"。
(21) 在标题前加上"征求"。
(22) 以"这"作为标题的开头。
(23) 以"因为"作为标题的开头。
(24) 以"如果"两字开头。
(25) 在标题前加上"建议"两字。
(26) 使用"证明书"式标题。
(27) 给读者提供一项测试服务。
(28) 使用一个词作为标题。
(29) 使用两个词作为标题。
(30) 使用三个词作为标题。
(31) 告诫读者不要去买。

---

① 初广志.广告文案写作[M].北京:高等教育出版社,2006.

（32）使你的标题开诚布公地直接面向读者。
（33）使你的标题针对具体对象或群体。
（34）你的标题是否提出了一个问题。
（35）通过实例和数字向读者展示利益。

三、广告标题的15类诉求题材[①]

据有关专家调查研究，发现如下的题材能引人入胜，广告标题向这些方面诉求，更容易引起人们的注意。

（1）关系到人们经济利益的。
（2）有关身体健康的。
（3）关于儿童的成长和生活的。
（4）能刺激人的健全欲望的。
（5）能给人以安全感的。
（6）有助于增强人们进取心的。
（7）能给人以美的享受的。
（8）能让人们舒适愉快的。
（9）有助于提高人们工作效能的。
（10）有助于促进社交活动的。
（11）激发人们自尊心和自爱的。
（12）能给人以同情和慰藉的。
（13）能让人对未来产生憧憬的。
（14）能给人们带来优越感和成就感的。
（15）能解除人们真实感受的痛苦的。

关键词

广告标题　advertising headline
广告主题　advertising theme
复合标题　double headline

思考题

1. 广告标题有什么作用？
2. 广告标题的含义是什么？
3. 广告标题可以划分成哪些类型？
4. 广告标题的常见写作方法有哪些？

---

① 徐玉红,沈彬.广告文案创作[M].杭州:浙江大学出版社,2007.

5. 下面是一些经过测试的广告标题。每个产品或服务都有两个标题,你觉得哪个标题更有效,试说明理由。

(1) 家庭商务自修课程的广告(服务项目:免费宣传手册《决策人须知》)

A. 适合那些希望收入从25000元增加到50000元的人

B. 事实证明参加过这项课程后财政收入确实非同凡响

(2) 生发药物的广告(服务项目:免费宣传手册《最新生发捷径》)

A. 60天以前他们叫我"秃头鬼"

B. 30天内你的头发不能再生,请拿回这张支票!

(3) 保险广告(服务项目:免费宣传手册《如何实现你的所求》)

A. 有一个问题你不该问你的妻子!

B. 永远不必为钱发愁

(4) 《华尔街日报》的广告(服务项目:来信及27美元可订一份该报)

A. 怎样从27美元起步一年内达到75000元

B. 薪水75000元的工作寻求报名者

(5) 每周论坛杂志广告(服务项目:寄信免费索取一期杂志)

A. 多彩的文化圈欢迎你的加盟

B. 你能和他们中的其他人"读书论战"吗?

推荐阅读书目

1. 《广告文案创作》,徐玉红、沈彬编著,浙江大学出版社,2007年。
2. 《广告文案写作》,初广志编著,高等教育出版社,2005年。
3. 《广告文案》,张继缅主编,中央广播电视大学出版社,2003年。
4. 《广告文案名人堂》,丹尼斯·希金斯著,顾奕译,中国财政经济出版社,2003年。
5. 《广告文案》,胡晓云著,浙江大学出版社,2009年。

第五章 广告正文与随文

本章任务

1. 了解广告正文的概念及其作用
2. 理解广告正文的内容
3. 掌握广告正文常见的写作技巧
4. 掌握广告随文常见写作技巧

本章引例

伊利纯牛奶平面广告文案

广告正文：无论怎么喝,总是不一般香浓！这种不一般,你一喝便明显感到。伊利纯牛奶全乳固体含量高达12.2%以上,这意味着伊利纯牛奶更香浓美味,营养成分更高！

广告语：青青大草原 自然好牛奶。

广告正文：一天一包伊利纯牛奶,你的骨骼一辈子也不会发出这种声音。每1100毫升伊利纯牛奶中,含有高达130毫升的乳钙。别小看这个数字,从骨骼表现出来的会大大不同！

广告语：青青大草原 自然好牛奶。

广告文案

> **广告正文：** 饮着清澈的溪水,听着悦耳的鸟鸣,吃着丰美的青草,呼吸新鲜的空气。如此自在舒适的环境,伊利乳牛产出的牛奶自然品质不凡,营养更好!
>
> **广告语：** 青青大草原 自然好牛奶。

以上三则广告文案均表现出了产品的利益承诺——品质、营养、效果。前两则文案采用理性诉求,广告正文通过"12.2%"、"1100"、"130"三组数据,真实、准确地传达出伊利纯牛奶的产品信息。使受众通过了解、分析、比较产生购买行动。这两则文案以具体的事实为受众提出产品利益点,以逻辑的推理为诱导,达到说服的作用。最后一则文案采用情理结合的诉求方式,表现手法上运用(饮着、听着、吃着、呼吸)四个排比,情景渲染强烈,让受众产生联想,引起共鸣。

这三则广告,除角落里的品牌标识及产品包装外,没有任何图形。画面中心巧妙地利用汉字字形的精心编排设计,通过一系列的象声词,分别表现人们迫不及待地喝牛奶的声音,因缺钙而导致的骨骼碎裂的声音,以及乳牛在舒适的环境中惬意地吃草鸣叫的声音,调动受众的想象和联想,形成视觉冲击力。而广告正文则对标题进一步详细说明、补充。诱人的香浓、纯正的品质、充足的营养……具有相当棒的效果!广告正文又对画面主体文字做了形象的说明、注释和深化,道出了伊利纯牛奶诱人的浓香、纯真精美的品质和饮用后的效果及其根源,非常有说服力,很能打动消费者。是以文案写作为主要表现形式的典型佳作。

第一节 正文与随文的作用

一、广告正文的作用

广告正文是广告作品中承接标题,对广告信息展开说明,对诉求对象进行深入说明的语言或文字。它可以做如下理解。

(1) 广告正文是承接广告标题的内容,起到承上启下的作用。如:

> **广告标题：** 这"桌"的单。BenQ 来买!
>
> **广告正文：** 谁跟你开玩笑?想拥有宜家风情,也可以分文不花!国庆期间,凡购买 BenQJoyHub600 江南系列、慕尼黑系列,就送你 JKEA 百变时尚桌……

(2) 广告正文为广告标题释疑,是对广告信息进一步展开说明的语言或文字。例如下面的广告文案:

> **广告标题**：为什么我们车子的车前鼻如此粗短？
>
> **广告正文**：大众车不需要长的车前鼻。因为它的引擎放在后面，这使得它比长车前鼻多了两三个优点。

广告正文是广告文案中最重要的内容。它对广告主题信息进行深入说明。其作用主要表现在以下几点。

1. 支持广告标题

广告正文首先要承接标题或副标题引出的诉求信息，进行比较详细的介绍，与消费者进行沟通，吸引顾客注意力。同时它还可以对标题中提出的利益或承诺的利益点予以解释和实证，可以对品牌、企业、商品、服务、观念的特点、功能、个性详细地进行展开，从而起到支持标题、挑动欲望的作用。例如格林空调的广告文案：

> **广告标题**：加油，请给他无声的支持！
>
> **副标题**：格林冷气十重无声的设计，把声音收起来。
>
> **广告正文**：夏日艳阳高照，正是考生摩拳擦掌、旗开得胜的关键时刻。但炎热的天气，面对一堆看不完的书，心情跟着燥热起来。身为家长的您，请不要再给他烦躁唠叨的压力，买台无声强冷的格林冷气，就是给他最好的无声的支持。

这篇文案的诉求对象是考生家长。将炎热的天气、燥热的心情、紧张的情绪勾画之后，点出家长不要过分关心、唠叨，以免扰乱考生的心绪，最后提出建议"买台无声强冷的格林冷气，就是给他最好的无声的支持"。这里诠释的"无声"，既是父母不再唠叨的"无声"又指空调机性能良好而"无声"。

又如，戴安芬内衣的文案：

> **广告标题**：女人的心情，戴安芬从不忽视，只因，它始终了然于胸
>
> **广告正文**：心情，喜怒哀乐，时有起伏，唯有戴安芬，捏拿得住分寸，点点滴滴，了然于胸。

全文扣紧"了然于胸"而展开。为配合洁净高雅的格调，文案只做简洁的勾画。特别是"时有起伏"、"捏拿"、"分寸"等词语的使用，既讲述了内衣的特点，也诱导了诉求对象的需求。

2. 完整传递品牌销售信息

正文能完整地传达品牌销售信息，并对广告信息进行展开说明。如下面的太太口服液广告文案正文：

不让秋雨淋湿好心情，

心情好,脸色自然的。

不让秋日带给女人一点点的伤,
没有黄褐斑,脸色是真的。
不让秋风吹干肌肤的水,
肌肤充满水分,脸色更加好。

不让秋夜成为失眠的开始,
晚上睡得好,脸色才会好。

这则广告成功塑造了品牌形象。从干燥的秋天引申出对女人肌肤的伤害,以浪漫的秋季带出产品特性——呵护女性皮肤,女性在享受浪漫的同时,肌肤也变得漂亮了。文案围绕中心,从"不让秋雨淋湿好心情"、"不让秋日带给女人一点点的伤"、"不让秋风吹干肌肤的水"、"不让秋夜成为失眠的开始"四个方面宣传产品特点,富有延续性及系列性,成功地推销了产品,很好地传达了品牌销售信息。

3. 刺激消费者形成购买欲望,说服受众产生购买行动

广告标题侧重于引诱受众读正文,而广告正文则通过深度诉求,说服受众形成购买产品欲望,产生购买行为。如明目仙水的广告文案,以促销活动信息进行诉求,说服受众产生购买行为。

眼病患者注意啦

明目仙水厂家举办的"迎元旦 送光明"特惠活动开始啦。

"明目仙水"在我市上市一年以来,以其神奇的疗效和低廉的价格得到了众多眼病患者的信赖与好评,时值元旦来临之际为答谢广大眼病患者的支持与厚爱,厂家特举办"迎元旦 送光明"特惠活动。

活动期间:"明目仙水"由原价每盒98元直接调至厂家直供价49元,另外凡参加此次活动的患者均可享受买5盒送2盒,买10盒送5盒,买20盒送20盒的特大优惠。

眼病患者不要再犹豫啦,治好眼睛,看看春晚,过个好年,可千万别错过一次大好的康复机会啊。时间有限,机会难得!

活动时间:从即日起,仅限5天。

4. 展现文案创作风格

广告标题奠定了广告风格的基调,正文展现文案特定风格,提升广告作品审美价值。大众汽车的广告文案如下:

解说词:
迎面驶来的是一个豪华送葬车队,每辆车的乘客都是死者遗嘱的受益者。

旁白:
"我,麦克斯威尔 E.斯耐费列,趁自己健在且理智清醒时发布一下遗嘱:给我那花钱如流水的妻子留下100美元和一本日历。

我的儿子罗德内和维克多把我给的每一个5分钱都花在了时髦车和放荡的女人身上,所以我给他们留下一共50美元的一堆5分币。

我的生意合作伙伴朱尔斯的座右铭是'花!花!花!'那么我就什么也不给!不给!不给!

我的其他朋友和亲戚从来都不理解1美元的价值,我就给他们1美元。

最后是我的侄子哈罗德。他常说:'省1分钱等于挣1分钱。'还说:'叔叔,买一辆大众车很值。'我呀,就把我全部的100001美元的财产留给他。"

广告正文采用幽默文案风格诉求,诉求中心简单明了,大众汽车是值得信赖的汽车,它能给你带来巨大的收益。该文案所倡导的节俭精神,也象征了大众汽车严格质量把关下返修率几乎为零的优良品质,同时暗含了创业所需的某些素质,与社会舆论人们的观念是一致的。

二、广告随文的作用

随文也叫附文,是广告中向受众说明广告主身份、购买产品的方法以及相关的附加信息的语言文字部分,一般位于广告文案的结尾。所以,这里的"随",不是随便写的意思。而是跟随广告正文信息内容一致,促进销售行为的语言文字信息,是广告文案作品四要素之一。其作用体现在以下三个方面。

1. 补充广告正文的内容

当广告正文信息过多,无法全面展示广告信息时,可继续在随文里表现信息。对正文起到补充作用,使广告作品信息更加完整和全面。比如下面的广告随文就是对正文内容的补充。

如果您希望了解关于……的更详细的情况,可以按照下面的地址给我们写信。我们在……为您准备了关于……的更加详细的资料。

2. 为消费者购买提供方便

当消费者看到某广告,产生了购买的欲望时,随文正好为消费者提供了购买截止时间、地点、联系方式,促销活动细节等,促进了销售行为的产生。比如丰田汽车广告文案(见图5-1):

图 5-1 运通丰田购车广告

广告标题:欢迎到运通丰田购车,为您三省,一省钱、二省油、三省心
广告随文:地址××××,电话××××

有想买车的朋友看到这么好的承诺,想必他们会考虑打个随文中的电话,或去现场咨询一下。

3. 敦促消费者采取购买行动

一般会在随文里写上企业销售地址和电话号码之类的信息,如果消费者想购买,会关注此类信息,这样对消费行为的实现起到一定的推动作用。如"数量有限,欲购从速","活动时间:2014年3月21日至30日"。又如下面的金羔羊平面广告文案:

金羔羊西安旗舰店已经开业,即日起至12月9日期间用餐,可享受全场8.5折优惠,订餐电话××××,地址:××××。

第二节 正文的内容

广告文案撰写是为完成广告目标而服务,或塑造品牌形象建立消费者认知和好感,或促进产品的销售,或提高品牌知名度。不同的广告目标和广告主题,写出不一样的广告内容信息,但广告正文的内容无外乎以下几点。

一、诱发注意

广告的本质就是说服,所谓说服就是让消费者对广告的内容有兴趣,引起注意及共鸣,相信广告内容,接受广告内容,按照说服者的意图采取购买行动。广告文案要想成功地传递信息,促进消费者产生购买行为,则创作须引起受众注意、激发受众兴趣、创造受众印象、诱导受众欲望、促成受众行动。而能否诱发注意对文案成功与否至关重要,受众注意了广告,文案才算成功一半。所以,广告正文必须有吸引力,能在瞬间吸引受众的注意,吸引受众从头读到尾。如下面的广告文案:

星河湾平面广告——井盖篇

广告标题:一夜之间,北京的井盖全消失了

广告正文:消失了,什么都没有了,那些与井盖相关的记忆全失去了,没有人再感怀失去井盖以后那吞噬人的咳人的洞口了。清静的夜晚,也再听不到汽车压井盖时发出的难听巨响了。井盖全消失了,之前谁都知道井盖话题是一个社会问题。拥有尖端太空技术的人类,无法处理城市井盖管线体系的头疼问题吗?井盖只能大量盘踞在道路中央吗?大家都认为路中间

有很多突起的青春痘好看吗？井盖消失了，它们真的消失了，在北京星河湾，在北京星河湾能够比常规的道路降噪80％的特殊工艺铺就的路面上。井盖消失了，出于一套复杂的技术支持，出于一个朴素单纯的愿望："走在路上，谁愿意人和车总是有忧患意识呢？"

广告语：星河湾 开创中国居住的全成品时代。

二、表明利益

广告正文是对标题中提出或承诺的商品利益点给予解释和证实，也可以对广告中企业、商品、服务、观念等的特点、功能、个性、背景等方面进行细部说明和介绍。消费者的利益是第一位的，在正文中表明受众利益，有利于说服受众产生购买行为。如某旅行箱的广告，其诉求点是"非常耐用"，正文内容是"一只旅行箱从3000米上空的直升机上扔下来，着地后完好无损"。该广告文案为广告诉求点找到了一个令人惊奇的事例作为强有力的论证，表明了该品牌旅行箱"非常牢固，非常耐用"的利益点。

三、提供承诺

在文案中传达出承诺也是吸引消费者购买产品的主要原因。广告教皇大卫·奥格威曾经说过：最好的广告是给出顾客承诺，在广告中体现品牌的利益点，比任何广告创意都具有较好的广告效益。能带动产品销售的广告才是好广告。例如某建材广告文案："我们拥有建造一切建筑的一切材料。"某汽车广告文案："如果谁能发现奔驰牌汽车突然被迫抛锚，本公司愿奉献一万美元。"这些广告都给出了顾客承诺，很好地体现了品牌的利益点。值得注意的是广告中给出承诺时，要强调承诺的具体性和可实现性。例如"让你美丽"的承诺不如"消除你脸上的色斑"及"让皮肤变得洁白有光泽"来得有力，"为你省钱"不如"让你省下一千元"来得有效果。另外，给出的承诺是广告主能做到的，如果广告主不能完全做到，请慎重，最好不要做此类广告。

四、强调重点

广告正文须传达文案的核心内容，即重点信息，也就是广告主题。传达的重点信息一定要明确、单一、具体、简洁，并且能在正文中表达清楚。另外，一篇文案中不应该有太多的重点，最好只有一个广告主题，受众更易记住。如：产品的某一功能、独特的卖点、品牌形象、给顾客的利益承诺等。例如下面的英特尔奔腾处理器的广告文案：

广告标题：得"芯"应手

广告正文：一部高效率的超级个人电脑，必须具备一片高性能的快速处理器。才能得"芯"应手地将各种软件功能全面发挥出来。Intel现率先为您展示这项科技成就，隆重推出跨时代的奔腾处理器，它的运算速度是旧型处理器的8倍，能全面缩减等候时间，大大增加您的工作效率。

广告文案

> 除此之外,它能与市面上各种电脑软件全面兼容,从最简单的文字处理器到复杂的 CD-ROM 多媒体技术应用,它均可将这些软件的工作效率发挥得淋漓尽致,而它的售价却物超所值。若想弹指之间完成工作,您的选择必然是奔腾处理器。
>
> **广告语**:英特尔奔腾处理器,给电脑一颗奔腾的"芯"!

五、号召行动

广告文案一定要强化受众对品牌的认知和形象的建立,但归根结底还是通过说服,号召受众采取行动,改变行为,产生销售。如果广告的目的是直接促销,而不是建立品牌形象,正文还需要明确地号召购买、使用、参与,并说明获得商品或服务的方法与利益。正文不能仅仅讲故事或抒情,使受众产生购买行为才是至关重要的。例如红牛饮料平面广告文案,通过对红牛饮料的理性诉求,给顾客一个购买理由,促进消费者购买。

> **广告标题**:还在用这种方法提神
> **副题**:迅速抗疲劳 激活脑细胞
> **广告正文**:都新世纪了,还在用这一杯苦咖啡来提神,你知道吗?还有更好的方式来帮助你唤起精神:全新上市的强化型红牛功能饮料富含氨基酸、维生素等多种营养成分,更添加了 8 倍牛磺酸,能有效激活脑细胞,缓解视觉疲劳,不仅可以提神醒脑,更能加倍呵护你的身体,令你随时拥有敏锐的判断力,提高工作效率。
> **广告语**:轻松能量 来自红牛

第三节 正文常见写法

广告正文的写作方式多种多样,适当的表现形式能使广告更具有说服力。根据产品、诉求对象、广告主题的不同,常见的写作手法有以下几种。

一、陈述事实

陈述事实的写作手法是正文写作应用较多的一种。常采用客观的口吻传达诉求点,陈述关于产品的一些事实情况,如介绍产品或服务,不进行描述或渲染。这种文案的优点是剔除了一些铺陈,开门见山、直奔主题,可以较好地表现销售主题。从形式上看,陈述事实的写法似乎没有创意,其实不然,创意再与众不同的广告,当它要在正文中展开诉求时,都会以诉求对象看得懂的外在形式来表现。只要文案人员在写作正文时能够准确把握创意概念,即使是客观陈述,也能让创意的力量充分发挥。例如瑞士欧米茄手表报纸广告文案。

> **广告标题**：见证历史　把握未来
> **广告正文**：全新欧米茄碟飞手动上链机械表，备有18K金或不锈钢型号。瑞士生产，始于1848年。对少数人而言，时间不只是分秒的记录，亦是个人成就的佐证。全新欧米茄碟飞手表系列，将传统装饰手表的神韵重新展现，正是显赫成就的象征。碟飞手表于1967年首度面世，其优美典雅的造型与精密科技设计尽显贵气派，瞬即成为殿堂级的名表典范。时至今日，全新碟飞系列更把这份经典魅力一再提升。流行的圆形外壳，同时流露古典美态；金属表圈设计简洁、高雅大方，灯光映照下，绽放耀目光芒。在转动机件上，碟飞更显工艺精湛。机芯仅2.5毫米，内里镶有17颗宝石，配上比黄金罕贵20倍的铑金属，价值非凡，经典时计，浑然天成。全新欧米茄碟飞手表系列，价格由八万元至二十余万元不等，不仅为您昭示时间，同时见证您的杰出风范。备具纯白金、18K金镶钻石、18K金，及上乘不锈钢款式，并有相配衬的金属或鳄鱼皮表带以供选择。
> **广告语**：欧米茄——卓越的标志

二、主观表白

主观表白式是指写作中以广告主的口吻展开诉求，直接表白"我们"将如何或正如何。这种方式在表述企业观点、态度以及在商品或服务上所做的努力方面有更大的自由。但前提是必须有好的创意概念。美国著名的DDB广告公司为S&W罐头所做的平面广告，可以说是主观表白的典范。

广告标题：我们添加的唯一的东西就是盐
广告正文：（画面为一条大鲑鱼，身上套着S&W罐头标签）我们公司的鲑鱼没有必要添加油料以增其汁味。因为它们都是特别肥大的鲑鱼。这些健康的鲑鱼，每年溯游到菩提山之北的长长河川。如果我们在蓝碧河选不出理想的鲑鱼怎么办呢？我们会耐心地等到明年。为什么？因为如果不是完美的，不会被S&W装入罐头。

广告标题：从50颗大粒的桃子里，S&W精选出5颗
广告正文：（画面为一堆平铺开的桃子，中间有5个空白）光是最好的还不行。从S&W挑选桃子的条件是：全熟，又圆又肥大。多汁而甘甜是理所当然的。以此标准挑选出来的桃子，自然不多，而能贴上S&W标签的，更是经过精选后的少数。我们坚守此要求：S&W不会把不完美的东西装入罐头。

广告标题：这些番茄仅供饮用
广告正文：（画面为一只大的饮料杯中装着几只番茄），我们把炖菜用的

番茄和饮用番茄区分开来。不少优秀的罐头业者,从收获的番茄里,选出较好的作为菜用番茄,剩下的才拿去制番茄汁。这是很实际的做法。我们的做法就不太讲究实际。我们把加州番茄当做制汁用番茄来种植,一直等番茄长到柔软甜美,汁液饱满。这是旷日持久、耗费金钱的做法。但这也是S&W的方针。我们认为,这是把完美的制汁用番茄制成完美的番茄汁的唯一做法。它若非完美,就不会被S&W装入罐头。

三、名人代言

名人代言式是指利用名人的高知名度和权威性,展示名人对产品的评价和体验而写的正文。这里的名人主要是指具有很高知名度的演员、歌星、学术权威等知名人士。名人代言式的正文写作应体现名人语言风格和性格特点,将名人的形象与品牌形象形成关联,产生记忆。例如明星李嘉存为蓝天六必治牙膏代言的广告:"牙好,胃口就好。吃嘛嘛香,身体倍儿棒。"如果在正文写作中能利用名人的权威性,代言将更具说服力。因为名人在特定的范围或领域当中往往具有相当的权威性,易于获得消费者的信赖。

四、人物对话

人物对话式即采用人物对话的形式写成的广告正文。其格式上通过两个人或几个人之间的对话和互动展开诉求。在每段或每句话前面,先写清说话人的姓名、性别或角色,然后写出说话的内容。一般开始部分先说出产品的名称,然后介绍产品的性能、作用、生产原理、适用对象、使用方法等内容,结尾补充生产厂家、联系方式等广告随文中的内容。人物对话式的广告文案以口语化、通俗化表现,较生动活泼、自然朴实。多见于广播广告和电视广告。例如SUNDAY电讯广播广告《母子篇》:

甲:喂,妈,最近还好吗?波士顿天气冷了,小心身体。

乙:我很好。但是你爸爸又去见那个女人,几天没回家了,呜……你要乖一点呀,阿明。

甲:阿明?我是阿强呀!妈,你别吓唬我,自己儿子的名字也忘了!

乙:阿强?我的儿子叫阿明,你不是我儿子?

甲:什么?我不是你儿子?!莫非我是那个女人生的?你养育我这么多年,让我三十几岁才知道自己的身世,你不觉得很残忍吗?啊,怪不得移民也剩下我在香港。

乙:我儿子才二十岁,你究竟是谁?

甲:噢,我又拨错号码了……(人声渐弱)

男旁白:Sunday1622,每逢Sunday免费拨去美国,拨错号码也没有损失。

查询电话:2113800

五、叙述故事

将正文写成一个完整的故事,描述有吸引力的故事情节,让企业、产品或者服务在故事中担当重要角色,将广告诉求以常理的逻辑关系自然地融入故事中。其特点是以新奇的故事吸引受众阅读正文,引出产品卖点,间接让受众接受产品。这种方式常用于平面广告中。在正文的写作过程中,以下几种叙述故事的方式较为成功。

1. 多讲述一些不为人知的事实

人们总是对新鲜事特别感兴趣,产品背后有许多鲜为人知的素材,如果被挖掘出来会是绝佳的题材。例如伯恩巴克为大众甲壳虫汽车写的著名文案,采用深度挖掘产品背后的故事,理性诉求。

> **广告标题**:柠檬
>
> **广告正文**:这辆甲壳虫没赶上装船启运。
>
> 仪器板上放置杂物处的镀铬有些损伤,这是一定要更换的。你或许难以注意到,但是检查员克朗诺注意到了。
>
> 在我们设在沃尔夫斯堡的工厂中有3389名工作人员,其唯一的任务就是:
>
> 在生产过程中的每一阶段都去检查甲壳虫(每天生产3000辆甲壳虫,而检查员比生产的车还要多)。
>
> 每辆车的避震器都要测验(绝不做抽查),每辆车的挡风玻璃也经过详细的检查。大众汽车经常会因肉眼所看不出的表面擦痕而无法通过。
>
> 最后的检查实在了不起!大众的检查员们把每辆车像流水一样送上车辆检查台,通过总计189处查验点,再飞快地直开自动刹车台,在这一过程中,50辆车总有1辆被卡下"不予通过"。
>
> 对一切细节如此全神贯注的结果是,大体上讲,大众车比起其他车子耐用而不大需要维护(其结果也使大众车的折旧较其他车子为少)。
>
> 我们剔除了"柠檬",你们得到了李子。

2. 尽量增加趣味性

正文越长,越需要有趣味性。新鲜的事实、生动的人物和情节、令人忍禁不已的幽默都可以增加正文的趣味性。如箭牌衬衫的广告文案"我的朋友乔·霍姆斯,他现在是一匹马了。"人怎么可能变成一匹马了,原来朋友乔·霍姆斯穿了缩水的衬衫窒息死了变成了一匹马,如果早知道箭牌衬衫不缩水就好了。

> **广告标题**:我的朋友乔·霍姆斯,他现在是一匹马了。
>
> **广告正文**:乔常常说,他死后愿意变成一匹马。
>
> 有一天,乔果然死了。
>
> 五月初我看到一匹拉牛奶车的马,看起来很像乔。
>
> 我悄悄地凑上去对他耳语:"你是乔吗?"
>
> 他说:"是的,可是现在我很快乐!"

我说:"为什么呢?"

他说:"我现在穿着一件有舒服的衣领的衣服,这是我有生以来的第一次。我衬衫的领子经常收缩,简直在谋杀我。事实上有一件把我窒息死了。那就是我致死的原因。"

"天哪,乔!"我惊讶失声。

"你为什么不把你衬衫的事早点告诉我?我就会告诉你关于'箭牌'衬衫的事。它们永远合身而不收缩。甚至织得最紧的深灰色棉布做的也不收缩。"

乔无力地说:"唉!深灰色棉布是最会收缩的了!"

我回答说:"可能是,但我知道'戈登标'的箭牌衬衫是不缩的。我正在穿着一件。它经过机械防缩处理。收缩率连1%都不到!此外,还有箭牌所独有的'迷陶夏'特适领!"

"'戈登标'每件只卖两美元!"我说得达到了高潮。乔说:"真棒,我的老板正需要一件那种样子的衬衫。我来告诉他'戈登标'的事。也许他会多给我一夸脱燕麦。天哪,我真爱吃燕麦呀!"

3. 诚实的态度

不仅仅是介绍信息时的真实度,在文字表现形式上也不能夸夸其谈、花言巧语,不能粉饰,更不能欺骗。

4. 语言平实,如同白话

不必刻意追求精致,广告讲究实效,华丽的辞藻会让人敬而远之。例如嘉陵摩托的广告文案:

> **广告标题**:爱"嘉陵"
> **广告正文**:
> 唐杰忠:老马,您在等谁呀?
> 马季:我的那个"嘉陵"。
> 唐杰忠:"嘉陵"是您"爱人"呀?
> 马季:我太喜欢"嘉陵"了,它有许多优点,容貌长得盖世无双,绝代佳人,风度潇洒、帅气,平地走路像仙女腾云驾雾,爬坡就如嫦娥奔月,唱歌优美动听。与"嘉陵"结为"伴侣"太幸福了。追求"嘉陵"的小伙子太多了,连姑娘们也都在追求"嘉陵"哪!
> 唐杰忠:什么,姑娘们也向您"爱人"求爱?!
> 马季:什么呀?瞧,它来了。
> 唐杰忠:呵,原来是嘉陵牌摩托车呵!

广告正文的写作原则

广告正文的写作,可以有多种多样的体裁,可以根据不同的媒体特点而创作,在写法上没有固定的模式,但是有几点写作的原则要注意。

(1)条理清晰。

文案正文所表达的广告信息,比广告的标题和广告语要丰富得多,所以,信息的条理就非常重要。在信息之间建立清晰、明确的逻辑关系,可以使正文条理清晰。

(2)重点突出。

正文的信息虽然丰富,但不是所有的信息都同等重要,所以在正文中应该将与主题信息最亲密的信息作为重点,并且将它们突出地表现出来。

(3)用词准确。

在正文中,用词准确尤为重要,因为标题已经起到了吸引观众阅读正文的作用,所以观众希望在正文中能了解关于企业、产品、服务的更为详细、准确的消息。

(4)简明易懂。

正文的简明易懂与标题和广告语的简洁明了同样重要,广告文案写作人员一定要注意这一点:观众没有时间也没有兴趣和耐心阅读过分含蓄的正文。

(5)号召力强。

在写作正文时,我们不是为了写作而写作,我们的正文必须是有助于树立企业的形象或销售产品的,所以正文一定要有号召力,能够唤起观众的购买欲望,还能够具有使他们产生购买行动的力量。

另外,正文的详略是根据具体的广告媒体及其生命周期而定的,有些广告所宣传的商品已经进入成熟期或衰退期,人们对该产品的介绍和说明,如性能、用途等,已在之前的有关广告宣传中了解掌握了,现在更要紧的是强调商品的商标、生产厂家等内容,以加深人们对商品的认识和偏爱,所以,这种广告的语言应该十分简练,往往以想象的内容取代广告的正文,以加强广告的感性诉求力度。

第四节 随文的内容与写法

如前所述,随文是广告中传达购买产品或接受服务的方法等基本信息,促进或者方便诉求对象采取行动的语言或文字。一般出现在影视广告的结尾或印刷品的最边角,不是可有可无的文字,它是正文的补充,是广告诉求的最后推动。

一、随文的内容

1.品牌名称和标识

广告是为品牌而服务的,广告中尽量出现品牌名称和标志,以提高受众认知,树立品牌形象。

2. 企业名称和标识

使受众了解产品是哪家企业的。一般采用完整的公司名称和专用字体色彩,以统一识别。

3. 通信联络要素

包括企业的联系地址、邮政编码、联系人、电话号码、网址、邮箱等信息。以方便顾客联系和咨询,致使直接产生购买行动。

4. 价格表、银行账号等

以特别突出的字体或色彩显示,吸引受众注意或直接产生购买行为。在直售类广告和促销类海报、宣传单中较为常见。

5. 购买或获得服务的方法

引导顾客进一步采取行动。如销售网点地址、电话号码、乘车路线等信息。

6. 权威机构认证标识或获奖情况

增强品牌权威性,体现企业或品牌的实力,进一步树立品牌形象。例如蒙牛的一则平面广告,其随文部分就包含了各种荣誉:

中国航天探月工程专用乳制品,国家体育总局训练局运动员专用产品,NBA中国官方市场合作伙伴,中国奥委合作伙伴,中国伊斯兰教协会监制。

7. 附言

附带说明的语言文字。比如"本活动截止到2014年5月30日"、"存货有限,欲购从速"、"每日前100位购买者将获得精美礼品"。

8. 表格

在随文中也会出现产品价格表或产品类型表之类的信息。

9. 特别说明

对于有些产品使用的注意事项说明,或者是为了避免法律纠纷,消费者误解而事先做好的解释说明。如"本活动最终解释权归××集团所有"之类的文案。

二、随文的写法

1. 随文常见写作类型

随文写作貌似简单,好像只要把电话号码、地址之类信息放上去就可以了,无需花心思创作,其实不然,好的随文能起到快速推动产品销售的功效,也可以很好地传播品牌,树立形象。常见的写作类型有以下几种。

1) 常规型

最常见的随文写作方法是将随文内容不加任何修辞,直接有条理地写出。这种类型的写法简单明了,方便受众理解寻找。如伊利纯牛奶随文:

中国奥委会合作伙伴

消费者服务热线：4008169999 欢迎访问：www.yili.com 内蒙古伊利实业集团股份有限公司

产地及地址：内蒙古呼和浩特市金山开发区金山大道1号

2）附言型

常见促销型广告文案，说明促销活动的信息。如大众桑塔纳的平面广告随文：

即日起至5月底，凡到店购新款桑塔纳，将获赠2000元礼包，礼包赠送脚垫等，感兴趣的朋友不妨关注一下。

2. 随文写作注意事项

写作方法上还应注意以下几点。

1）根据正文的内容与风格拟写

既然附文是附在正文之后的信息，那么它与正文就是一个前后连贯的整体，因此在表现风格上二者也应保持一致。

2）不可罗列过多，要突出关键条文

随文是告知受众的购买信息，不可写太多，以避免喧宾夺主，只要突出重要信息就行了。比如品牌名称标志、企业地址和联系方式之类的。

3）加入直观易记的辅助说明

比如用电话号码的谐音让受众加深印象。

12580，一按我帮您。

华夏妇科医院的电话：5201313，我爱你，要生，要生。

在广播广告或电视广告中，还可以对电话号码进行广告创意，如肯德基订餐电话，4008-823-823。

4）防止漏下重要项目

对于重要的随文信息，要防止遗漏，以免发生不必要的麻烦。如一家烤鸭店在教师节开张，进行活动宣传，"凡教师节当天凭教师资格证可免费领取烤鸭半只"，结果没想到当天来了几百个教师来领取免费的烤鸭。不得已，烤鸭店不得不送完关门休半天。导致没有领到烤鸭的教师打电话到工商局投诉该广告的虚假性。这则广告随文在写作时遗漏了重要信息，应改为"凡教师节当天凭教师资格证免费领取烤鸭半只，只限前20名教师。先到先得，送完为止"。

5）要注意内容的准确性

随文写作要重视对相关信息进行核对，避免写错。如公司电话号码、联系地址和网址之类的。不然整个广告就白做了，还应注意公司电话号码和地址等信息更换。

6）积极创意，鼓励行动

通过创造性表现，发挥想象，让受众记住广告信息。例如DHC广告的随文电话：800-820-8820，谱以欢快的音乐，特定曲调，以唱的形式表现出来，易于受众记住品牌及购买联系电话。

7）将抽奖、赠券等内容加以突出

这是为了更好引起受众注意，提高广告活动的参与度。

第五节 广告正文检核表

广告正文写完后,还需要验证检查,以发现问题即时修改,写出最具说服力的正文,使文案更加完美。

1. 正文是否准确地传达了广告信息

文案再怎么有创意,也应该体现广告主题,准确地传播广告信息。否则都视为无效的广告文案。

2. 正文是否考虑了广告目标

文案是广告创意化表现的过程,是为完成广告目标而创作,所以在写文案前,先要分析好本次广告策划的目标是什么,要围绕广告目标写广告文案。而正文是否考虑了广告目标,也是检核内容之一。比如广告目标是为了提高快克感冒药治感冒见效快的认知度,而文案人员做的广告文案却是促销类广告文案,这很明显没有达到广告目标,也不符合广告主题。

3. 信息主次是否与广告策略完全吻合

广告策略主要有创意策略和媒体策略,正文创作要考虑目标对象,体现目标对象语言风格,同时还应考虑创意表现手法和媒体投放是否完全吻合。

4. 信息的内在逻辑关系是否准确,是否承接了广告标题

正文写作应体现其内在的逻辑关系。比如正文应承接广告标题内容,标题中提出的问题,一定要在正文中有答案,能给出理由。同时还应具有逻辑的推理性。

5. 正文是否对广告标题进行了解释和说明

正文是否对广告标题中引发消费者质疑的信息进行了解释和说明。

6. 正文是否简洁、甜美

受众总是希望看简洁有说服力的文案,因为受众都很忙,要接收很多其他的信息,啰唆的文案只会让人厌烦。但简洁不等于单薄,不等于词不达意。任何时候,都要保证自己的语言完整地表达出广告策略和创意的要求。每一句话、每一个词,甚至每一个标点都是必不可少的,同时又是多一不可的。

甜美的文案不一定都是甜得发腻的,但文字煽动起来的情感,却应该是甜美的。例如某房地产广告文案"献给正在创造历史的时代领袖"。广告语言告诉这些楼盘未来的业主,你就是这个时代的精英阶层、领袖人物。在这样不动声色的恭维之下,可能想不甜美也难。相比而言,奥迪汽车的煽情则更直白:"极致的精密,对您而言意味着尊贵、华美与恒久。而我们则正让它成为一种成就完美的本能。"即便你不是那么尊贵、华美,也会不由自主地认为自己是那么尊贵、华美。

7. 正文是否有些必要的信息被忽略,是否有不必要的信息添加进去

像一些产品独特的卖点,品牌核心价值等重要信息必须在正文中好好阐述。而对

于那些不必要的信息可以删除。精简的文案才是最好的文案。

8. 正文是否考虑了消费者利益问题

在广告正文中加入与广告受众的利益直接相关的内容,可以增强广告与受众的相关度,从而引起受众的注意并激起他们的兴趣。相关度是引起受众注意的一项非常重要的因素,因而如果在广告正文中加入"购买电脑的标准"、"使用微波炉的注意事项"之类的和人们生活密切相关的内容,更能吸引注意。

9. 正文写作是否过多地使用了文案写作技巧

广告正文不仅要辞藻优美、通畅流利,更重要的是语意准确,注意表达的准确性,即选取与广告对象相适应的广告形式,使不同层次的消费者产生认同感。而不是采用过多的写作技巧,让顾客看不到你想说的内容。

关键词

广告正文　advertisement body
广告随文　buying information

思考题

1. 简述广告正文的概念。
2. 简述广告随文的概念。
3. 广告正文常见写作技巧有哪些?
4. 广告随文写作技巧有哪些?
5. 写一则文案,对正文采用两种不同的写法。

推荐阅读书目

1.《一个广告人的自白》,大卫·奥格威著,林桦译,中信出版社,2010 年。
2.《广告文案写作教程》(第 2 版),郭有献编著,中国人民大学出版社,2011 年。

第六章 广告语

本章任务

1. 了解广告语的特点与作用
2. 掌握广告语的定义及分类
3. 理解广告语与广告标题的互转与区别
4. 掌握广告语的常见写法并创作广告语

本章引例

欧安亚电工产品广告语创作

　　长城国际广告有限公司要为欧安亚电工产品创作广告语,第一步是确定要传达的信息内容,也就是说什么的问题。而这个信息内容必须具备两个条件:①必须代表特定产品或服务的个性特征或者企业的个性特点。②必须是目标消费者最为关心的内容。经过对企业提供的资料的分析,他们发现欧安亚电工产品具有如下特点:大面积银片接触,安全开关次数超过现行国际标准2倍以上;双弹簧翘板式开关,不容易产生电弧。同时,经过调研,他们得知,消费者购买电工产品首要考虑因素为安全问题。所以同时符合欧安亚电工产品特点和消费者最为关心的内容是安全问题,因此长城国际广告创意小组最终决定以安全作为诉求重点。接下来是围绕安全,如何与消费者沟通即选择表达方式。也就是怎么说的问题。经过讨论,创意小组最终从创作的若干广告语中挑选了三个作为备选：①"安全到位欧安亚"；②"安全有保障，生活更辉煌"；③"安全电工欧安亚"。最后一步是用简洁到位的标准来最终选择一个作为广告语。这三个广告语，各有特点，第一个和第三个都是单句式的广告语，第二个是简单的双句式广告语。从字数上看，第一个和第三个都是7个字，第二个10个字，相对多几个字；第一个和第三个广告语都带有品牌名称；从简洁来说，先排除第二个，而第一个和第三个口号再比较，第三个广告语不仅有产品和消费者共同关心的安全，有品牌名称欧安亚，还暗示了产品的行业特点，说明了这是电工产品，综合考虑这几个方面，创意小组最终选定第三个"安全电工欧安亚"为正式的广告语。

第一节 广告语概述

广告语是由口号发展而来。口号最初只运用于战争时期，用以唤起民众参加战争或者支援战争，后来口号开始广泛运用于政治、宗教、艺术、商业等方面。

广告语起源于美国。19世纪中期，为了避开报纸广告中禁止刊登炫耀性广告的限制，许多广告人开始使用简短的警句。这些不断重复的双词、短句，有皇家发酵粉公司的"绝对纯真"，萨普里奥肥皂公司的"请使用萨普里奥"等。这些短句都是妇孺皆知，而且促进了销售。很快，广告语制作就成为了一种专业。受人欢迎的流行短句也为精美的口号要点提出了模式：它应该简洁恰当、质朴、难忘、朗朗上口，而且还应该包容一个有关被宣传产品的主题和中心思想。[①]

一、广告语的定义、特点与作用

1. 广告语的定义

广告语，也被称为广告口号、广告主题句、广告中心词、广告中心用语、广告标语等。它是企业和团体为了加强目标消费者对企业、品牌、产品或服务的印象，而在广告中长期反复使用的一个简明扼要的口号性语句。

这种口号性语句是基于企业或品牌长远的销售利益和社会利益，是广告主所提供的产品和服务的优良品质和良好形象的体现，或是对广告主所倡导的理念的言简意赅的概括。

2. 广告语的特点

1）诉求单一，内涵丰富

广告语一般都是一两句完整的句子，用以传达单一、明确的观念性信息，不多做解

---

① 朱丽安·西沃卡.肥皂剧、性、香烟——美国广告200年经典范例[M].周向民,田力男,译.北京:光明日报出版社,1999.

释和说明。广告语所传达的观念,通常都是关于企业或产品的核心观念。比如"为了美好的明天"(杜邦公司)。或者是对产品和服务的优势的展现,比如"关键时刻,怎能感冒"(海王银得菲)。因为这些广告语信息单一,非常容易理解,所以也不需要过多的解释和说明。

广告语的信息传达单一并不表示它的内涵也单一,反之,广告语需要在看似单一的信息诉求中,体现产品或服务的丰富内涵。这个丰富的内涵不仅是对企业或品牌、观念或服务的认知与肯定,而且也是一种文化现象的表征,一种生活方式的倡导和价值观体系的建立。比如"真诚到永远"(海尔集团)、"科技以人为本"(诺基亚)、"不在乎天长地久,只在乎曾经拥有"(铁达时表)等广告语,就在单一的信息传递过程中表达了丰富深刻的内涵。

2) 简短有力,易记易传

一条广告语,无论是诉求产品或服务优势,还是展现企业或品牌长期不变的观念,都必须是简短有力的口号性语句。因为不简短就不便于重复,也不便于记忆和传播,同时广告语的表达如果软弱无力,就无法坚定自信地传播有关企业或产品的观念或优势。此外,广告语要在目标消费者的心目中形成深刻的印象,必须句式简短,容易记忆。多频度、多层次、多媒介的广告语传播,除了多次重复来加深印象,让人记忆深刻之外,还要容易念读,使之成为大众阶层日常生活中的流行语,比如"让无力者有力,让有力者前行"(南方周末)、"没有买卖,就没有杀害"(WWF),所以广告语的语句必修同时具备口语化风格,这样简短的句式、口语化的遣词造句风格、流畅押韵的音韵节奏,才能达成广告语因为简短而方便记忆,因为流畅而容易传播的效果。

3) 相对稳定,反复运用

广告语的最大特点就是长期保持不变,具有相对的稳定性。它是企业或品牌、产品或服务在广告运作的整个过程中,在不同时期的广告活动中,在各种媒介、每个广告作品中都会以相同的面貌甚至在同一位置、用同一种书写方式反复多次出现的简短句子。

一条成功的广告语,可以连续使用数年甚至数十年,除非企业或产品的核心观念发生变化,一般不轻易改变,比如"只溶在口,不溶在手"(M&M巧克力),还有雀巢咖啡的"味道好极了",这句广告语自20世纪80年代雀巢咖啡进入中国市场就开始使用,一直沿用至今,成为了一句世界知名的广告语,广告语与品牌的紧密联系也让消费者一看到这句话就能想到雀巢咖啡,或者看到雀巢咖啡就能想到这句广告语。广告语正是在长期反复不变的诉求中,向目标消费者传达了同一种观念、同一个形象、同一项利益点的诉求,从而留给目标消费者一个一以贯之、个性独特的深刻印象。

3. 广告语的作用[①]

1) 广告语的信息传播功能

(1) 传播企业或产品最基本的诉求。

面对不断变化的市场和消费者,企业或产品需要不断传播"我是谁"、"我的特点"、"我能做什么"、"你为什么要购买"等信息,这些信息是加强消费者的认知、消费者对品

---

① 高志宏,徐智明.广告文案写作——成功广告文案的诞生[M].2版.北京:中国物价出版社,2002.

牌的印象,或者促进消费者持续购买的基本诉求点。广告语是长期传播这些信息的固定手段。

(2) 建立消费者的观念。

通过对基本的、观念性信息的长期、反复诉求,广告语会对诉求对象的观念产生潜移默化的巨大影响,帮助企业建立或者改变消费者的观念。如世界最大的钻石生产商戴比尔斯(De Beers)的广告语"钻石恒久远,一颗永流传"。中国历来没有以钻石作为结婚戒指的传统,而是以玉石和黄金作为恒久与坚贞的象征。"钻石恒久远,一颗永流传"实际上为中国消费者带来了以钻石象征恒久的观念。今天,城市青年消费者已不再钟情于黄金饰品,转而将钻石作为对美满婚姻的永久纪念。

(3) 反复提醒,不断加深印象。

广告语短小精炼、诉求明确,是广告中最容易记忆的部分。即使多次接触一则广告,一般人也很少能记住全部文案,但通常会记住广告语,并且能脱口而出。人们比较熟悉一则广告之后,就很少再关心它的具体内容。所以,广告语不断提醒消费者、加深他们对产品印象的作用是广告的其他部分所不能比拟的。

(4) 形成长期印象和回想。

广告语是广告在诉求对象心目中留下最长久记忆的部分,无论他们是否喜欢这个广告语。消费者对企业或产品的印象,最后往往都集中于广告语所传达的观念,如,想到Intel奔腾处理器,会最先想到"给电脑一颗奔腾的芯",想到M&M巧克力,就会想到"只溶在口,不溶在手"。

2) 广告语对品牌的长期价值

广告语可能是一个广告的所有内容中最不与短期目标相关的部分。它不需要帮助应对短期的市场情况,而是注重长远利益,以帮助树立品牌形象为目标。基于对品牌形象的重要作用,优秀的广告语是品牌的宝贵资产。

(1) 帮助传播品牌核心特性。

从品牌的角度来看,广告语所包含的企业或产品的基本诉求点,也往往正是品牌核心特性所在,"Just do it"是耐克所代表的精神,"只溶在口,不溶在手"是品牌的独特定位和独特的销售主张,"海尔,真诚到永远"、"海尔,中国造"是品牌与消费者的情感关联。在广告作品中,唯有广告语能将品牌的这些特性凝练地概括出来,并且向消费者提供持续的保证。

(2) 品牌广告传播连续性的关键。

广告语不固定于每一个作品,但每一个作品都必须符合广告语所传达的观念。因此,传播品牌核心特性、贯穿广告活动始终的广告语,成为品牌广告传播连续性的关键因素。它使同一企业、产品或服务在不同时期、为不同目的而做的广告活动呈现出连贯性和一致性,从而有利于塑造出长期稳定的品牌形象。

(3) 品牌重要的标志性符号。

广告语传播品牌的核心特性,是消费者对一个品牌的广告印象最深刻、记忆最长久的部分,也可以说是品牌标志性符号的一部分。而且,从传播作用来看,它比供消费者识别品牌的品牌标志更为重要。

3) 广告语的社会性作用

借助大众传媒的广泛传播,广告对现代消费者的影响力,已经远远超出纯粹消费的范畴。具体到广告语,我们会看到两个突出的社会性作用。

(1) 非消费的观念渗透。

部分广告语为了引起诉求对象的认同,吸收了诉求对象的人生理想、价值观念等内容,并且将它们进行了高度典型化的处理,从而概括出具有很强的代表性和感召力的观念。如IBM公司PC产品曾经使用的广告语"先天下之忧而忧",杉杉男装的广告语"立马沧海,挑战未来",实际上都在传达一种追求成功、追求卓越,并以其为理想人生最高境界的观念。耐克"Just do it"、安踏运动鞋"我选择,我喜欢",所传达的是我行我素、张扬个性的观念。铁达时手表则以"不在乎天长地久,只在乎曾经拥有"和集中于爱情内容的感性诉求,与青年消费者进行爱情观念的沟通。这些广告语都在进行非消费的观念渗透。消费者对品牌的认同感越强烈,这些观念对消费者的影响就越深远。

(2) 社会流行语。

作为现代社会大众文化的一个组成部分,广告在提供产品信息的同时,也成为媒介受众的一种娱乐和谈资。富有个性和新意的广告语往往脱离对产品的依赖,迅速地深入消费者的日常生活,被赋予新的生命,广泛地使用和传播,成为一个时期的"流行语"。这种现象,与流行电影中的经典对白会被观众使用到日常生活中没有什么区别。

台湾地区前些年有两个非常有代表性的例子——开喜乌龙茶"新新人类"和司迪麦口香糖"猫在钢琴上昏倒了"。开喜乌龙茶创造性地赋予追求健康、自然、个性化生活的人"新新人类"的概念,后来这一概念迅速流行,被大量引用,连房地产公司都借此推出"新新社区",社会学家还专门对它进行了社会学角度的定义。"猫在钢琴上昏倒了"本来是法国诗人波特莱尔在随笔《巴黎的忧郁》中写的一个怪句子。在司迪麦口香糖的电视广告中,一群年轻人玩"传话"游戏,原话是"新建筑正在倒坍中",传到最后却成了"猫在钢琴上昏倒了"。后来这句让人听起来一头雾水的话竟被引入口语,遇到怎么也弄不懂的事,往往会说一句"猫在钢琴上昏倒了!"蓝天六必治牙膏生动诙谐的广告语"牙好,胃口就好,身体倍儿棒,吃嘛嘛香!"和北极绒保暖内衣的"地球人都知道"也是这样,被人们广泛使用。

二、广告语与广告标题的互转与区别

(一) 广告语与广告标题的互转

在广告文案的基本结构中,广告标题、广告语、广告正文、广告随文各司其职,各尽所能。但是,并不是在所有的广告作品中,都同时具备这些部分,也不是在所有的作品中,广告标题和广告语都作为一个不变的结构部分同时存在。

广告语和广告标题之间,由于广告创意和广告执行时的构想不同,经常会出现互转现象。互转现象,指的是广告语即广告标题,或广告标题即广告语,两者处于同一的现象。这种现象一般在无标题广告文案、无广告语广告文案中出现。如果在无广告标题的前提下,文案人员应考虑广告语表现形式和特点的标题化;如果在无广告语的前提下,文案人员要考虑广告标题的口号化。只有使得这两者在互转状态中相互兼顾,才能获得真正有效的广告文案。①

比如碧浪系列平面广告(见图 6-1),所有图中的"为你解开手洗束缚",既定义了画面中的枷锁、手铐和铁窗,也阐明了品牌的优势,就属于广告语和广告标题的互转。

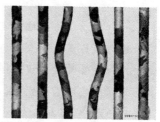

图 6-1 碧浪系列平面广告

又如丽珠得乐"其实男人更需要关怀"系列广告文案,其广告语和广告标题互转,广告语和广告标题、广告正文一起,情与理交融,既达理,又通情,很好建构了丽珠得乐关怀人生、体贴的品牌形象,还曾经引发了对"男权"问题的大讨论,丽珠得乐也借此成为了知名品牌。

第一则广告文案:"演员篇"

他是一个演员,虽然总演一些小角色,但他依然痴心不改,苦苦求索。一颗颗新星不断从他身边升起,而他依旧是个小角色,个中的酸、甜、苦、辣……

他的欢乐与苦恼只有他自己知道,啊,男子汉!这是一个普通男人的生活轨迹。在许多人看来,似乎是男人,就应该活得轰轰烈烈,所以在许多场合中,平凡的他常常被忽视……

据医学专家研究,生活压力大,身心过度疲劳的人易患胃病,而在众多的胃病患者中,男人占大多数。

——其实,男人更需要关怀

第二则广告文案:"教师篇"

他是一个教师,他的影集好厚好沉,他如数家珍地讲述着关于每一个身影的故事,这给了他最大的满足。然而随着这些故事的延续,他的青春渐渐耗尽,负重的身躯不再挺拔……

他的欢乐与苦恼只有他自己知道,啊,男子汉!这是一个普通男人的生活轨迹。在许多人看来,似乎是男人,就应该活得轰轰烈烈,所以在许多场合中,平凡的他常常被忽视……

据医学专家研究,生活压力大,身心过度疲劳的人易患胃病,而在众多的胃病患者中,男人占大多数。

---

① 胡晓云.广告文案[M].杭州:浙江大学出版社,2009.

——其实,男人更需要关怀

第三则广告文案:"货车司机篇"

  他是一个货车司机,白天、黑夜、风里、雨里,他已记不清跨过了多少条河,翻过了多少座山,日复一日,年复一年,青春就在这漫长的道路上悄悄地流逝……

  他的欢乐与苦恼只有他自己知道,啊,男子汉!这是一个普通男人的生活轨迹。在许多人看来,似乎是男人,就应该活得轰轰烈烈,所以在许多场合中,平凡的他常常被忽视……

  据医学专家研究,生活压力大,身心过度疲劳的人易患胃病,而在众多的胃病患者中,男人占大多数。

——其实,男人更需要关怀

第四则广告文案:摄影师篇

  他是一个摄影师,人们都以为他的职业浪漫而神秘,其实东奔西走,废寝忘食的疲惫都铺垫在不了解的另一面,他喜欢透过镜头看世界,然而镜头前的辉煌常常遮住了镜头后的他……

  他的欢乐与苦恼只有他自己知道,啊,男子汉!这是一个普通男人的生活轨迹。在许多人看来,似乎是男人,就应该活得轰轰烈烈,所以在许多场合中,平凡的他常常被忽视……

  据医学专家研究,生活压力大,身心过度疲劳的人易患胃病,而在众多的胃病患者中,男人占大多数。

——其实,男人更需要关怀

(二)广告语与广告标题的区别

  虽然生活节奏的加快和读图时代的到来,无广告标题文案和无广告语文案或者广告标题和广告语互转的广告作品逐渐增多,但广告语和广告标题之间还是有着很大的差异,只有认清了这些差异和区别,才能在具体的广告文案创作中创作出优秀的广告标题和广告语。

1. 制作目的不同:树形象与抓眼球

  广告语是为了倡导品牌、企业、商品或服务的一贯观念,指导消费,从而塑造良好的形象而写作的;广告标题是为了使每一则广告作品从海量信息中脱颖而出,能受到受众注意,激发他们的兴趣,从而吸引目标受众阅读广告正文而写作的。

2. 表现形式不同:一句话或者一个短语与复杂多变、长短不一

  广告语立足于口头传播,在表现上要体现口语化体征,呈现生动流畅、给人朗朗上口的音韵节奏感,从而容易记忆和流传,所以广告语一般比较简短,要么是简单的一句话或者简短句子加品牌名称,或者是比较押韵的简短双句形式,寥寥数字,体现产品优势或展现品牌形象;而广告标题在构成形式上有单一的直接标题和间接标题,也有引题、正题和副题等多种形式的复合标题,相对来说,广告标题的字数可以更多,展现的内容也更多,从而也更能吸引受众注意。

3. 运用时限不同:相对稳定、多次使用与短期使用、随文而异

广告语因为多展现产品优势或塑造品牌形象,属于一贯运用的战略性语言文字,在很长一段时期内被广泛运用于同一品牌的每一则广告作品和不同媒介的广告作品之中,相对比较稳定;而广告标题大多是一则一题,正文变化或者图案变化,标题也相应变化,因此,运用的时间比较短暂。

4. 两者地位不同:独立与依附

广告语可以脱离于广告画面、正文、音响等独立存在,而广告标题与正文、画面等保持着密切的关系,甚至有时离开了广告正文或画面,标题就丧失了意义。

第二节 广告语的类型

一、按诉求的对象划分[①]

1. 企业广告语

企业广告语一般是以企业的目标、主张为诉求点,在一定程度上是为主品牌背书。如:

拉芳出品,优质保证(拉芳)

宝洁公司,优质产品(宝洁)

杰出表现,如你所愿(西门子)

企业广告语单独使用的情况并不多,绝大部分企业的广告语与品牌广告语是合二为一的。

2. 品牌广告语

品牌广告语一般以感性诉求的方式来诉求品牌形象,宣传品牌的经营理念和宗旨,展现品牌精神,它往往以自己鲜明的情感个性特点来树立品牌形象。如:

原来生活可以更美的(美的)

沟通从心开始(中国移动)

百事可乐,新一代的选择(百事可乐)

3. 产品广告语

产品广告语一般以采用理性诉求的方式道出产品的某种特点、功能、消费承诺或以消费利益点为主,使产品在消费者心中建立一个区隔(定位)。如:

---

① 刘西平,黄小琴.广告文案写作[M].广州:暨南大学出版社,2007.

广告文案

今年二十,明年十八(白丽美容香皂)
金利来,男人的世界(金利来领带)
喝了娃哈哈,吃饭就是香(娃哈哈营养液)

4. 服务广告语

服务是企业为消费者提供的一种非物质形态的"产品",或是因产品销售而附加的某种劳务。服务广告语一般都以传递服务的内容、质量或者专业承诺等形式出现。如:

微笑之心,贴心服务(小天鹅)
创维金牌服务,做好每一步(创维集团)
为您满意,尽心竭力(伊莱克斯)

二、按内容类型划分

1. 形象建树型

形象建树型广告语是指在具体内容上主要表现和建立的是广告主体的企业形象、产品形象、品牌形象、服务形象等其中的一种形象。其目的是建立一个让公众和目标消费者信任、赞赏的形象,为广告主体之后的一系列长期销售活动进行有效的铺垫。如:

海尔,真诚到永远(海尔集团)
科技以人为本(诺基亚)
一旦拥有,别无所求(飞亚达手表)
让我们做的更好(飞利浦电器)
科技让你更轻松(商务通)

2. 观念表现型

观念表现型不是直接将企业或品牌的心声向目标消费者进行表白,而是通过对某种观念的提出和表达,来表现广告主体中的企业、品牌、产品经销者或者服务者的观念和看法,从而创造和引导出一种消费方式和消费观念。这些观念可以是对企业或品牌胸怀的表达,可以是某种消费新时尚的创造,也可以是用肯定的消费观念或评判来表现品牌观念,等等。如:

思想有多远,我们就能走多远(红金龙实业)
不走寻常路(美特斯·邦威休闲服饰)
不买贵的,只买对的(雕牌洗衣粉)
学琴的孩子不会变坏(台湾山叶钢琴)
好东西要和好朋友一起分享(麦斯威尔咖啡)

3. 优势展示型

优势展示型一般是展示广告主体的功能、特点,让消费者用最省俭的方式了解商品或服务的优势。这种凸显商品或服务关键功能、关键特点的展示,是一种很好的口号性煽动,有助商品或服务的销售。如:

农夫山泉有点甜(农夫山泉天然弱碱性水)

蓝瓶的钙,好喝的钙(三精牌葡萄糖酸钙口服液)
穿上双星鞋,潇洒走世界(青岛双星鞋)
臭名远扬,香飘万里(某臭豆腐)
运动就在家门口(广州奥林匹克花园)

4. 号召行动型

这类广告语的主要诉求内容是向目标消费者发出某种号召,号召他们行动起来,去做某一件事情或者去进行某种消费行动。此种号召一般都运用祈使句式直接进行诉求,其产品也多为感性产品、低关心度产品。如:

喝贝克,听自己的(贝克啤酒)
男人就应该对自己狠一点(柒牌男装)
想和我一样漂亮,用诗芬吧(诗芬洗发液)
记住,每天喝瓶太子奶(太子奶)
只要您拥有春兰空调,春天将永远陪伴着您(春兰空调)

5. 情感唤起型

情感唤起型是借助消费者心目中的人性因素、情感因素,用情感向目标消费者进行呼唤、倾诉或宣泄,从而与目标消费者进行情感沟通,达到情感共鸣。如:

爱你就等于爱自己(娃哈哈纯净水)
威力洗衣机,献给母亲的爱(威力洗衣机)
孔府家酒,叫人想家(孔府家酒)
慈母心,豆腐心(中华豆腐)
当太阳升起的时候,我们的爱天长地久(太阳神口服液)

6. 利益承诺型

利益承诺型主要是向目标消费者承诺使用商品或服务所能得到的利益,包括目标消费者得到利益的程度和广告主承诺的程度。如:

给我一天,还你千年(杭州宋城)
更干、更爽、更安心(护舒宝卫生巾)
钻石恒久远,一颗永流传(戴比尔斯)
牙好,胃口就好,吃嘛嘛香,身体倍棒(蓝天六必治牙膏)
喝汇源果汁,走健康之路(汇源果汁)

三、按结构划分

1. 单句形式

就是采用简短的单句形式来表现,因为全句就是一个独立的句式,没有任何前后附带的语句,显得干脆精炼、铿锵有力,具有简单易记的特点。如:

一切皆有可能(李宁运动系列)
挡不住的感觉(可口可乐)
浓缩人生精华(东方时空生活空间)

2. 对句形式

就是采用两个简短且相互关联的单句组成的广告语句式。对句形式在语意上前后呼应搭配,因为读起来有一种相互映衬的音韵效果而为广泛使用。对句形式的广告语可以分为对仗型和非对仗型两种。

对仗型的对句读起来朗朗上口,具有句式上的对称美和词句的音韵美,运用的很多。如:

晶晶亮,透心凉(雪碧)

苦苦的追求,甜甜的享受(伊利雪糕)

鹤舞白沙,我心飞翔(白沙集团)

非对仗型的对句形式广告语运用的比较少,如:

滴滴香浓,意犹未尽(麦氏咖啡)

25年本色,不改其貌(k-sWISS鞋)

3. 前(后)缀式句型

前(后)缀句式全句是由两个相关句子组成,其中一个是简短的缀句,通常包含有品牌、产品或企业等广告主体的名称。另一个是独立的单句,是对广告主体的评价或特征展现。前(后)缀句式的句型,既可以在广告语中表现产品或品牌的名称,使得广告语的流传过程始终有品牌名称相伴相随,又可以避免广告语在流传过程中与品牌脱离而导致传播失去目的性的结果。如:

雀巢咖啡,味道好极了(雀巢咖啡)

非常可乐,中国人自己的可乐(非常可乐)

维维豆奶,欢乐开怀(维维豆奶)

好空调,格力造(格力电器)

望子成龙,小霸王学习机(小霸王电脑学习机)

第三节 广告语创作技巧

广告语的创作,首先是广告内容和广告形式的选择技巧,其次是具体写作过程中的遣词造句、意境表现等方面的写作技巧。

首先,在广告语的内容选择方面,可以从几个方面考虑:一是可以选择广告主体的最个性或者最具有优势的特征来进行表现;二是可以选择能够体现广告主体的关键观念进行表现;三是选择在情感上最能与目标消费者产生共鸣的内容来进行表现。

其次,在广告语的形式选择方面,单句形式可以使广告语在最短时间内被目标消费者知晓;简短的双句形式可以利用音韵节奏效果产生多次传播;前缀或后缀句式,可以使广告主体得到反复多次的传播,每种形式都各有特点。

一、内涵深刻

广告语传达给消费者的是品牌的一贯理念或者商品的突出特性,所以广告语是现实性和未来性的结合体,广告语中表现的信息要有丰富的内涵,能适应现实性的需要,也要具有未来性和前瞻性。只有具有丰富内涵的广告语才能让人反复回味、印象深刻,只有印象深刻,消费者才能长久记忆并主动传播。广告语所体现的品牌个性、企业理念、产品特性、消费观念,只有意蕴丰富,内涵深刻,兼具现实性和未来性,才能既被现代社会的目标消费者所理解接受,也不至于在短期内因观念落伍而被消费者和社会发展所淘汰。比如耐克的"活出你的伟大"(见图6-2):

图 6-2　耐克"伟大"广告

伟大
不只属于少数人
广告语:活出你的伟大

谁敢拼上所有尊严
谁敢在巅峰从头来过
哪怕会一无所获
谁敢去闯
谁敢去跌
伟大敢
广告语:活出你的伟大

伟大只属于
那些敢于追寻它的人
广告语:活出你的伟大

伟大
不在乎你多少次跌倒
只在乎你多少次站起
广告语:活出你的伟大

广告文案

他们也许没记住
你的名字
但记住了你的伟大
广告语：活出你的伟大

伟大
不复制历史
只创造历史
广告语：活出你的伟大

2012年伦敦奥运会期间，运动品牌耐克发起"伟大战役"，随着每天的体育赛事总结伟大，其系列作品中间，始终一致的广告语是"活出你的伟大"，虽然只字未提奥运，却把奥运会、运动员、热爱体育的人们、热爱中国的人们和耐克一起，用独特的方式紧密联系在一起，从而让每个人内心深处都在为伟大寻求新的定义，这种广泛参与性很好地契合了奥运精神，再加上唯美的画面和引人共鸣的极具说服力的文案，创造了伟大的创意。

二、突出特点

突出特点也说是突出个性，指的是广告语必须展现产品或品牌的个性。品牌的个性一般体现品牌的某种取向或者优势，而产品个性的展示能告诉消费者关于产品自身的具体信息、具体优点，这对于产品的市场定位和消费者的了解程度，都是十分有利的。因为在现代生活如此纷繁复杂的传播环境里，没有个性或者说没有突出特点的内容是无法吸引消费者的关注和记忆的，只有具有个性或者能充分体现产品或品牌特点的广告语才能脱颖而出，引起目标消费者的注意。比如"我的地盘听我的"（动感地带）、"一切皆有可能"（李宁）等具有个性的口号就能让消费者过目难忘。能表现商品或品牌不一般的个性特征的广告语总是让人眼前一亮，印象深刻。比如腾讯的"不要完美，要出众"的广告语：

我是出众派之周杰伦篇
不要跟随你的喜好，要我的，
"哎哟，不错"
不要完美，要出众

我是出众派之章子怡篇
不要你的流言
要在国际舞台
戴上骄傲桂冠
不要完美，要出众

我是出众派之林志颖篇
不要被时间打败

要当世上
最优质的"爸比"
不要完美,要出众

我是出众派之郭敬明篇
不要理会
无谓的嘲弄
要走出我的小时代
不要完美,要出众

我是出众派之范冰冰篇
不要漫天留言
要用我的"范"
构建我的豪门
不要完美,要出众

"我是出众派"是腾讯 QQ 会员十三周年的主题活动,作为全新品牌升级运动,腾讯鼓励每一个年轻人发现自己出众的一面,张扬并且释放自己的出众态度。而所谓"我是出众派",就是要让普通人获得话语权。这组广告在创意上,充分利用了明星粉丝效应以及结合了近期的一系列热点事件,比如郭敬明的《小时代》、林志颖的《爸爸去哪儿》。利用最近人气正火的明星们,为 QQ 会员的周年活动造势,这种"不要完美,要出众"的出众精神传达也是 QQ 会员十三周年的重要主题。"不要完美,要出众"的广告语,看似偏执、片面,但恰恰符合了各路以网络达人自居的用户,迎合了他们渴望与众不同、个性桀骜的网络生存哲学,同时也很好地凸显了品牌的特点与定位。

三、表达新颖

随着科技的发展和媒介的丰富,现代社会生活中,各类信息传播无所不在,无时不有。没有新意和个性的广告语很难引起消费者的关注和记忆。而能凸显产品或品牌个性的广告语总能最先进入消费者的视线。但是现代社会物质产品的极大丰富在增加了消费者的选择和商品的多样化之外,也存在产品个性模糊,甚至产品大量同质化的现象。在同样价格同等功能不同的品牌的产品之间,消费者如何进行选择?除开少数品牌极度忠诚的消费者,绝大多数消费者在日常用品的选择上,更加感性和冲动。因此,在表达产品、企业形象、服务的个性的广告语创作上,要避开千人一面,学会多角度多层次地看待问题,另辟蹊径地选择表达内容和表现形式。如台湾的黑松汽水的广告语"用心让明天更新"。

爱情灵药
温柔心一颗
敬重三分
谅解四味

不生气五两

以汽水送服之

不分次数，多多益善

广告语：用心让明天更新

这是三则文案中的一则。"用心让明天更新"这句广告语似乎与汽水一点关系也扯不上，但它却是使文案能够统一起来的灵魂。因为不管是黑松还是其他品牌，汽水的配方其实并没有多少神秘可言，且大多数的汽水口味都十分接近。实际生活中的汽水无非就是解渴、烘托气氛和放松心情这样几种基本功能。如何让自己的产品尤其是汽水这类快消品在消费者心目中占有一席之地，且与众不同呢？黑松汽水选择了"汽水与生活态度"这一撇开口味的独特切入点进行广告宣传，将产品与人们的日常生活态度紧密联合。"用心让明天更新"是无论人们在工作状态、爱情状态还是休闲状态中都应该有的生活态度，而喝黑松汽水也是在这三种状态中都可以选择的放松方式，两者的结合相当自然。整个口号只有简单的七个字，就很好抓住了人们不断追求更好生活的普遍心理，用"更新"来引起受众的情感共鸣。而标题和正文的把生活态度写进药方的情节，表明不同的环境下要用不同的药，同时需要具有智慧豁达的人生态度。因此，黑松汽水的这一文案不论是标题正文还是广告语的表达都别具一格、新颖别致。

四、简洁凝练

广告语主要是通过口头传播来宣传品牌或商品的形象和理念，并使之成为广大消费者日常生活中的流行用语。因此，广告语的创作要符合口语传播的特点和规律，简短易记。广告语的写作不能过长，字数尽量控制在20字以内；不能用生僻的字词语句，要尽量使用消费者在日常生活环境中熟悉的亲切、平实语言。同时广告语如果在表现商品或品牌个性的同时，词句内涵丰富，并且合乎音韵、节奏流畅，更容易被记忆和流传。所以在广告语的创作阶段，不仅要体现个性，更需要对初步写好的广告语进行再次检查，反复推敲，浓缩提炼，力争用最简洁到位的语言表达最丰富的内涵。比如《北京晚报》的广告语"晚报，不晚报"。

一件事情发生了，身上的每一根神经都开始兴奋。

从在电脑上编排完最后一个字，到把片子送到印厂，

就注定我们总是比事件晚一步。

新闻是瞬间的历史，新闻是火热的文字，

新闻是焦点的主人，新闻是生命的诞生，

新闻是诉说与被诉说，新闻是阅读与被阅读，

新闻是打动与被打动，新闻是公开与被公开，

新闻是新鲜的空气，新闻是呼吸的权力，

新闻是今天的过去，新闻是不能晚报的每一天！

新闻是高明的诉说,新闻是公开的秘密。

广告语:晚报,不晚报

对于纸媒来说,面对突发事件或重大报道,能不能在"第一时间"把新闻告知受众,是衡量报纸质量的一个重要指标。所以,不少报纸在竞争的时候都选择在时效性方面大做文章。北京地区报纸间的竞争也是硝烟弥漫,日报、晨报在发稿时间上抢占先机,这对北京晚报来讲是个极大的挑战。但晚报在市场化分析之后抓住了即时报道的新闻时效优势,从而提出"晚报,不晚报"的报道理念,彰显了其独特的品牌价值。北京晚报对新闻时效性和快捷性的强调,让其从众多报纸媒介中脱颖而出,占据了有力的市场地位。再者,"晚报,不晚报"这句广告语从语言方式来说,一语双关,前一个"晚报"指代北京晚报,"不晚报"暗示其新闻的时效性,简短的五个字,既含有名称,又有它的特点,真正做到了语言简洁而内涵丰富。

五、诱导行动

广告语和广告标题一样,除了引人注意,容易记忆传播之外,更直接的目的是引发目标消费者的行动。因为广告语具有保持不变,长期使用的相对稳定性,所以同一个广告语经过多种媒介在同一产品或同一品牌的不同时间空间多次反复传播之后,其行动号召力应该更甚于广告标题。因为优秀的广告语能够在产品或品牌与目标消费者之间建立紧密的联系,再加上多次的传播,一旦消费者有需要或者遇到类似情境,就会首先想到该广告语所代表的品牌与产品。广告语应随时发挥鼓动激励的作用,促使消费者尽快将兴趣和好奇变成行动。比如伊利牛奶的广告语"青青大草原,自然好牛奶"。

广告标题:咕咚咕咚、呼噜呼噜、滋溜滋溜

广告正文:无论怎么喝,总是不一般香浓!这种不一般,你一喝便明显感到。伊利纯牛奶全乳固体含量高达12.2%以上,这意味着伊利纯牛奶更香浓美味,营养成分更高!

广告语:青青大草原　自然好牛奶

广告标题:嘎嘣嘎嘣、咔嚓咔嚓、哎哟哎哟

广告正文:一天一包伊利纯牛奶,你的骨骼一辈子也不会发出这种声音。每1100毫升伊利纯牛奶中,含有高达130毫升的乳钙。别小看这个数字,从骨骼表现出来的会大大不同!

广告语:青青大草原　自然好牛奶

广告标题:哗啦啦、啾啾啾、哞哞哞

广告正文:饮着清澈的溪水,听着悦耳的鸟鸣,吃着丰美的青草,呼吸新鲜的空气。如此自在舒适的环境,伊利乳牛产出的牛奶自然品质不凡,营养更好!

广告语:青青大草原　自然好牛奶

伊利这则广告,首先引人注目的是巧妙利用汉字字型,精心编排设计的广告标题。系列标题通过一系列的象声词,分别表现人们迫不及待地喝牛奶的声音;因缺钙而导致的骨骼碎烈的声音;以及乳牛在舒适的环境中惬意地吃草鸣叫的声音,调动受众的联想,形成视觉冲击力。而广告正文又对画面主体文字做了形象的说明和解释,道出了伊利纯牛奶诱人的浓香、纯真精美的品质和饮用后的效果及其根源,非常有说服力,很能打动消费者。这时再结合"青青大草原,自然好牛奶"的广告语,极具诱惑和行动号召力。

六、适时变化

如前所述,广告语相较于广告标题,具有相对的稳定性,能长期使用,保持不变。但是由于广告传达的需要或环境的改变,广告语也可以出现特殊性变化。这种变化,有时是整个广告语的变化,有时是口号中的关键词句发生变化。

广告语中的关键词句发生变化的情况相对比较少,比如台湾某杂志的一则系列广告文案的广告语分别为"一本值得投资的小众杂志"、"一本独一无二的小众杂志"、"一本实实在在的杂志",这三则广告语用系列的形式进行表现,受众得到了该杂志三个方面的特征表现。台湾黑松汽水的一个系列广告文案,其中的广告语也是变化的:"不偏心,打开好气氛"、"说抱歉,打开好气氛"、"遵守家庭公约,打开好气氛"。用符合每一则广告文案表现内容和诉求方向的广告语内容来改变口号内容,口号和其他的广告文案结构之间形成了一种较为密切的关联。而在另外一些广告作品中,这一特殊性优势是采用广告准口号的形式来表现的。①

更多时候,广告语发生变化,是因为外部或内部环境发生了变化,比如企业的经营范围、企业的性质等发生了变化,或者品牌和产品需要寻求变革,以适应整个社会大环境的变化,抑或品牌和产品的目标消费人群发生了变化,等等,如此这些变化,都导致了广告语需要适时而变。

作为中国本土运动品牌老大的李宁,其广告语到目前为止总共更换了七次,从最早的"中国新一代的希望"到"把精彩留给自己"、"我运动我存在"、"运动之美 世界共享"、"出色源自本色"再到大家最熟悉的"一切皆有可能"(Anything is Possible),直至目前的"让改变发生"(Make the Change)。"一切皆有可能"是李宁最广为传播的一句广告语,也伴随着李宁的快速增长。这句广告语贴近运动者和年轻人,找到了来自消费者心中真切的呼唤。但是让人遗憾的是李宁在产品的创新上没有跟上步伐,以致目标消费者与实际购买者严重错位,品牌老化、缺乏个性、平庸,被消费者视为时尚的门外汉。同时,也因为李宁在服装经营模式上一直模仿国际品牌耐克、阿迪达斯,以致被消费者认为这句广告语也是模仿的阿迪达斯"没有不可能"(Impossible is Nothing)。实际上,李宁的这句广告语是2002年推出的,阿迪的广告语是2004年雅典运动会期间推出的,比李宁推出的晚。产品创新不够,品牌老化,广告语被认为是山寨的,这些都迫使李宁必须谋求品牌转型。为了适应竞争环境的变化,也为了配合全球市场的拓展,李宁

---

① 胡晓云.广告文案[M].杭州:浙江大学出版社,2009.

体育用品有限公司在2010年第三季度开始更换新的李宁标志,涉及李宁运动鞋、服饰、配件及球类等全部产品线,同时全球李宁专卖店和企业视觉识别都将使用此新李宁标志(见图6-3)。同时,广告语也更换为"让改变发生"。李宁公司品牌负责人表示,这个广告语"源于全新的品牌宣言,体现了从敢想到敢为的进化,鼓励每个人敢于求变、勇于突破,是对新一代创造者发出的呼唤号召。"

图6-3 李宁标志和广告语变化

广告语创作三法[①]

当你创作广告语的时候,先给自己提个问题:这种产品是什么?它能为人们做什么?如果你必须介绍这家公司或产品是什么,如果你必须把它的整个目标用一个短语或一句话表现出来,应该如何措辞?口号是销售理由的浓缩,应尽可能美化产品,充分发挥对消费者的实惠。

创作方法之一是从罗列产品是什么或有什么功能入手,把最显而易见的东西说出来。不必担心枯燥乏味,只要把产品的性质和功能如实写下来就行。然后加以润色,换一种方式进行描述,表达得更巧妙些,让文字更富魅力。例如,你要为马铃薯公会推销马铃薯,就可以把马铃薯为何物写下来:

棕色大型蔬菜

四大食品系列之一

有点乏味的保健食品

外观不好看,但对你有益

各种维生素和矿物质齐全

浇上配料很好吃的食品

一种简单的食品

仔细看看每一种说法,是否可以用别的方式进行表达,加以拓展,在原有短语的基础上进行自由联想。尽可能创作出更多的短语,希望其中有一个或几个可用:

棕色大型蔬菜——我们可以让其他蔬菜艳羡不已,要有棕色可不是容易的事。

---

① 乔治·费尔顿.广告创意与文案[M].陈安全,译.北京:中国人民大学出版社,2005.

广告文案

四大食品系列之一——你生命的四分之一。

有点乏味的保健食品——今天就拥抱马铃薯,虽然外表不好看,但很管用,不要让外观欺骗了你,你的余生依然激动人心,丑陋的食品造就漂亮的人。

外观不好看,但对你有益——真正有用的东西在里面,进到我们的表皮下面去,今天就大胆采取行动,把我们切碎,对我们敞开心扉,我们是最具个性魅力的蔬菜,是世界上最大的维生素丸,你可以在这种维生素上面涂奶油,给我们涂上奶油,上面再加上配料,我们和你一样,是可以进行修饰的,我们是地下的宠儿,来自优良的土壤。

……

另一种方法是自问你的产品在市场上是什么定位,或者你追求的是什么定位。正如我们所见,许多广告语纯粹是定位说明。例如,巴杰特·古尔梅特冷冻食品是什么?昂贵的食品但售价不很高——"有情调的快餐食品"(如果不是因为拉克斯餐馆已经用上了这种产品,不失为一个优秀的广告语)。努力说清楚你的产品是什么,它与其他产品有什么不同。

也可以自问,它的最大问题是什么?安利的广告语表明,口号可以解决问题,可以帮助产品在消费者心中重新定位。也许你的问题就需要这样来解决。

还有一种方法是自问产品所能提供的可能最大实惠是什么,你为该产品能提出什么样的最高理性诉求。

第四节 广告语检核表

一、广告语写作要领[①]

(1) 力求简洁、浓缩,去掉不必要的修饰。

(2) 单纯明确,体现的观念要单一明确。

(3) 避免空洞的套话,使之有独特性,语句不能晦涩难懂,更要避免虚假的大话。

(4) 要有很强的适应性,既要避免时间和地域色彩,又要能适应各种媒体的广告使用。

(5) 广告语在用词、内容、句式、语气等方面还应该追求个性,以能够在众多的广告语中脱颖而出,被消费群体记住。

(6) 是否朗朗上口且易记,传播中有无障碍。

(7) 是否体现了广告主体的企业宗旨(理念)、商品或服务的特征,这些是否能激发消费者的购买兴趣。

---

① 刘西平,黄小琴.广告文案写作[M].广州:暨南大学出版社,2007.

二、广告语分析方法[①]

广告语不同于一般的语句,在分析时首先必须考虑到它属于企业广告的一部分,而不是一句跟其他要素没有关系的口号,在这样的认识前提下来分析广告语,就可以获得评价广告语的方法。由于广告语长期宣传的独特特征,在分析的时候不仅需要考虑广告语中包含的信息,还要分析它和品牌、产品的关联性,以及和后续广告的关系,即广告语的后续宣传空间和创意拓展空间等,这样才能真正检验一则广告语的得失。

经过总结,下面列出广告语分析的要素。

1. 基本信息

什么品牌?
什么产品?
什么企业?
针对什么消费群体?

2. 广告语自身分析

采用什么结构方式?
选择哪个层次的信息? 品牌、产品、企业,还是纯祝愿的形式?
在该层次上具体传达了什么信息?
暗示什么优势? 存在什么不足?
采用何种风格?
和目标消费者的契合情况如何?

3. 广告语开拓的创意空间

给不同广告创意留下空间的大小?
给孪生产品或新产品留下宣传空间的大小?
给后续宣传留下空间的大小?

如"大宝,天天见"这个广告语:

基本信息

品牌:大宝 Dabao。
产品:大宝护肤产品。
企业:北京大宝化妆品有限公司。
消费群:普通人群。

广告语分析

广告语结构:品牌附加式,大宝+天天见。
选择信息的层次(品牌个性):大宝,日常护肤的特性,普通护肤品。
具体信息:天天使用(天天见)。
优势:易记、易说、有亲和力、非常简短,但表达观念单一;适合长期使用,

[①] 徐玉红,沈彬.广告文案创作[M].杭州:浙江大学出版社,2007.

不分春夏秋冬。

不足：未能说出产品或品牌的任何实质性信息；让人联想到"华龙面,天天见",觉得没有什么创造性,品位较低。

采用的风格：口语化,很容易记忆。

和目标人群的契合情况：普通人群的日常护肤,不具备很高的文化和艺术品位,无需进行意蕴深刻的内涵式诉求,使用普通人常用的口语"天天见"再附加上产品的品牌,跟目标群体的生活品质相契合。

广告语开拓的创意空间

创意空间很大,创意自由度很高,基本不受广告语范围的明显限制。不会限制旗下分类产品,无论是先前的大宝,还是改良的、后续的大宝,这个广告语具有自然的容纳空间,后续性创意空间不受限制。

三、广告语写作检测表[①]

写好广告语之后,需要做写作检测。这个检测,可以在广告公司内部的同事之间进行,也可以通过采用视听众或消费者访问方法、目标消费者反应测试法等进行。在实施这些访问之前,可先拟定测试表。

(1) 是否一看就能领会、记住或一读就能领会、记住？

(2) 是否具有朗朗上口的口语效果,在传播中没有任何语言障碍？

(3) 是否体现了广告主体的企业宗旨、品牌理念？这些观念前瞻吗？表现是否具有个性,是否摒弃了空洞的表现？

(4) 是否表达了对消费者的某种关切？

(5) 是否具有某种情感渗透的因素？

(6) 是否体现了商品或服务的特征,这个特征又是否能给消费者带来实际方便、能使他们产生浓厚兴趣？

(7) 在各种媒介上进行模拟表现,是否能适应这些不同的媒介表现？

(8) 能否产生某种消费号召力,体现社会消费趋势？

四、世界经典广告语赏析

1. 英特尔：给电脑一颗奔腾的芯

英特尔公司的微处理器最初只是被冠以 $x86$,并没有自己的品牌,为了突出自己的品牌,从 586 后,电脑的运行速度就以奔腾多少来界定了。据说英特尔公司为了推出自己的奔腾品牌,曾给各大电脑公司 5% 的返利,就是为了在他们的产品和包装上贴上"intel inside"的字样,而"给电脑一颗奔腾的芯"则一语双关,既突出了品牌又贴切地体现了奔腾微处理器的功能和澎湃的驱动力。

[①] 胡晓云.广告文案[M].杭州：浙江大学出版社,2009.

2. 丰田汽车：车到山前必有路，有路必有丰田车

20世纪80年代，中国的道路上除了国产汽车就只有日本的进口车了。丰田汽车作为日本最大的汽车公司自然在中国市场上执牛耳，而这句精彩的广告语则很符合当时的情况：巧妙地将品牌与中国的俗语结合起来，体现出自信和一股霸气，且朗朗上口。如今，丰田汽车恐怕已经不敢再说这样的大话了，但很多中国人还是记住了这句广告语。

3. 金利来：男人的世界

金利来的成功除了得益于一个好名字外，还在于它成功的定位。他们把自己的产品受众定位于成功和有身份的男士。经过多年来坚持不懈，它终于成为男士服装中的精品，而这句广告语则画龙点睛一般地体现了金利来的定位和核心价值。

4. 沙宣洗发水：我的光彩来自你的风采

沙宣是宝洁公司洗发水品牌中的后起之秀，他们请来国际著名美发专家维达·沙宣作自己的品牌形象大使，并用维达·沙宣本人的名字作为品牌，从而树立起专业洗发、护发的形象，而"我的光彩来自你的风采"则有画龙点睛之感。

5. 斯沃琪：腕上风景线

提到瑞士手表，人们似乎只会联想到名贵的形象和精湛的工艺。然而，面对日本手表的夹击，名贵的瑞士手表似乎风光不再。斯沃琪的出现打破了这种不利的局面，他们以引领时尚和物美价廉的姿态出现，而且款式众多且生产数量有限，那鲜艳的色彩和精美的造型正如广告语所表现的那样：腕上风景线。

6. UPS快递：珍惜所托，一如亲递

快递公司的广告宣传往往突出一个"快"字，但UPS快递公司通过一系列的广告宣传塑造了自己更为亲和的形象，从问候"早上好"的英俊青年到一张张服务人员的笑脸，UPS更注重形象的感染力，"珍惜所托，一如亲递"则体现的是人文的关怀和情感的传达。

7. 飞利浦：让我们做的更好

飞利浦在家电领域取得的成绩有目共睹，而且成为500强中赢利最多的电器集团。然而，飞利浦在广告宣传中除了不断强调自己创新的技术外，还从不忘记谦虚地说一声"让我们做的更好"，这种温柔的叫卖似乎更容易赢得国人的认同，难怪当年的爱多会搬出一个东施效颦版的"我们一直在努力"。

8. 李维牛仔：不同的酷，相同的裤

李维牛仔是世界上最早的牛仔裤品牌，它一向都以个性化的形象出现，在年轻一代中，酷文化似乎是一种从未过时的文化，李维牛仔裤就紧紧抓住这群人的文化特征以不断变化的带有"酷"像的广告出现，以打动那些时尚前沿的新"酷"族，保持品牌的新鲜和持久的生命力。

9. 义务献血：我不认识你，但我谢谢你！

每一位参加义务献血的人都会被这句广告语感动，虽然朴素无华，却真实地反映了

义务献血的事实，同时又表达出一个接受义务献血患者的心声。

10. 艾维斯汽车租赁：我们正在努力

在定位理论中，第一是永远的胜利者，因此，企业为了在市场竞争中处于有利地位，总是想方设法占据某个领域的第一，目的是为了在消费者心目中形成明确位置。20世纪60年代，艾维斯汽车租赁公司只是美国出租车市场上第二大公司，但与HERTZ汽车租赁公司在规模上还有很大的差距，然而艾维斯汽车租赁公司却直面自己的劣势，大胆地对消费者说"我们是第二，所以我们更努力"，从而在消费者心目中建立起一个谦虚上进的企业形象。艾维斯汽车租赁公司从此稳稳占据第二的位置。从此"第二理论"名扬天下。

11. 日产汽车：古有千里马，今有日产车

日产汽车和丰田汽车几乎同时进入当时还很落后的中国市场，他们的公爵、阳光、蓝鸟、风度轿车一直是在中国市场备受欢迎的车型。日产汽车在中国市场推广中用了一句很中国很传统的广告语"古有千里马，今有日产车"。拉近了与中国人的距离，从而奠定了日产车在中国第二的位置。

12. 莱卡：收放之间自是风光无限

杜邦莱卡虽然不是有形的产品，却是有形的品牌。杜邦公司1962年将自己生产的氨纶纤维注册为"莱卡"（LY-CRA），从而使杜邦的氨纶纤维成为知名度最高的原材料品牌。收放之间自是风光无限，则是对莱卡高弹性纤维形象化和艺术化的形容，给人很大的想象空间。

13. 微软鼠标：按捺不住，就快滚

这句广告语显得如此与众不同，狡黠中透出智慧，既生动地暗示了微软鼠标滚动的灵活，又利用智慧的语言塑造出一个鲜明个性的品牌。此广告语获得台湾1997年"金句"称号，"快滚篇"平面广告还获得《台湾时报》广告金像奖等多项大奖。

14. 宝马汽车：驾驶乐趣，创新无限

宝马和奔驰都是汽车中的精品，所不同的是奔驰体现的是尊贵和身份感，主人往往聘请专人驾驶；而宝马则不同，虽然同样代表身份，但显然属于更为年轻的富人阶层，而且他们往往亲自驾车，体验宝马的驾驶乐趣，这正是宝马的魅力所在。

15. 555香烟：超凡脱俗，醇和满足

国际著名香烟品牌555是赛车场上的明星。虽然不能在公众媒体上出现，但他们却成为各项国际汽车大赛和拉力赛上的赞助商。555香烟的传播语透出一种气质和心态，用攻心的语言风格满足了吸烟者的心理感受，使吸烟成为一种心理体验。

16. 通用电气：GE带来美好生活

通用电气有很多引以为傲的地方：全球市值最高的公司，全球最杰出的管理大师通用电气前总裁——韦尔奇，还有他们已经使用了100多年的传播语：GE带来美好生活。一句平淡的语言却折射出通用电气的理念和宗旨，品位多了也就觉得其内涵的朴素和丰富，真是愈显非凡愈现平实。

17. 联邦快递：使命必达

快递公司最注重服务，而服务的最集中体现就是"快"和"准时"。作为全球最早的快递公司，联邦快递拥有数百架专用飞机，因此对于洲际运输业务也可以做到24小时送到，正如他们的承诺：使命必达。

18. 七喜饮料：非可乐

面对可口可乐和百事可乐在可乐市场的"垄断"，七喜汽水面临尴尬的处境，这时七喜采用逆向思维，把自己定位为非可乐碳酸汽水，与可口可乐和百事可乐建立起区隔，却获得意外的成功，成为碳酸饮料市场上第三大品牌。创造性的定位为七喜创造了一个全新的市场。

19. 天梭手表：瑞士天梭，世界穿梭

天梭表是瑞士名表，广告语利用押韵技巧，简单易记，是国际品牌中传播语与中国语言巧妙结合的典范。

20. 倍耐力轮胎：力量无非来自于控制

1997年倍耐力轮胎发起了一场泛欧洲的广告运动，他们请来法国著名短跑运动员，奥运会女子400米冠军佩雷克担任女主角，上演了一场"飞人"逃脱怪兽追杀的惊险之作，目的是推广倍耐力轮胎的新传播语：力量无非来自于控制。结果在泛欧洲引起轰动。

21. 柯达：就是这一刻

胶卷市场的第一品牌从来不用强调自己色彩的饱和、颗粒的细腻这些指标，而是用生活中精彩、难忘的瞬间打动消费者，留驻美好瞬间，给你永恒记忆是柯达胶卷永恒的主题，无论是"串起生活每一刻"和"就是这一刻"都是主题的集中反映。

22. 运通金卡：一诺千金

运通巧妙地运用中国成语"一诺千金"表现了信用卡的特性。

23. 摩托罗拉：飞越无限

模拟时代，摩托罗拉是当之无愧的霸主，然而，由于战略的失误，摩托罗拉在数字时代被后起之秀的诺基亚超过，失去了往日的辉煌。摩托罗拉梦想着有一天重新展开自由之翼，展翅高飞，飞越无限。这是摩托罗拉的理想。今天，在无限互联时代，摩托罗拉终于重新高飞，自由飞翔。

关键词

广告口号　　advertising slogan
广告准口号　　advertising slogan-to-be
品牌理念　　brand Idea

思考题

1. 广告口号的定义是什么?
2. 广告准口号的定义是什么?
3. 广告口号有哪些分类标准?
4. 广告标题与广告口号的区别有哪些?
5. 奇强洗衣粉的从"干干净净做人,中国人,奇强",改为"干干净净,中国人,奇强",再改为"干干净净,中国,奇强"。结合本章所学内容比较这几个广告语并说明理由。

推荐阅读书目

1.《广告文案写作——成功广告文案的诞生》(第2版),高志宏、徐智明著,中国物价出版社,2002年。
2.《广告文案写作与赏析》,柴少恒编著,经济管理出版社,2006年。
3.《广告文案创意教程》,沈虹著,北京大学出版社,2008年。
4.《广告创意与文案》,乔治·费尔顿著,陈安全译,中国人民大学出版社,2005年。
5.《广告文案写作》(第7版),菲利普·沃德·博顿著,程坪等译,世界知识出版社,2006年。

第七章 平面广告文案

本章任务

1. 了解平面媒体特点以及平面广告优势
2. 了解报纸广告特点
3. 了解杂志广告特点
4. 掌握报纸广告和杂志广告的文案写作技巧
5. 掌握直邮广告和户外广告的文案写作技巧

本章引例

太太口服液系列平面广告文案

不让秋雨淋湿好心情,
心情好,脸色自然的。

不让秋日带给女人一点点的伤,
没有黄褐斑,脸色是真的。

不让秋风吹干肌肤的水
肌肤充满水分,脸色更加好。

不让秋夜成为失眠的开始,
晚上睡得好,脸色才会好。

广告文案

上述太太口服液广告文案从干燥的秋天引申出对女人肌肤的伤害,以浪漫的秋季带出产品特性——呵护女性皮肤,女性在享受浪漫的同时,肌肤也变得漂亮了。每一则广告在构图、布局、文案和风格等方面具有统一性,各部分又十分均衡、协调、配合、巧妙。广告文案围绕中心,从"不让秋雨淋湿好心情"、"不让秋日带给女人一点点的伤"、"不让秋风吹干肌肤的水"、"不让秋夜成为失眠的开始"四个方面宣传产品特点,构图及文案富有延续性及系列性,成功地推销了产品,塑造了品牌形象。

第一节 平面媒体与平面广告

平面媒体是以纸张为载体发布新闻或者资讯的媒体。通常把报纸、杂志等传统媒体称为平面媒体。传统平面媒体是一个复合概念,一方面,它限定了媒体的表现形式,即传统的纸质媒体;另一方面,它限定了媒体的学术定位,以区别于一般意义上的公共媒体或大众媒体。这里的"平面"是广告界借用了美术构图中的"平面"概念,因为报纸、杂志上的广告都是平面广告。本章所探讨的平面广告以报纸广告、杂志广告、直邮广告和户外广告为主。

一、平面媒体的特点

1. 以文字、图片形式传播信息的视觉媒体

平面媒体作用于受众的视觉,通常以文字、图片的符号传播信息。可以直接通过文字和静态画面接受信息。而平面海报中,图片中的色彩与构图决定了信息传递效果,文字可以起到画龙点睛的作用。

2. 易于保存的解释性媒体

平面媒体主要以纸质为载体发布信息。信息传播的内容易于保存,不像广播、电视媒体的信息传播稍纵即逝。其相对于广播、电视媒体来讲,说明性更强,易于传播内容复杂的信息。平面媒体是解释性较强的媒体,在产品进入导入期或成长期时,需要对产品的性能等做说明时,较为适合。

3. 专注性强的纸质媒体

受众一边收看电视或收听广播时,可以一边从事其他活动,是专注性较差的背景媒体。而受众接触平面媒体时,无法同时从事其他活动,处于专注接收信息的状态,专注性强,信息传播质量高。

二、平面广告的优势

1. 制作成本较低,发布媒体简单多样

平面广告通过印刷或喷绘制作成传单、报纸、墙面、高架、车身、灯箱,等等,制作成本低廉。露天发布形式多样,不受天气影响,发布媒体多样化,可发布在报纸、杂志、户外等各种广告媒体上。

2. 制作形式多样,应用面广

平面广告适应的客户群体涵盖面广,大小客户通吃。各行各业都适合做平面广告,应用面广,而且制作形式多样化。

3. 静态广告,长期效应

平面广告主要是以二维的形态出现的静态广告。其广告可一直投放,体现长期效果。

第二节 报纸广告文案

报纸广告文案是指刊登在报纸上的广告文案。报纸广告以文字和图画为主要视觉刺激,不像电视等媒介受到时间的限制。而且报纸媒介可以反复阅读,便于保存。由于报纸的纸质及印制工艺上的限制,报纸广告中的商品外观形象和款式、色彩不能理想地反映出来。

一、报纸广告的特点

1. 保存信息持久,可反复阅读

报纸是印刷品,可以保存,从而使广告信息比较持久,便于消费者随时阅读和反复阅读。

2. 说明性强

报纸保存时间较长的特点决定了它是解释性媒介,可以传播较为复杂的信息,可以提供详细的说明性材料,展开深度说服。例如"保健品产品为何能保健?"、"人类发现了长生不老的秘诀"等之类的文案都要深度诉求。

3. 信任度高

报纸是新闻媒体,其新闻传播特性积累起来的优良信誉和权威性,使报纸广告也具有较好的信誉度和权威性,适合提高品牌知名度。

4. 传播及时

报纸一般以日报居多,日报出版周期短,这使广告可以及时到达目标受众,非常适合做促销类广告。

5. 灵活性高

广告选择的版面、次数、刊载日期等能灵活机动地安排。

6. 认知卷入度高

报纸广告多数以文字符号为主,要了解广告内容,要求读者在阅读时集中精力,排除其他干扰。所以当读者愿意阅读时,他们对广告内容的了解就会比较全面、彻底。

7. 广告的注意度低

报纸报道本身以图文为主,而报纸广告也以图文为主传递信息,但广告大多数情况下刊登在专门的广告版面中,这使得单个广告受到注意的程度大大降低。所以,应该在版面的选择、广告所占面积的大小、产品与新闻的相关性、广告创意方面提高广告注意度,降低干扰度。

8. 印刷质量差,视觉冲击力弱

尽管现在报纸媒体都实现了全彩印刷,但相对于专业杂志、海报招贴等高质量的印刷效果,报纸广告由于技术和纸质的限制,还原性比较差,视觉冲击力较弱。不适合以图片创意取胜的品牌广告。

二、报纸广告文案写作

1. 重视标题写作

"标题是大多数平面广告最重要的部分,它是决定读者是否读正文的关键所在。"大卫·奥格威曾经如是说,现在是信息化、数字化社会,受众每天接受的信息越来越多,快节奏的生活里受众看新闻都是先浏览标题,更别说广告了。所以报纸广告标题尤其重要,写出的标题要有吸引力和冲击力。报纸广告标题写作应从以下几方面考虑。

1)符合新闻媒体特点,突出新闻价值

报纸是新闻媒体,受众看报就是为了看新闻,在报纸广告文案写作时,标题如能突出新闻价值,就能引起读者的关注和兴趣。例如某护肤品广告标题"医生证明三分之二的女性可以在十四天内令自己肌肤更可爱"体现了新闻价值。还可以在标题中使用新闻话题。如下面的这些标题:

美国博士伦公司欢迎奥比斯空中眼科医院访问北京

海南将要"桶"获膨胀

海南今年夏天可能要"降"温

可以全面停"火"了

这三个寻常女人引起全城女性关注

深圳女人可以"瘦"下来吗?

新闻式标题要有新闻性广告信息,能够让受众感觉发现新闻价值,例如"新产品推出"、"旧产品改进"、"旧产品新用途"等。调查显示,新闻式标题比没有新闻性标题能让多22%人记住它。

2)标题要与读者利益密切相关

直接告诉读者,购买产品的利益点或者产品给读者带来的好处,使读者认为也许这是他们所需要的产品,引导读者继续阅读正文。例如:

每餐吃蔗糖,宝宝牙齿怎会健康?(宝婴宝奶粉)

让妈妈每天多睡半小时(美的电饭煲)

用500元购1000元黄金的机会(百货商店)

买上海桑塔纳新车,一年内不限里程免费质量保证(上海桑塔纳轿车)

好饼干为您带来好运气(饼干)

花很少的钱便能美食一顿(猪肉黄豆罐头)

我们能帮你节省办公费用(办公设备)

3）标题能引起读者好奇心

即故意在写标题时引起读者好奇心，吸引读者阅读正文。让有心找广告的人容易从众多的广告中，找到他们需要的广告；也让无心看广告的人，容易为醒目的标题所吸引。例如中兴百货的广告文案，其标题就会吸引受众去看正文。

> 广告标题：中国不见了
> 广告正文：
> 在世界创意的版图，中国消失了；
> 在国际流行的舞台，中国缺席了；
> 在民族生活的美学，中国不见了；
> 中国的文化自尊，已经沉睡百年；
> 在文学、音乐、美术、建筑上杰作稀少；
> 在流行文化的领域，国际上完全没有属于中国人创意的伸展台，
> 中国不见了，多么令人忧心。
> 值此之际，我们提出"中国创意文化"的理念
> 不只是新古典的改造传统
> 不只是后现代的勇于瓦解
> 而是根本我们要建立属于中国视野的世界观：
> 中国人的创意、中国人的品位、中国人的自信。
> 在可预期的未来，世界重心将移向亚洲，
> 我们的雄心是重新规划世界流行的蓝图，
> 使中国台北成为全球风潮的新焦点，
> 国际创意的新都会。
> 1989年10月下旬，中兴百货台北店重新改装
> 敬请期待，寻找中国。

这个标题出现的是"中国不见了"，让人感到好奇。中国怎么可能不见了呢？读完正文才知道中兴百货台北店重新改装，呈现不一样的中国风服饰。又如伯恩巴克为以色列航空公司所写的广告标题："从12月23日开始，大西洋将比原来缩小20%"，引发读者好奇心，为什么大西洋会比原来缩小20%？再认真去读正文的时候，发现原来说的是以色列航空公司准备开设从欧洲到纽约的横跨大西洋的洲际航线，当时由于多种因素的影响，开设同一条航线其他航空公司都无法提供直飞服务，途中飞机必须在加拿大的拉布拉多省或者纽芬兰停机加油，然后才能飞往纽约；而以色列航空公司却计划采用新型的喷气式飞机，这样就能够在这条航线上提供不停站的直达飞行服务，并将因此相对之前的航线缩短了20%的航空飞行时间。再如"爸爸，我要做狐狸精"的广告标

题,任何人看完之后都会产生疑问:为什么一个看起来只有六七岁的小女孩会说出如此惊世骇俗的话,而且说话的对象还是自己的爸爸?让受众不由自主地往下看,原来小女孩的爸爸有了婚外情,这是小女孩渴望爸爸能够回归家庭的公益广告。根据 AIDMA 法则,一则广告首先要做的是引起受众的注意,吸引受众的关注,只有让受众注意了,广告才算成功了一半,试想想,如果正文写得再好,再有创意,如果没有人去阅读,是件多么遗憾的事!

2. 正文要有趣味性和可读性

正文要承接标题,传达完整广告信息。在富于情趣、语言生动的同时,注意叙事合理,善于营造氛围。

报纸广告中直接介绍产品相关信息,易使读者感到枯燥乏味,没有可读性。而如果以故事性的内容介绍产品信息,则更具趣味性和可读性,使读者在读这个故事的同时也间接了解了产品相关信息。例如博士·邦尼服饰以故事形式讲述了博士·邦尼的品牌故事:

> 从前,法国有一位美丽而聪明的公主,眼看到了出阁的年龄,可一直还没有意中人,这可急坏了老国王。因为公主想找一个智勇双全的人共度一生,为此,公主让所有求婚的人都来猜一个谜语,以展现其智慧,可至今竟无一人答对。
>
> 有一天,皇宫迎来了一个叫博士·邦尼的小裁缝,邦尼做过很多细致的针线活,因此,小裁缝对自己很有信心。公主见求婚的是一个小裁缝,并没有太在意,高傲地说出那个谜题:"我的头发有两种颜色,那么是什么颜色呢?"邦尼沉思片刻,答道:"金色和银色!"公主听完,脸色大变,心中疑惑:"小小裁缝竟知我心,难道前世缘定?"可公主不甘心委身于平庸的小裁缝,于是,对邦尼说道:"我要找一个智勇双全的人相伴。你的确很聪明,可我不知你是不是一个懦夫。现在,宫外有一个房间,里面关着一只熊。今晚,你就和熊在一起,明天若还能活着,我就嫁给你。"邦尼毫不犹豫地应允了。晚上,熊不停地吼叫,公主闻讯,心中窃喜:"小裁缝这下肯定完蛋了!"第二天,公主派人查看,惊呆了,邦尼还在草垛上美美地睡着呢,熊冰凉地躺在角落。国王对邦尼的表现非常赞赏,将公主许配给了他。
>
> 起初,公主根本不理邦尼,可后来,公主越来越喜欢他,深深地爱上了他。因为邦尼用那双灵巧的手为公主制作了各式各样的衣服,公主穿上它,就变得更加光彩照人;邦尼用那张会讲故事和笑话的小嘴,让公主整天生活在欢乐中,就连国王听了他讲的笑话,都觉得年轻了许多。此外,邦尼还有一颗善良的心,将其高超的手艺传给了百姓,所以后来,这个王国一直都保持手工制作精制服饰的传统,这可能也是现在巴黎之所以成为国际时装之都的一个历史渊源吧。
>
> 19 世纪,法国人马休·安东尼根据民间小裁缝的故事,创立博士·邦尼时装有限公司,并以"Bosbanni"命名服饰品牌,成立之初,就凭借其做工精细、

面料考究和贴身,细节之处显露灵气等特点而蜚声法国;经过百余年的历史变迁和拓展延续,现今已成为世界著名的服饰品牌。

诸如此类的文案还有"我的朋友乔·霍姆斯,他现在是一匹马了"、"我爱上一个名叫 Cathy 的女孩,但我却杀了她"、"水杯与咖啡杯,距离五英尺"等广告文案,都能引发读者探知故事的真相。又如,"意想不到,一部赛车开进了厨房",这是火王 97 新款燃器炉"赛车一族"创意的广告,将"赛车"开进"厨房"产生了故事性,吸引了受众看广告的兴趣。

3. 随文要有驱动力

报纸广告随文除了要写清楚产品销售地址、联系电话之类的信息外,还应主动强调产品的标识特点,诸如"凡需要以上产品的用户,请您认准××商标",使受众记住品牌信息。同时给出建议,让读者尽快购买。例如"存货有限,欲购从速"、"本活动只限三天,售完为止"、"前 100 位有精美礼品赠送"等更富煽动性的选择。

4. 正确处理篇幅和版面的关系

报纸广告版面主要有双整版、整版、半版、双通栏、通栏、半通栏、报眼、中缝、报花、以公分计算的小版面和以文字计算的分类广告等。

1) 报花广告文案

这类广告版面很小,形式特殊,不具备广阔的创意空间。文案只能做重点形式表现,突出企业品牌或产品名称、电话、地址及企业赞助之类的信息。不体现文案结构的全部,一般采用陈述性的文案写作。

2) 报眼广告文案

在这个位置刊登广告比在其他位置刊登,注意率要高;并能自然地体现出权威性和新闻性、时效性与可信度。写作报眼广告时要注意体现具有新闻价值的内容;文案语言风格要体现理性科学严谨的倾向,少用感性诉求;广告标题与广告正文倾向于新闻形式;选择醒目的新闻标题,标题以新闻式、实证式、承诺式为佳(见图 7-1)。

图 7-1　报眼广告

3) 半通栏广告文案

半通栏是基本栏的一半,即 1/16 版。因为面积小,应该用醒目的标题和图片、特殊的文案和编排来吸引读者。由于面积小,文案和内容少,所以半通栏标题很重要,它是吸引读者的主要因素,因而一定要写一个有创意的标题。

4) 单通栏广告文案

即 1/8 版广告,在目前报纸广告版面运用中,单通栏广告是最为常见的一种,因为这样的版面运用,其篇幅大小处于人们感觉中的正常范围。

5）双通栏广告文案

即 1/4 版广告。这样的版面给广告文案写作提供了较大创作空间，只要符合报纸广告表现的语言风格、表现形式、表现结构，都可以在这里进行。

6）半版广告文案

利用版面的实力，并运用编排而营造气势，是半版广告的重要立足点。可以利用大画面来表现广告内容。虽然版面大，但不一定要用很多文字；同时这种版面适合感性诉求。感性诉求时，要用大标题、少正文文案、重点性附文方式，体现品牌形象和气势的吸引力。

7）整版广告

第一种方式，是在整版的版面上运用介绍性的文字来对产品系列或企业的各个方面做介绍。

第二种方式，是以大创意、大气魄、大画面、大标题、大文字和少文字来进行感性诉求。

第三种方式，是运用报纸的新闻性和权威性，采用报告文学的形式来提升企业的形象。

8）跨版广告

就是一个广告作品，刊登在两个或两个以上版面上。一般有全页跨版、半页跨版、大 1/4 跨版等几种形式。跨版广告能体现广告主的大气魄、厚底子，是财力雄厚的企业乐于采用的。

5. 充分利用图文配合

文图互相配合的注意事项。

（1）文案本身应增强形象性，可借助适当图片对文案的形象性进行补充。

（2）一些用图片传达比用文字传达更有效果的信息，应该让图片来传达。

（3）图片已经传达了的信息，文案不必进行过多的解释。

（4）有时图片不能表达出确切的含义，就需要文案对广告中的照片或图片做简明解释，以帮助读者了解图片内涵。必要时，可以直接在图片下面加注解。

（5）直接指向创意核心的标题通常可以帮助说明图片，将文案与图片结合起来。

（6）写作文案时应该考虑到广告版面上文案和图片所占空间的合理配比，应该为图片留下足够发挥作用的版面空间。

阅读材料 7-1

TCL 王牌电冰箱广告文案分析

广告标题：一鱼"冷冻、微冻、冷藏"三吃

广告正文：手艺好，一条鱼可以变着戏法吃，但有何妙招能保证鱼的新鲜度时刻如你所需,恰到好处? TCL率先推出集"冷冻、微冻、冷藏"于一体的三制式多功能冰箱。家中有了她,你可以巧用三种形态的保鲜功能,加上你的好手艺,一鱼三吃非难事,无穷滋味在其中。

本文案获1999年全国报纸优秀广告奖"广州日报"杯获奖作品家用电器类金奖。TCL家电战略做出重大调整,锁定节能冰箱,提出"健康节能,领'鲜'中国"的品牌主张,全力推进节能产品的普及,打造TCL电冰箱新品牌、新概念、新形象。独创的"急速养鲜多功能板"也是TCL的专利之一,独创的"智能无间变温室",通过制冷系统流向与流量的智能控制,实现无间变温、冷藏、冷冻、智能变温室独立温控,并拥有快速冷冻、冷藏"一键通",轻松控制理想中的品质生活。

这则广告首先给人的印象是色彩鲜明,内容散点构成,显得散而不乱。绿色底色让受众耳目一新,红色的横条更增加了广告的鲜明,让受众在第一时间把眼睛集中在"冷冻、微冻、冷藏"的功能上,增强了广告的效果。一条鱼的三种不同的颜色搭配更是让受众毫不费解地明了了冰箱所推出的"冷冻"、"微冻"、"冷藏"的功能。(见图7-2)

另外,这则广告形象鲜明生动。一个冰箱的框架里放着一条被分为三段的鱼,让受众大体了解了这个神秘冰箱的大体结构,同时右下角的实体冰箱也给了受众一种安全可靠的感觉。平面广告的下方"TCL王牌电冰箱"让人一目了然。

总之,这则广告根据自己的市场优势和市场定位及时地推出了这一集"冷冻、微冻、冷藏"于一体的三制式多功能冰箱,旗帜鲜明地打出了这种电冰箱有"能保证鱼的新鲜度时刻如你所需,恰到好处"的功能广告。这条广告的成功之处就在于用突出的中心、准确的市场定位、设问(关爱)的方式促成了这一产品的消费热潮。

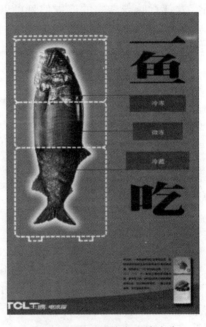

图7-2　TCL王牌电冰箱广告

第三节　杂志广告文案

一、杂志广告特点

和报纸相同,杂志也是一种传播媒体,它的形式是以印刷符号传递信息的连续性出版物。杂志可分为专业性杂志、行业性杂志、消费者杂志等。各类杂志读者比较明确,所以杂志是各类专业商品广告的良好媒介。我们把刊登在杂志上的广告简称杂志广告,一般刊登在杂志的封二、封三、封四和中间双面的杂志广告用彩色印刷,纸质也较好,因此表现力较强,是报纸广告难以比拟的。其广告主要特点如下。

1. 受众针对性强

杂志是分层媒介,内容上的高度细分使得其目标受众的细分度非常高,广告主可以根据自己的目标消费者群体准确地选择杂志类型来发布广告。

2. 注意率和理解度高

杂志一般采用高质量的彩色印刷,这使广告具有高质量的产品复原能力和突出的表现效果,从而使广告的关注率和理解度都比较高。

3. 信息的持久性强,可反复阅读

一般人们在购买杂志后都会保存起来而不会随手丢弃,留待以后有兴趣的时候再看。这就意味着杂志的广告信息可以保存较长的时间,为受众反复接触广告信息提供了机会。

4. 出版周期长,灵活性差

杂志因为版面和出版时间的局限,一般要求广告主提前相当一段时间送交广告,这意味着广告信息传递的不及时和不能随时按需修改广告内容。

5. 同类产品广告竞争激烈

杂志内容和目标受众的高度细分,导致同类广告的相对集中,也就是说,可能在同一期的杂志中出现若干同类产品的广告,这就造成了同类产品的直接交锋,对广告的创意、制作和设计提出了更高的要求。

二、杂志广告文案写作

杂志广告与报纸广告有许多的相似之处,用于报纸广告文案的写作技巧对于杂志广告文案的写作而言基本适用。但由于杂志广告又具有自身的独特之处,所以杂志广告又与报纸广告有很多不同的地方。

1. 图文结合,充分发挥图文并茂的视觉效果

杂志的印刷精美、纸张质理好,这是报纸媒体无法达到的视觉效果,所以在文案创意时应将图文相配合,以色彩鲜明、形象逼真的图片塑造品牌形象;文案以言简意赅的语言对图片信息做关键性的解释、提示或说明,并使其成为图片的重要组成部分。两者相辅相成、相得益彰。

此外,杂志广告中的标题起到画龙点睛的作用,其与图片配合,可对图片做解释性说明。标题的字体都较大,正文相对较小。图片在这里更多地承担了传递形象信息的任务。所以,如果杂志中出现了过多过密的文案,则失去了杂志自身的特点,不能充分发挥杂志媒体的优越性。比如下面两则杂志广告,前一则是碧生源广告,标题"别让你的善举显得力不从心"与图片完美配合,告诉读者减肥的重要性,增强了整则广告的说服力。后一则则是横跨两个页面(见图7-3、图7-4)。

图 7-3 碧生源广告

图 7-4 跨页杂志广告

2. 广告风格专业化,与读者阶层相一致

杂志广告的目标受众群体,均有一定的专业素养和文化水平,因而在专业性杂志上做专业商品广告,采用专业化的语言风格,易于为专业目标受众所理解,不仅可以节省很多文案,而且有利于有的放矢,增强广告效果。比如,在体育杂志上做体育用品广告,在时尚杂志上做时尚广告。同时,在专业杂志上请相关的业内专业人士做专业陈述,利用名人广告诉求效应,广告文案的语言选用相应的专业术语和专业化的语言风格,读者会在崇拜心理和共同心态的作用下,跟从其消费。例如一则刊登在美国《体育周刊》上的耐克广告文案,该广告是一幅单页、四色的印刷广告,这个广告全幅刊登了体育界著名人士卡尔顿·费斯克的头像,并在版面的左侧以左边对齐的方式从上到下排列文案。文案每一行的长度都不一样,长的可占画面横向的 1/3,短的只有两个单词。文案在画面上的视觉效果类似于电视广告的话外音,相当引人注目。下面是其文案:

我,不要一刻钟的名声
我要一种生活
我不愿成为摄像镜头中引人注目的焦点
我要一种事业
我不想抓住所有我能拥有的
我想挑选最好的
我不想出售一个公司
我想创建一个
我不想和一个模特儿去约会
OK,那么我确实想和一个模特儿去约会
控告我吗!
但是我剩余的目标是长期的
那是一天天做出决定的结果
我要保持稳定

我持续不断地重新解释诺言
沿着这条路一定会有
瞬间的辉煌
总之,我就是我
但这一刻
还有更伟大的
杰出的记录
厅里的装饰
我的名字在三明治上
一个家庭就是一个队
我将不再遗憾地回顾
我会始终信奉理想
我希望被记住
不是被回忆
并且我希望与众不同
只要行动起来

在画面的右下方,则是对卡尔顿·费斯克的介绍:Carlton Fisk,到目前为止,已在主联盟效力 21 年。

此广告就是采用了名人广告的诉求形式,用具有说服力的行业代表来引起目标消费者的高度注意和自觉的跟从。而这个注意和跟从是一种生活方式和价值趋向的注意和跟从,是行为方式的注意和跟从。卡尔顿在此既是一个舆论的领导者又是一个示范性的消费者。广告中产品的目标消费者是运动员、运动爱好者、运动崇尚者,所以广告以运动员中的佼佼者作为广告模特,讲述出运动员的心声。

3. 广告语言的非即时性要强一些

杂志一般出版印刷周期较长,若遇市场变化需更改文案内容较难。所以要准确把握文案语言。对于促销型广告文案不适合用杂志广告媒体推广。而以图片取胜的广告和品牌形象广告则用杂志广告推广较有优势,如图 7-5、图 7-6 的两则广告。

图 7-5 白酒品牌广告

图 7-6 手表品牌广告

第四节 直邮广告文案

一、直邮广告的概念

直邮广告(direct mail advertising,直接邮寄广告),简称 DM 广告,是指通过邮寄、赠送等形式,将宣传品送到消费者手中、家里或公司的广告形式。直邮广告有广义和狭义之分,广义上包括广告单页,如大家熟悉的街头巷尾、商场超市散布的传单;狭义的指通过邮局寄出的广告形式。常见的直邮广告有广告信函、说明书、宣传单、信函附属品、明信片、小册子、产品目录等。

相对于报纸杂志广告通过报纸杂志等传统媒体间接向消费者诉求,直邮广告是不经由这些媒体,直接将宣传品以指名的方式散发出去的直接广告。它是广告主将广告信息制作成信函或宣传品等以指名方式直接传递给客户或潜在客户的直接广告。例如以下为企业做宣传的直邮广告:

绿日广告新春问候卡

封面:新春问候

尊敬的××先生/女士:

　　有些事,并不因时光流逝而褪去。

　　有些人,并不因不常见面而淡忘。

　　走过漫漫的岁月,细数片片的回忆,无论世事如何变幻,无论时光如何流转,记忆中,你永远都是我们的朋友,衷心感谢您给予我们的支持!和风吹拂,江南草长,江北水暖,岭外梅香,每年的今天,都是一个全新的开始。祝福送不完,话语道不尽,就让我们在这个春暖花开、风情恣意的季节,恭祝你:新春快乐!事业顺利!合家欢乐!

广西绿日广告公司全体员工

二、直邮广告的特点

1. 直邮广告的优点

直邮广告印刷精美、形式多样、针对性强,具体优点如下:

1) 针对性强

直邮广告不同于其他传统广告媒体,而是有针对性地选择目标对象,一对一地直接发送,有的放矢,可以减少信息传递过程中的无效传播,使广告效果达到最大化。

2) 关注度高

直邮广告是对事先选定的对象直接实施广告,广告接受者容易产生其他传统媒体无法比拟的优越感,使其更自主关注产品。直邮广告内容自由、形式不拘,有利于第一时间抓住消费者的眼球。

3）不会引起同类产品的直接竞争

有利于中小型企业避开与大企业的正面交锋，潜心发展壮大企业。

4）具有报纸媒体的优势，自主选择性强

直邮广告文案写作时不为篇幅所累，广告主不再被"手心手背都是肉，厚此不忍，薄彼难为"而困扰，可以尽情赞誉商品，让消费者全方位了解产品。同时可以自主选择广告时间、区域，灵活性大，更加适应善变的市场。

5）广告可控性较好

直邮广告的信息反馈及时、直接，有利于买卖双方双向沟通。广告主可以根据市场的变化，随行就市，对广告活动进行调控。广告效果客观可测，广告主可根据这个效果重新调配广告费和调整广告计划。

2．直邮广告的缺点

直邮广告虽然有很多优势，但也有如下不足：

1）成本高

在所有主流媒介中，直邮的单位成本最高，是杂志和报纸广告的14倍。

2）投递问题

大众媒介有精确的发布时间，但邮政服务对此类邮件不保证投递时间，约有近10%的直邮因收件人搬迁而无法投递。

3）缺少内容支持

直邮必须在没有评论内容和娱乐内容的情况下抓住并保持吸引读者的注意力。

4）针对性问题

直邮广告是否有效取决于目标受众是否准确，有些对象群，譬如医生，收到的直邮件太多了，他们反倒对直邮广告不予理会。

5）态度不利

很多消费者把直邮广告看成垃圾，自然而然地把它们弃之一旁。有些消费者认为，直邮广告不过是为垃圾场再增加了一点养料而已。于是，有些直接营销公司把自己的目录印制在再生纸上。现在的新型抗墨设备可以使绝大多数目录达到回收再利用的标准。

三、直邮广告文案写作

1．重视直邮信函的写作

直邮信函的写作是取得产品营销成效的重要的因素，直邮信函写作基本步骤如下。

1）信首与信尾

信首与信尾不宜含有大量营销信息，过量的营销信息容易分散目标客户的注意力，降低对重要信息的识别率。因此，信首应尽量简洁并让目标客户感到亲切与被尊重。信尾则可传递一些简短的服务信息。

2）篇幅

信函篇幅的原则是力求简洁，切忌重复啰唆，这条原则应贯穿于直邮广告写作的各个部分。

3) 使用问候语

恰当使用问候语,并关注收件人的感受可以激发收件人的热情,以继续进行有效的沟通。所以,恰当使用问候语是增强亲和力的主要方式。

4) 使用标题

营销的主要任务是销售产品与服务,因此,激发目标客户阅读兴趣的标题是直邮营销成功的关键,要在营销中融入贴心服务,使目标客户了解预期效益。

5) 使用小标题

小标题是对每段内容的浓缩。将正文分成易读的段落,并给每段加上小标题,方便目标客户从中选择所需的信息。

6) 下划线和黑体字

在信函中使用下划线和黑体字可以起到强调重要部分、引起目标客户的高度关注的作用。但频繁使用会降低整体效果并影响信函的整洁度。

7) 使用色彩

色彩的使用可以使信函更美观,体现企业的理念和风格,色彩需与品牌形象基调保持基本一致与和谐。与下划线和黑体字的使用效果相同,不宜过于频繁地使用色彩。

8) 写作风格

熟练运用写作技巧能提高邮件的可读性和反馈率。力图做到首起段落要具有创意;写作语气要具亲和力;明确信函的期望值;让目标客户体验价值与尊重;写作的叙事结构要清晰。例如以下鸿华高尔夫庄园的直邮广告文案。

鸿华高尔夫庄园 DM 文案

第 1P:封面

对城市生活的想象到此为止。亚奥核心,国际高尔夫球场边别墅

第 2~4P:亚奥核心+国际 GOLF+城市别墅

NO.1【亚奥】公元前 776—公元 2008,亚奥区域核心地段,四年之后,一百多个国家的环球盛会,将见证一个东方大国的重新崛起。而作为这场盛会的主要举办地点——亚奥,被世人铭记仅仅只是宏观意义上的荣耀,更深远的意义在于其赋予这片土地前所未有的发展机遇。从 1990 年那场亚洲盛会开始,到四年之后全球瞩目的国际盛会,18 年沧海桑田,一个国家中兴的宏伟蓝图,一个民族复兴的伟大梦想,都将被这片神奇的土地所具体见证。亚奥核心,放眼过去,现在,未来,已然勃勃生机、充满希冀。

NO.2【国际 GOLF】,(费时三年,耗资数亿,亚奥核心球场)小桥、流水、山光、湖色、花香、鸟语、随风飘动的树枝、如水波般柔滑的草坪……您可以在午后与友人弹奏一曲柔情慢板似的田园牧歌;沙坑、水潭、树林、玄机、挑战、考验……您也可以如急风暴雨般的节奏进行一场尽兴的"搏杀"。自然与人为的精致和巧妙在这里荟萃,像音乐在流淌,西方的激情澎湃与东方的智慧圆融在这里交汇,如痴如醉,如梦如幻。

NO.3【城市别墅】有山,非文脉西山;有水,非沧浪之水;有墅,非山水别

墅。有山，亦可远眺西山；有水，亦可意会温榆；有墅，不在乎山水间。给热爱城市生活的精英，一个回归城市生活本真的空间，鸿华高尔夫庄园，城市别墅，收官亚奥。【双拼别墅 英伦内涵 北美风格】【空中别墅 私家电梯 开创别墅新纪元】【100余席 亚奥核心，鸿华国际GOLF球场边城市别墅】

第5P：一切从对土地的想象开始，到对城市生活的想象结束。让《双城记》成为真正的名著存在，而不是从城市到郊外的长途奔袭。我们需要一座田园风格的城市别墅，而不是城市风格的乡村小楼。鸿华高尔夫庄园，城市中的梦幻田园，笑傲别墅圈。（演绎城市生活至高级，亚奥核心第一居所。鸿华高尔夫庄园，城市别墅代表作。）

第6P封底：中国高尔夫球场建设专家、高档楼盘形象代表东方鸿铭集团2004扛鼎之作。公司简介：香港东方鸿铭集团，是一家以不动产投资开发为主业的专业公司，1993年进入国内地产市场，先后在北京、长沙、长春等城市进行酒店、高层写字楼和高档住宅小区等多个房地产项目的开发和不动产投资，累计开发70万平方米，在建50万平方米及一家在北京的国际高尔夫球场。多年的成熟运作，使东方鸿铭具有了极强的专业素质，在项目策划、规划设计、市场营销、工程建设和物业管理各方面都拥有丰富的经验，并提炼出一套行之有效的管理体系，由众多杰出的专业人才构架高效组织机构，强有力的团队确保项目运作成功，集团经营屡创佳绩。"谦和平实"的企业文化，引导东方鸿铭不断地学习、完善、提高、创新，在业界树立起良好的企业形象，获得了经济效益和社会效益的双赢。

2．强调产品卖点，了解顾客心理

重视了解产品相关信息，根据顾客利益点，找寻到产品的核心卖点，创作直邮广告。同时遵循广告心理学中AIDMA法则，熟悉顾客的心理习性和规律，精心选择目标对象，写出有针对性广告文案引导顾客行动，并使顾客产生购买商品或服务的行为。

3．以设计为主，文案与设计完美结合，提高广告效果

为使直邮广告更具吸引力，新颖有创意的设计、精致美观的印刷是必要的。创意设计形式可视具体情况灵活掌握、自由发挥，产生不一样的广告效果。为了便于邮寄，应充分考虑其折叠方式，可在折叠方法上玩些小花样，比如借鉴中国传统折纸艺术，让人耳目一新，但切记要使接受邮寄者方便拆阅。

配图时，多选择与所传递信息有强烈关联的图片，以刺激记忆。借助一些有效的广告技巧来提高直邮广告的效果，因为有效的直邮广告技巧能使直邮广告看起来更美，更招人喜爱，以成为企业与消费者建立良好互动关系的桥梁。这些技巧包括：

(1) 设计精美的信封，以美感夺人；

(2) 在信封反面写上主要内容简介，可以提高开阅率；

(3) 信封上的地址、收信人姓名要书写工整；

(4) 直邮最好包括一封给消费者的信函，信函正文抬头写上收件人姓名，使其倍感亲切并有阅读兴趣；

(5) 正文言辞要恳切、富人情味、热情有礼,使收信人感到亲切;

(6) 内容要简明,但购买地址和方法必须交代清楚;

(7) 附上征求意见表或订货单;

(8) 采用普通函札方式,收件人以为是亲友来信,能提高拆阅率;

(9) 设计成立体式、系列式以引人注意;

(10) 设法引导消费者重复阅读,甚至将其当做一件艺术品来收藏;

(11) 对消费者的反馈意见要及时处理;

(12) 重复邮寄可加深印象;

(13) 可视情况需要采用单发式、阶段式或反复式等多种形式投递散发;

(14) 多用询问式直邮,因其通常以奖励的方法鼓励消费者回答问题,起到双向沟通的作用,比介绍式直邮更能引起消费者的兴趣。例如麦当劳广告设计(见图 7-7)。

图 7-7　麦当劳直邮广告

4. 撰写直邮广告文案的技巧及注意事项

1) 撰写直邮广告文案的技巧

(1) 保持平静的心情。好像要和熟的顾客轻松谈话,以亲切的心情,把热情通过广告文案传达给对方。请记住,"DM 的起源是书信",是写信,开头即便不能引起顾客兴趣,至少要有轻快的感觉。

(2) 把写广告文案的要点列出来。想向对方诉求什么事情呢? 先要把要点列出来,才动笔。

(3) 要充分表现你写这封信的用意。要表达清楚,使对方看懂,明白你的意思。

(4) 广告文案要写得有感情。有人认为,广告文案要写得有诗的感觉,有感情,不要写得硬邦邦的,使人读起来讨厌。

(5) 不要一直使用肯定句。提问式、设问式等写作方式都可以用。

(6) 运用流行语和新名词,使文案突显活力(一般对于年轻一代而言)。

(7) 讲述时要让顾客感到你讲述的是产品给他们带来的好处,而不是枯燥地描述产品特点。

2) 撰写直邮广告文案的注意事项
(1) 称呼客户为"您/你",把公司称为"我们"。
(2) 不用行话与专业用语,一般的大众顾客看不懂。
(3) 文字尽可能浓缩、简短,把该说的都说清楚。
(4) 用主动句,如承诺性语句。"订货 24 小时内送货上门"、"我们承诺:××日前预定,可在圣诞节前为您送到"。有时也能用被动句,但不宜多。

第五节 户外广告文案

一、户外广告的特点

随着科技的发展,户外广告已经成为广告行业的一支生力军,成为第三大的主流媒体。其近年的发展势头已经超越了电视、报纸和杂志等传统媒体。户外广告已成为广告业界活跃,发展迅猛的媒体之一。户外广告形式多样、表现手法丰富、色彩鲜明、时效性长、可选择性强、价格低廉等特点,深受广告主的青睐,越来越多的广告主开始投资做户外广告,以配合其他促销方式和媒体广告,塑造品牌形象,达到促销效果。

一般把设置在户外,利用户外场所、空间、设施等发布的广告叫做户外广告。常见的户外广告有霓虹灯广告、墙面广告、灯箱广告、橱窗广告、交通广告、招贴广告和路牌广告等,现在甚至有电子屏、升空气球、飞艇等先进的户外广告形式。

(1) 霓虹灯广告。

由霓虹管弯曲成文字或图案,配上不同颜色的霓虹管制成,散发出缤纷的色彩。更可配合电子控制的闪动形式增加动感,夜间效果视觉冲击力强。

(2) 墙面广告。

在建筑物外墙上发布的户外广告,利用墙面张贴大型海报、招贴字画、装饰旗等。主要是宣传产品、推广企业形象。

(3) 灯箱广告。

置于建筑物外墙、楼顶或裙楼等广告位置,白天是彩色广告牌,晚上亮灯则成为"内打灯"的灯箱广告。灯箱广告照明效果较佳,但维修比射灯广告牌困难,且所用灯管较易耗损。

(4) 橱窗广告。

是现代商场店外 POP 广告的重要组成部分,它借助玻璃橱窗等媒介物,把商店经营的重要商品,按照巧妙的构思,运用艺术手法和现代科学技术,设计陈列成富有装饰美的货样群,以达到刺激消费的目的。

(5) 交通广告。

在火车、飞机、轮船、公共汽车等交通工具及旅客候车、候机、候船等地点进行广告宣传的广告形式。

(6) 招贴广告即海报。

招贴广告是广告的最古老形式之一,张贴于纸板、墙、大木板或车辆上的印刷广告,或以其他方式展示的印刷广告,它是户外广告的主要形式。

(7) 路牌广告。

路牌广告是在公路或交通要道两侧,利用喷绘或灯箱进行广告的形式。

(8) 电子屏广告(包含所有电子类户外广告媒体)。

这是户外广告比较新颖的表现形式,常见于现代都市。用电脑控制,将广告图文或电视广告片输入程序,轮番地在画面上显示色彩纷呈的图形与文字,能在较短的时间里展示多个不同厂家、不同牌号的商品,具有动感、多变、新颖别致、反复播放等特点,能引起受众的极大兴趣。

1. 户外广告的优点

户外广告的优点如下。

1) 到达率高

通过策略性的媒介安排和分布,户外广告能创造出理想的到达率。调查显示,户外媒体的到达率仅次于电视媒体,位居第二。在某个城市结合目标人群,正确地选择发布地点,以及使用正确的户外媒体,可以在理想的范围接触到多个层面的人群,使广告和目标受众的生活节奏完美配合。

2) 对地区和消费者的选择性强

户外广告一方面可以根据地区的特点选择广告形式,如在商业街、广场、公园、交通工具上选择不同的广告表现形式,而且户外广告也可以根据某地区消费者的共同心理特点、风俗习惯来设置;另一方面,户外广告可为经常在此区域内活动的固定消费者提供反复的宣传,使其印象强烈。

3) 视觉冲击力强

在公共场所树立巨型广告牌这一古老方式历经千年的实践,表明其在传递信息、扩大影响方面非常有效。一块设立在黄金地段的巨型广告牌是任何想建立持久品牌形象的公司的必争之物,它的直接、简捷,足以迷倒全世界的大广告商。很多知名的户外广告牌,或许因为它的持久和突出,成为这个地区远近闻名的标志,人们或许对街道楼宇都视而不见,而唯独这些林立的巨型广告牌却令人久久难以忘怀。例如上海外滩下的柯达胶卷广告牌,没有人不知道。户外广告具有一定的强迫诉求性质,即使匆匆赶路的消费者也可能因对广告的随意一瞥而留下一定的印象,并通过多次反复而对某些商品留下较深印象。

4) 表现形式丰富多彩

特别是高空气球广告、灯箱广告的发展,使户外广告更具有自己的特色,而且这些户外广告还有美化市容的作用,这些广告与市容浑然一体的效果,往往使消费者非常自然地接受了广告。

5) 内容单纯

户外广告能避免其他内容及竞争广告的干扰。

6）发布时段长

许多户外媒体是持久、全天候发布的。它们每天 24 小时每周 7 天地伫立在那儿，这一特点令其更容易为受众看到，所以它随客户的需求而天长地久。

7）千人成本低

户外媒体可能是最物有所值的大众媒体了。调查显示，它的价格虽各有不同，但它的千人成本与其他媒体相比却很有趣：射灯广告牌为 2 美元，电台为 5 美元，杂志为 9 美元，黄金时段的电视则要 1020 美元！但客户最终更是看中千人成本，即每一千个受众的费用。

8）更易接受

户外广告可以较好地利用消费者在途中，在散步游览时，在公共场合经常产生的空白心理。在这种时候，一些设计精美的广告、霓虹灯多彩变化的光芒常能给人留下非常深刻的印象，能引起人们较高的注意率，更易使其接受广告。

2. 户外广告的缺点

户外广告媒体也有其不足之处，主要表现在以下几方面。

1）覆盖面小

由于大多数位置固定不动，覆盖面不会很大，宣传区域小，因此设置户外广告时应特别注意地点的选择。比如广告牌一般设立在人口密度大、流动性强的地方。机场、火车站、轮船码头南来北往的流动人口多，可以做全国性广告。

2）效果难以测评

由于户外广告的对象是在户外活动的人，这些人具有流动的性质，因此其接受率很难估计。而且人们经常在活动中接触到这些户外广告，因此注视时间非常短，甚至只有几分之一秒，有时人们在同一时间可能接触到许多户外广告，所以要获得广告效果，就要做到让人们的视觉暂留，这非常重要。

二、户外广告文案写作

1. 语言简洁，诉求单一

户外广告设计是针对流动性受众进行广告传播，而接触户外广告的受众大多是匆匆而过，停留在户外广告的时间可能就几秒钟甚至更少，因此要引起受众注意，就必须以大字体和鲜明的色彩及形象为主，文案诉求上不适合用大量文字，文字上要尽可能少，语言应简洁，诉求要单一，应以图片取胜。较适合做品牌形象广告。设计上，文案只需出现品牌名称，再加一个广告标题或广告语就够了。简洁是户外广告设计中的一个重要原则，整个画面、文案乃至整个设施都应尽可能简洁，设计时要始终坚持在少而精的原则下去冥思苦想，力图给观众留有充分的想象余地。要知道消费者对广告宣传的注意率与画面上信息量的多少成反比。画面形象越繁杂，给观众的感觉越混乱；画面越单纯，消费者的注意率也就越高。如图 7-8 的三金西瓜霜润喉片。

2. 文案内容需针对目标受众，并富有亲和力

广告界有一句名言"科学的广告术是依照心理学法则的"，也就是说，广告要获得成

图 7-8　三金西瓜霜润喉片

功,需迎合消费者的心理特点。根据 AIDMA 法则,受众的心理接受顺序是:注意—兴趣—欲望—确信—行为,广告活动须按照这个接受心理顺序一步步抓住受众。受众倾向于有选择地接触那些能够加强自己信念的信息,拒绝那些与自己固有观点相抵触的信息。当户外广告所传达的信息符合受众的认知范围,且能够满足受众的需求时,才能引起受众对它的兴趣,使受众对其加以注意;不同的心理特征、文化倾向和社会成员关系的人们,会以不同的方式解释同一则媒介内容;受众往往只记忆那些对自己有利,符合自己兴趣或与自己意见一致的传播内容。人们总是容易接受那些与自身语言习惯、地域风俗、个人品位、喜好等相一致的事物与信息,而不同的地区、不同的人群、不同的社会层又有其不同的喜好,所以,创作文案内容需针对目标受众,以受众为中心,在用词上为适应宣传内容、宣传方式和公众对象的需要,要强化用词的针对性,以提高广告语言的感染力、亲和力。

3．文案中注意传达品牌信息

在户外的广告主要就是为了提高品牌知名度,建立品牌形象。大卫·奥格威说,所有广告的目标都是对品牌做投资。

4．图文并茂,相得益彰

户外广告主要以图形设计为吸引力,配以合适的广告文案,以使图文并茂、相得益彰。图片最能吸引人们的注意力,所以图片的设计在户外广告设计中尤其重要。图片可分广告图片与产品图片两种形态。广告图片是指与广告主题相关的图片(人物、动物、植物、器具、环境等),产品图片则是指要推销和介绍的商品图片,为的是重现商品的面貌风采,使受众看清楚它的外形和内在功能特点。因此在图片设计时要力求简洁醒目,图片一般应放在视觉中心位置,这样才能有效地抓住观者视线,引导他们进一步阅读广告文案,激发共鸣。除了图片设计以外,还要配以生动的文案设计,这样才能体现出户外广告的真实性、传播性、说服性和鼓动性的特点。广告文案在户外广告中的地位十分显著,好的文案能起到画龙点睛的作用。户外广告文案的设计完全不同于报纸、杂志等媒体,因为人们在流动状态下不可能有更多时间阅读,所以户外广告文案力求简洁有力,一般都是以一句话(广告语)醒目地提醒受众,再附上简短有力的几句随文说明即可。广告语设计一般不要超过十个字,以七八个字为佳,否则阅读效果会相对降低。一般文案内容分为标题、正文、广告语、随文等几个部分。要尽力做到言简意赅、以一当十、惜字如金、反复推敲、易读易记、风趣幽默、有号召力,这样才能使户外广告富有感染力和生命力。

本章关键概念

报纸广告　newspaper advertisement
杂志广告　magazine advertisement
直邮广告　direct mail advertisement
户外广告　outdoor advertisement

思考题

1. 简述报纸广告文案写作技巧。
2. 简述杂志广告文案写作技巧。
3. 简述直邮广告文案写作技巧。
4. 简述户外广告文案写作技巧。
5. 围绕产品特色,请为 TCL 王牌电冰箱创意一则平面广告文案。

推荐阅读书目

1.《广告文案写作——成功广告文案的诞生》(第 2 版),高志宏、徐智明著,中国物价出版社,2002 年。
2.《广告文案创作——商人的诗行》,张立梅编著,经济管理出版社,2010 年。
3.《广告文案写作教程》,罗伯·鲍德瑞著,许旭东译,上海人民美术出版社,2009 年。
4.《文案训练手册》,约瑟夫·休格曼著,杨紫苏、张晓丽译,中信出版社,2011 年。

第八章 电视广告文案

本章任务

1. 了解电视广告的特点,以及不同类别的电视广告
2. 掌握文案在电视广告中的几种表现形式,即人物语言、画外音、字幕或者广告歌词
3. 能运用文学脚本和分镜头脚本的格式写作电视广告文案

本章引例

大众银行品牌形象广告

三则独立的广告故事在2010年、2011年传遍中国台湾地区,透过网络传遍中国大陆,被各大社区类网站热捧为史上最泪流满面的广告。乍看之下,几则故事和大众银行之间并没什么联系,但实际上大众银行潜移默化地树立了一个感性的品牌形象,大众银行一直深信也期许自己是"属于大众的银行",系列品牌形象广告的创意"平凡的平凡大众"即是希望能去发掘台湾社会许多平凡大众的不平凡故事,并透过这些真实的故事传达台湾人民坚韧、勇敢、真诚且善良的一面。这些是大众银行希望传达给台湾地区社会大众的正面价值。这也是经典电视广告文案的力量。下面是其中一则"母亲的勇气"(见图8-1):

广告文案

图 8-1　台湾大众银行广告

字幕：真实故事改编

画外音：一个老妇人因为携带违禁品，在委内瑞拉机场被拘捕了。她是中国台湾人，没有人认识她，她告诉他们这是一包中药材，她是来这里炖鸡汤给女儿补身体的，她女儿刚生产完，他们有好几年没见面了。

蔡英妹，63 岁，第一次出国，不会英文，没人陪伴，一个人独自飞行 3 天，3 个国家，32000 公里，她是怎样做到的——（字幕：坚韧　勇敢　爱）

为不平凡的平凡大众

作为"不平凡的平凡大众"概念的系列广告片的第一部，大众银行希望借由这样的精神传达台湾人民坚韧、勇敢、真实且善良的一面，做"最懂台湾人的银行"。该片的拍摄投资达到了 2000 万新台币，请到了泰国知名导演 Sornsriwichai 执导，负责主要创意工作的台湾奥美 ECD（执行创意总监）胡湘云也亲自为这部广告片配音，希望能够创造最好的效果。

第一节　电视媒体与电视广告

一、电视媒体的特点

麦克卢汉说"媒介即信息"，任何一种信息的传递都受制于媒介的技术特性，从事电视文案创作必须了解电视的媒介特点。首先，电视媒介是综合传播文字、声音、图像、色彩、动态的视听兼备媒介。既具备报纸、杂志的视觉效果，又具备广播的听觉功能，还具有报纸、杂志、广播所不曾具备的直观形象性和动态感，富有极强的感染力。其次，电视媒介覆盖面广，受众接触率高，综合传播影响力强。再者，电视媒介已经成为家庭娱乐的重要工具，其传播内容具有一定的教育性和娱乐性，受众易于接受。但电视媒体也具有信息不易保存，易流失，信息瞬间传达，受众被动接受等缺陷。

二、电视广告的优势

1. 直观性强

电视是视听合一的传播,人们能够亲眼见到并亲耳听到如同在自己身边一样的各种活生生的事物,这就是电视视听合一传播的结果。电视广告的这一种直观性,仍是其他任何媒介所不能比拟的。它超越了读写障碍,成为一种最大众化的宣传媒介。它无需对观众的文化知识水准有严格的要求。即便不识字,不懂语言,也基本上可以看懂或理解广告中所传达的内容。

2. 有较强的冲击力和感染力

电视是唯一能够进行动态演示的感性型媒体,因此电视广告冲击力、感染力特别强。因为电视媒介是用忠实记录的手段再现信息的形态,即用声波和光波信号直接刺激人们的感官和心理,以取得受众感知经验上的认同,使受众感觉特别真实,因此电视广告对受众的冲击力和感染力特别强,是其他任何媒体的广告所难以达到的。

3. 有较高的注意率

经济发达的国家和地区,电视机已经普及,观看电视节目已成为人们文化生活的重要组成部分。电视广告注意运用各种表现手法,便广告内容富有情趣,增强了视听者观看广告的兴趣,广告的收视率也比较高。电视广告既可以看,还可以听。有时人们的眼睛虽然没有看广告,耳朵还是听到了广告的内容。广告充满了整个电视屏幕,也便于人们注意力集中。因此,电视广告容易引人注目,广告接触效果是较强的。

4. 利于不断加深印象

电视广告是一种视听兼备的广告,又有连续活动的画面,能够逼真地、突出地从各方面展现广告商品的个性。比如,广告商品的外观、内在结构、使用方法、效果等都能在电视中逐一展现,观众如亲临其境,留有明晰深刻的印象。电视广告通过反复播放,不断加深印象,巩固记忆。

5. 利于激发情绪,增加购买信心和决心

由于电视广告形象逼真,就像一位上门推销员一样,把商品展示在每个家庭成员面前,使人们耳闻目睹,对广告的商品容易产生好感,引发购买兴趣和欲望。同时,观众在欣赏电视广告时,会有意或无意地对广告商品进行比较和评论,通过引起注意,激发兴趣,统一购买思想,这就有利于增强购买信心,做出购买决定。特别是选择性强的日用消费品,流行的生活用品,新投入市场的商品,运用电视广告,更容易引起受众注目并激发其对商品的购买兴趣与欲望。

电视广告在存在以上优点的同时,也具有广告费用昂贵、制作复杂、时间短暂、不利于深入传播信息、广告播放量大、容易存在抵触情绪等劣势。

三、电视广告的分类

1. 按照电视广告的时长分

广告一般分为 5 秒、10 秒、15 秒、30 秒、60 秒广告等。一般广告公司会给客户拍摄 30 秒左右的广告片,然后根据发布的媒体价格,剪辑成 15 秒和 10 秒广告进行具体投放。

5 秒广告片时间较短,往往一闪即逝。其目的通常是为了加深受众对广告信息的印象,强化受众对广告主体特定形象的记忆。因此,一般采用瞬间印象体的表现形式。用一闪而过,却具有某种冲击力的画面和简洁的广告语结合,来表现企业形象或品牌个性。这个时长的广告片短小精湛,一步到位,直入主题。

15 秒广告片是电视广告中最为常见的,其目的是要在短时间内,对广告信息做单一的、富于特色的传播,突出企业形象或品牌个性,或独具的"卖点"。比较适合采用名人推荐体、动画体、新闻体,以及悬念体、简单的生活情景体等表现形式。这个时长的广告片应该有较强的信息传递性和创意的新颖性。

30 秒的广告片相比其他广告片来说,时间较长,体现内容也比较丰富。可以从多角度表现产品的功能、利益点。适于采用名人推荐体、消费者证言体、示范比较体、生活情景体,以及简短的广告歌曲形式等。值得注意的是 30 秒的广告片由于时间原因也容易导致人们注意力的分散,所以一定要有一个集中的诉求点,这样才能让受众印象深刻。

2. 按照电视广告的播出形式分

可以分为插播广告、贴片广告、植入式广告、专题广告。

插播广告是指在电视节目的播出过程中,中断节目的播出,转而播出的商业电视广告。目前插播广告是电视广告最常见的播出形式。

贴片广告是指在随公开放映或播映的电影片、电视节目、网络视频上加贴的一个专门制作的广告,也称随片广告。

植入广告是指将广告内容或产品信息、品牌符号编入电视或者电影内容的电视广告形式。随着网络视频和电影成为大众娱乐,植入广告也成为流行。

专题广告是指将广告内容编辑制作成专题,在固定的板块和时间播出的电视广告形式,专题广告的时间一般较长,通常投放在非黄金时段。

3. 按照电视广告的内容分

可以分成品牌形象宣传片、企业宣传片、企业 MV、产品演示片、电视直销片、产品广告片、专题纪录片等。如由太阳圣火拍摄的《江南之恋》就是由隆力奇集团推出的企业 MV,《梦骑士》《母亲的勇气》《马校长的合唱团》是由台湾大众银行拍摄的形象宣传片。

第二节 电视广告文案的创作

一、文案在电视广告中的表现形式

文案在电视广告中通常以四种形式出现：人物语言、画外音、字幕或者广告歌词。以下是叶茂中广告公司拍摄的海王银得菲"生日篇"15秒电视广告：

广告歌词：祝你生日快乐，祝你生日快乐
人物对白：许个愿吧！
人物音效：阿嚏——
人物音效：啊！
画外音＋字幕：关键时刻怎能感冒
画外音：治感冒快，海王银得菲！
画外音：海王
字幕：健康成就未来

1. 人物语言

人物语言指的是广告中的人物语言，人物音效（笑声、喷嚏声、呼噜声等）以及拟人化角色的语言，可以是人物与人物之间的，也可以是人物与观众的对白。对于人物语言的写作，要充分地把握人物角色因年龄、身份、气质不同而产生的不同的语言特点。

2. 画外音

画外音又称旁白，凡是声源不在画面内，不是由画面里的人物传达出的都称之为画外音。画外音通常用来表达广告中人物的内心独白或者第三者陈述。苹果广告向来偏好用画外音加画面的形式来传达广告信息。如 iPhone 在 2014 年最新发布的 We Believe，其旁白为：

我们相信，仅有技术还不够，更快、更薄、更轻……表现出色。把技术放一边，一切都变得轻松愉快，甚至神奇。只要你向前一步，只要你最终与它相遇，一切便自然而然地发生了。

使用画外音的电视广告通常需要进行广告配音，与影视配音不同，广告配音要求配音演员能够很好地掌控声音的情绪、气质和音质的变化，同时也要与品牌或者产品的调性相协调，例如要求体现品牌的历史感，可能声音选择要偏向于《国宝档案》栏目的御用配音师任志宏的风格，如要体现品牌的时尚感，就要选择声音更为高端华丽的配音演员。如苹果 2014 iPad 的广告《Your Verse Anthem》（你的赞美诗）中的画外音选用的就是美国老牌演员，也是其广告台词的出处电影《死亡诗社》的主演罗宾·威廉斯。

苹果 2014 iPad 的广告《Your Verse Anthem》（你的赞美诗）：

旁白：We don't read and write poetry because it's cute．We read and write poetry because we are members of the human race．And the human race is filled with passion. And medicine, law, business, engineering - these are noble pursuits and necessary to sustain life. But poetry, beauty, romance, love - these are what we stay alive for.

（我们读诗、写诗并不是因为它们好玩，而是因为我们是人类的一分子，而人类是充满激情的。没错，医学、法律、商业、工程，这些都是崇高的追求，足以支撑人的一生。但诗歌、美丽、浪漫、爱情，这些才是我们活着的意义。）

O Me! O life! Of the questions of these recurring, Of the endless trains of the faithless, of cities filled with the foolish.

What good amid these, O me, O life?

Answer.

That you are here-that life exists and identity,

That the powerful play goes on, and you may contribute a verse.

（啊，自我！啊，生命！这个问题不断涌入我的脑海。毫无信仰的人群川流不息；繁华的城市却充斥着愚昧；

这样又有什么好处？啊，自我，啊，生命？

答案是：

因为此刻、你在此地——皆为生命之存在、其意之昭然；

因为这伟大的戏剧不断前进，因为你可以献上一首诗。这些才是我们活着的意义。）

3. 字幕

字幕指的是广告画面上叠印的文字，通常情况下，使用画外音的时候，会配合字幕，让观众更容易理解和记忆。但有的时候会指使用纯字幕，比如为了传达某种已经或者为了对画面的信息、人物身份进行补充说明。央视公益广告《别让爱来的太迟》采用的就是音乐加纯字幕：

爱是什么？爱是只要你快乐，爱是陪你走一辈子，爱是无悔青春的流逝，你的高飞就是我的安慰，爱是痴痴的等待。别爱的太迟，多回家看看。

大众汽车形象广告《中国路大众心》如图8-2所示。

这一电视广告的画面通过忠、志、聪、慧、悠、爱等一系列与心组成的字串起，"心"字始终出现，并贯穿始终，以表现大众品牌与中国市场和中国消费者的心路历程。

4. 广告歌词

音乐广告是十分常见的一种电视广告类型，运用脍炙人口的音乐可以加速广告的传播。从20世纪80年代开始就有许多品牌是通过音乐广告一曲成名。

1983年燕舞收音机：燕舞，燕舞，一曲歌来一片情

1987年太阳神：当太阳升起的时候，我们的爱地久天长

1995年孔府家酒：千万里我追寻着你，孔府家酒，叫人想家

1996年娃哈哈纯净水：我说我的眼里只有你，娃哈哈

1997年步步高电器：世间只有公道，付出总有回报，说到不如做到，要做就做最好，

步步高。

上海大众汽车广告见图 8-2。

图 8-2　上海大众汽车广告

音乐广告的制作可以通过三种渠道。一种是借用已有的歌曲。借用已有的歌曲是指采用已经制作完成的或者已经传播开来、有一定熟识度的歌曲,这种方式一方面可以缩短制作的时间,一方面也可以加速品牌的传播。比如娃哈哈纯净水曾经选用过的广告歌曲是景岗山的《我的眼里只有你》,海飞丝曾经用过王菲的《香奈儿》,前面提到的大众汽车《中国路,大众心》则采用的是全球炙手可热的演唱组合 HANSON 的《I will come to you》。借用已有的歌曲作为广告歌,最需要注意的是原有歌曲的内容和调性同广告内容是否协调一致。

黑松汽水的音乐广告

黑松是台湾地区家喻户晓的水饮料品牌,也是该地区唯一可以和可口可乐和百事可乐一争高下的品牌,作为一个有着七八十年历史的老品牌,它伴随着几代台湾人的成长,而它始终能够保持品牌活力的一个最重要的原因,就是一直通过音乐保持同年轻人的沟通。从 1949 年开始，黑松每年都会举办"流行歌曲竞赛"，一方面选择一首流行歌曲来表达当年的主题，一方面也大力挖掘和选用一些优秀的歌坛新秀的作品来表达年轻人的心声，比如张雨生的《我的未来不是梦》、辛晓琪的《当我身旁有你在》、小虫的《I feel good》等优秀的音乐作品都是在黑松的音乐选拔中脱颖而出的。尤其是张雨生的《我的未来不是梦》更是为黑松汽水注入了激情、奋斗、理想的色彩。黑松汽水广告如图 8-3 所示。

图 8-3　黑松汽水广告

第二种方式是文案人员进行改编创作。借用已有的歌曲虽然便捷，但因涉及版权或者还需明星出演，往往费用很高。如果预算有限，可以让广告公司的文案才子们尽情发挥他们的文学才华和文艺气质，创作一首专门的广告歌曲也是非常不错的选择。如曾经获得"CCTV 国际电视广告大赛"、"观众最喜爱的电视广告"第一名的"金龙鱼食用油——万家灯火篇"，其中由孩子们演绎的歌曲十分打动人心，其曲调用的是儿童歌谣《萤火虫》，歌词是文案人员进行的再次创作。

　　　　快回家快回家快回家，你的心，你的心，不要再流浪，黑夜的人们快回家，
　　　遇到什么都不怕，亲爱的爸爸妈妈在等我，等我快回家。

再如索芙特推出的直发洗发水广告，曲调用的是印度尼西亚的民歌《船歌》，歌词是根据广告内容进行的二度创作：直发，直发，风儿轻轻吹动我的直发，我们的爱直到天长地久！以重点诉求索芙特洗发水柔顺直发的产品功能。

第三种方式是请名人或者明星量身定做。如果预算充裕，而且无法在已有歌曲中选择合适的进行表现，最好的方法就是请名家或者明星为自己的广告内容量身定做，这种情况在资金充足的大公司大品牌中十分常见，如中国移动动感地带请周杰伦作曲、方文山作词的主题曲《我的地盘》，张亚东、蔡健雅为奥迪 Q5 制作的广告歌曲《走我的路》，康美药业请著名作曲家王晓锋、著名导演童年以及歌唱家谭晶为其量身定制的企业 MV《康美之恋》，都属于这种类型。

康美之恋
　　　　作词：童年　　　作曲：王晓锋　　　演唱：谭晶

一条路海角天涯,两颗心相依相伴。
风吹不走誓言,雨打不湿浪漫。
意济苍生苦与痛,情牵天下喜与乐。
一条路千山万水,两颗心无怨无悔。
风吹不走誓言,雨打不湿浪漫。
意济苍生苦与痛,情牵天下喜与乐。
明月清风相思,丽日百草也多情。
两颗心长相伴,你我写下爱的神话。
明月清风相思,丽日百草也多情。
康美情长相恋,你我写下爱的神话。

二、电视广告文案的创作格式

电视广告文案因为需要和画面、音乐、音效等视听语言相互配合,因此有一定的创作格式要求,通常情况下电视广告文案会以下面三种创作格式出现。

1. 文学脚本

文学脚本是文案人经常要用到的用以描述电视广告画面,以及同画面相配合的旁白、音效、音乐说明的一种格式。它只是电视广告创意确定后广告内容的一个大体表述,是故事板和分镜头脚本的基础,通常都是由广告公司的文案来完成。其基本格式为:

画面描述	旁白/音效/音乐的简单说明
画面1:	……
画面2:	……
画面3:	……

文学脚本中除了旁白部分需要花点心思,要写得比较准确、真实,画面描述部分文案只需要用直白简练的文字客观描述画面,把创意说清楚即可。

《南方125摩托车——草原篇》电视广告文学脚本

画面1:一望无际的草原上传来一阵急促的马蹄声和催马扬鞭"驾"的焦急吆喝声。

音效:急促的马蹄声

画面2:地平线上跃出二位策马飞驰的牧民。

画面3:他们纵马狂奔,闯进了草原医院的护栏。

音效:护栏被撞开的声音

画面4:牧民神情紧张地边敲窗户,边大声地喊着:"大夫!大夫!"

画面5:一个医用救护箱挎在了医生的身上。

画面6:医生用脚发动南方125摩托车,手加油门。

音效:摩托车发动机铿锵有力的马达声

画面7:牧民连忙打开栅栏,医生飞车冲出。

画面8：牧民跨上马，调头疾追。摩托车、骏马奔驰在辽阔的草原上。

画面9：医生驾车冲过河溪。牧民策马直追。

音效：摩托车溅起的水花声

画面10：遇到沟坎，医生飞车一跃而过。

音效：铿锵有力的马达声

画面11：马匹却在沟边踌躇不前。

画面12：摩托车终于驰到蒙古包前。夕阳西下，南方125摩托车醒目地停在蒙古包外，牧民们焦急地在等待着。

画面13：忽然一声婴儿高亢的啼哭声震动了静寂的草原。

音效：婴儿的啼哭声

画面14：母子平安，牧民们脸上露出兴奋而宽慰的笑容。

画面15：日落草原，南方125摩托车停立在蒙古包外，格外醒目。

结尾字幕：有多少南方摩托车，就有多少动人的故事。

2. 故事板

故事板是在文字脚本的基础上借助绘画或者视频手段对广告创意和文字进行的说明，又称广告创意效果图或故事提纲，通常是为了使广告创意更直观、更有说服力，因此一般在客户说明会或者提案和比稿的时候使用。故事板一般采用的是绘画手段，但有的时候为了赢得客户的信赖，也会采用示意视频剪辑的方式来组成（如图8-4、图8-5）。

图8-4　可口可乐电视广告姚明篇手绘故事板

图 8-5 可口可乐电视广告热舞篇手绘故事板

3. 分镜头脚本

分镜头脚本是电视广告导演拍摄电视广告的依据和蓝本,它是在文学脚本和故事板的基础上,运用专业和详尽的影视术语改写成的电视广告脚本。分镜头脚本一般由广告拍摄方来完成。分镜头脚本一般包括镜头号、画面阐述、景别、镜头运动方式、时间、音乐、旁白、人物对白、字幕、备注等要素,具体脚本的要素可以根据广告创意的内容进行删减和增加,比如下面的步步高音乐手机的分镜头脚本中加入了特技和构图两个要素。

《步步高音乐手机》分镜头脚本

镜号	景别	摄法	构图	长度	画面描述	特技	音乐音响	备注
1	全景	平拍	居中偏右(微动)	1″	女主角坐在面朝大海的窗前看书	调色,处理光晕光斑,画面清新	步步高音乐手机主题曲,女声:"啦啦……"	主角为年轻的女生,干净又文静
2	特写	微仰(背后过肩拍摄)	居中偏右	2″	女主角将书举高,仰头看,书上是草地的画面,书的左下方出现白色的文字,"自由的心灵"	调色,处理光晕,制作阳光透过窗子照进脸上的感觉	步步高音乐手机主题曲	抓住主角享受阳光、闭一下眼的一刹那
3	全景	平拍	居中偏左	1″	女主角坐在书中所示的草地上,手拿着书,一脸陶醉,旁边是行李箱	调色,画面清新自然	步步高音乐手机主题曲	

续表

镜号	景别	摄法	构图	长度	画面描述	特技	音乐音响	备注
4	特写	微仰(正面拍摄)	偏左	1″	女主角手拿蒲公英并吹散	调色,处理光晕光斑,背景为纯色	步步高音乐手机主题曲	
5	全景	平拍	居中偏左	1″	蒲公英随风飘散	调色、处理光晕	步步高音乐手机主题曲	背景模糊化
6	全景	俯拍	居中偏左	1″	女主角追逐着飘散在风中的蒲公英	调色,处理光晕	步步高音乐手机主题曲	女主角模糊化,蒲公英放大并特写
7	全景	微俯(正面拍摄)	居中偏右(微动)	2″	女主角站在蔚蓝的海边,看着飘荡在空中的蒲公英;画面右方出现白色文字"自在的阳光"	调色,处理光晕光斑	步步高音乐手机主题曲	女主角模糊化
8	近景	微仰(正面拍摄)	居中偏左	1″	女主角仰头伸手接蒲公英	调色、处理光晕	步步高音乐手机主题曲	背景模糊化
9	近景	俯拍	居中偏左	1″	拿小提琴的外国小女孩仰头看着空中飘散的蒲公英	调色,处理光晕	步步高音乐手机主题曲	小女孩为欧洲白种人
10	特写	平拍	居中偏左	1″	小女孩手拿小提琴,微笑着看着面前飘过的蒲公英	调色,处理光晕	步步高音乐手机主题曲	女孩及背景都虚化
11	全景	平拍	居中偏左	1″	小女孩手托住降落下来的蒲公英,女主角从街头走来	调色	步步高音乐手机主题曲结尾,音乐声止	女主角虚化
12	远景	平拍	居中	2″	女主角与小女孩相遇在教堂前	调色	钟声"当当……"	
13	特写	平拍	居中	1″	小女孩微笑的脸	调色	钟声"当当……"	女孩的脸略模糊
14	特写	微仰(正面过肩)	居中偏右	2″	女主角微笑的脸	调色,处理光晕	钟声"当当……"	
15	近景	平拍	居中	1″	小女孩拉起小提琴,周围飘散着蒲公英	调色	悠扬的小提琴声起	女孩及背景略模糊

续表

镜号	景别	摄法	构图	长度	画面描述	特技	音乐音响	备注
16	近景	平拍	居中	1″	小女孩拉着小提琴,女主角拿出步步高音乐手机	调色	悠扬的小提琴声	
17	特写	微仰	居中偏左	1″	小女孩高兴地拉着小提琴	调色,处理光晕色斑	悠扬的小提琴声	
18	近景	平拍	居中(微动)	2″	小女孩拉着小提琴,女主角展示着步步高音乐手机,画面左上方出现白色字幕"最纯净的感动"	调色	悠扬的小提琴声	
19	远景	俯拍	居中	2″	女主角仰头展开双臂望着空中的蒲公英转圈	调色,处理光晕	悠扬的小提琴声	女主角与蒲公英略模糊
20	近景	微仰(侧面拍摄)	居中偏左	2″	女主角拿着步步高音乐手机面带笑容望着远方,蒲公英飘散在空中,画面下方出现白色字幕"随心而乐"	调色	悠扬的小提琴声及男生旁白:"随心而乐"	
21	特写	平拍	居中	3″	静止的白色翻盖步步高音乐手机开盖旋转360°,然后合上盖。手机右侧出现字幕"步步高音乐手机"	调色	悠扬的小提琴声,及男生旁白:"随心而乐,步步高音乐手机"	

阅读材料 8-2

电视拍摄术语

定格

镜头运用的技巧手法之一。其表现为银幕上映出的活动影像骤然停止而成为静止画面(呆照)。定格是动作的刹那间"凝结",显示宛若雕塑的静态美,用以突出或渲染某一场面、某种神态、某个细节等。

特写

拍摄人像的面部、被摄对象的一个局部的镜头。特写镜头是电影画面中视距最近的镜头,因其取景范围小,画面内容单一,可使表现对象从周围环境中突显出来,造成清晰的视觉形象,得到强调的效果。特写镜头能表现人物细微的情绪变化,揭示人物。

出画入画

艺术处理镜头结构的一种手法。镜头画面中的中心人物或运动物体离开画面,称为出画;人物或运动物体进入画面,称为入画。当一个动作贯穿在两个以上的镜头中时,为了使动作流程继续下去而不使观众感到混乱,相连镜头间的人物或运动物体的出画和入画方向应当基本上一致,否则必须插入中性镜头作为过渡。

切出切入

指上下镜头直接衔接。前一个镜头叫"切出",后一个镜头叫"切入"。这种不需外加任何技巧的镜头组接方法,能增强动作的连贯性,不打断时间的流动性,具有干净、紧凑、简洁、明快的特点。往往用于环境描写、人物对话和行动的衔接。在故事影片的拍摄中,同一场面内的镜头,一般多采用这种衔接方式。随着镜头的切出与切入,观众在视点的不断变换中,逐渐了解表现对象,并不感到画面的组接痕迹。

淡入淡出

也称"渐显渐隐",是电影中表现时间、空间转换的技巧之一。后一个画面逐渐显现,最后完全清晰,这个镜头的开端称"淡入",表示一个段落的开始;前一个画面渐渐隐去直至完全消失,称"淡出",表示一个段落的结束。淡入、淡出节奏舒缓,具有抒情意味,并能给观众以视觉上的间歇,产生一种完整的段落感。随着电影节奏的加快,今已较少采用。

化入化出

也称"溶出溶入"、"溶变",或简称"化"、"溶",是电影中表示时间和空间转换的技巧之一。指前一个电影画面渐渐消失(化出)的同时后一个画面渐渐显现(化入)。两者隐显的时间相等,并且在银幕上呈现一个短时间的重叠,即经过"溶"的状态实现交替。也常用以表现现实与梦幻、回忆、联想场面的衔接。"化"的方法,比较含蓄、委婉,并往往有某种寓意。根据内容、节奏的需要,"化"的时间可长可短,一般在1～3秒。

长镜头

"短镜头"的对称,指在一段持续时间内连续摄取的、占用胶片较长的镜头。能包容较多所需内容或成为一个蒙太奇句子(而不同于由若干短镜头切换组接而成的蒙太奇句子)。其长度并无明确的、统一的规定。由于长镜头的拍摄不会破坏事件发生、发展中的空间与时间的连贯性,所以具有较强的时空真实感。

跟镜头

又称"跟拍"。摄影机跟随运动着的被摄对象拍摄的画面。跟镜头可连续而详尽地表现角色在行动中的动作和表情,既能突出运动中的主体,又能交代动体的运动方向、速度、体态及其与环境的关系,使动体的运动保持连贯,有利于展示人物在动态中的精神面貌。

空镜头

又称"景物镜头",指影片中作自然景物或场面描写而不出现人物(主要指与剧情有关的人物)的镜头。常用以介绍环境背景、交代时间空间、抒发人物情绪、推进故事情节、表达作者态度,具有说明、暗示、象征、隐喻等功能,在影片中能够产生借物寓情、见景生情、情景交融、渲染意境、烘托气氛、引起联想等艺术效果,在银幕的时空转换和调节影片节奏方面也有独特作用。空镜头有写景与写物之分,前者通称风景镜头,往往用全景或远景表现;后者又称"细节描写",一般采用近景或特写。

拉镜头

将摄影机放在移动车上,对着人物或景物向后拉远所摄取的画面。摄影机逐渐远离被摄主体,画面就从一个局部逐渐扩展,使观众视点后移,看到局部和整体之间的联系。

推镜头

将摄影机放在移动车上,对着被摄对象向前推近的拍摄方法以及所摄取的画面。摄影机向前推进时,被摄主体在画幅中逐渐变大,将观众的注意力引导到所要表现的部位。其作用是突出主体、描写细节,使所强调的人或物从整个环境中突显出来,以加强其表现力。推镜头可以连续展现人物动作的变化过程,逐渐从形体动作推向脸部表情或动作细节,有助于揭示人物的内心活动。

配对白

后期录音的重要工作程序之一。指演员为剪辑完成的后期录音影片或译制影片配录人物对话、独白等。演员在进行这项工作时,须反复观看银幕上放映的镜头,熟记镜头中的表演,并使自己的声音、情绪和口型与银幕上人物的表演相吻合。

同期录音

也称"现场录音"。在拍摄电影画面的同时进行录音的摄制方式。一般使用磁带片收录。同期录音要求摄影棚装备良好的隔音设备,并在摄影机、录音机上加装避音装置。同期录音也用于外景拍摄现场,所录音响供演员配音时参考,以提高影片对白的质量。

先期录音

也称"前期录音",是影片制作中先录音后拍摄画面的一种摄制方式。多用于有大量唱词和音乐的戏曲片和音乐歌舞片,即在影片画面拍摄前,先将影片中的唱词和乐曲录制成声带,然后由演员在拍摄相应画面时,合着声带还音进行表演。

声画同步

影片中的对白和声响与画面动作相一致。即影片的声带与画面严格配合,使声音(包括配音)和画面形象保持同步进行的自然关系,画面中的视像和它所发出的声音同时呈现并同时消失,两者吻合一致。反之则为声画不同步。声画同步的作用,主要在于加强画面的真实感,提高视觉形象的感染力。

音画对位

影片音画关系的一种,包括两种艺术处理:①音画对比。音乐与画面的内容和情绪一致,只存在量的差别。②音画对立。音乐的形象和情绪完全相反。例如在故事片《祝福》中,善良的祥林嫂被逼成亲时撞头寻死。兴奋欢快的结婚音乐,和祥林嫂头破血流、痛不欲生的画面形成尖锐的对立,深刻地表现了旧时代的悲剧性。

音画平行

也称"音画并行",是影片音画关系的一种。指影片中音乐与画面所表现的思想感情、人物性格、艺术风格和戏剧性矛盾冲突相互贴近,但速度节奏并不同步。其基本特点是音乐重复或加强画面的意境、倾向或含义。说明性音乐、渲染性音乐都属于音画平行的音乐。

第三节　电视广告文案的创意表现与创作要求

一、电视广告文案的创意表现

1. 功能演示

为了说明产品的某种特性或功能,或者引起消费者对某种问题的关注,运用专业人士如医生、科学人士通过功能演示的形式来形象地说明某一问题。如高露洁为了说明含氟的牙膏有利于牙齿健康,在广告当中让一位表情严肃的牙科医生在镜头前做贝壳的实验,一面没有涂氟的贝壳一敲就碎了,而另一面涂有氟的贝壳则无比坚硬,以此来说明高露洁牙膏是十分有助于牙齿健康的。

2. 自我证言

从企业产品或者服务本身出发,以广告主的口吻展开诉求,直接表白"我们"如何如何,这种方式在产品广告和企业广告中广泛使用,尤其在表述企业观点、态度以及在产品和服务上所做的努力上有更大的自由。

农夫果园三道关电视广告

画外音(配字幕):

第一道关是原料关　农夫果园的番茄、胡萝卜、鲜橙来自新疆的天山和巴西的黑河。

第二道关是营养关　一种水果,一种营养;多种水果,复合营养。每天一瓶,满足天然的维生素需求。

第三道关　男声(配字幕):农夫果园采用国际领先 UHT 的瞬间杀菌技术,最大限度地保持了新鲜水果的营养,绝不添加任何防腐剂。

字幕:农夫山泉有限公司　钟纪刚

画外音(配字幕):从种植到加工,农夫果园三道关。高品质是我们的承诺。

女声(配字幕):农夫果园喝前摇一摇。

3. 名人代言

名人代言型电视广告是采用以名人做广告的方式来促销产品的广告。名人广告邀请为大众所熟知的文艺界或体育界在社会上知名度较高、较有影响力的明星、专家、权威人士,利用社会上追星、慕名仿效的心理,用他们的形象和声音向大众推销产品和服务,这是已为各大企业常用的广告手段,而且这种手段常常引起名人效应,使广告效果大增。名人广告应该尽力把名人的身份、地位、年龄、性格爱好和产品的特征结合起来,使他们的职业和身份能与产品相匹配,这样才能使广告做得有根有据。如赵本山代言的太极藿香正气液广告,就利用了赵本山的语言特点。其文案质朴幽默:

专利产品,不含酒精,不辣不苦,每天两瓶,防暑解暑,用它靠谱!太极藿香正气,液!

万科集团的总裁王石代言的中国移动全球通电视广告《雪山篇》的文案则厚重大气:

每个人都是一座山,世上最难攀越的山,其实是自己,往上走,即使一小步,也有新高度,我能。

再比如周杰伦代言的优乐美奶茶广告,是以恋人之间的情景对话进行创意的。

场景一:

镜头1:女主角与周杰伦并肩坐在车站候车亭

镜头2:女主角偏头问周:永远有多远?

镜头3:周淡淡地回答:只要心在跳,永远就会很远很远。

镜头4:女主角打趣地将手捂在周的胸前,玩笑地问道:你的心跳还蛮快哦。

镜头5:周不好意思地低下头,小声地说道:嘘,这是个秘密。

镜头6:转而深情地对女主角说:因为你是我的优乐美。

镜头7:女主角甜蜜地笑了

场景二:

镜头1:一个下雪的日子,女主角和周杰伦躲进了一家温暖的咖啡馆

镜头2:周杰伦贴心地递上一杯热腾腾的优乐美

镜头3:女主角望着满天的雪花,问道:我是你的什么?

镜头4:周杰伦望着女主角回答道:你是我的优乐美啊!

镜头5:女主角娇嗔地问道:啊,原来我是奶茶?

镜头6:周杰伦淡淡地回答道:这样我就可以把你捧在手心了!

镜头7:女主角甜蜜地笑了

镜头8:特写优乐美奶茶

场景三:

镜头1:下雪天,周杰伦去接女主角下课

镜头2:周杰伦体贴地递上了一杯热气腾腾的优乐美

镜头3:两人背靠背地坐在校园的雕塑下

镜头4:女主角问:你喜欢我什么?

镜头5:周杰伦若有所思地回答:我喜欢你,优雅、快乐又美丽。

镜头6:女主角突然会过意地问:哎,你说的是优乐美啊!

镜头7:周杰伦回过头淡淡地说道:你就是我的优乐美啊!

广告文案

这一组广告就很好地利用了周杰伦大众偶像、大众情人的形象,并根据周杰伦的语言特点以及曾经饰演的人物性格进行了情景对话的编创,广告十分具有周氏风格,在年轻群体中产生了一定的影响。

4. 故事叙述

电视是最适合讲故事的媒体,其丰富的视听语言十分适合讲述一个引人入胜的故事。例如雅虎请冯小刚、陈凯歌、张纪中三大导演为雅虎搜索引擎量身打造的三个故事广告《跪族篇》、《阿虎篇》、《考古篇》分别围绕雅虎搜索引擎讲述了三个与搜索有关的故事,而宝马的电视广告也是十分倾向于故事叙述,在它的系列广告中,它塑造了一个有着保镖身份的特殊的宝马司机,并围绕他的职业人生讲述了一个个与驾驶有关的惊心动魄的故事。

故事广告要注意电视广告的时间限制,因为电视广告一般只有几十秒钟的时间,要在这么短的时间讲述一个有吸引力的故事,一定要有一个好的故事脚本,同时也要注意故事同广告主体之间的联系,一定要在故事脚本的创意和构思中让广告主体充当重要的角色,或者围绕广告诉求的重点来构思故事脚本。如曾经获得戛纳电视广告金奖的百威啤酒《龙虾逃生篇》,就在短短的几十秒内讲了一个惊心动魄的故事:龙虾为了从厨师手里逃生,绑架了"百威啤酒",从而成功逃生。该电视广告没有采取动画制作,而是实景特效制作,十分逼真,更重要的是十分巧妙地烘托出了百威啤酒在饭店的重要身份。而另一则关于果汁饮料的故事体广告,也是在短短几十秒的时间内描述了"美国派式"的校园里,灰姑娘在众人鄙夷的眼神中与白马王子偶然邂逅了,深情的音乐响起,似乎一段美好的爱情故事就要展开,但一声巨大的"嗝"打破了这一切美好的意境,果汁饮料的标版随着画外音出现在广告结尾:No gas all taste。原来故事的幽默点只为表达产品的诉求点——不含碳酸的果汁饮料。

5. 生活片段

把广告场景置身于人们的现实生活中,以人物的生活经验、境遇来影响其他消费者,或改变人们对某些产品的态度。这类广告,贴近生活,令消费者感到亲切、自然、放松。

"贵州神奇痔疮药盒"电视广告

镜头1:一身着长袍马褂、坐立不安的男子表情痛苦地在来回踱步,发出呻吟声:"哎唷、哎唷……"

画外音(女声 关切地问):"怎么啦?"

镜头2:男子边走边回答:"痔疮……有好药吗?"(面部特写,企盼地)

画外音(男声):"神奇痔疮药盒"。

……

画外音(女声):"怎么样啊?"

镜头3:(切换)男子走上来,一抖长袍马褂,得意地坐入逍遥椅中:"神了!"

画外音(男声)配企业 logo 标版:"贵州神奇"。

生活片断型电视广告在国外亦比比皆是,比如日本松下传真机电视广告:在日本一个普通的家庭中,操持家务的妻子不慎打破了一只茶杯。她要一只新茶杯,希望丈夫在下班途中顺便买一只,便用松下传真机与丈夫联络。临近下班,丈夫看到窗外下着瓢泼大雨,想到自己走出地铁站后距家还有相当一段距离,便用传真机告诉妻子,请她届时带着雨伞在车站等候。夫妻俩碰面时用手势询问交谈,这时观众才明白,原来妻子是哑人,无法用电话与丈夫联系,传真机帮助他们迅速快捷地传递了信息。丈夫带回了妻子需要的茶杯,妻子带着雨伞接到了下班回家的丈夫,两个人愉快地撑起伞,相伴而行,消失在傍晚的雨幕中。结尾处一个男声道出了广告语"温暖人间的信息交流工具"。这个生活片断型广告曾获 1990 年日本电通优秀奖。

6. 解决问题型

先提出生活中遇到的问题,然后解决问题,在此过程中展示某商品的特性。为了吸引受众对广告内容的关注,我们往往需要在广告中提出一个与受众息息相关的问题,并将广告主体转化成解决问题的有力武器,以此来达成广告目标。如高露洁广告中提出来的牙龈出血的问题,舒适达广告中提出来的牙齿过敏的问题,多芬广告中提出来的头发干枯、掉发等问题,都是为了烘托出产品相应的特性。

高露洁 360°卓效护龈

镜头 1:(近景)杨澜正在准备直播的忙碌状态

镜头 2:(特写)直播间灯亮起,正在直播

镜头 3:(中景)一位男编导推门进来

人物语言(男声):杨澜姐,直播马上开始了

人物语言(女声):好

镜头 4:(中景)男编导拿起桌上的青苹果,咬了一口

镜头 5:(特写)青苹果上因为牙龈出血而留下印迹

人物语言(男声):哟,牙齿出血了

镜头 6:(中景)杨澜关切地走近

镜头 7:杨澜拿起高露洁牙膏

人物语言(女声):哟,牙龈有问题可不要小看,试试新高露洁 360°卓效护龈

镜头 8:(特写)电脑屏幕上展示的牙齿细菌减少的特效动画

人物语言(女声):它能有效减少牙龈线周围的细菌,经测试验证能有效减少牙龈出血和红肿,3 周起效

镜头 9:(近景)男编导拿起牙膏,疑惑地问道:

人物语言(男声):真的有用吗?

镜头 10:(近景)杨澜拿起苹果果断地咬了一口

人物语言:(女声)没血吧?

镜头 11:(特写)苹果上没有牙龈出血的痕迹

人物语言（男声）：我马上去试试

镜头12：（特写）高露洁产品

人物语言（女声）：快试试新高露洁360卓效护龈，减少牙龈出血和红肿。

7. 幽默风趣型

笑声是全世界通用的语言，幽默型电视广告能给人带来欢笑，在无形中拉近广告与受众的距离，使广告更具亲和力。幽默型广告不仅给人带来欢乐，往往在引人发笑的同时又耐人深思。由于中外文化的差异，国外幽默广告十分普遍，但在国内并不多见。然而，近年来幽默含蓄的广告逐渐地引起了观众的兴趣和关注，幽默讽刺式的广告形式能有效地吸引观众的注意力，能透彻地点明事物的本质和核心，并且会给观众留下悠长的回味余地。例如炫迈口香糖的"根本停不下来"系列电视广告，就用幽默夸张的手法表现了炫迈口香糖的香味持久。克咳胶囊的电视广告挖掘出了生活中咳嗽的"弦外之音"，十分幽默。

克咳胶囊的电视广告"公车篇"

镜头一：公共汽车上站着一个戴鸭舌帽的男子，正贼眉鼠眼地四处张望

镜头二：乘人不备，把手伸进了一位女士的包里，正准备偷东西

镜头三：小偷立刻吓得把手缩了回来

镜头四：见没人注意，小偷再次下手

人物音响：（两声咳嗽）咳咳 咳咳

画外音配字幕：有时候咳嗽是一种美德

画外音（企业标准声）：克咳

出企业logo标版

克咳胶囊的电视广告"作弊篇"

镜头一：寂静的教室正在考试，同学们都在安静地答题

镜头二：讲台上监考老师正在认真地看报纸

镜头三：一位男同学小心地瞄着监考老师，捡起地上的小抄

人物音响：（两声咳嗽）咳咳 咳咳

镜头四：男同学吓得赶紧把捡起的小抄当卫生纸擤起了鼻涕

画外音（男声）配字幕：有时候咳嗽是一种教育

画外音（企业标准声）：克咳

出企业logo标版

二、电视广告文案的创作要求

电视广告所独具的蒙太奇思维和影视语言，决定电视广告文案脚本的写作既要遵循广告文案写作的一般规律，又必须掌握电视广告脚本创作的特殊规律。具体要求如下。

第一，电视广告文案的写作，必须首先分析研究相关资料，明确广告定位，确定广告

主题。在主题的统帅下,构思广告形象,确定表现形式和技巧。

第二,电视广告文案的写作,其画面描述部分必须运用蒙太奇思维,用镜头进行叙事。语言要具有直观性、形象性,容易转化为视觉形象。以镜头段落为序,运用语言文字描绘出一个个广告画面,必须时时考虑时间的限制。因为电视广告是以秒为单位的,每个画面的叙述都要有时间概念。镜头不能太多,必须在有限的时间内,传播出所要传达的内容。

第三,电视广告是以视觉形象为主,通过视听结合的方式来传播信息内容的,因此电视广告文案的写作必须做到声音与画面的和谐,保持含义和逻辑上的同步,即广告解说词与电视画面的声画对位,像有些悬念性的广告,如果解释文字过早出现,就失去了原本的意义。再者,要注意文字和画面的诠释力度是否得当,如果画面已经表达到位,文案就不需要再重复画面的意思,否则就画蛇添足了。

第四,要注意各种文案内容适合用具体哪种形式去表现,是适合画外音或者人物语言,还是字幕。对产品的客观评价,适合用第三者口吻,也就是用画外音去介绍。如果用人物语言,不免生硬,不真实。但有些人物内心独白,就适合以独白加字幕的形式,显得更有意境和感情色彩。

第五,电视广告文案的写作,应充分运用感性诉求方式,调动受众的参与意识,引导受众产生正面的"连带效应"。为达到此目的,脚本必须写得生动、形象,以情感人、以情动人,具有艺术感染力。这是电视广告成功的基础和关键。

第六,写好电视广告解说词还要注意以下几点。

(1) 人物独白和对话,要偏重于"说",要求生活化、朴素、自然、流畅,体现口头语言特征。

(2) 对于旁白或画外音解说,可以是娓娓道来的叙说,或者抒情味较浓重的朗诵形式,也可以是逻辑严密、夹叙夹议的论理说道。

(3) 以字幕形式出现的广告词要体现书面语言和文学语言的特征,并要符合电视画面构图的美学原则,具备简洁、均衡、对仗、工整的特征。

(4) 广告词中的标语口号,要尽量简短,具备容易记忆、流传、口语化及语言对仗、合辙押韵等特点。

电视广告　　television advertising

电视广告文案　　copywriting of television advertising

电视广告文案创作　　the writing skill of television advertising copywrting

思考题

1. 请选择一则电视广告,分析其中的文案部分由哪些具体形式构成。
2. 请选择一则电视广告,将其分别改成文学脚本和分镜头脚本的格式。

3. 请给班上的同学推荐一则你印象最为深刻的电视广告文案,并说明原因。
4. 选择一则平面广播,将其改写为电视广告脚本。

推荐阅读书目

1.《影视广告创意与制作》,苏夏著,上海人民美术出版社,2009年。
2.《广告文案》,乐剑峰著,上海人民美术出版社,2009年。
3.《影视广告》,孙会著,中国传媒大学出版社,2012年。

CHAPTER 9 第九章 广播广告文案

本章任务

1. 掌握广播广告的媒体特点和优势
2. 了解广播广告的构成要素
3. 了解广播广告的基本形式
4. 了解并熟练运用广播广告文案脚本进行创作
5. 掌握广播广告文案的写作技巧

本章引例

　　下面是香港达美高广告公司获龙玺第 2 届环球华文广告奖铜奖作品。如果没有看标题,大家可能都以为是一则寻常的公益捐款广告,但是到广播结尾时关键的信息一出来,大家就恍然大悟。实际上在广播广告的创作当中,最常用的一种创意方式就是对比,不但包括信息内容的对比,还包括声音元素的对比,而这正是广播广告创意最主要的两种方式。

香港家庭计划指导会精子银行广播广告文案

客户:香港家庭计划指导会精子银行
时长:30 秒

音乐:(欢乐满东华)音乐贯穿始终

广告文案

> 男：我们谨代表广大有需要的市民，多谢以下各位善长人翁，慷慨捐献。
> 林先生捐 2 亿
> 何先生捐 5 亿
> 周先生捐 4 亿 6 千万
> 黎先生捐 3 亿
> 尹先生捐 2 亿 2 千万
> 梁先生捐 4 亿
> 热血男儿，香港家庭计划指导会精子银行
> 欢迎各位慷慨解囊，帮助不育夫妇。
> 捐献热线：2712 8442

第一节 广播媒体与广播广告

首先说明，我们在这里谈论的广播，特指传统意义上的电台广播，即与网络广播区别开来的。广播（broadcasting）是指通过无线电波或导线传送声音的新闻传播工具。通过无线电波传送节目的称无线广播，通过导线传送节目的称有线广播。[1]

现在，广播在传统四大媒介中是一个经常被忽视的媒体，试问现在的人们还有多少在使用传统意义上的广播呢？青少年在用？他们现在几乎都在用手机和互联网。中年人呢？中年人一般可能使用电视和网络多一点。所以剩下的只有老年人使用广播的可能性最大。所以在我们所有人当中这个广播使用发生的概率相对于其他几大传统媒体来说是比较小的。

不过话说回来，实际上广播的历史也很悠久——世界上最早的真正的广播诞生于20世纪20年代——美国匹兹堡KDKA电台，于1920年11月2日正式开播，这是世界上第一座领有执照的电台。中国的第一座广播电台建于1923年1月，由美国人奥斯邦创办，属于中国无线电广播公司的广播台，首先在上海播出。1926年，中国出现第一家自办广播电台——哈尔滨广播电台，由刘翰创办。1940年12月，中国人民广播事业创建，即中央人民广播电台的前身——延安新华广播电台创建。[2]

虽然目前电视、网络以及其他新媒体十分普及并拥有大量受众，但出租车、私家车数量以及老龄人口数量的不断增加，使得传统广播收听终端媒体仍然拥有相当一部分听众，广播仍然是企业宣传中的一种重要传播手段。

美国马可尼公司的广播发射机如图9-1所示。

---

[1] 参见：http://baike.baidu.com/view/35385.htm。
[2] 参见：http://baike.baidu.com/view/35385.htm。

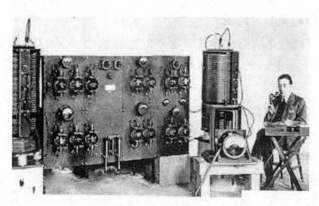

图 9-1　美国马可尼公司的广播发射机

一、广播媒体的特点

广播媒体是将信息诉诸消费者的听觉来实现信息传播的。它不依赖画面、线条、色彩、构图、明暗等手段表现商品信息,也无法展现物体的直观形象以及质感,它主要通过声音(有声语言、音乐和声响等)传递信息。它通过对词汇的不同选择、音调的变化、音乐及音响效果等让消费者联想到现实中可能正在发生的事情、当时的画面与场景,从而理解广播中所传达的信息。[1]

广播媒体的特点具体表现如下。

1. 广播是一种电子媒体,主要通过无线电的形式来传递信息

在一般的收音机或收录音机上都有 AM[2] 及 FM[3] 波段,这两个波段是用来供受众收听国内广播的,如果收音机上还有 SW 波段时,那么除了国内短波电台之外,受众还可以收听到世界各国的广播电台节目。

2. 广播主要诉诸受众的听觉,通过声音传播

广播主要还是使用一种类似于人际沟通般的一对一的方式来进行传播,它的语言主要表现为口语化的特征。

3. 广播的传播时间短暂,稍纵即逝

传统广播媒体是按照时间先后顺序展开信息传播的一种线性媒体,稍纵即逝,不容易保存,广播的收听者只能在不同频道之间转换而不能在同一频道内随意转换,听众相对来说具有较大的自主性。

---

[1] 甲鲁平.广告文案写作[M].北京:化学工业出版社,2011.
[2] 即调幅,英文是 Amplitude Modulation(AM)。调幅也就是通常说的中波,范围在 530～1600 KHz。调幅是用声音的高低变为幅度的变化的电信号。距离较远,受天气因素影响较大,适合省际电台的广播。
[3] 即调频,英文是 Frequency Modulation(FM)。一般干扰信号总是叠加在信号上,改变其幅值。所以调频波虽然受到干扰后幅度上也会有变化,但在接收端可以用限幅器将信号幅度上的变化削去,所以调频波的抗干扰性极好,用收音机接收调频广播,基本上听不到杂音。

4. 广播的收听对象非常广泛

广播主要通过口语化的语言诉诸听觉来传达信息，因此受众接收信息一般不怎么受文化水平限制，上至七旬老人，下到幼儿园的小朋友，几乎都能毫无障碍地接收广播发出的信息。

5. 广播是一种伴随性媒体

在现实生活中，大多数人都是边听广播边做其他的事情，比如，的士司机在开车时一般都收听当地的交通频道，以便及时了解交通拥堵情况，老年人晨练的时候可能边锻炼身体边收听中央人民广播电台的新闻节目。当然这种伴随性也同时使得广播信息传递的效果大打折扣。

阅读材料9-1

短波入门——调频、调幅、短波、长波

在一般的收音机或收录音机上都有 AM 及 FM 波段，相信大家已经熟悉，这两个波段是用来供您收听国内广播的，若收音机上还有 SW 波段时，那么除了国内短波电台之外，您还可以收听到世界各国的广播电台节目。为了让您对收音机的使用有更进一步的认识，以下就什么是 AM、FM、SW、LW 做一简单的说明。

事实上 AM 及 FM 指的是无线电学上的两种不同调制方式。AM：Amplitude Modulation 称为调幅，而 FM：Frequency Modulation 称为调频。只是一般中波广播（MW：Medium Wave）采用了调幅（AM）的方式，在不知不觉中，MW 及 AM 之间就画上了等号。实际上 MW 只是诸多利用 AM 调制方式的一种广播，像在高频（3～30 MHz）中的国际短波广播所使用的调制方式也是 AM，甚至比调频广播更高频率的航空导航通信（116～136 MHz）也是采用 AM 的方式，只是我们日常所说的 AM 波段指的就是中波广播（MW）。

那 FM 呢？它也同 MW 的命运相类似。我们习惯上用 FM 来指一般的调频广播（76～108 MHz，我国为 87.5～108 MHz、日本为 76～90 MHz），事实上 FM 也是一种调制方式，即使在短波范围的 27～30 MHz，作为业余电台、太空、人造卫星通信应用的波段，也有采用调频（FM）方式的。

而 SW 呢？其实可以说是对短波的一种简单称呼，正确的说法应该是高频（HF：High Frequency）比较贴切。而短波这名称是怎么来的呢？以波长而言，中波（MW）介于 200～600 米，而 HF 的波长却是在 10～100 米，与上述的波长相比较，HF 的波长的确是短了些，因此就把 HF 称作短波（SW：Short Wave）。

同样的，比中波 MW 更低频率的 150～284 KHz 的这一段频谱也是作为广播用的，就波长而言，它在 1000～2000 米和 MW 的 200～600 米相比较显然"长"多了，因此就把这段频谱的广播称作长波（LW：Long Wave）。实际上，不论长波（LW）、中波（MW）或者是短波（SW）都是采用 AM 调制方式。

对一般收(录)音机而言,FM、MW、LW 波段是提供您收听国内广播用的,但我国目前没有设立 LW 电台,而 SW 波段则主要供您收听国内/国际远距离广播。

二、广播广告的优势

1. 广播媒体传播信息速度极快

传统广播主要通过电波来传送信息,信息的发出与接收几乎可以同时进行,可以达到每秒 30 万公里的速度,从而实现传收同步。

2. 广播主要诉诸人的听觉,通过声音传播,容易使听众产生联想

首先就广播的谈话体的传播方式来说,虽然电台主持人实际上进行的是"一对多"的大众传播,但对听众来说,电台主持人仿佛是在对自己说话。听众往往会把自己"投射"到这种语境中,"扮演"与主持人对话的角色。其次,声音符号本身也提供了听众联想的材料。比如在欢声笑语中加入爆竹的声音,就会使听众想到新春佳节或其他喜庆的场景。

3. 广播的传播内容制作简单,修改方便,比印刷媒介更灵活

现在广播播出的文件都是电子文件,比如 wav、mp3、wma 等格式,除了声音录制时对设备要求比较高(比如需要专业的录音棚之外),其他的合成只要一台普通计算机就可以了。而电视广告的制作对硬件的要求就高很多,需要高清摄像机等专业设备;人员要求也多很多,比如导演、造型师、化妆师、制片、灯光等。

4. 广播作为一种广告媒体,它的广告播出时段的绝对价格较低,是一种非常经济实惠广告媒体

比如,在 2009 年左右,北京广播电台新闻频道 30 秒广告的报价每次只要 4000 元,而北京电视台综合频道 30 秒广告的报价是每次 48000 元,《京华时报》的彩色通栏广告的报价是每次 56000 元,在北京电视、报纸做一次广告相当于在北京电台做 12~14 次。[①]

5. 广播的传播范围广泛

电波传送不受空间距离、地理环境、天气等因素的限制,传播的范围比报纸、杂志等媒体更广泛。

第二节 广播广告创意脚本

一、广播广告构成要素

广播主要是一种诉诸消费者听觉的媒介,广播广告的构成要素主要就是与各种声音相联系的文字。广告撰稿人在创作广播广告文案时,必须要考虑到广播中出现的一

---

① 参见:http://www.cmmo.cn/home.php?mod=space&uid=85113&do=blog&id=35592。

切声音元素。

我们如果对广播广告仔细加以区分,就可以发现广播广告的声音其实可以大致分为三种类别:人声、音乐和音响。人声是指能发出声音的口头语言。音乐是指为广播广告配制的广告歌或广告的伴奏曲。而音响,是指除了人的语言、音乐之外的其他声响,包括自然环境的声响、动物的叫声、机器工具的声音、人做动作发出的各种声音等。①

1. 人声

人声,即人的语言声音。一般在广播广告里表现为配音员的播读或广告中人物的对话,有时也表现为旁白。人声是消费者理解一则广播广告必备的一个核心要素。人声除了表现语言的信息内容以外,还包含有音色、音调、力度、节奏等声音的表情特征。识别人声主要靠音色,而音调的高低可以表现人的情绪,力度的大小可以表示强调,节奏的快慢可以反映人的性格和心理状态。

比如,下面这则盼盼防盗门的广播广告:

音乐:(空灵、缥缈、清幽的曲子)

孙悟空:(恶作剧的)"嘿嘿,太上老君! 待俺老孙再去弄把金丹尝尝。"

太上老君:(低声的)"这猴子又来了,这回可有着儿对付他了。"

孙悟空:"哎哟,好结实的门啊! 哼,看俺老孙的手段!","我撞"!

音效:(撞门声)

孙悟空:"我撬!"

音效:(撬门声)

孙悟空:"我钻!"

音效:(钻门声)

孙悟空:(无奈的)"哎哟! 这是什么法宝啊?"

太上老君:(得意的)"哼哼,此乃老夫新装的盼盼牌防盗门是也。这下,再也不怕你这泼猴了! 哈哈哈哈!"

音响:(笑声,渐渐消失)

旁白:"盼盼守门,放心出门!"②

大家只要一想到孙悟空,就联想到我国著名的电影演员六小龄童所主演的1986年版《西游记》里的孙猴子,回忆起他在这部连续剧里的一言一行,整个一个活脱脱的泼猴。

2. 音乐

音乐,是大多数广播广告都包含的一种必备元素。音乐的使用有助于加强人的声音的感染力,同时也能渲染气氛,增强节奏,在给听众以艺术享受的同时,增强广播广告传播商品信息的效果。音乐还可以帮助受众记忆。有时,也许听众已经忘记了广告所宣传的商品的品牌,但当他们突然听到这个广播广告的音乐时,也许就会回忆起相关广告所宣传的产品。具体来说,音乐在广播广告中的任务主要有:①为销售信息营造有别

---

① 参见:http://baike.baidu.com/view/68529.htm。
② 初广志.广告文案写作[M].北京:高等教育出版社,2005.

于竞争对手的情感氛围;②加强特定的文案要点,塑造别具一格的品牌个性;③在广播广告的始终,赋予广播广告一种整体感;④为受众自始至终收听这条广播广告提供一个亲切的接口;⑤在广播广告发布较长时间后发挥免费广告的作用(例如,部分消费者哼唱或用口哨吹出他们所听到的熟悉的广告音乐)。①

在广播广告中,音乐的出现形式有两种。一种是广告公司专门为某广告创作的广告歌曲。另一种常见的方式是配乐,它是指给广播广告中的人声配上适当的伴奏曲。

比如,比较早的上海人民广播电台的获奖广播广告《民族乐器》就是一则典型的配乐广告。

(乐曲 A 段响起)

(脚步声传来……)

播音员:喈!各位乐器大师,你们好!

坠胡:老师,你好!

播音员:你好!噢,你就是会说话的坠胡吧?

坠胡:是啊!

播音员:你们在排练节目?

坠胡:是。你请坐,请坐。

播音员:噢,你让我坐呀?好,我坐,谢谢。你们排练,我在这听听。

坠胡:好。

(乐曲 B 段响起)

播音员:(情不自禁地)好极了,你们上海民族乐器一厂的琵琶不愧是荣获国家银质奖章的优质产品。

(二胡演奏)

播音员:啊,敦煌牌的二胡!

坠胡:二胡。

(筝演奏)

播音员:敦煌牌的筝!

坠胡:筝!

(笛子演奏)

播音员:敦煌牌的笛子。

坠胡:笛子!

播音员:到底是荣获过轻工部优质产品证书的,音色就是好!

坠胡:就是好,哈哈……

播音员:我早就听说你们上海民族乐器一厂的民族乐器又多又好,果然名不虚传!好,我这就到上海文化用品批发公司乐器部去订货,把你们全请到我们乐团去!

坠胡:好啊,再见!

---

① 谢理琳·赛格勒,赫伯特·霍华德.广播电视广告教程[M].北京:新华出版社,2000.

播音员:再见!
(音乐响起)①

二、广播广告文案脚本

广播广告文案脚本是广播广告创意的文字体现,是广播广告录制的蓝图,在录制过程中必须以脚本为依据才能具体发挥出来。

1. 广播广告脚本的格式

1) 广播广告脚本的内容

广播广告脚本一般包含如下内容。

(1) 客户的名称。
(2) 产品的名称。
(3) 投放的媒体种类及名称。
(4) 广播广告的时间长度。
(5) 广播广告播出的具体时间。
(6) 广告标题。
(7) 广播广告具体内容陈述。

其中,广播广告具体内容陈述部分才是广告脚本最为核心的内容。

2) 广播广告脚本写作中要注意的问题

音效与音乐部分要在广告脚本中做出明确的描述,但不能和人的语言写在同一行内,要另起一行,并在文字下面画上横线,以提醒制作人员注意。

广播广告中出现的每一个人声都必须注明角色,以方便录制的时候角色的分配与扮演。同时,要在演员的台词前注明角色的情绪状态及声音状态,比如,是生气的、喜悦的、滑稽的,还是惊恐的,或者是高声的还是低声的,等等。

2. 广播广告脚本的实例

以下是2006年第二十二届全国优秀广播广告作品一等奖获奖作品的广播广告脚本:

客户:北京人民广播电台
产品:形象广告
媒介:北京人民广播电台
时间长度:2008秒
标题:听,北京的声音

男1:听,胡同的清晨
音效:(清晨鸟鸣、自行车铃声、胡同声响、收音机里传来的声音)
男1:听,午夜的长安街

---

① 丁柏铨.广告文案写作教程[M].2版.上海:复旦大学出版社,2008.

音效:(夜晚长安街的车流声,电报大楼《东方红》的钟声)
男1:听,戏!
音效:(湖北会馆的京剧演出)
男1:听,曲儿!
音效:(四合院里的琴书与弦儿)
(音乐压混)
男2:北京的声音,北京新闻广播!

作者:张蓉 刘彤
配音:杨晨 李易
录音制作:张蓉[①]

三、广播歌曲与声音识别系统 SI

1. 广告歌曲

在广播广告中,广播歌曲是一种比较特殊的形式,它不仅仅是广播广告的背景音乐,而且是把广告的创意,用一定的音乐旋律表现出来的方式。一些实力比较雄厚的企业一般都会委托专业的作曲创作广告歌曲。有影响的广告歌曲甚至可以成为流行曲,能够在较长一段时间内不断地为企业传达品牌形象。

比如,小霸王电脑学习机广告中的广告歌曲,歌词如下:

你拍一,我拍一,小霸王出了学习机。
你拍二,我拍二,学习游戏在一块儿。
你拍三,我拍三,学习起来很简单。
你拍四,我拍四,保你三天会打字。
你拍五,我拍五,为了将来打基础。
你拍六,我拍六,小霸王出了486。
你拍七,我拍七,新一代的学习机。
你拍八,我拍八,电脑入门顶呱呱。
你拍九,我拍九,二十一世纪在招手。
在——招——手。

2. 声音识别系统 SI

在企业形象识别系统中,一般包括理念识别系统、行为识别系统和视觉识别系统。实际上,声音可以单独独立出来构成全新的一种识别类别——声音识别系统 SI(sound identity),使用具有独特声音特质的声音代言人,或是创作极具个性的标版音乐(一般都是广告结尾时伴随品牌名称出现的特有背景音乐,比如:宝洁荣誉出品),通过声音的

---

① 参见:全国优秀广播广告配音文案获奖作品(一等奖),http://www.ttpyw.com/newsshow.asp?id=11729。

识别做到一个品牌的不同广告都用同一种声音统一起来。听众只要一听到这种声音就会想起脑海深处对于某个品牌的记忆。在声音识别系统方面,做得比较成功的应该是英特尔。早在20世纪90年代初,英特尔公司就宣布:使用Intel处理器的电脑生产商只要在广播广告和电视广告中加上其创造的一小段独特的音乐旋律——"内有英特尔"(intel inside)咚,咚咚咚咚——就由英特尔给3%的广告回扣。借助于广泛的电视广告和广播广告,这一小段独特的声音也成了英特尔的独特的声音标志。[1]

阅读材料 9-2

CIS(corporate identity system,企业形象识别系统)

CI是英文corporate identity的缩写,有些文献中也称CIS,是英文corporate identity system的缩写,直译为企业形象识别系统,意译为企业形象设计。CI是指企业有意识、有计划地将自己企业的各种特征向社会公众主动地展示与传播,使公众在市场环境中对某一个特定的企业有一个标准化、差别化的印象和认识,以便更好地识别并留下良好的印象。

CI一般分为三个方面,即企业的理念识别——mind identity(MI),行为识别——behavior identity(BI)和视觉识别——visual identity(VI)。企业理念,是指企业在长期生产经营过程中所形成的企业共同认可和遵守的价值准则和文化观念,以及由企业价值准则和文化观念决定的企业经营方向、经营思想和经营战略目标。企业行为识别是企业理念的行为表现,包括在理念指导下的企业员工对内和对外的各种行为,以及企业的各种生产经营行为。企业视觉识别是企业理念的视觉化,通过企业形象广告、标识、商标、品牌、产品包装、企业内部环境布局和厂容厂貌等向大众表现、传达企业理念。CI的核心目的是通过企业行为识别和企业视觉识别传达企业理念,树立企业形象。[2]

第三节 广播广告文案写法

广播广告有不同的表现形式,不同的学者也有不同的分类方法。有的学者把广播广告分为口播式广播广告、对话式广播广告和实况式广播广告三种。有的学者把广播广告分为直陈式和文艺式两大类;前者又分为单人播送式、双人播送式和多人播送式三种;后者分为剧情式、歌曲式、诗歌散文式、广播节目式和曲艺式五种。有的学者把广播广告分为单口式、对话式、演唱式、音响式、戏曲式、快板式、相声式、评书式、京剧式和采访讲座式十类。有的学者把广播广告分为陈述式、对话式、小品式、歌唱式、诗歌式、散

---

[1] 初广志.广告文案写作[M].北京:高等教育出版社,2005.
[2] 参见:企业形象识别系统,http://baike.baidu.com/view/261007.htm? fromtitle = CI&fromid = 2127339&type=syn.

文式、表演式、综合式八种。也有的学者把广播广告分为直陈体、对话体、解说体、谜语体、歌曲体、诗歌体、小品体、日记体、戏剧体、广播剧体、快板体、故事体、相声体、独白体十四种。在这里，我们认为，广播广告总体上来说，主要有以下四种形式。

一、播报式

播报式广播广告文案是一种最基本的类别，它出现的时间最早，现在也偶尔见之。一般由播音员用类似于新闻播报的方式朗读出来，播报时可以采用一人播读或两人对播等方式将广告信息直接传达给受众，没有任何特别的情境设置，最多可能有的修饰就是简单的背景音乐与音效。这类广播广告的优点是直截了当、简洁明了、诉求简单，制作起来也较为容易，但缺点则是听众可能会觉得单调乏味，不够活泼，不容易吸引听众注意，除非在人声、背景音乐和音效方面加以改进。比如，我国早期的安徽省芜湖肥皂厂的广播广告文案：

安徽省芜湖肥皂厂是有50多年历史的老厂，产品有各种洗衣粉、肥皂、浆状洗涤剂、日用化妆品等近百个品种。其中神鱼牌洗衣粉、净灵牌加香酶洗衣粉、A字洗衣粉在全国质量评比中均超过一类产品指标，神鱼洗衣粉居全国第二，获省优质产品称号。该厂产品质量优良，品种齐全，包装新颖，价廉物美，畅销全国19个省市，深受用户好评。

芜湖肥皂厂厂址：芜湖中山南路×××号。

电话总机：××××。[①]

二、对话式

这种广播广告是指由两个或以上的角色，以对话的形式介绍商品特点。对话式广告有着一种类似于面对面的人际传播的特点，所以听起来比较自然，感觉比较亲切。比如，香港天高广告公司创作的一则广播广告：

男1：喂，你是三姑妈？

女：我是，你想问什么呢？

男1：我想问你可真是三姑？

女：我三姑行不改名坐不改姓，在三藩市唐人街没有人不认识我。

男1：你怎么证明呀？

女：这样吧，让我猜你在想什么。猜对了，你就知道我是三姑了。

Ummmmmmmmmmm

mmmmmmmmmmmm

mmmmmmmmmm

你想问前程。

男1：是呀！是呀！你怎么知道的？

[①] 崔晓文，李连璧.广告文案[M].北京：清华大学出版社，2011.

女：Ummmmmmmmm

你想知道事业，或者爱情，或者财运，或者家人，或者全部都想知道。

男1：哇，非常准确！我相信你是三姑了！可不可以说多一些呀？

女：Ummmmmmmmmmm

mmmmmmmmmmmm

mmmmmmmmm

男1：(打呼噜声)

男2(语速较快)：SUNDAY 1622

每逢 Sunday 免费拨去美加

有足够时间让你听到对方的声音

查询请电：××××

三、故事式

这种广播广告就是将商品的相关信息植入到一个生动形象的故事当中，以此来吸引目标听众的注意，达到传播商品信息的目的。比如，香港天高广告公司创作的另一则广播广告。

(音效：滴滴)

男1：喂，阿娟在吗⋯

(音效：滴)

女：This is Jane. I'm not available at the moment. Please leave your message and I'll call you back.

(音效：滴)

男1：很可惜，我和阿娟又不可以在空气中相遇了。到底是距离太远，还是缘分已尽呢？相信在加拿大、在美国，甚至在世界每个角落，都不会有人知道答案。缘分这回事的确很奇妙，为何世上有那么多位阿娟我都不认识，偏偏认识到这一位呢？不如大家在这个伤感的时候，听一支励志些、正面些的歌曲，希望各位失意人留意歌词：

乖乖

乖乖乖，乖乖 乖乖乖，

乖乖乖 乖乖乖，乖乖乖

乖 乖乖！

太阳依然从东方升起，明天始终要继续。希望各地华侨失意时，谨记：乖乖点。

男2(语速较快)：SUNDAY 1622

每逢 Sunday 免费拨去美加

你有没有这么多话说？

查询请电：××××

四、曲艺式

这种广播广告主要是为了避免人们对广告的抵触情绪,而采用小品、相声、快板等大家所喜闻乐见的民间艺术形式将商品信息传递给消费者,使其在不知不觉中记住了产品或服务的信息。比如,1996年中国广播广告奖获奖作品、由吉林市人民广播电台播出的广告黑劲风牌电吹风就是一则很不错的广播广告。

(掌声混)

甲:问您一个问题,您喜欢"吹"吗?

乙:您才喜欢呢!

甲:您算说对了,我的名气就是"吹"出来的。我能横着吹、竖着吹、正着吹、反着吹,能把直的吹成弯的,能把丑的吹成美的,能把老头儿吹成小伙儿,能把老太太吹成大姑娘。

乙:呵,都吹悬了!

甲:我从广东开吹,吹过了大江南北,吹遍了长城内外;我不但在国内吹,我还要吹出亚洲,吹向世界。

乙:呵!你这么吹,人们烦不烦啊?

甲:不但不烦,还特别喜欢我。尤其是大姑娘、小媳妇抓住我就不撒手呀。

乙:好嘛,还是个大众情人,请问您尊姓大名?

甲:我呀,黑劲风牌电吹风!

乙:嘿,绝了。

(掌声)[1]

阅读材料 9-3

注意电台广播广告文案三要素之间的配合[2]

电台广播广告三要素(语言、音响、音乐)之间的结合有不同方式。比如:

一、只有语言,没有音响和音乐

这是广播广告中常见的一种。其优点是简洁明了,制作简便,具有短、平、快的特点;缺点是容易显得单薄、平板,缺乏吸引力。

二、音乐和语言相互配合

广播电台广告具体可分成以下几种形式。

(1)以音乐开头,然后与语言相混插。

(2)以语言开头,然后与音乐相混插。

---

[1] 丁柏铨.广告文案写作教程[M].2版.上海:复旦大学出版社,2008.

[2] 方慧.注意电台广播广告文案三要素之间的配合[EB/OL].[2008-07-15]http://blog.sina.com.cn/s/blog_5989dc9b0100acv7.html.

（3）语言与音乐齐头并进。

（4）语言和音乐交替出现。

三、音响和语言相互配合

这种配合可分为以下几种形式。

（1）以音响开头。

（2）音响和语言交替出现。

四、音响、音乐和语言的配合

这种配合可分为以下三种形式。

（1）以音乐开头，穿插语言和音响。

（2）以音响开头，穿插语言和音乐。

（3）以语言开头，穿插音乐和音响。

所以说电台广播广告中的语言、音乐和音响三种要素，并非简单相加而是高度融合，共同塑造品牌形象，传播广告信息。至于三要素的组合方式则多种多样，要根据广告内容和作者的艺术追求而定。但必须遵循一条原则：寻求三要素的最佳组合方式，一切都为传播广告信息、保证广告效果服务。

第四节 广播广告文案写作技巧

从总体上来说，创意是广告的生命，广播广告文案写作中最重要的就是要体现商品对目标消费者最有吸引力的特点，而广播广告只能诉求听觉这个要素，因此，广播广告文案写作时必须要注意以下一些问题。

一、注意声音效果

广播广告本质上是为了销售。广播广告是为了推销某种商品或服务而做的，这些商品能否为消费者所接受，首先要让消费者能听清楚、听明白广播广告的内容，并且不能误解，因此广播广告文案的写作要从让消费者听得清楚明白的角度进行创作，总结起来也就是六个字"说得清，听得明"。

1. 语言方面

从语言方面来讲，要做到口语化，要多用通俗易懂的口语词汇，慎用书面词汇。要多用双音节词，少用或不用单音节词（因为单音节词读起来声音短促，不够响亮，听众很难在短时间内捕捉住这些词所表达的信息，会造成理解上的困难）。要注意同音异字词，在广播广告中，同音异字词常常会使人产生歧解甚至误解。要注意使用简称，除了约定俗成或广泛使用的简称外，最好不用简称。另外，要多用简单句，少用倒装句。

比如，台湾智威汤逊为黑牌威士忌所创作的广播广告。

印尼篇

女记者：部长，请谈谈您对印尼的看法。

男部长:嗯……这个印尼呀……对我们当然有影响。

男:我是黑酷面!我认为,不论是开支票、结婚或买卖,只要在盖章的时候,我们都需要印泥。生活上,印泥扮演非常重要的角色!

女记者:部长,您认为呢?

男部长:嗯……啊……这个吗……一切尊重民意。

男:Johnnie Wakler

黑牌威士忌,叫我 Hey,cool man!

考试篇

女:考季又开始了!我们现在请院长给考生一些鼓励!

院长:唉,考不好的人,不要难过,准备充分,下次再来……

男:我是黑酷面!我认为烤不好的人,应该先检讨烤不好的原因,其实,只要有恒心有决心,买好一点的肉,多烤几次,一定会烤得更香!更好吃!

(音乐:鼓掌欢呼声)

Johnnie Wakler

黑牌威士忌

叫我 Hey,cool man!

报仇篇

(风啸声)

男1:断剑客急追无情刀到了山崖边,他举剑挥向无情刀时,小红的声音又在心里响起!

女(小红):替我报仇……

无情刀:啊……

男1:小红,我替你报仇了!这把剑就扔向这无情谷吧!

男2:慢着,你是谁?我是黑酷面!断剑客,虽然这是把断剑,但是垃圾也不能乱丢,你小学老师没教过你吗?

男1:我……我……我

男2:Johnnie Wakler

黑牌威士忌

叫我 Hey,cool man!

2. 音乐音效方面

从音乐音效方面来讲,首先一则广播广告的背景音乐不能太响亮,不能盖过人声,本来很多人平时在听广播的时候同时也在做着其他事情,如果背景音乐盖过人声会更加影响到受众的收听效果,根本听不清广播广告在描述什么样的商品信息。其次广播广告要选择具有代表性的音效来烘托环境或气氛。比如,听到盘子碎了,实际上在广播广告中就不用文字描述,听众朋友就能把听到的声音和所发生的事情紧密联系在一起。音响音效要能够解释广播广告中的内容。

比如，台湾奥美为爱（易）立信所创作的一则广播广告：

男：你的手机可能会发出这种声音

（音效：滴滴 滴滴）

男：或是这种声音

（音效：滴滴滴 滴滴滴）

男：了不起的是这种声音

（音效：滴滴滴 滴滴滴 滴滴滴滴（乐曲））

男：但绝不会有这种声音

（音效：BMW318 引擎发动声——轰隆隆）

男：除非你的手机是易立信变频 868

（激动人心的音乐起）

男：现在买易立信变频 868，周周送一部 BMW318，让世界听见你开 BMW 的声音。

ERICSSON。

二、引发听众想象

广播广告要善于运用听觉的形象性，使听众产生丰富的联想，使他们好像可以亲眼看到产品、亲手摸到产品一样，或者把他们带入特定的情境当中，产生身临其境的感受。比如曾获全国广播广告一等奖的猎犬牌防盗报警器广告文案：

（音乐渲染出惊恐的气氛）

（沉缓地）一个寂寞的深夜

（音乐继续，低沉的脚步声）

一个窃贼的身影

（音乐继续，突然响起警铃声）

一鸣惊人的警铃

（音乐继续，急促有力的脚步声）

一声威严的喝令："住手！"

一名落网的惯犯。

"带走！"（一阵远去的脚步声）

一场落空的美梦。

防盗保险，请用猎犬牌防盗报警器。

猎犬牌报警器保您的文件和财产防盗、安全！

这则广告牢牢地抓住了听众的注意力，同时伴随着广播广告的音乐和音响效果，使大家不由自主地听下去。

三、重复主要信息

广播广告是通过声音传递商品信息的，通常转瞬即逝，无法保存。在这种情况下，广播广告要注意对重要信息给予适当的重复。如下面的我国早期的琴岛-利勃海尔电冰箱广播广告中对名称的重复和加强：

"琴岛-利勃海尔电冰箱"广告（海峡之声电台）

人物：爷爷和孙女

（汽笛，轮船声……）

孙女：爷爷，您看青岛马上就到了。

爷爷：好啊，孩子，咱们一下船就去办那件大事。

孙女：去买那个有两个大娃娃的电冰箱。

爷爷：叫琴岛……

孙女：琴岛-利勃海尔。

爷爷：对，对，对！琴岛-利勃海尔，还是我的小孙女记忆好，哈哈……

孙女：爷爷，我的小朋友都说，琴岛-利勃海尔电冰箱最棒了，是吗？

爷爷：嗯，琴岛-利勃海尔啊参加国际电冰箱招标，连续四次夺魁，全国啊独一无二，你说棒不棒呀！

孙女：棒，琴岛-利勃海尔真棒！（汽笛声，轮船靠岸声）[①]

适当重复，可以在消费者脑海中起到加深商品信息印象的作用。一般来说，在广播广告中品牌名称起码要重复三次。当然，重复太多，也会适得其反。

四、促发购买行为

大卫·奥格威曾经说过广告的本质就是为了销售，否则便不是广告。好的广播广告不但能够把相关的商品信息传达给目标消费者，还能更进一步刺激这些消费者产生购买所宣传的商品的行为，比如水莲山庄房产（广告平面图见图9-2）的广播广告文案：

鲤鱼跃龙门篇

您听过鲤鱼跳跃的声音吗？

这是清晨一点的金龙湖畔，请您侧耳倾听。

多少人一辈子没有听过这种声音，住在和信水莲山庄，这个声音将回荡在您的睡梦里。天天鲤鱼跳龙门，就在和信水莲山庄。

夜猫子篇

您听过夜猫子的声音吗？

这是夜里十二点的金龙湖畔，请您侧耳倾听。

如果您希望晚睡，住在和信水莲山庄，您将不会寂寞。和信水莲山庄，夜深人静，鸟比人忙。

莲花篇

您一定看过莲花开放，但是您听过莲花开放的声音吗？

---

① 陈培爱.广告文案创作[M].厦门：厦门大学出版社，2008.

广告文案

这是清晨六点的金龙湖畔,请您侧耳倾听。

没错,这是一群早起的蜜蜂,正叫着莲花,叫她快开门。和信水莲山庄,愈早起床,人愈健康。[1]

图 9-2　水莲山庄广告

这则房地产广播广告把诉求的重点放在小区环境的宁静、优雅方面,表现出喧嚣都市中不可多得的人与自然的和谐。该广告用疑问句引起消费者的关注,再加上音响效果的配合,将听众带入一个优美的想象空间,给人一种身临其境的感觉。

广播　broadcast
广播广告　radio advertisements
广播广告脚本　radio advertising script

思考题

1. 广播广告文案的特点是什么?
2. 广播广告由哪些要素构成?
3. 广播广告中声音是如何起作用的?
4. 请根据雷克萨斯(LEXUS)ES 系列轿车的以下信息,为其撰写一篇完整的广播广

---

[1] 甲鲁平.广告文案写作[M].北京:化学工业出版社,2011.

告文案。

雷克萨斯(LEXUS)ES系列轿车全新上市;车体经过6次油漆喷涂;88道轿厢隔音系统;内饰皮革经过1440小时鞣制;配置LEXUS-BOOK雷克萨斯智能副驾;PCS预碰撞安全系统;ACC自适应雷达巡航控制系统;雷克萨斯(LEXUS)顾客服务中心800-810-2772或010-64602772。

推荐阅读书目

1.《广播广告》,汤姆·范德莱,内蒙古人民出版社,2002年。
2.《广播电视广告教程》,谢理琳·赛格勒,赫伯特·霍华德,新华出版社,2000年。
3.《文案发烧》,路克·苏立文,赵萌萌译,中国人民大学出版社,2000年。
4.《广告创意策略》,A.杰罗姆·朱勒,邦尼·L.德鲁安尼,机械工业出版社,2003年。

CHAPTER 10 第十章 产品广告文案

本章任务

1. 了解各类产品文案的写作风格、工业品文案的写作要求
2. 掌握产品文案的物性诉求、人性诉求与证实性诉求等三大基本诉求方式
3. 运用产品文案的五条基本要求撰写各类文案

本章引例

别克君越汽车的象征性价值

在产品同质化的时代,消费者受价值的驱动,象征性价值成为多数消费者使用产品的趋向,因此,针对同一品类的不同产品,消费者赋予其象征性价值各不相同。别克新上市的君越汽车就以成功男士的象征性价值为诉求,表达"静无声"带来的社会地位和个人成功形象。

你有没有遇到过让你很头疼的人,他话不多,也不醒目,忽视他,你却会付出代价。(字幕:Intelli Safe 前瞻性智能主动安全系统)

他太沉稳,根本看不透他的底牌,他说,解决危机最好的办法,就是不要让危机发生。(字幕:Intelli Link 智能车载交互系统)

一个男人的内心,怎能如此安静,你听不到他,他却听到一切,不管如何努力,如何加快步伐,我总是甩不掉他。(字幕:Intelli Drive 智能高效动力操控系统)

其实有这样的对手,(字幕:他,不喧哗,自有声)还蛮有意思的。(字幕:全新君越,全系上市。不喧哗,自有声。)

第一节 产品与产品广告

一、产品的概念与分类

1. 产品的概念

美国密歇根州立大学教授、营销大师麦卡锡在20世纪60年代提出著名的4P理论：产品（product）、价格（price）、通路（place）、促销（promotion）。可以说，产品是营销的重要组成要素。营销大师科特勒认为，产品在市场供应中是一个关键因素，从广义上说，产品是任何一种能被提供来满足市场欲望和需要的东西，包括有形物品、服务、体验、事件、人物、地点、财产、组织、信息和想法等。[①]

判断一种东西是否属于产品的关键是看其是否能够满足市场的"欲望与需要"。从消费者的角度而言，凡是能够满足消费者和消费者需求的因素都属于产品范畴。一般而言，产品包括实体产品和无形产品。实体产品通常直接称为产品，无形产品一般称为服务。本节主要分析实体产品，关于无形产品广告文案将在第十一章服务广告文案专门论述。

2. 产品的分类

产品的分类主要是基于不同的需要，可有多种划分标准。按市场，产品可划分为消费品和工业品；按消费程度与产品明确程度，产品可划分为耐用品、非耐用品；按购买习惯，产品可划分为便利品、选购品、特制品等；按物理属性，可划分为包装商品、硬商品、软商品等。

由于广告是一种市场营销行为，其最终的目的是促进销售，所以，我们采用市场的划分，将产品划分为消费品和工业品两大类型。其中，消费品是指向消费者出售的所有商品，包括日常生活用品，如食品、饮料、家电、家居、医药保健品、汽车及关联品、房地产类产品等。消费品历来是广告投放的主要类型，如食品、饮料类广告一直是电视媒体投放的主要类型。被誉为"中国经济晴雨表"的央视招标会，近些年基本上是以食品饮料行业投放居首，仅以2014年招标预售的行业分布来看，食品饮料、家用电器、汽车及关联产品位居前三位。工业品是用于再生产的产品，是为满足生产者生产需要而生产的商品，如原材料、机械、五金、电气、化工、设备等。

二、产品广告的作用

产品广告即是在各种广告媒体上投放的各类实体产品的广告，包括消费品广告和工业品广告两大主要类型。产品广告是基于产品满足消费者的需求和欲望而产生的，

---

① 菲利普·科特勒，凯文·莱恩·凯勒.营销管理[M].13版.王永贵,于洪彦,何佳讯,陈荣,译.上海：格致出版社；上海人民出版社,2009.

因此,产品广告的作用主要包括以下几个方面。

1. 宣传产品特性,满足需要与欲望

任何产品,其成功的关键都在于它必须满足消费者的需要。需要(need)是产品广告的第一层面作用,它往往与产品的效用(utility)相对应,在广告文案中,要尽可能地表现产品满足消费者需要的属性;欲望(want)是产品广告的第二个层面作用,欲望是产品效用的更高层级,作用于消费者心理,是需要的进一步升华,也是人类与生俱来的、难以控制的本能。

满足消费者需要与欲望的方式多种多样,在广告文案中,宣传产品的特性,表现产品的效用即能满足消费者的需要与欲望。例如,以下这则红牛功能饮料广告,通过宣传饮料的"提神功效"这一产品特性,突出其满足消费者"抗疲劳"的需要。

> **广告语**:轻松能量　来自红牛
> **广告标题**:还在用这种方法提神
> **副题**:迅速抗疲劳　激活脑细胞
> **广告正文**:都新世纪了,还在用这一杯苦咖啡来提神?你知道吗?还有更好的方式来帮助你唤起精神:全新上市的强化型红牛功能饮料富含氨基酸、维生素等多种营养成分,更添加了8倍牛磺酸,能有效激活脑细胞,缓解视觉疲劳,不仅可以提神醒脑,更能加倍呵护你的身体,令你随时拥有敏锐的判断力,提高工作效率。

别克昂科拉围绕"年轻!就去 SUV"这一主题展开了一系列激发消费者欲望的广告运动,以下这则平面广告,通过极具震撼力的第二人称"你"与产品"我"的对话,巧妙引出"1.4T 心是我的发动机"这一产品的特性,极大地激发了80后这一年轻汽车消费人群购买 SUV 的欲望。(平面广告见图10-1)

> 你有一颗
> 比十万八千里还远的心
> 却坐在
> 不足一平米的椅子上
> 我知道
> 你的心很大
> 只是装不下
> 一次出发
> 去和自由一起私奔
> 1.4T 心
> 是我的发动机
> 1.4T 涡轮增压发动机全系标配
> 昂科拉 ENCORE
> 年轻!就去 SUV

图 10-1　别克昂科拉平面广告

2. 阐释产品特征,体现利益与承诺

产品自身的特征,如用途、功能、成分、生产技术等方面的特征能够为消费者带来好处,产品的存在意义往往在于其能够有效解决消费者在生活中遇到的问题。换言之,产品特征是产品带给消费者的好处。在文案中,充分阐释产品特征,按其重要性有选择、有条理地陈述产品特征,并明确告诉消费者产品特征带给消费者的好处,兑现产品的利益点与承诺点。宝洁公司的产品就非常注重解决消费者存在的问题,宝洁的经典语录:"在对手关注我时,我在关注消费者。我们真正的对手只有一个,就是消费者。"基于这一理念,宝洁所有的产品都是基于对消费者需求的深入研究而开发生产的,它旗下的三大经典品牌海飞丝、飘柔、潘婷均一一对应消费者的需求,其广告通过产品特征诉求,解决消费者生活中遇到的问题,兑现利益与承诺。

以下三则产品广告,通过阐释产品最显著的特征,兑现产品带给消费者的利益与承诺:海飞丝——专业去屑;飘柔——柔顺到底;潘婷——修护＋隔离损伤。

　　海飞丝:专业去屑,助您每周、每月、每年,持久去屑。丝质柔滑、容易梳理的完美秀发

　　飘柔:含发膜护发素 2 合 1 精华,一梳柔顺到底

　　潘婷:创世革新全线升级,修护＋隔离损伤,一开始就有效

3. 延伸产品价值,赋予附加值与品位

通过广告,可以在消费者心目中赋予产品的附加价值,因为消费者所使用的每一种产品,最终都会关联到其所认可的价值观。产品广告要通过产品特性、特征的表现,延伸出产品带给消费者的价值,并与消费者内心的需求和自我形象建立关联,形成消费者认可的价值观和生活方式(VALS)。通过产品广告,延伸产品的价值,让目标消费群沿VALS 阶梯,一步一个台阶,认可产品带来的附加值以及由此带来的生活品位。在这里,"有形"的产品化为"无形"的价值,带给消费者以生活的品位和附加值。

七匹狼 2011 年推出面向商务白领阶层的捍冬风衣,以七匹狼一贯的"狼"性文化,

突出优雅真男人面对寒冬自信从容,以特有的8毫米高效暖绒抵御寒冬侵蚀,印证"男人不止一面"的品牌价值宣言。

每个男人都是一阵风,但面对严冬,有人迷失了自己。真男人,始终捍卫自己的方向。七匹狼捍冬风衣,选用高效暖绒,(8毫米厚)以超细纤维抵御严寒(1.5倍暖,0.15千克轻)当御风而行,七匹狼捍冬风衣,捍卫真男人。男人不止一面(七匹狼捍冬风衣)

来自法国的世界高端护肤品牌——兰蔻经过10年心血研发,融合7项美肤专利,带来全球首款"基因保养"护肤产品——Génifique美颜活肤液,并于2009年以经典小黑瓶包装上市;2013年推出升级版,产品仍以"基因科技"主导,延伸出产品的价值带给女人保持年轻的"科技品位"。

一瓶见证更年轻的自己!灵感源自基因科技,全新升级兰蔻小黑瓶精华肌底液(抚平细纹 细腻肤质 平滑肌肤 弹润丰盈 透亮光采 柔韧肌肤 净澈肌底 紧致轮廓 匀净肤色 提拉紧实),唤醒10种肌肤年轻标记;前沿升级配方,修护激活10种年轻标记,柔软、细腻、弹润、透亮,年轻可见可触。全新兰蔻小黑瓶精华肌底液,亲临兰蔻专柜,年轻一触即发,法国兰蔻。

第二节 消费品广告文案

消费品是主要用来满足人们物质和文化生活需要的"消费资料"或"生活资料",产品广告文案的目的是说服消费者,促进产品的销售。为此,需要确定消费品广告与消费者的沟通方式,选择适当的广告诉求方式。文案大师克劳德·霍普金斯认为:每一个广告活动都取决于它的心理作用过程,成功与失败取决于诉求方式的对错。广告诉求是指用于吸引消费者注意力和影响产品或服务的感受的一种方式。

一、消费品广告的诉求

一般而言,广告诉求可分为感性诉求和理性诉求两种方式。在这两种诉求方式下,根据消费品首先表现为物质性的特点以及物质性带给消费者的利益、承诺、好处的特点,我们认为消费品广告的诉求主要表现为物性诉求和人性诉求以及两者产生的证实性诉求。

1. 物性诉求

物性诉求是指消费品本身存在的用途、功能、外观、成分、包装、品质、技术等产品特征、竞争优势、原产地及原材料等方面的诉求。物性是消费品最基础的特点,也是广告文案必须认真挖掘、反复分析的基点。消费品物性的诉求,可以增强消费者对广告产品的注意,引起兴趣,刺激欲望,留下印象,促成销售。

1) 产品特征诉求

产品特征是产品最直观的物性特点,任何一个产品都或多或少具有一定的特征;成分、效果、包装、功效、用途、型号、款式都可以成为诉求点。

民族品牌六神花露水在2012年掀起了一场"小清新"运动,相继推出多支动画短片,以网络化的语言赢得了年轻消费者的喜爱,在一支《花露水的前世今生》的短片中,全篇以诙谐幽默的语言将六神各种用途表现得一览无余。以下是该短片中描述产品特征的文案。

> 如今的花露水早已不是"白富美"的专利
> 在滴了几滴六神花露水的木桶里洗澡
> 成为很多孩子心中最惬意的童年回忆
> 事实上除了驱蚊止痒之外
> 工作累了喷一喷可以提神醒脑
> 加入水中可以给浸泡的衣物消毒
> 用花露水擦凉席会让整个夏天格外清爽
> 甚至用来清洁你心爱的iPhone也是不错的
> 得意于人民群众的厚爱
> 六神花露水家族也越来越丰富
> 发展出不同特点和香型的品种
> 曾经被网民疯狂追捧的冰莲香型的去蚊花露水
> 连那些只消费奢侈品香水的网民
> 都不得不臣服于Six God无地不在的性价比

2)竞争优势诉求

"从历史的经验来看,宣传优势到位的产品往往更容易获得成功……当然了,前提是那是一个值得宣传的优势。"① 竞争优势诉求是产品最能体现差异化的诉求点,是产品拥有的一项产品特征,让竞争性产品难以企及。最显著的差异通常对消费者具有强大的打动力和吸引力,威廉·伯恩巴克为经典的大众甲壳虫汽车塑造的"想想小的好处"的竞争优势诉求,打破了第二次世界大战后美国市场婴儿潮时期孩子日益增多的美国家庭对大空间汽车的需求,另辟小汽车区隔市场,凭借完美的竞争优势诉求及其配套的广告运动赢得了美国市场。

同样诉求于"小",奔驰smart汽车则以"小"的竞争优势诉求,宣传产品的"smart"带给"二人"大世界的精彩。

> 城市再大,也会有二人世界
> 步步smart
> 减一半身材,多一倍天地
> 步步smart
> 同样的路,走得更轻省
> 步步smart
> 因为安全,所以不怕碰

---

① 布鲁斯·本丁格尔.广告文案训练手册[M].谢千帆,译.北京:中国传媒大学出版社,2008.

步步 smart

这样的车越多，未来就越好

步步 smart

3）原产地及原材料诉求

消费品往往与产地、原材料有关。产地的气候、土壤、水土、光照、环境、风情以及原材料的优劣均与产品有关。因此，现在盛行的各类地理标志性保护产品等地标性产品、绿色食品标志、各类认证产品均是对产地及原材料的强调。在一些强调品质安全的产品广告中，经常采用原产地及原材料诉求，例如，蒙牛高端产品——特仑苏，从广告语"不是所有牛奶都叫特仑苏"就可以想见产品的品质。以下是由朗朗代言的特仑苏电视广告文案：

我只追寻这样的境界，就像我只喝特仑苏。海拔纬度，阳光水土，精挑高质牧草，优选良种乳牛，造就富含优质乳蛋白的特仑苏。金牌牛奶，特仑苏人生。

同样定位于高品质的牛奶产品——伊利金典，由王菲代言，仍然强调伊利牧场。

小孩：看蚯蚓啊。

妈妈：经典有机牧场，土壤三年净化，不施化肥。

小孩：水好干净哦。

妈妈：地下深层水源和家里喝的一样。

小孩：小甲虫。

妈妈：牧草没有农药，看它们吃得好开心啊，看得见才安心。

0 污染 0 添加

全程有机可追溯

广告语：天赐的宝贝给最爱的人

2. 人性诉求

产品的人性诉求是建立在物性诉求的基础之上。所谓人性诉求，是指产品的物性带给消费者的好处、利益、承诺及价值。产品之所以存在，是产品的物性所体现的人性意义。人们购买产品是为了解决问题，产品是解决问题的工具。

产品可以解决各种问题，从心理的到社会的，甚至是精神的，而且往往同时解决几个问题。在这里，网络上有一句很流行的语言："哥喝的不是茶，是寂寞"、"姐种的不是菜，是寂寞"，在这里，茶是化解哥、姐心中不快的工具，产品的"物性"被赋予了"人性"。具体而言，人性诉求可分为三大类别：利益诉求、承诺诉求及价值诉求。

1）利益诉求

很多时候，产品并非像传统的销售场景一样与消费者面对面，而是经由不同的渠道，诉求成千上万的目标消费人群。消费者凭什么会在海量的产品面前选择你的产品，是因为该产品确实为消费者带来了好处，有一个或几个非常清晰的利益点。产品广告文案必须要清楚地说明产品所承诺的基本利益，这往往是消费者购买产品，并形成对该产品的品牌忠诚度的一个重要影响因素。因此，消费者利益对应的是"产品的利益点"，如果消费者体会不到产品的任何利益，不管广告做得多么巧妙和密集，都无法留住消费者,更不可能建立品牌。

达利园集团的乐虎功能饮料以"喝乐虎,激发正能量"的利益诉求,巧借社会流行语"正能量"的正面效应,提示消费者"喝乐虎"带来的精神力量。

喝乐虎,提神抗疲劳。

开车出行,运动健身,喝乐虎。

繁忙工作,加班熬夜,喝乐虎。

困了,累了,喝乐虎,提神抗疲劳。

喝乐虎,随时随地,激发你的正能量!

2) 承诺诉求

广告大师大卫·奥格威特别注重广告的承诺,认为"承诺,大大的承诺,是广告的灵魂"。对一些功效特别的产品,可以经常运用承诺诉求来表达该产品的功效。承诺诉求常常借助公信力强的媒体,比如电视往往能让消费者相信产品的可靠性。但承诺要得当,承诺不当就成了虚假广告或不良广告,形形色色的电视购物广告就是因为过分夸大了产品的功效,过分承诺而让人反感。为此,大卫·奥格威特别警示,"选择正确的承诺极端重要,你绝对不能想当然地决定下来"。

2012年,洋快餐巨头肯德基陷"药鸡门"事件,为扭转局势,其在2013年推出了"每一口都安心"的食品安全承诺广告,从高层CEO到普通质监、养殖员工,层层承诺,让人安心。

CEO篇

广告正文:对肯德基而言,食品安全永远是我们的第一任务。(字幕:苏敬轼 百胜餐饮集团中国事业部主席)我们在中国有超过4500家店,每一家店都必须严格执行食品安全标准。我们肯德基选用的白羽鸡,是全球广泛使用的鸡种,不会添加激素,请消费者都可以放心。我们在中国有250000名员工,他们也都有自己的家人,为他们负责,为中国消费者负责,这是我们肯德基的责任。为了您和您的家人,肯德基承诺,每一口都安心。

员工篇

广告正文:我们是一起从农村过来的,我们养的鸡和农村养的鸡还真不一样。我们养的白羽鸡,羽毛白,长得快,一般40天左右出栏。我们养的鸡特别科学,比如饲料、温度……都管得严严的。自从来到这儿,才知道食品安全挺重要的。这样好,大家吃得放心。我女儿总是问我,这鸡是爸爸养的吗?为了您和您的家人,肯德基承诺,每一口都安心。

QA篇

广告正文:我叫姜海芳,我本身学的是农业科技专业。(字幕:姜海芳 家禽保健检测室负责人 福喜(威海)农牧发展有限公司)白羽肉鸡是世界上使用广泛的鸡种,能够40多天出栏,是因为鸡的品种好,再加上科学化的饲养。添加激素?那是不允许的。中国引进这个品种已经30多年了,各大酒店和超市都广泛使用,就说咱们的宫保鸡丁吧,大多是用白羽肉鸡做的。我自己也吃啊!因为这种鸡是非常安全的。为了您和您的家人,肯德基承诺,每一口都安心。

肯德基作为油炸食品，对于健康的影响往往是最受消费者关注的部分，肯德基避开了这一点，转向对原料白羽鸡的描述，十分巧妙。通过反复强调白羽鸡优良的鸡种、科学的饲养、安全的鸡肉，使消费者潜移默化地相信了肯德基食品是安全的，提升了品牌信任度。

3）价值诉求

从人性的角度来看，产品有吸引消费者的两种价值，一是实用性价值，二是象征性价值。消费者研究专家们认为，实用性价值来自于产品的功能特点，比如，某种产品可以实现什么样的实际功能；而象征性价值是为使用某种产品的典型消费者创造一种形象，比如使用某种产品会带来什么样的社会形象及个人形象。消费者总是寻求一种功能利益能满足自身需要的产品。同样，消费者也寻求那些社会形象与他们的个人认识相符合的产品。

医药保健品广告经常以实用价值为诉求，提示该产品的某项特别功能可以为消费者解决问题，体现实用价值。中美史克经常以"速效"表达产品的实用价值。

鼻子不通，让人睡不安宁。

快用新康泰克通气鼻贴，薄荷型、弹性贴片，扩张鼻腔，轻刮表面，释放薄荷香气（用于感冒、鼻炎、过敏引起的鼻塞），让你通气又清新。

鼻子通了，精神爽。（新康泰克通气鼻贴，各大药店、超市有售）

3. 证实诉求

证实诉求是指通过时代明星及虚拟人物代言，生活场景测试、实验证明、权威认证的方式，证明产品能够带给消费者好处、利益、承诺和价值，是物性诉求与人性诉求相结合的综合性诉求方式。

1）代言证实诉求

明星代言一直是广告的常用套路。利用当红明星为产品代言，可以延伸出产品的象征性价值，而让消费者产生移情心理。2012年，三星推出"100个喜欢Note II的理由"，发动史无前例的百人代言，启动百位明星为产品代言，分门别类详述不同行业明星使用三星手机的100个理由。例如。

三星 GALAXY NOTE II 百人证言　George 篇

（George，英国导演）这是 NOTE II，我的新手机。喜欢它有100个理由，对我来说重要的是，连拍很给力，可以帮我选出很漂亮的照片。（Samsung GALAXY NOTE II 让操作更有创意　SUMSUNG）

三星 GALAXY NOTE II 百人证言　程磊篇

（程磊，乐丰斋相声班主）这是 NOTE II，我的新手机。喜欢它有100个理由，对我来说重要的是，屏幕超大，玩游戏特别过瘾，用它玩大家来找茬，看得倍儿清楚。（Samsung GALAXY NOTE II 让视觉更有创意　SUMSUNG）

三星 GALAXY NOTE II 百人证言　李小冉篇

（李小冉，内地女演员）这是 NOTE II，我的新手机。喜欢它有100个理由，对我来说重要的是，S Beam 传送，让两部手机轻轻相触，即可轻松分享影音图文。（Samsung GALAXY NOTE II 让分享更有创意　SUMSUNG）

2) 场景测试

由于消费者关心的是产品解决问题的能力,因此呈现产品的生活场景,并针对生活场景中出现的问题进行现场测试,解决问题,这不失为一种有效的证实诉求方式。宝洁汰渍洗衣粉经常运用生活场景,比如吃火锅不小心沾到油污造成的问题,通过隐性对比的方式,对汰渍洗衣粉进行1分钟有效去渍测试,广告语"用汰渍,洁净就1步"更强化了这种测试结果。

海清:他们关心的是美食,我关心的是油渍。你怎么吃这么多油在身上啊!

孩子妈:就这油,够我洗半天呢。

海清:试试汰渍。

旁人1:洗衣液不行吧?去油很慢。

旁人2:不加洗洁精什么的吗?不加这些泡到明天也没用。

海清:相信我,给我一分钟。够了,够了。

旁人3:这么点儿就够了?

……

众人:洗衣液也可以洗得这么干净!

海清:我说的吧,一分钟起效。

广告语:汰渍,洁净就1步　宝洁

汽车行业运用实际路况进行各种测试活动是一种屡试不鲜的诉求方式。荣威汽车作为一款国产车,一直以来以爱国情作为主要的感性诉求路线,借势各种爱国事件奠定了其"爱国"的基调。推出的系列丈量边关活动,完美呈现了荣威在各种路况如履平地的完美性能,广告语"丈量边关,致敬英雄"是对场景的升华。以下是荣威W5丈量极地,致敬英雄的文案:

有多少传奇之路,值得破冰重温?

有多少英雄往事,等待揭开尘封?

曾经,我们丈量国土,丈量边关。

今天,丈量的车辙,将突破极寒禁区,(字幕:最高海拔1528 m　极端低温零下52°　森林覆盖率74.1%)和无往不至的荣威W5一起,用热血解冻无惧孤独,踏冰坚守的英雄精神。

荣威W5,丈量极地,致敬英雄,启程在即。

3) 普及性认证

普及性认证通过指出使用某产品的消费者数量或者指出该产品的销售数量,以及指出该产品是某权威机构、部门、活动认可认证的产品,间接强调该产品的市场领先地位和良好的口碑效应。普及性认证利用的是人的从众心理以及对权威的屈从心理。加多宝在与王老吉的商标争夺战中失利后,及时更改投放于央视的广告,强调"中国每卖出十罐凉茶,七罐加多宝";香飘飘奶茶广告文案则使用普及性认证:

香飘飘一年卖出七亿多杯,杯子连起来可绕地球两圈。

好味道当然更受欢迎,香飘飘连续六年全国销量领先。

多年来,几乎每一个行业都出现了各式各样的认证或标识,国家层面有"中国驰名商标"、"中国名牌"、"中华老字号",地方层面有"省驰名商标"、"省名牌",还有各种"地理标志性产品"、"绿色食品"认证、"ISO 质量管理体系认证"、"QS 质量安全认证"、"3C 强制认证",等等,无一不强调突出产品获得的各种认可认证,以此证实产品的可靠性。严格来讲,有些认证是行业的入门级要求,比如电器行业的"3C 强制认证"、食品行业的"QS 质量安全认证";有些认证是专门针对某一具体产品而言,比如"中国驰名商标"是专指那些获得国家认证的某一产品或品牌,但产品广告在宣传时,仍然以模糊的语言表述这种普及性认证,比如,一些企业一直以"中国驰名商标企业"著称,虽不算违法,但有可能会误导消费者,这一点要引起足够的重视。可喜的是,2014 年 5 月 1 日实施的《商标法》理清了驰名商标的保护制度,同时也明确禁止生产者和经营者把"驰名商标"的字样用在商品包装、容器上,这是从法律层面规范了普及性认证的适用范围,从而杜绝了"驰名商标"模糊指代的乱象。

读材料 10-1

文案撰写的前提:了解产品

无论你要为何种产品做广告,保持开放的心态和求知的欲望是非常有帮助的,它会使你全神贯注于产品本身及其具有的优势。

广告中好的点子通常源于对产品的调查研究。记住,不是所有的广告都是针对能触摸到的有形产品展开的。一些广告是为某项你从物理概念上讲抓不住的服务项目而制作的。例如,一项生命保障服务、健身房的年卡或者向慈善基金会捐款等。你的任务就是把这些抽象的利益概念转变成切实的感受和强烈的欲望。

无论是产品还是服务,作为广告文案撰稿人,你的工作就是尽可能多地去了解这个特定对象的特征和优势。不要因为某些问题比较笨拙或者甚至是显而易见的,就羞于向你的团队或者客户代表们启齿。

记住,最开始的介绍不是你获取产品信息或了解产品的唯一机会。你的协作团队也有责任去解决一些更进一步的问题。幸运的话,你还可能有机会询问客户,进行更深层次的交流,以获得更清楚的细节及澄清你没有把握的问题。

二、消费品广告文案的写法

1. 挖掘产品的"特定知识"

广告人乔治·费尔顿指出:你首先必须充分获取信息,把自己变成一个通晓该产品及其所属产品类别的专家。尽可能获取超量信息。[①] 只有挖掘超量的"特定知识"才有

---

① 乔治·费尔顿.广告创意与文案[M].陈安全,译.北京:中国人民大学出版社,2005.

可能完成组合,提炼信息。约瑟夫·休格曼在《文案训练手册》一书中提示:"告诉你自己:'我是一个专家,我已经学习了足够多的东西,所以能够非常有效地将产品的信息传达给顾客。'这就是我们所谓的'特殊知识'"。这是文案写作的第一步,也是重要一步。

梅高国际高峻先生在对长城葡萄酒的策划中,在挖掘产品的"特定知识"时,有个惊人的发现:全世界公认的葡萄酒六大产区:法国西海岸、地中海沿岸、北美加州太平洋海岸、南非好望角海岸、澳洲西南海岸、南太平洋智利海岸均为海岸区域,而按照"阳光(sun)、沙砾(sand)、海洋(sea)"的"3S"特质,根据蓬莱的地理位置及特点,认定山东蓬莱其实就是世界第七大葡萄海岸,这一结论获得了葡萄酒行业专家的一致认可,梅高精心策划,烟台长城投入巨资,聘请一流的影视制作公司和著名导演,赶在葡萄收获前拍摄一部长达八分钟的专题片《葡萄海岸,感性之旅》,该片气势宏大,具有史诗般令人震撼的效果。从世界葡萄酒产地的"3S"原则谈到世界七大葡萄海岸,展现了烟台长城葡萄酒的非凡品质。以下是《葡萄海岸,感性之旅》文案。

海风,浸润着大洋的胸怀;
阳光,闪烁着北纬38°上帝的眷顾;
砂砾,铺满了千年的传奇;
南王山谷——
蓬莱,神奇的葡萄海岸。
当贝壳风铃吵醒了丰收的季节,
葡萄携着大地的恩泽
和采摘女的芬芳,
还有橡木桶的耐心善意,
凝聚成紫色的玛瑙,
诉说着经典的传奇。
这一刻,
我心底里涌现出难言的情怀。
啊,葡萄海岸,感性天堂。

山东蓬莱由此将葡萄与葡萄酒产业作为全市"四大支柱产业"之一,并确定为"百年立市"的富民产业,这是对产品"特定知识"挖掘的典型案例。

2. 提炼产品的"独特卖点"

何谓卖点?所谓卖点,就是企业根据消费者的市场需求,在制造或销售过程中提炼出来的,能够引起消费者关注,使其在众多产品中选择本产品的独特的产品特点和销售主张。卖点具有三个基本特征:卖点是有需求的;卖点是能够引起关注的;卖点是具有相对差异性的。可以说,卖点是产品推广的点睛之笔,是撬动市场的支点。从产品众多的"特定知识"中一一梳理、分析、提炼出产品的"独特卖点",找到吸引消费者购买你的产品而不购买别的产品的区别点,是摆在文案人员面前的一项重要任务。

梅高国际高峻先生为光明策划新产品莫斯利安酸奶,在提炼产品卖点时,发现莫斯利安的最核心卖点是"长寿",以此为卖点,将莫斯利安定位于高端品牌,广告围绕"长寿"这一卖点展开。

长寿村,吸引着世界的目光。

我们探索莫斯利安,只为健康生活。

(字幕:保加利亚 玫瑰皇后)莫斯利安酸奶,采用莫斯利安原产益生菌种发酵。

长寿村的神奇秘密,此刻与世界分享。(字幕:长寿村的神奇秘密,莫斯利安)

广告语:新鲜我的生活,光明。

3. 呈现产品的"利益承诺"

利益承诺往往与产品的卖点有关,因为产品的卖点推广不是单纯的产品功能介绍,不是对产品自身的美化描绘,而是把产品的卖点与产品的目标消费群的消费需求心理有机联系起来,实现产品卖点与消费者心理需求相对接。①

消费者购买某种产品总是为了解决某种需求,追求某种利益。例如,同样是购买服装,有些消费者是为了蔽体,有些消费者为了美化自己,有些则是为了追求身份和地位。柒牌男装给男人的利益承诺是"男人就应该对自己狠一点";七匹狼男装带给男人的却是"男人不止一面";劲霸男装献给"混不好就不回来的男人";才子则带给消费者"才子赢天下"的利益承诺。

就文案创作而言,产品的卖点要表现为该卖点带来消费者在物质、精神、社会层面的利益承诺,分条缕析,按利益承诺的重要性程序依次呈现。在以天猫、京东等电商平台销售的几乎所有产品无一例外地根据对消费者的利益承诺,按重要性依次呈现。以下是联想电脑在天猫上的利益承诺。

解放双手,自由体验无与伦比

没有一个设备可以像YOGA平板那样脱颖而出。金属站立支架和电池卷轴的工业设计平衡了底部重量,让YOGA平板能稳稳地自行站立,解放了您的双手。

舒服地坐下来,轻松享受丰富娱乐体验。

最新杜比音效技术,带来更加清晰震撼的立体音响效果。

强悍电量,超越以往

YOGA平板的电量是大多数平板电脑的两倍,可持续使用达18小时。您能做更多、看更多、玩更多。从清晨到凌晨,YOGA平板全天相伴。此外,YOGA平板的强悍电池还能为您的移动设备充电,一路强劲续航。

即刻切换模式,即可输入文字

全新智能蓝牙键盘,可以瞬间将您的YOGA平板即刻转换为笔记本模式,让您便捷快速地输入文字,智能触控板也将更快速地为您找到您需要的内容。同时,具有磁力吸附功能的键盘也可作为YOGA平板的屏幕保护外壳。

---

① 徐峰.卖点推广与广告运作[M].北京:中国时代经济出版社,2005.

乔治·费尔顿提醒:"面对任何一个产品事实或特点,我们应该学会提出这样的问题:'谁会在乎它？这对消费者能有什么用或者真有什么用吗？用户能得到什么回报？'把好处与特点联系起来,让你的论点更加完整。"才能促进产品的销售。毕竟,产品特点只是产品的附属物,真正的意义在于产品带给消费者的利益承诺。对于消费者而言,产品所能带来的利益比它的物理特征要重要得多。

4. 确立产品与目标消费群沟通的"基调"

克莱斯勒公司用户事务部副经理劳雷尔卡特勒认为:"人人都有点喜欢的产品是没有前途的,唯有部分人很喜欢的产品才有前途。"任何产品都不可能面向所有的人群,更不可能让所有的人喜欢。产品广告文案必须要确立一个目标消费群,以适合于他们的渠道、方式与他们进行沟通。叶茂中曾形象地说:"给小孩看的广告,成人不喜欢有什么关系？给女人看的广告,男人不喜欢有什么关系？给农民看的广告,城里人不喜欢有什么关系？给俗人看的广告,高雅之士不喜欢有什么关系？给外行看的广告,内行不喜欢又有什么关系？界定目标受众是创作任何一条广告都必不可少的一个步骤,而广告最重要的就是取悦这些人,而不是所有人。"①

从某种意义上说,产品广告就是用正确的卖点对准正确的目标消费群,兑现正确的利益承诺,这需要高超的说服艺术。伯恩巴克曾提醒:我们都十分关心可以搜集哪些事实,但对于怎样以一种振奋人心的方式让消费者接受这些事实,仍重视不够。为此,我们在文案创作过程中要确立产品与目标消费群沟通的"基调",形成与消费者对话的风格。

QQ手机浏览器在2013年推出一组"想要体"风格的广告,将产品的极速特性与年轻消费群面对梦想拥有立即行动,不愿等待的心态结合起来,表现"我要的现在就要"这一广告主题。

QQ手机浏览器学生篇

我忙着急

急着成长,急着尝试,急着证明,急着跌倒,急着爬起,急着继续,急着浏览,急着体验

急着　闯出我自己的世界,什么都怕来不及

我　不耐烦,我要的现在就要

(字幕:QQ浏览器,一触即达。X5内核,网速0损耗)

QQ手机浏览器白领篇

有Bye可以说,就不说再见

有滚可以说,就不说走开

能快则快,废话不说,废事不做,废时不候

我　不耐烦,我要的现在就要

(字幕:QQ浏览器,一触即达。X5内核,网速0损耗)(字幕:腾讯出品,

---

① 张立梅.广告文案创作——商人的诗行[M].北京:经济管理出版社,2010.

值得信赖)。

QQ手机浏览器艺术篇
梦想,哪来时间打盹
我追着每个瞬间
我争着活出色彩
从不耐着性子等明天
我　不耐烦,我要的现在就要
(字幕:QQ浏览器,一触即达。X5内核,网速0损耗)

5. 化产品的"物性"为"人性"

"即使你了解了你的顾客、你的产品,你还必须意识到另外一件事,即每一种产品都必须以一种特别的方式来展示给你的顾客。简言之,每种产品自身都拥有一种本质,你必须去探索在顾客的头脑中这种产品的本质是什么。"[①]换言之,我们在文案的创作中要透过产品呈现的各种物质特点(用料、用途性能、色彩、规格、款式等产品外观、产品配套、产品工艺与技术、产品售前售中售后服务、包装),阐释产品的"物性"背后体现的"人性"带给消费者的好处、利益、承诺和价值。产品广告文案毕竟不是简单的产品说明书,只需列出技术规格、操作方法即可,而是要强调产品的各种"物性",转化为"人性",对消费者"示好",与消费者发展并建立互相依赖、互相满足的亲密关系,让消费者与产品建立双向交流、沟通的互动情景,体验产品"物性"带给消费者的"人性"。

以"颠覆性创意"著称的腾迈广告为麦当劳塑造的百分之百纯爷们百分之百纯牛肉,就是通过纯牛肉的产品"物性"提升为纯爷们的"人性",激发男性在主要消费鸡肉的麦当劳店内消费牛肉。

纯爷们,强壮、淡定、专注、果断、勇于竞争。百分百纯爷们,百分百纯牛肉,麦当劳巨无霸。(我就喜欢)

可口可乐则将一样的产品通过包装昵称的改变,赋予一样的可口可乐不一样的"人性",体现出世界不同的人分享共同的可口可乐。

每瓶可口可乐都不一样,纯爷们、型男、快乐帝、你的小清新、老兄。还有更多昵称一起分享。(和可口可乐/纯爷们/粉丝/闺蜜/好好男友/老兄/型男一起分享可口可乐)

阅读材料 10-2

推销概念,而不是产品

永远不要推销一种产品或服务,而是推销一种概念。
我所指的"概念"是什么? 有很多词语指的是同一件事。举个例子,也许有一天,广

---
① 约瑟夫·休格曼.文案训练手册[M].杨紫苏,张晓丽,译.北京:中信出版社,2011.

告业中流行的时髦用语可能是"定位"。一种产品以这样一种方式定位或放置,以吸引消费者。

其他一些常用术语是"大创意"(big idea)或者"独特营销策略"(unique selling proposition),甚至可能是"噱头"(gimmick)。无论叫做什么,他们基本上都是一个意思。你销售的是牛排的气味而不是牛排——是概念而不是产品。

这个规则唯一的例外是,当这个产品确实非常独特或者新奇,产品本身已经是一种概念的时候。以电子表为例,当电子表问世的时候,我几乎没剩下任何库存。当我第一次宣传它们的时候,我集中于揭示它的多样特性,都是一些全新的概念,然后就是等着接订单了。

但是随着电子表越来越多,每个人都知道它是怎么回事、怎么运作的了。每一则广告都必须运用一个独一无二的概念将电子表之间的特性区别开来。比如说,这个世界上最薄的电子表,或者一款有内置警报器的电子表,或者一款表带最贵的电子表,或者一款质量最好的电子表,甚至是一款在制造过程中装配了激光束的电子表——这些概念五花八门。用概念来销售电子表时,产品就不再是产品了。

三、各类消费品广告文案写作

消费品来源于不同领域,为人们的生活提供各种便利,囊括吃、穿、住、行各个方面,相应广告文案的笔触亦要延伸到各个领域,根据不同消费品的特点,面对不同的消费人群,找到正确的写作方式。

1. 食品类广告文案写作

食品包括各种供人食用或者饮用的成品和原料,但不包括以治疗为目的的药品。《食品广告发布暂行规定》:食品广告指导包括普通食品、保健食品、新资源食品和特殊营养食品广告。由于饮品在前文已有较多的案例,本处主要讲授食用类常见食品。

日本广告人植条则夫在《广告文稿策略——策划、创意与表现》中指出,随着饮食生活方式上的多样化,食品也开始发生了令人注目的变化:节约时间的倾向,多样化的倾向,西洋化的倾向,以及天然食品需求的倾向。这些倾向,不是以各自孤立的形式存在的,而是相互掺杂在一起,形成了今天的饮食生活的风格,而一般大众正享受着从未有过的丰富多样的饮食生活。

根据植条则夫的分析,我们认为食品类广告文案可在表现食品的方便美味、风味风情、天然安全等方面寻找诉求点带给消费者的利益点。

1) 方便美味诉求

现代社会快节奏的生活方式,使人们产生对各种快餐食品的需求,各种快餐食品应运而生:方便面、各种速冻食品等不断被研制、开发,占据消费市场,给繁忙而注重闲暇的现代人提供更多的方便。[①]

方便面一直以方便美味为主要诉求,画面展示大片食材,引起食欲,置于特定的场

---

① 胡晓云.广告文案[M].杭州:浙江大学出版社,2009.

景,享受生活的美味。在这里,方便面"方便"的卖点与"方便"带来的"美味"卖点合二为一,形成"方便美味"卖点。以下这则由鲁豫代言的康师傅亚洲精选方便面广告,就是将康师傅的亚洲美味与方便食品的便捷巧妙结合,以超强视觉画面激发味蕾。

    我关注亚洲各地新闻,同样的,我也关心亚洲地道美味。就像这杯康师傅
  亚洲精选,亚洲特色,几乎全在这里。看,除了熟悉的红烧牛肉面,还有醇厚的
  日本豚骨拉面,极鲜美的香港蟹黄鲍鱼面,享受亚洲美味,就是这么容易。康
  师傅亚洲精选(尽享亚洲美味)

2)风味风情诉求

  食品在不同的区域因不同的制作方法、食用习惯就会造成风味的差异,尤其是在一些民族地区,风味的差异往往与民族风情有关。比如云南傣族的"傣味"、新疆维吾尔族的"羊肉串味"、湘菜的"辣味"、川菜的"麻辣味"、江浙的"甜味",均形成了独具一格的风味风情。

  猫哆哩酸角糕推出的老派云南系列,以云南人特有的憨厚、质朴生活为诉求,将老派云南作风表现得淋漓尽致,从一个侧面表现猫哆哩特有的云南风味。

    青年:这雨什么时候能停啊?
    老者:喝好了雨就停了。
    青年:那怎么才算喝好了呢?
    老者:雨停了就喝好了。
    老派云南作风 猫哆哩酸角糕

3)绿色天然诉求

  食品安全问题正在成为一个全球性的话题。在中国,1999年以来食品质量安全重大事件的发生率有上升的趋势,尤其是2003年以来接连发生与食品安全有关的食品污染事件,食品质量安全重大事件增加;2004年国家发改委报告指出当代中国社会正在进入"高风险社会",食品安全问题日益突出;2009年,实施《中国食品安全法》正是对食品安全问题的有力回应;2010年,成立国务院食品安全委员会,食品安全问题已经成为全社会普遍关心的话题。"民以食为天,食以安为先",对绿色天然的食品就成了人们的自觉追求,文案可从食材原材料、制作工艺等方面强调食品的绿色天然,当然,前提是食品必须具有纯天然的特质。以下这则旺旺雪饼精米基地篇就是从绿色天然的原材料入手,表现旺旺生产工艺与原材料的完美结合。

    这是黑龙江东北大米生产基地
    为国家评定绿色大米之一
    我们用它来作旺旺米饼系列的原料
    从稻米品种的选择
    到属于集团现代化碾米厂的加工
    以及一流的专业生产设备
    旺旺集团全程严密掌控
    40年的专业米饼生产管理经验是我们的骄傲
    旺旺开创了米饼新世纪

2. 家电类文案写作

家电行业作为技术实践的主阵地,技术的改良换新必然会带来价格的波动,新产品的推出也需辅以一定的促销。因此,家电类广告文案的写作应围绕以下几个方面展开。

1) 注重传达家电的耐久性能

相对于快消品,家电属于耐用品。耐用性是家电的基本要求,也是家电类文案经常运用的诉求。

来自美国的 A.O.史密斯热水器强调家电的耐用性,以父辈用了 50 年还在给孙辈使用,清晰传达出史密斯热水器的超强耐用性。

我家的 A.O.史密斯热水器是父亲五十多年前买的(字幕:美国,弗吉尼亚州,普利斯夫人)。

过了半个多世纪,还是在用它洗,你也要洗半个世纪?美国史密斯热水器(字幕:史密斯,美国热水专家)。

2) 注重传达家电的售后服务

耐用品通常需要更多销售人员的服务,应有更高的利润,还要有更多的卖方保障。作为耐用品的家电,其耐用性带来的售后服务保障是文案的重要诉求点。海尔集团非常注意售后服务,给予家电"五星级的保障",让消费者没有后顾之忧。

风霜雨雪,铸就坚强品质,(字幕:几十项严格检验,高温、高湿、高寒)23年专业生产经验(字幕:海尔空调,二十三年,从城市到乡村)星级服务。

辛勤服务,真情不变(字幕:包修六年,使用无忧)。

海尔空调,高品质,好服务(字幕:海尔空调用户满意度榜首)

樱花抽烟机则是"永久免费换网"的倡导者,通过人工送网到家,让抽烟机永不担心油网的拆洗,实现"永久免拆洗"的服务承诺。

三十年来,无论您在何方,我们都把一份免拆洗的承诺送到您家(字幕:樱花吸油烟机,油网送到家,永久享受免拆洗)。

永久免费送网的倡导者,樱花,我们为你想得更多。

3) 注重传达家电的卓越品质

品质一直是家电的追求。静音、节能、环保、便利,都可以成为文案有力的诉求点。在地球能源日趋紧张的情况下,节能成为家电的重要品质。国家能识标识,一级节能的家电经常以此为诉求。美的推出的"一度电在家泡温泉"热水器清晰传达出美的高效节能品质。

字幕:用电量00001度 全新一代中央热水系统

美的温泉系列节能环保的新一代热水系统(字幕:智能控制,全屋热水轻松拥有)

1度电就能在家泡温泉(字幕:用电量00001度)

美的"温泉"系列空气能家庭中央热水系统

3. 化妆品类文案写作

从类型来看,化妆品可分为基础护肤品、美妆类产品两大类型,主要针对爱美女性,但近些年,亦出现了针对男士的化妆品。从区域来看,国内化妆品主要来自三大区域:一是以原材料进口、加工、生产为主的广东省;二是以化妆品销售、代售为主的华东区域;三是零星生产、销售的其他区域。化妆品类文案写作要把握以下几个方面:

1) 强调女人年轻美丽

年轻,一直是许多女性的追求,经典的白丽香皂广告语"今年二十,明年十八"可谓是对女性想保持年轻心理的深刻洞察。"美丽"成为了化妆品的主要诉求点。美即面膜"停下来,享受美丽"针对忙碌的都市白领一族,呼唤她们放松心情,停下手头的工作,享受属于自己的美丽时刻。(见图10-2)

  时间就像一湾流水
  不经意的流走
  不变的生活
  重复的轨迹
  一天24小时
  你有多少时间留给自己?
  停下来享受美丽(字幕:美即全系列面膜)

图10-2 美即面膜广告

自然堂的"你本来就很美",一语双关,传达出每个女人天生都美丽,自然堂产品取材天然,让你自然美丽。

  是什么让美如此滋润
  自然堂纯粹滋润(字幕:冰川水融合雪域植物精粹 雪域精粹纯粹滋润霜)
  每一抹都是五千里的滋润
  细嫩中透着鲜活
  女人就要活得滋润
  自然堂你本来就很美

2) 强调原材料原产地

强调原材料原产地一直是化妆品惯用手法。原材料的天然、绿色、有机、无污染能够让女人联想到肌肤触碰天然的喜悦;通过强调优质原材料及原产地,比如奥地利爱琴海的苦橙花瓣、日本奈良的樱花、夏威夷的深海水源、亚马逊雨林的晨露、新西兰富饶湾的奇异果园、荷兰的郁金香、希腊雅典的紫罗兰、法国普罗旺斯的熏衣草,原材料原产地的优势,带来化妆品的补水、美白、保湿、抗衰、弹力、紧致卓越表现。以下这则文案表现的是 Origins 悦木之源 Make A Difference™ Plus＋储水赋活面霜系列对原材料原产地的强调,突出约旦沙漠原产地复活草这一原材料的神奇储水力。

> **广告标题**：Make A Difference ™ Plus＋储水赋活系列　全新配方上市
> **广告正文**：植物学家远赴约旦沙漠,破译神奇复活草遇水重生的储水力,并升级注入荔枝西瓜菱锰矿精粹合成天然保湿因子的造水力,集合深海粉团扇藻的修护力,深度修护保湿屏障,形成源源水循环,拯救干涸肌肤的缺水危机,肌肤迅速满水赋活、生机勃勃。
> **广告语**：自造肌肤水循环　立现满水复活

3）强调无添加无残留

无添加,源于 20 世纪 90 年代,由日本化妆品业率先提出的全新概念,所谓"无添加",是指在生产和销售过程中没有添加对皮肤构成敏感、损害的成分,以避免出现"香污染"、"色污染"、"油污染",对消费者身体造成伤害,可以说,"无添加"带给消费者的是"零伤害"以及留住美丽的"无残留"。日本最大及最有规模的"无添加"护肤及健康食品品牌 FANCL(中文名：芳珂,又名芳凯尔)以"不含防腐剂,护肤更有效"著称,强调全线产品的无添加带来的无残留。以下是 FANCL——净化修护卸妆液的广告文案。

> **广告标题**：速卸眼・面・唇妆　还原素净美
> 副题：专业名模卸妆奥秘
> **广告语**：深层卸净　power up
> **广告正文**：卸妆不彻底会导致肌肤变差,加速老化,专业名模长时间带妆,肌肤依然细嫩,奥秘即在于——充分卸妆。FANCL"净化修护卸妆液",只需轻轻涂抹,即可将顽固的眼・面・唇妆及防晒霜充分溶解,随水而净。无添加,不含防腐剂及矿物油。FANCL"净化修护卸妆液",质地盈润,完全不含防腐机、矿物油、香料等刺激性化学成分,卸妆又护肤,令素颜更加清透水润。

4. 房地产类

胡晓云认为房地产具有三大基本特性。一是物业特性。房地产作为一种特殊的商品,是由质量、设计、地段、环境等有形商品与升值潜力、地位象征、个性风格等无形商品共同构成的。二是市场特性。不同的消费群有不同的需要,开发商往往有明确的针对性。三是营销特性。

广告文案

但是应该注意的是,房地产的购买是一种绝对理性的行为,需要消费者投放大量的时间、精力,反复调查、论证、研究、咨询,而广告在其中能起到的关键作用实际上是微乎其微的,它的主要功能是告知信息,因为消费者绝不会仅凭一则广告就购买一处房产,说服他、打动他的肯定是房产本身所具备的特质。因此,房地产广告无论是从密度还是强度来看,都是一场持久的广告战役,在媒体上大量投放广告,大量派发宣传单,未建先宣传,已经成为房地产广告的基本事实。由于房地产的信息庞大且全面,文案在这里是重要的展示信息的方式。

1) 房产自身优势

以房产自身魅力作为卖点来吸引消费者。户型、朝向、价位、材料材质、园林绿化、景观设置、物业管理,等等,均可以成为房产的优势,按重要性次序展示,全方位体现房产自身的优势。

中信红树湾地产将房产的多元景观,上升到远见的高度。

> **广告标题**:湾区多元景观,丰富才是占有的本质
> **广告正文**:单元景观的边缘,就是多元景观覆盖的中心,在都市中枢满足自然感受,不凡识见,总在不凡处,远见缔造一切。
> **关键词**:65万平方米超大规模/永久海景/沙河高尔夫/红树林/15公里滨海长廊的东部起点/城市主题公园/10万平米现代岭南风格园林

北京星河湾房产则将装点园林景观的黄蜡石以充满新闻性的标题,表达出房产对园林景观的不懈追求。

> **广告标题**:五辆专列悄悄进京……
> **广告正文**:他们原本生长在三千多里以外,自然灵性,温润如玉。一旦淋了水,就散射出流动的光彩。他们很重,也很大,最大的一块重达27吨,2004年6月,五辆专列悄悄进京……
> 在北京星河湾的一期园林中,共动用了5000吨黄蜡石,这才只是个开始。在放入园林景观里时,他们重大的身躯经历了多次的移位、吊装、调整、再吊装、再调整的过程……直到满意为止。虽然这些黄蜡石在整个园林里只占了很小的比重,但对完美园林的不懈以求,一如艺术家对待他的作品。而这,正是开发全成品豪宅必须具备的态度。
> **广告语**:星河湾,开创中国居住的全成品时代

2) 外部区位优势

区位是房产在地理上的外部优势。区位优势一直是房地产诉求的重点,学区房、CBD(中央商务区)、海景房等,通过区位优势的突显,赋予房产的附加价值。

长沙藏珑地产则以时间为线,一一描绘房产的区位优势带给居住者的归隐生活。

广告标题：Independent
据一湖,以淡泊世事沉浮
广告正文：多少次力挽狂澜,世人只知道您叱咤风云的气度
铁骨的柔情,隐藏在光环之中
渴望归隐的心里,有谁能知?
藏珑·岛墅
月湖拥戴,独立岛屿
尊容仅十二席
您此次藏珑归隐,是最高调的人生献礼
一湖,一岛,一墅
一种生活
掌心朝上,您永远触及不到天空
掌心朝下,您可以抓牢整个大地。
十二席独栋·藏天下人杰
【跨出家门】当您漫步藏珑……
一分钟,您可以在自家屋里赤脚行走,阔绰户型足可匹配您对理想之家的深刻理解。
三分钟,您可以走到600亩巧夺天工月湖前,看湖畔悠游的鱼,或是湖面微波荡漾。
五分钟,您可以进入月湖公园,漫步穿过曲折林荫小道,怡然自得看各类花草树木。
十分钟,您可以抵达浏阳河第九道湾的河畔,静坐于此看朝去夕来或河水轻漪。
半小时,您可以绕一圈1500亩藏珑湖上官邸,巡视潇湘人杰门户,看卧虎藏龙。
一小时,您可游走于世界之窗、广电中心、金鹰影视城,以文化心态走游戏之旅。

3）历史文化

每一处房产都有历史的积淀。万科兰乔圣菲别墅将北京国家大剧院西移以保持故宫建筑风格的完整性这一历史出发,由此演绎出现代与传统相映成趣的历史厚重感。将乔圣菲房产选址体现的历史文化表露无遗。

广告标题：在兰乔圣菲看来国家大剧院西移700米刚刚好
广告正文：坐落天安门西侧的国家大剧院,一期完美的现代技艺受到世界的瞩目。

> 却少有人知道,其西移700米,实际是为了故宫传统建筑风格的完整性。700米,刚刚好的距离,现代与传统相映成趣,不至于冲突,也不至于疏离。在宝安中心区,如何成就一栋有历史感的别墅?兰乔圣菲从国家大剧院西移中得到启示。唯此兰乔圣菲付出的代价:100个日日夜夜三十多位专业人士的反复论证、推算、预测。不动一砖一瓦,心血不可估量,最终兰乔圣菲交出的答卷:选址宝安区政府以西500米,即体现对城市新格局的尊重,又从地缘上保证了四百年新安历史的传承。

下面这则文案,则从世界首富比尔·盖茨对具有现代设计感的高科技豪宅毫无兴趣,将家族的根放在具有历史文化气息的兰乔圣菲,借此突显房产的历史价值与文化内涵。

> **广告标题**:比尔·盖茨并不喜欢现代设计
> **广告正文**:任何财富都会向历史低头,比尔·盖茨也不例外。即使拥有心怀太平洋的高科技豪宅"未来之星",毅然选择把家族的根放在兰乔圣菲的土地,最纯正的别墅来自欧洲。深入骨髓的历史模仿不来。这正是传统工艺恒久价值的所在。万科兰乔圣菲,以纯正欧洲别墅为蓝本,用传统工艺精心打磨,建筑从内而外泛出内敛隽永的气息,历久弥新,百年别墅,传承百年家族。

第三节 工业品广告文案

工业品可按照其相关成本和进入生产过程的方式分为:原材料和零部件、资本项目、补给品和商业服务。原材料和零部件是完全进入并最终成为制造商产品的一部分的商品;资本项目是帮助研制和生产最终产品的长期持久的商品,包括装备和设备;补给品和商业服务是短期的商品和服务,以促进最终产品的开发和管理。工业品不同于消费品,其使用的场景多为工地、工厂、野外等普通消费者不太熟悉的地方,因此,工业品广告的诉求有自己的特色。

一、工业品广告的诉求

1. 科技概念诉求

永远不要推销一种产品或服务,而是推销一种概念。[①] 在工业品广告中,以某种全新的概念诉求将产品融入概念,甚至产品的名称就直接表达出了工业品的概念,这个概念就能让消费者明白产品本身的主要特性是什么。三一重工的C8泵车,以全新的科技概念传送产品的利益点。

[①] 约瑟夫·休格曼.文案训练手册[M].杨紫苏,张晓丽,译.北京:中信出版社,2011.

德国南部斯图加特(字幕:斯图加特/suttgart),世界著名的工业城,拥有无比深厚的制造底蕴和精湛工艺,誉满全球的汽车品牌都诞生于此。55年前,这里诞生了另一家伟大的企业(字幕:1954年/普茨迈斯特创立,Putzmeister founded in 1954),世界混凝土机械第一品牌——普茨迈斯特,它发明了第一台灰浆机(字幕:1958年,世界第一台灰浆机),并在长达半个多世纪的耕耘积累中,一直以最顶尖的混凝土泵送技术主导着行业的发展方向。

三一重工,这家优秀的中国企业,以短短二十余年的时间,成就了世界最大混凝土机械制造商,混凝土机械产销量第一的辉煌……

2. 工艺技术诉求

工业品由于其复杂的工艺,常人较难理解。因此,在文案中,以通俗、形象化的语言诉求其工艺技术,让"复杂的问题"简单化、形象化,不失为一条有效路径。三一重工的C8泵车对独创的八大核心技术进行了形象化的描述,让消费者对C8的工艺技术一目了然。以下是C8泵车部分文案:

臂架一键即定技术

臂架一键即定技术。每次移动臂架,很难在短时间精准定位,费时费力。C8泵车,帮您轻松解决这一难题,新研制的臂架一键即定技术,无论臂架移动后振动多大,只需轻松一键,臂架立即稳稳停住,轻松实现精准浇注。通过对比,可以清楚地看到,一键即定技术有多么惊人的准确性。

臂架智能减振技术

臂架智能减振技术。泵送过程中,臂架剧烈振动,不仅降低效率,还带来诸多的安全隐患。C8泵车,首创超强智能减振技术,让臂架在泵送过程中的振动减少高达50%,平稳程度超乎你的想象。C8不仅彻底地改进与提升了泵送的平稳性,更将泵送效率提升到极致,带来令人惊喜的安全关怀。

3. 能源责任诉求

工业品的大量使用,带来的是工业的发展,消耗的却是能源,因此,工业品如何勇于担当,承担能源责任,以更低的能源获得更高的效率,是工业品诉求的一个方向。壳牌集团一直致力于能源的深度开发,以探索新能源为切入点,阐释其产品的性能。

在新的能源未来,

我们需要灵思巧变。

随着世界人口日益增长和能源需求不断加大,我们需要开采深藏于沙石之中和海底之下的"难采"石油。

这就需要突破性的技术和创新,如蛇形钻头。我们发明的蛇形钻头可以创造性地绕过障碍获取原油。

如今,这项技术已经应用于文莱油田。

二、工业品广告文案的写法

1. 确立与社会关联的角度

工业品属于生产资料,具有工具属性的特点,是为满足生产者生产需要而生产的商品,并非直接与消费者接触或接触的频次不够,因此,工业品相对消费品而言,具有明显的"物性"特点,但应该注意的是:工业品最终的指向是作用于社会,服务于人类。因此,在工业品文案写作过程中,我们首先要选择一个工业品与社会的关联性的角度,从能源消耗、开发的角度还是人类发展的角度、国家经济建设的角度,与社会建立关联,让社会关注某些问题,从而关注工业品解决社会问题的能力。

中联重科的擎天系列高端泵车首次植入科幻大片《钢铁侠3》中:钢铁侠拯救了世界,与魔怪大战后,留下了残缺的世界,中联重科据此提出了一个新命题:谁来重建未来?

钢铁侠拯救世界,谁能重建未来?构筑未来的力量,中联重科(专业 重工科技,《钢铁侠3》,全国上映)

配合《钢铁侠3》的全国公映,中联重科推出擎天系列高端泵车,传达出泵车重建未来的使命与责任。在这里,中联重科泵车与社会建立了关联:泵车的任务就是重建钢铁侠拯救后的世界,让明天的人类过上更加幸福的生活。

2. 表现工业品的科技含量

工业是产生高科技的摇篮。从某种意义上讲,正是科技推动了工业,让人类步入了工业社会,而人类进入工业社会的标志往往是科技的发明及由此带来工业品或生产工具的革新。人类第一次工业革命的标志是发明了蒸汽机;第二次工业革命的标志是发明了电灯;第三次工业革命是发明了人造卫星。这些工具为工业提供了源源不断的科技动力,将人类不断推向工业文明。因此,在文案中表现工业品的科技含量是工业品文案常用的方式。

一张纸传承人类文化(字幕:2000年前,蔡伦发明造纸术)

一行字延续人类思想(字幕:1000年前,毕昇发明活字印刷术)

一台蒸汽机推动人类前行(字幕:250年前,第一次工业革命)

一个电灯照亮人类生活(字幕:150年前,第二次工业革命)

一颗卫星指引人类未来(字幕:50年前,第三次工业革命)

科技,不断改写和推动人类历史(字幕:21世纪)

三一(字幕:三一重工),一直用最顶尖的技术改变世界(字幕:中德科技,砂浆革命)

2013,三一邀您一起改变世界。

3. 体现工业品的文化与人性

不同于消费品,工业品由于与日常生活的关系不甚明显,往往给人以冰冷的"物性"感觉,很难体验工业品的"人性",更难体验工业品附有的文化底蕴。

"人性"与"文化"总是相连,但"文化"一词错综复杂,英国文化人类学家爱德华·泰勒认为文化"是人类在历史经验中创造出来的、包罗万象的复合体"。文化的确关系到我们生活的方方面面,任何一种文化都是人类在长期的社会生活中逐渐累积而成的,文化本身既可以在社会的不同群体中传播,又在其传播过程中不断发展和变化,它具有传播和演化两个重要特点。在工业品文案撰写中,体现工业品的人性,并据此表现文化内涵，能够缩短工业品与人的距离，以此打动人。

关键词

需要与欲望　needs and wants
利益承诺　interest and commitment
物性诉求　physical properties appeal
人性诉求　human nature appeal
证实性诉求　verifiability appeal
特定知识　specific knowledge

思考题

1. 产品文案创作有哪些基本诉求方式？
2. 在产品文案创作中，如何将产品的"物性"转化为产品的"人性"？
3. 消费品文案创作应注意哪些关键问题？
4. 工业品文案创作有何特点？
5. 自选某一著名方便面品牌的某一产品类型，从风味、风情诉求的角度为其创作一则产品文案。

推荐阅读书目

1.《营销管理》，菲利普·科特勒、凯文·莱恩·凯勒，王永贵、于洪彦、何佳讯、陈荣译，上海人民出版社，2009年。

2.《当代广告学》(第11版)，威廉·阿伦斯、迈克尔·维戈尔德、克里斯蒂安·阿伦斯，丁俊杰、程坪、陈志娟等译，人民邮电出版社，2010年。

3.《我的广告生涯 & 科学的广告》，克劳德·霍普金斯著，邱凯生译，中国人民大学出版社，2008年。

4.《广告文案》，何辉著，北京大学出版社，2009年。

5.《广告文案创作——商人的诗行》，张立梅编著，经济管理出版社，2010年。

6.《广告文稿策略——策划、创意与表现》，植条则夫，俞纯麟、俞振伟译，复旦大学出版社，1999年。

CHAPTER 11 第十一章 服务广告文案

本章任务

1. 了解无形诉求与有形诉求的概念
2. 掌握服务广告文案写作的四条原则(注重无形价值、突出优势服务、引发人性共鸣、化无形为有形)
3. 用化无形服务为有形诉求,实现诉求点与服务内容的紧密结合

本章引例

交通银行形象广告"财富管理篇"

作为交通银行品牌的创意代理商,李奥·贝纳上海办公室负责了此次新形象推广的概念构思。任务是在"不止管理财富,更助您实现人生价值"的品牌理念之下,通过这支广告片呈现交通银行拥有综合化、国际化的银行业务以及非银业务。

李奥·贝纳的创意团队确立了以从"财富需求"到"人生价值需求"的递进式需求,作为概念主轴,在与贾樟柯导演的多轮头脑风暴后,以"父子情"主线,展现的是在经济发展的背景下,一家三口两次返乡的中国式财富人生故事。文案以文艺化的表现力,将交通银行的"无形"价值提升至消费者可知可感的"有形"生活故事,极具人性的张力。

第十一章 服务广告文案

> 你需要的,是给家人稳妥的保障,是对美好生活的投入
> 你需要的,是对家族兴盛的传承,是实践拓展世界的梦想
> 以综合化的财富管理能力助你实现人生价值
> 广告语:交通银行,您的财富管理银行

第一节 服务与服务广告

一、服务的概念与特点

(一)服务的概念

科特勒在《营销管理》中对"服务"的定义是这样的:"服务(service)是一方能够向另一方提供的、基本上无形的任何活动或作业,结果不会导致任何所有权的发生。而且,服务可能与某种有形产品联系在一起,也可能毫无关联。"由服务形成的服务业是一个庞大的第三产业,反映出一个国家的经济发展水平。著名的未来学家约翰·托夫勒指出人类社会的第三次浪潮是服务业的革命。到20世纪80年代中后期,服务业在西方发达国家经济中所占比重普遍超过60%,并呈现持续增长的态势,称之为异军突起的竞争领域并不为过。"服务因需求而产生,因需求而发展,随着商品经济的不断发展,服务需求日趋强大,服务业从单一的简单服务发展为多层次的复合式服务。"[1]因此,服务可谓无处不在,涉及门类繁多,从广义来看,服务包括营利性服务(航空、金融、通信、旅游、咨询、娱乐服务等)和公共性服务(政府及其所属的部门),本处所指的服务主要是指营利性服务。

(二)服务的特点

从科特勒对"服务"的定义可以看出,服务的最大特点是服务的无形性,在此基础上,表现出无形服务区别有形产品的特点。

1. 服务的无形性

"与有形产品不同,服务(service)提供的是一些无形的利益,能满足人们的某些需要或欲望,本质上是暂时性的,一般来自对某项任务的完成。"[2]这是服务的最本质特点,因此,服务在多数情况下看不到、尝不到、摸不着,听不到、闻不出。即使在获得服务后,服务利益的突现也并非立竿见影,往往需要一段时间才可体现服务的利益,具有潜

---

[1] 金定海,吴冰冰.中国广告经典案例评析[M].北京:高等教育出版社,2012.
[2] 威廉·阿伦斯,迈克尔·维戈尔德,克里斯蒂安·阿伦斯.当代广告学[M].11版.丁俊杰,程坪,陈志娟,等,译.北京:人民邮电出版社,2010.

移默化的特质。

拥有极高市场占有率的台湾山叶钢琴曾针对台湾地区许多儿童沉迷于电子游戏，引起家长们的担心和不安这一社会事实，为吸引更多的人来学钢琴，推出一句经典广告语"学琴的孩子不会变坏"，表现为人父母对孩子健康成长的关爱，也从一个侧面反映出"学琴"这一项服务的无形性带来的潜移默化的影响。

2. 服务的不可分离性

有形产品是先制造出来，然后运到仓库中存储，之后再进行销售，最后再消费的；而对于服务而言，则是生产和消费同时进行的。换言之，服务的生产现场与顾客在场同步，服务提供者与消费者之间的互动沟通就成为服务的一个典型特征。在服务行业，有两句被捧为圭臬的服务理念，"顾客就是上帝"、"顾客总是对的"。它们反映的正是服务的不可分离性，所以才需加强与顾客的沟通交流，赢得顾客的认可。

3. 服务的可变性

由于服务质量与何时、何地、由谁来提供服务都有着密切的关系，所以服务具有极大的可变性。同样一项服务，因为服务人员的变动，也有可能导致服务质量的差异；同样一项服务在不同的区域、不同的时间也会影响服务质量的差异。因此，服务行业特别注重服务质量规范，以尽量减少服务可变性带来的服务差异性。遵循"顾客才是真正的老板"，沃尔玛为实现"顾客永远是对的"的服务承诺，制定了严格的服务条款。其中，盛情服务条款写道：

> 我们鼓励员工做到：当您步入我们的商场时，要使您感觉到您是受欢迎的。我们聘用那些愿意向顾客微笑，并看着顾客的眼睛，向离自己三米之内的每一个人打招呼的员工，这就是我们所说的"三米微笑原则"。我们还将尽可能叫出你们的名字。

4. 服务的易逝性

服务不能存储，所以在需求发生变动时，服务的易逝性可能就是企业需要面对的问题。酒店服务、旅游景区受服务的"易逝性"影响，经常出现淡、旺季市场需求，酒店的入住率、景区的游客数、民航的上座率是经常被关注的问题。

澳大利亚大堡礁尽管久负盛名，但因为随着海洋升温以及游客增多，大堡礁的珊瑚虫一度濒临灭绝，经过一段时间的休养生息，大堡礁生态环境得到了恢复，知名度却已大不如从前，而且当地旅游受金融危机冲击，旅客量大减。为挽回流失的游客，昆士兰旅游局找寻出一个极具吸引力的创意点："世上最好的工作"——去大堡礁守岛。引发全球更多的人关注大堡礁。以下广告宣传中对守岛人的职责进行了介绍：

> 探索和汇报：看护员工作时间比较有弹性，其主要职责是探索大堡礁的群岛，以更加深入地了解大堡礁。他/她须通过每周的博客、相簿日记、上传视频及接受媒体的跟踪访问等方式，向昆士兰旅游局（以及全世界）报告其探奇历程。
>
> 喂鱼：大堡礁水域有超过1500种鱼类。试想象各式各样珍贵鱼类蜂拥而上的场景会是多么震撼！

清洗泳池：泳池虽然装有自动过滤器，但如果你发现水面上有一片飘落的树叶，那下水清洗泳池绝对是畅泳的好借口！

兼职信差：探险旅程期间，你可参与航空邮递服务，这将是在高空俯览大堡礁美景的绝佳机会。

看护员将获得什么报酬？成功的申请者于六个月合同期内可获取150000澳元的薪金。此外，往返经济舱机票（距申请人所在国首都最近的机场）、住宿，以及在哈密尔顿岛上的交通费、合同期内的旅游保险、电脑上网服务、具录影功能的数码相机、往来大堡礁岛屿间的交通均全部由昆士兰旅游局提供。

二、服务广告的作用

服务广告是推销一种服务而不是某种产品的广告。基于服务的以上四大特征，我们可以看出：服务广告的最终目的是建立无形的服务与有形的产品之间的关联性，为了消费者的利益，体现人文关怀，化无形为有形。

1. 表现服务的无形价值

服务的无形性增加了消费者的不确定性风险，服务广告要尽量通过具象的文图传达服务的无形性带给消费者的价值，让消费者在不知不觉中体会到无形服务无时无刻都在关注消费者，为消费者带来利益和价值。

为改变消费者对方正只停留在 IT 服务认识的局限，提醒消费者方正 IT 已经开始从事多元化的服务，方正集团曾推出方正 IT 系列广告，用对话的方式，告诉消费者方正 IT 涉及的地铁系统、医疗系统、跨媒体阅读带来的"方正 IT，正在你身边"的无形价值。

方正 IT　地铁篇

每天，我都在这里，向从不迟到的他说一声早安。和刚刚踏上社会的她讲一句加油。或是，跟离别的他们，道一句珍重！这里只是大都市的平凡角落，人来人往中，我祝福所有的出发，也迎接所有的到达。我是谁？你看不见我，我是方正地铁售检票系统。方正 IT，正在你身边。

方正 IT　医疗篇

这一刻，你的心情我知道。我知道你无力奔波，我知道你无心等待，我知道你想对一切都了如指掌，我知道你要想让遥远不再遥不可及。我知道你越多，就为你做的更多。因为你看医生，医生看我，我是谁？你看不到我，我是方正医疗信息管理系统。方正 IT，正在你身边。

方正 IT　跨媒体阅读篇

我发现，有些字写在手机上，也写在你的脸上。有些字写在屏幕里，也写在你心里。有些字写进了书本，也写进了你的思绪。你读懂了文字，我读懂了你。有字的地方就有我，我让阅读无处不在。我是谁，你看不见我，我是方正跨媒体阅读解决方案。方正IT,正在你身边。

此系列广告通过凭借准确的定位和温情的表现手法,自推出即赢得了业界及广大受众的一致好评。

2. 体现服务的人性关怀

无论是服务的提供者,还是服务的消费者,指向的都是活生生的人,在服务广告中表现服务员工的素质,这种方式会使顾客感觉到服务的可靠性以及由此带来的价值享受。"一项服务的价值在很大程度上取决于该公司员工的素质,因此必须使员工觉得自己是该服务中非常重要的一部分。通常服务广告会描绘真实的员工。这种方式会使顾客觉得该服务更加人性化,并有助于员工的精神面貌。"①

2014年,京东开启了品牌价值观营销之路,打破了电商只关注产品、价格的营销手段。通过回忆、浪漫、伟大、和平、团聚等动人场景累积出一个个"喜悦"的时刻,融入京东快递员、客服人员的贴心、到位服务,让消费者体会到每一个喜悦的背后是京东为每一次点击、为每一个点滴创造的人性关怀。

> 为每一点回忆,为每一点浪漫,为每一点伟大,为每一点和平,为每一点团聚,为每一点……(京东,为每一点喜悦!)

另一方面,也可站在消费者的立场,洞察消费者的人性,以消费者熟悉的生活场景,表达他们的内心世界和精神追求,体现对消费者的关爱,让消费者体会到该项服务的人性关怀。腾讯为回应网民对腾讯"抄袭"的质疑,强化自身服务的沟通价值,在2009年岁末投放第一支电视广告片《在线精彩篇》:

> 是什么让生活更有意义?当人们都亲如近邻,当你我之间不再隔阂,或者你我她他都不再隔阂。当你的低语有了一个听众,或者全世界都来做你的听众;当你能及时获得资讯;当讯息能随时跟上你的脚步;当你可以抚平一个人的伤痛,也可以分享全国人的喜悦;当你走近世界,当世界走进你,生命何其精彩!当你我只是相隔弹指之间。
>
> 广告语:在线精彩,生活更精彩!——腾讯

这则广告,从消费者的立场,抓住人们通过获取资讯、沟通拉近彼此之间的距离,加深彼此之间的情感,体验资讯融入生活的内涵,体现腾讯多年相伴,"弹指间,心无间"的美好愿景,传达了浓浓的人性关怀。

3. 建立服务与产品关联

虽然服务的本质特征是无形的,但基本上没有哪项服务不与有形的产品联结在一起。对于许多产品而言,出色的售后服务为产品增色不少;同样,对于许多服务而言,服务消费过程中运用的产品,甚至产品的细节都有可能影响服务的质量。从消费者的角度而言,为了减少服务的无形性带来的不确定性,购买者会努力寻找服务质量的标志或证据。他们可能根据自己所看到的场所、人员、设备、传播资料、象征和价格等做出有关服务质量的判断。这些有形的"产品"实现了"无形的服务"质量,由此,服务与产品的关

---

① J 托马斯·拉塞尔,W 罗纳德·莱恩.克莱普纳广告教程[M].15版.王宇田,王颖,钟莉,译.北京:中国人民大学出版社,2005.

联建立起来。肯德基在传达24小时营业信息的同时,还将24小时营业的产品——粥、汉堡与24小时营业有机结合,让消费者体会到无形的24小时营业服务中足料的好粥、美味的汉堡这些"有形的产品"价值所在。

  夜深了,城市静了下来。肯德基24小时营业,温暖相伴。多款足料好粥,美味汉堡。

——2500多家肯德基24小时营业餐厅,守候你

而且,服务的优异还可以为服务型企业开发"有形产品"提供无形的资产,让消费者相信提供"无形的服务"的企业也可以提供"有形的产品",从而为企业多元化经营或转型提供了契机。

乐视集团致力打造基于视频产业和智能终端的"平台＋内容＋终端＋应用"的完整生态系统,从上游内容生产到内容平台式集纳,再到CDN(内容分发网络)传输,最后到终端设备覆盖和外部应用输入的完整生态,以技术和版权两轮驱动,在行业率先推出超级电视,颠覆了电视的传统,为互联网服务抢占消费者客厅提供了"有形"的乐视超级电视。

以下是乐视超级电视颠覆篇文案:

  以智慧,颠覆常规。以勇气,颠覆天空。以执着,颠覆黑暗。
  以引领未来的乐视生态,颠覆视界。
  颠覆速度,让精彩瞬间抵达。(字幕:以云视频平台)
  颠覆期待,让乐趣源源不断。(字幕:以海量正版内容)
  颠覆体验,让震撼超乎想象。(字幕:以超级电视终端)
  颠覆传统,让电视读懂你的心。(字幕:以Letv IU系统)
  颠覆单调,让享受无限满足。(字幕:以Letv store应用)
  颠覆不是为了摧毁,而是让视界焕然一新。
  乐视生态,颠覆全屏实力。

图11-1 乐视超级TV广告

这则广告,突出的是乐视超级TV背后的乐视互联网服务平台支持:云视频、海量正版内容服务、IU交互系统、商城应用,在这里,超级TV只是一个与传统电视不同的"全屏"而已。

广告要引发受众共鸣

共鸣指回响、回荡或振动,也指回音、呼应或和谐。其实,这就是杰出广告与其受众之间关系的写照。广告拨动他们的心弦,在他们的耳中回响,在他们脑海里回荡,引起他们的共鸣。

为什么?因为"轰动"因素。

当炮声轰鸣时,它会立刻引起你的注意,广告也一样,就因为其中有让你惊讶的"啊、哦、哟……"这些元素。但在广告中,这些元素不仅会让你注意,还会让你展开想象的翅膀。从这个意义上讲,广告就像一件伟大的艺术品,让你在它面前驻足流连,琢磨它的讯息。实际上,广告本身告诉你的东西远不如你自己想象出来的多。

然而,大多数广告,信息性的也好、转换性的也好,均未能引起受众的共鸣。为什么会这样呢?这也许是因为它们缺乏"大创意",或许是因为在实施上有误,也许是因为文案让人无动于衷,也许是因为画面不够吸引人,也许是因为制作技术太差。反正从消费者的角度看,这些广告简直是在浪费时间。

从广告主的角度看,不能引起共鸣的广告是对他们金钱的极大浪费。事实上,对他们来讲,广告之所以杰出,就在于其"物有所值"。好广告使出资人投入的一分一厘都具有更多的广告效果。明白了这一点之后,发现有那么多资金都被投在平庸的广告上,这岂不是很滑稽吗?

第二节 服务广告诉求与写法

"广告诉求点就是指商品或服务在广告中所强调的、企图劝服或打动目标受众的传达重点。其中,'诉'就是企业通过广告想传达给大众的基本信息;'求'就是企业通过传播所期待的消费者的反应。"① 因为服务业有自身行业的特点,而且服务的"无形性",体现了服务广告诉求的"无形性",需要通过塑造品牌形象,营造场景氛围,并不断延伸服务的范畴与内容,于细节处见真情,才能让"无形"的诉求打动消费者;同时,服务总是与产品相联系,服务广告诉求要体现"有形性",通过消费者与服务提供者的人性沟通、与服务产品的互动体验,以保障服务项目或内容,不断延伸出服务过程中的产品概念,让消费者在"无形的服务"消费中体会延伸出的"有形产品",化"无形"为"有形"。

一、服务广告典型诉求

服务广告的诉求主要有两条路径,一是服务的"无形性"展开的"无形诉求";二是由

---

① 张立梅.广告文案创作——商人的诗行[M].北京:经济管理出版社,2010.

服务的"无形性"延伸的"有形诉求"。

1. 无形诉求

所谓无形诉求是指服务广告着力传达服务的无形性以满足消费者的心理需求与欲望,主要包括品牌形象诉求、场景氛围诉求以及延伸服务诉求。

1)品牌形象诉求

广告大师大卫·奥格威在20世纪60年代提出著名的品牌形象论。该理论认为品牌形象不是产品固有的,而是消费者联系产品的质量、价格、历史等所形成的印象,此观念认为每一则广告都应是对构成整个品牌的长期投资。因此每一品牌、每一产品都应发展和投射一个形象,形象经由各种不同推广技术,特别是广告传达给顾客及潜在顾客。虽然大卫·奥格威是从产品与品牌的关联阐释品牌形象的,但作为"无形"的服务,一样需要塑造品牌形象,以具象的、可感知的品牌形象和感性的方式打动消费者。良好的服务品牌形象具有良好的服务暗示效应,品牌暗示一定水平的质量,所以满意的购买者很容易再次选择这种产品。

2005年,中央电视台提出全面实施品牌化战略。据此,中央电视台广告部大胆突破,创新性地提出了"相信品牌的力量"理念。其核心思想就是:随着市场不断变化、客户需求日新月异,中央电视台必须提升专业水平,实行品牌化的广告经营,走专业化经营道路。沿此思路,中央电视台在不同时期推出了不同版本的品牌形象广告,从不同角度阐释了"相信品牌的力量"理念。

相信品牌的力量 梦想篇

有一种力量,让我们前行;有一种力量,让我们起飞;有一种力量,让我们辉煌;有一种力量,成就我们的梦想。

(旁白+字幕):超越梦想不是梦想,相信品牌的力量。

相信品牌的力量 水墨篇

从无形到有形,从有界到无疆。CCTV,相信品牌的力量。

这两则文案,将央视无形的"品牌价值"做了具象化的表达,梦想篇将推动人类不断前行实现梦想的无形力量,提炼为"超级梦想不是梦想"的广告主题,蕴含哲理,发人深省;水墨篇更是将央视"无形"的品牌价值提炼为"从无形到有形",充分体现了"相信品牌的力量",清晰传达出央视作为公共资源服务平台强大的品牌形象。

2)场景氛围诉求

服务需要一定的场景,更需要营造一定的氛围,才能让消费者感受到服务的意义。服务场景的设计风格、造型摆设以及浓郁的文化气息都可以成为打动消费者的诉求点,让消费者在良好的场景氛围中享受服务。统一集团打造的台湾左岸咖啡不仅赋予了咖啡文化气息,更关键的是营造了咖啡馆浓郁的场景氛围,促使消费者在脑海里建造了一个自己最喜欢的法国咖啡馆、一个理想的咖啡馆、一个历史悠久且文化艺术气息浓厚的咖啡馆。

默剧篇

正文:下午5点钟,是咖啡馆生意最好的时候,也是最吵的时候。

窗外一位默剧表演者,正在表演上楼梯和下楼梯。

整个环境里。只有他和我不必开口说话。

他不说话是为了讨生活,我不说话是享受,不必和人沟通的兴奋。

我在左岸咖啡馆,假装自己是个哑巴。

打烊篇

正文:等到角落里的那个客人回家之后,咖啡馆里就只剩下我一个人了。

咖啡馆里最后的一位客人,拥有一项特权——可以挑选自己喜欢的音乐,同时,侍者会再端上一杯咖啡,表示他并不急着打烊。

我在左岸咖啡馆,一个人慢慢等待打烊。

她又要离开巴黎了

正文:人们说,女子不宜独身旅行。

她带着一本未完成的书,独坐在咖啡馆中,那是一种阴性气质的书写,她喝着拿铁……咖啡与奶,1比1,甜美地证明着第二性不存在。

那香味不断地从她流向我,绝不只有咖啡香,

这是1908年中的一天,女性成为一个主要性别。

她是西蒙波娃,我们都是旅人,相遇见在左岸咖啡馆。

左岸咖啡馆通过营造浓郁的场景氛围,刺激消费者在她们的想象中产生一种真实、强烈的反应,它和消费者的关系,就像一本喜爱的书、一则旅游摘记,在你享受一片独处空间时,它随手可得,带你到想去的地方。就好比你身在台湾,忙碌中偶尔想到欧洲度过浪漫之旅,左岸咖啡馆能够满足你随时可能冒出的一点精神欲望。

3)延伸服务

服务跟产品一样,也面临同质化的问题。因此,要想办法在服务中创造差异,提供更加差异化的服务。服务差异化可以有多种方式,其中,通过在主要服务不变的基础上,增加次要服务,不断延伸主要服务,是塑造服务差异的一条路径。

服务供应商也可以通过次要服务特色来实现差异化。在旅店业,许多连锁酒店就通过增加诸如此类的次生服务(如代售商品、免费自助早餐和忠诚回报活动)来塑造差异化的形象。服务业盛行的VIP业务即是延伸服务的典型体现。

作为中国移动旗舰品牌,中国移动全球通一直以国内网络覆盖最广泛、国际漫游国家和地区最多、无微不至的管家式服务受到以商旅人士为主的高端用户的喜爱。而中国移动特别量身定制的10项专属服务、VIP机场贵宾服务、VIP俱乐部、积分商城更成为全球通用户品味生活的象征。

事业只是我生活的一部分,不断进取的背后更是我美好生活的绽放。(字幕:贵宾俱乐部)

在奋斗之外发现全球通带来的惊喜与感动。(字幕:个性化休闲服务)

以便捷业务打理生活,化繁为简。(字幕:上网服务)

在疲惫8小时之余,享受商家联盟的生活服务,置身全球通VIP俱乐部,广交挚友。(字幕:全球通VIP俱乐部,已在全国40多家机场设立)

会生活也是一种成功。(字幕:个性化休闲服务,做新生活家,我能!)

中国移动通信,移动改变生活。

广告语:全球通　机场VIP俱乐部　尊崇备至　享我所想

2. 有形诉求

所谓有形诉求是指服务广告力图化无形为有形,通过无形服务过程的有形活动或项目,不断延伸无形服务的有形价值,主要包括邀请消费者互动体验、保障服务项目、延伸有形产品。

1) 互动体验

"互动是社会学中的一个重要概念。互动是发生在人与人之间的信息与情感的对流,是人类生命的本质体现。"①从某种意义上说,服务是人与人沟通的艺术,服务生产和消费是同时进行的,某个人购买了服务,服务提供者就成为服务的一部分。由于服务的生产过程中顾客也在场,所以提供者和顾客之间的互动就成为服务营销的一个典型特征。在相互沟通的基础上,让消费者体验到服务的意义,或尝试某项新的服务,往往能增加服务的吸引力。星巴克一直注重消费者的互动体验,强调咖啡的现煮服务,为消费者提供原汁原味的美式咖啡体验,开展与消费者互动活动,让消费者与星巴克咖啡文化互动体验。

星巴克:一杯咖啡的完美之旅篇

你可能没有想过那杯完美的星巴克咖啡是从何而来的。但,请您放心,我们已为你想好了。当你接过那杯浓郁、细滑、充满烘焙香气及均衡的咖啡前⋯它是由我们的咖啡师为你亲自调制而成。就是那位每天亲切地招呼你,并记得你名字的咖啡师⋯Emily,你钟情于添加了多一份特浓咖啡、并用脱脂奶冲制而成的中杯装泡沫咖啡。

为了制作你最喜爱的饮品,我们独一无二的星巴克特浓烘焙咖啡从专业的咖啡烘焙师那处跨越海洋运送过来。我们采用星巴克独有的烘焙法,将咖啡豆烘焙至第二次爆裂。这个方法将每一颗咖啡豆的香味发挥至极致。

在我们的咖啡烘焙师开始烘焙这些阿拉比卡咖啡豆之前,我们的采购员需走遍三个咖啡种植国,严谨地找出世界上最优质的阿拉比卡咖啡豆。

既然说到这里,不如从开始这一切的人——咖啡农说起。我们一直与不同的咖啡农紧密合作,就像面前的Alfredo。他与我们同样有着创造世界上最高品质咖啡的热诚。这表示你手上的咖啡在开始十英尺的旅途中所得到的悉心关注。与它在旅途最后十英尺中所得到的,是一样的多。

而这样就总结了⋯应该说,这就是星巴克制作每一杯浓郁、细滑、充满烘焙香气、均衡及独一无二的完美咖啡故事的开始。今天,邀请你找出属于你的完美星巴克咖啡。

这则文案,以一种你、我对话的方式,清晰传达星巴克多年重视消费者互动体验的经营理念。

---

① 莫梅锋.互动广告发展研究[M].北京:新华出版社,2012.

2) 保障支持

由于服务的无形性带来的不可感知性、可变性会导致消费服务存在着不可预知的风险。所以,要如何让消费者放心选择服务呢?可采取"保障支持"诉求,以最大限度地降低顾客的感知风险。所谓保障支持是指在服务广告中将体现服务的关键事实或指标以可感知、可查证的数据、证据体现出来,让无形的服务可触及、可感知。

天猫作为电商服务的领导者,独创了"双十一购物狂欢节",创造了单日成交量的全国之最,2013年的"双十一",天猫网购成交额高达350.19亿元,这一数字同比2012年交易额增长83%。而这些数据的背后,是天猫金牌客服、物流、库存的保障性服务。以下这则2012年天猫双十一预热宣传的短片,将天猫的保障性服务做了量化描述。

......支持国货,亲们在行动!买宝贝,当然离不开"旺旺客服",普通客服1对10就差不多了,天猫商家的金牌客服,个个练就霹雳无影手,1对100!像这样的商家客服,天猫有50万!下完单,担心物流不给力?别担心,全中国跑在路上的物流车辆,有超过二分之一在为"双十一"服务,而负责派送包裹的快递员,更是突破40万!什么?你对数据不感冒?好吧,忘记我刚才说的一切。但是你要记得,去年,每10个中国人,就有1个,参加了"天猫双十一"。2012年11月11日,千万不要错过!(11.11购物狂欢节,天猫TMALL.COM)

3) 延伸产品

服务虽然是无形的,但服务场景中经常会用到产品,有些产品甚至会影响整个服务的质量。譬如,医疗设备会影响医生的诊断能力;航空飞机会影响空乘服务的质量。这些产品能够为服务提供者展现有形的证据,化无形为有形,强化服务的质量。

中国南方航空公司是亚洲年客运量最大、机队规模最大、航线网络最发达的航空公司,也是国内首家拥有并在此后五年内唯一拥有世界最大客机A380的航空公司。然而,很多消费者对南航的强大实力缺少深刻的认知。以下就是借助南航运营中国首架A380这一热点事件,吸引消费者对南航A380进行高度关注,以全面提升南航的品牌实力和国际化形象的广告文案。

南方航空公司　A380超大客机篇

500平方米客舱空间,506个座位,4个环保引擎,180个舷窗,南航运营中国首架A380超大客机,南航A380,飞翔从此大不同。

中国南方航空

二、服务广告文案写法

《克莱普纳广告教程》中提到:在撰写服务广告时应遵循的基本原则有三条:一是描绘可触及的东西,二是描绘员工,三是描绘质量。如何让服务广告引发消费者的关注,结合服务的特性和典型诉求方式,服务广告文案应遵循一些基本写法原则。

1. 注重无形价值

如果说有形产品是一个物体或一样东西的话,服务则表现为一种行为、绩效或努力。服务不是实物产品,服务是无形的,顾客在购买服务之前,看不见、尝不到、摸不着、听不见、嗅不到。服务的无形性决定了服务广告的写法首先是尽量表现"无形服务"的无形价值,诉诸感性,让消费者体会到无形服务带来的精神价值。服务的无形价值源于无形的服务满足消费者需要或需求的潜能,以诉诸感性的手法,作用于消费者的心灵,产生价值的传递效应。

新东方是目前全球领先的教育培训机构,20年专注教育,累积培训学员超过1600万,业务涵盖早教、学前、小学、中学、考研、冬令营、出国留学、图书、在线教育等,旨在为学员提供一站式终身学习服务。但由于教育的长期性带来的"无形性"很难让消费者感知、触及,唯有通过精神力量的塑造,彰显教育的"无形价值",让消费者相信新东方与你肩并肩,共同作战。

新东方教育　相信未来篇

我们就是生活的开拓者,一直勇往直前。

奔向明天,怎会害怕暂时的黑暗。

相信未来,让勇敢的心在天空自由飞翔;相信自己,用美丽的青春见证梦想绽放。

当太阳跃出海面那一瞬间,请睁开被黑夜蒙住的眼;当风雨无情吹打我们的双肩,请相信这是成长必经的考验;当失败让生活变迷茫灰暗,请记住成功必须经受磨难;当掌声潮水般模糊我们的视线,请相信这是汗水与泪水的沉淀。

相信奋斗让我们在前行中茁壮成长,相信希望在逆境中成就人生的辉煌;相信彼此,相信沟通,相信合作,相信团队,相信新东方,相信未来。

这则文案,传递的是新东方不畏惧黑暗、勇于接受挑战、相信梦想、相信未来的无形价值,让年轻人相信,新东方就是他们的战友,伴随着他们一起奋斗、一起成长,相信新东方就是相信未来。

诚品书店已经成为台湾的文化地标,更成就了李欣频文案天后级人物,在人们对书已愈来愈失去敬意的时代,李欣频以一种诗意的方式重新为书找回地位,为诚品书店注入源源不断的无形价值,不断产生吸引游客、增加外汇收入、刺激经济、提升当地形象。

广告标题:阅读者的群像
副题:诚品阅读杂志形象广告
广告正文:
海明威阅读海,发现生命是一条要花一辈子才会上钩的鱼。
梵谷阅读麦田,发现艺术躲在太阳的背后乘凉。
弗洛伊德阅读梦,发现一条直达潜意识的秘密信道。
罗丹阅读人体,发现哥伦布没有发现的美丽海岸线。
卡缪阅读卡夫卡,发现真理已经被讲完一半。
在书与非书之间,我们欢迎各种可能的阅读者。

这则文案,将伟大的书成就伟大的人,以充满诗意的形象化语言,完美呈现书店的无形价值,让有形的书可触可及。

2. 突出优势服务

服务业是以人为中心的产业,大多数服务的提供者和接受对象都是活生生的人。就服务提供者而言,其素质和能力的差异会导致所提供服务的差异;即使是同一服务人员,工作态度和技能发挥也未必能始终如一,所以服务质量在不同时间会有高低之分。

就服务对象而言,因为顾客直接参与服务的生产和消费过程,所以不同顾客在此过程中进入角色的程度不同,也会影响服务的质量和效果。此外,由于服务对象的知识水平与兴趣爱好的不同,也使服务质量标准具有不确定性的特征。而且由于服务的质量与表现比产品的质量更难衡量,广告必须体现出服务的一贯性和高水平。正如福克斯所言:消费者的知识、经验、诚实和动机,影响着服务业的生产力。因此,在文案中,通过突出优势服务,就能创造服务的差异性。连锁经营服务业经常强调服务的一致性与高水平,让不同区域的消费者享受一致与高质量的优势服务。以下是苏宁易购的广告文案正文和广告语。

> **广告正文**:苏宁易购
> 云苏宁,购无界
> 你可以这样逛,也可以这样逛
> 你可以买这个,也可以买这个
> 云商苏宁,融合线上线下,创新购物体验
> **广告语**:云苏宁,购无界

这则文案突出了苏宁线上线下资源整合为一体的事实,展现苏宁在资源上的优势。

3. 引发人性共鸣

人性,是人类区别于其他事物(包括动物、植物)的特性,人类共同的属性,可以跨越种族、时空、肤色的差异,达到人性的共通。大多数服务的提供者和服务对象都是活生生的人,因此,在文案中,通过感性的文字,引发人性的思考,就能产生共鸣的效应,以深入人们的内心,给消费者留下深刻的印象。

"所谓制造'共鸣',就是指你的外在信息与人们内心的感受和价值观产生联系。'传播过程中,如果某个刺激促使观众或听众意识到一定的意义,那么便形成了共鸣……这种意义其实只不过是观众或听众在刺激物的影响之下,从各自以往的经验中提取出来的。'"[①]共鸣理论就是主张在广告中诉说目标受众珍贵的、难以忘怀的生活经历与人生体验,以唤起他们内心的回忆,同时赋予品牌特定的内涵和象征意义,建立目标受众的移情联想。广告创作的关键是要构造一种能与目标受众所珍藏的经历相匹配的氛围与环境,使之能与他们真实的或想象的经历联系起来。

---

① 布鲁斯·本丁格尔.广告文案训练手册[M].谢千帆,译.北京:中国传媒大学出版社,2008.

陈欧创建的聚美优品以个性的广告语"我为自己代言",传达不断奋斗与抗争后"活得漂亮"的宣言,开创全新的"陈欧体",并借助传统媒体和社会化媒体的集体共振,将其带向电商营销的巅峰。(见图11-2)

图11-2 聚美优品代言广告

聚美优品　我为自己代言2011

我是陈欧,聚美优品创始人。

蜗居、裸婚,都让我们撞上了。

别担心,奋斗才刚刚开始,80后的我们一直在路上。

不管压力有多大,也要活出自己的色彩。做最漂亮的自己,相信我们,相信聚美。

我是陈欧,我为自己代言。

聚美优品　我为自己代言2012

你只闻到我的香水,却看不到我的汗水。

你有你的规则,我有我的选择。

你否定我的现在,我决定我的未来。

你嘲笑我一无所有,不配去爱,我可怜你总是等待。

你可以轻视我们的年轻,我们会证明这是谁的时代。

梦想是注定孤独的旅行,路上少不了质疑和嘲笑。

但,那又怎样,哪怕遍体鳞伤,也要活得漂亮。

我是陈欧,我为自己代言。

聚美优品　我为自己代言2013

从未年轻过的人,一定无法体会这个世界的偏见。

我们被世俗拆散,也要为爱情勇往直前。

我们被房价羞辱,也要让简陋的现实变得温暖。

我们被权威漠视,也要为自己的天分保持骄傲。

我们被平庸折磨,也要开始说走就走的冒险。

所谓的光辉岁月,并不是后来闪耀的日子,而是无人问津时你对梦想的偏执。

你是否有勇气对自己忠诚到底?

我是陈欧,我为自己代言。

这三则文案广告词并没有华丽的辞藻,也没有过多强调产品和品牌,却道出了当前80后年轻人的心声,展示了年轻人的理想与憧憬,引起很多80后、90后的共鸣。

4.化无形为有形

无形是服务最明显的特点。不少市场营销学家认为无形和有形是服务和产品的最主要区别。服务的无形性带来的不可感知性,影响了有形的人对无形服务的感知力。

有研究者认为,"由于无形特征具有非实体性、抽象性、一般性、不可搜寻性、不可感知性的属性,给服务营销的所有方面包括广告带来了巨大的挑战,而应对这种挑战的常用方法是将服务有形化。"①

何为有形化?研究者给出的答案是:有形化是服务性企业借助实物、数字、文字、音像、实景、事实及其他有利于降低服务无形的"可视(看)"方式,使无形服务及企业形象具体化和便于感知的一种方法。也就是,通过有形化策略使无形、抽象、一般、不可搜寻、不可感知转变为有形、具体、特殊、可搜寻和可感知。因此,在文案中,将服务的无形进行有形化处理,化"无形"为"有形",可有效提升服务。

诚品书店的这则文案,将书店服务做了形象化的处理,从咖啡馆、香水、女孩、跑车、男人……书中的故事,一一呈现,让消费者对诚品书店TOP100排行榜书展可感可触,让人过目不忘。

广告标题:对书的100种偏见

副题:诚品书店一九九五年度书籍排行榜

广告正文:

9998个人打开过咖啡馆的门,

8778个人参与了流行阴谋,

6006个人走进了文化苦旅,

5959个人知道了台湾赏树情报,

1001个人使用过香水,

999个人目击到戴眼镜的女孩……

对书的100种偏见,来诚品的100种理由。

书店一九九五年度书籍排行榜,

请您前来清算文化账目,告解您的偏好,

对无农药的绿色蔬菜一向偏食,

对红裙短发的女孩一向偏心,

对德制的BMW双门跑车一向偏好,

对留山羊胡的牡羊座男人一向偏爱。

---

① 曹礼和,田志龙.服务与服务营销[J].中国物资流通,2001(14):40-42.

每个人心目中都有一本无可取代的书。
正因为每个人都有自己的偏见，
异中求同，诚品书店TOP100排行榜书展，
便成为台湾精英趋向的年度文化指标。

阅读材料 11-2

通过许诺、兑现和提醒吸引顾客的眼球

你的成品文案应该从头到尾贯穿一条主线，这样你的读者才能一读到底。说明白他们将要发现什么、将要发现的东西为什么会很有趣等，通过这些来激发他们的兴趣。文案中的隐性结构将确保你不是漫无目的地罗列事实和特点。这么做还是一剂保持你的广告主题有生气的良方。

读者期望你能兑现承诺，如果你不让他们失望（既不要夸大其词，也别妄自菲薄），你就有了和读者建立良好关系的开端。也别让这些承诺显得过于刻意。你不是拿着扬声器站在那里招徕顾客，你是在用承诺欢迎客人，并且让他们知道他们会有一段愉快时光。你的语调应该是诱人的和温暖的，你的承诺也应是精确的和慎重的。

第三节 各类服务广告文案写作

一、服务广告文案写作要求

服务业经过了从劳动密集型到资本密集型，再到知识密集型的转变。转变并非取代，而是指主导因素的改变。服务业劳动密集型的代表有餐饮业，资本密集型有金融业、运输业，知识密集型有教育培训、咨询业、广告业等。

服务业涉及门类众多，每一门类都有自身的特点，主导因素也不尽相同，广告文案写作侧重点有所倚重。通信服务类侧重强调通信服务的网络覆盖优势、资费优势；旅游服务类侧重强调旅游地的风景、风情、人情；电商服务类侧重于物流、平台优势诉求；银行服务类则强调服务的真情与价值。总体而言，服务广告文案写作要求有两点：

一是化无形服务为有形诉求。这是由服务的无形性决定的，通过有形的诉求，可让消费者感知、预知、触及服务的利益点、承诺点与价值点。

二是诉求点与服务内容的紧密结合①。服务业根据自身行业的特点，要求服务类广告能够高度体现服务行业的特性。比如在表现方式上，服务广告多倾向于以直观的

---

① 金定海,吴冰冰.中国广告经典案例评析[M].北京：高等教育出版社,2012.

方式表现出服务的理性特征,诉求点与服务联系紧密:如交通运输类广告一般体现快捷、安全、服务周到等;教育培训类一般体现教育的成果或不接受教育所带来的负面后果;酒店广告侧重点在于高档的设施、舒适的体验、无微不至的关怀等。广告公司也经常以个性的语言将自身的经营特色与服务内容结合起来。以下是北京灵狮"做全北京咖啡最好喝的广告公司"广告:

01:Barista

不做客户服务,不做策略,不做制片,不做创意,什么都不做,只做一杯好咖啡。做全北京咖啡最好喝的广告公司,北京灵狮新办公室,专职咖啡师,正在招募中。

02:Coffee

不喝可乐,不喝纯净水,不喝维他命功能饮料,不喝益生菌,不喝奶,什么都不喝,只喝一杯好咖啡。做全北京咖啡最好喝的广告公司,北京灵狮新办公室,咖啡机供应商,正在招募中。

03:Coffee Bean

不用知道李奥·贝纳,不用知道伯恩巴克,不用知道拉斯克尔,不用知道霍普金斯,不用知道RISO,不用知道罗必凯,什么都不用知道,只需要知道什么是最好的咖啡豆。做全北京咖啡最好喝的广告公司,北京灵狮新办公室,咖啡豆供应商,正在招募中。

04:Coffee Filter

不过滤敏感信息,不过滤关键词,不过滤政治立场,不过滤三俗观点,不过滤验尿门,什么都不过滤,只要过滤一杯好咖啡。做全北京咖啡最好喝的广告公司,北京灵狮新办公室,研磨咖啡滤纸供应商,正在招募中。

05:Coffee Water

没听过要挑一间有窗户的房间提案,没听过除了我之外便再没有广告人,没听过把创意写在一张餐巾纸上,没听过把黄褐色放在红色背景上,什么都没听过,只听过什么水更能唤醒咖啡豆的灵魂。做全北京咖啡最好喝的广告公司,北京灵狮新办公室,咖啡用水供应商,正在招募中。

06:Coffee Cup

没有工作单,没有策略,没有洞察,没有大创意,没有感人至深的提案,什么都没有,也不能没有"装×"的咖啡杯。做全北京咖啡最好喝的广告公司,北京灵狮新办公室,咖啡杯供应商,正在招募中。

07:Coffee Brand

对不起星巴君,对不起COS君,对不起麦咖君,对不起艾利君,对不起所有的咖啡君,只为对得起在灵狮喝咖啡的你。做全北京咖啡最好喝的广告公司,北京灵狮新办公室,咖啡品牌0°咖啡,修辞不及,唯有品尝。敬请拨冗,登门惠顾。

2012年,灵狮提出全新定位——做全北京咖啡最好喝的广告公司,以上系列广告表达的是灵狮广告寻找优秀的咖啡师,以及质量上乘的咖啡机、咖啡豆等供应商。灵狮以独特的诉求方式招募咖啡需要的人力和物力,紧密结合"做咖啡最好喝的广告公司"的愿景,文案清新、干脆,极具文艺范儿,大量网友在微博上看到广告后都为广告创意所折服。招募电话在广告上线 3 小时后被打爆,共有 50 多家咖啡机、咖啡豆供应商和进口商,以及独立咖啡店参与到招募活动中。

二、各类服务广告文案写作

科技日新月异,服务业的发展随之突飞猛进,服务范围不断扩大,质量显著提高。"服务"一词深入生产和生活的各个领域,服务业的类型多样,依据服务的功能,可把它分为:流通服务、生产者服务、社会服务、个人服务。在遵循服务广告文案写作的两大原则基础上,不同类型的服务广告文案写作有自身的特点。

1. 通信服务类

通信服务是指向人们提供信息交流的服务项目,在当代社会主要包括邮政、电报、电话、网络、卫星等。通信服务的广告主题主要包括两类:功能性主题和情感性主题[①]。

1) 功能性主题

功能性主题主要宣传服务的功能、质量、价格、效果等,通过突出某一方面的独特优势,影响消费者。

"神州行"是中国移动推出的三大客户品牌之一,"神州行"品牌面向大众市场,"神州行"品牌客户规模庞大,品牌客户群的职业、年龄等跨度都较大。以使用话音和短信业务为主,注重实惠、大众化的资费和自由、便捷的服务方式的客户均可使用。"神州行"以大众明星葛优作为代言人,广告突出"神州行"的资费便宜、划算,在此基础上开展了一系列以宣传服务的价格为诉求的平民化广告。

广告标题:张师傅怎么也想不通钱为何而丢

广告正文:谁这么厉害,敢对张师傅下手?不是外人,正是他家的冲水马桶,神州行提醒您:节约是美德。大水箱马桶每天额外"窃取"您大量水费!从现在起,请告知并带动您身边的每一个人,节省冲水马桶的排水量。神州行就是这样,不仅话费实惠,还处处为您的生活着想,帮您省下每一分钱,神州行能做到更多。轻松由我,神州行。

广告语:轻松由我,神州行

广告标题:李阿姨一直想不到把钱丢在哪里了

广告正文:饭都熟了,怎么电饭煲还在掏您的电费?神州行提醒您:节约是美德,如果不拔插头,电器依然处于低耗电状态!从现在起,请告知并带动您身边的每一个人,正确使用家用电器,及时切断电源。神州行就是这样,不仅话费实惠,还处处为您的生活着想,帮您省下每一分钱,神州行能做到更多。轻松由我,神州行。

[①] 崔晓文,李连璧.广告文案[M].北京:清华大学出版社,2011.

广告语：轻松由我，神州行

广告标题：为什么小王每天都会丢钱

广告正文：一次性餐具方便，就可以随便用？神州行提醒您：节约是美德。木筷、纸盘和纸碗均出自成年木材和木浆，是人类共有的珍贵财产！从现在起，请告知并带动您身边的每一个人，减少或拒绝使用一次性餐具。神州行就是这样，不仅话费实惠，还处处为您的生活着想，帮您省下每一分钱，神州行能做到更多。轻松由我，神州行。

广告语：轻松由我，神州行

2）情感性主题

情感性主题则主要讲述通信服务如何传递与沟通人与人之间的感情。在这里，通信服务就成为人们相互联络、沟通情感的纽带，让彼此的对话成为可能。

"爱下去"系列活动让广西电信走红网络。调侃屌丝文化、玩转热门APP、有才气又接地气，最重要的是，说了"实话"仍然神清气定、游刃有余……网友一致奉之为"2013年度最大胆文案之一"。以下为其部分精彩文案。

"晒爱"系列

广告正文：如果你熬过了2012还是单身，就代表你真的没人要了…这个二月，你的陌陌会刷爆吧，除了流量，不知还能帮你点什么…

广告正文：没错，我们是想赚你钱，但有时也是真想帮你省点儿钱，谁还没点人品爆发的时候呢。我们相信只要你开心了，最终开心的还是我们…

广告正文：运营商不好当，这年头客户都精得跟猴似的。能玩儿的老大哥们都玩儿遍了，所以真不敢说自己有多实惠，反正用得着就拿去呗…

广告语：这个二月，除了流量还能帮你点儿什么

"求爱"系列

广告正文：爱…不是晃一晚上骰子、喝得死去活来，也不是甩甩微信，姑娘摇出一排。爱要如法海般，被骂成猪头仍然痴心不改…

广告正文：追个姑娘怎么也得看场电影吧，完了怎么也得吃个饭喝个东西吧。重点是约出来了，怎么也得有话题吧，半天蹦不出来个屁，貌若潘安也没戏…

广告正文：沉默真的不是金，好姑娘都被能说的骗走了。我国未来年产光棍120万，再不出手，就等着出家吧…

"听爱"系列

这是一个真实的故事

广告正文：当年学校男女生比例八比一，竞争激烈每日如履薄冰，要想胜出唯有无比用心。成功，姑娘在旁如影随形，失败，回宿舍看岛国爱情…

广告正文:我想尽办法打听你的喜好,把你最爱的歌设为彩铃,希望……在你拨通我电话的那刻,周围空气突然变得安静……

广告正文:你说……那时会注意我,是因为,我用你最爱的歌当做彩铃,你以为这是命中注定,却不知为了这个情报,我付出三十个冰淇淋……

煽情结束,继续说点儿实话,彩铃这玩意儿,的确没人定了,人们都不太拘小节了,所以一个劲儿推销没意思,但不管你是否相信,总会有那么一个人,在默默地关注着……有话想对她说,就定一个吧……

"说爱"系列

广告正文:我的恋爱开始于一条短信,我的被踹结束于一条短信,无论时间过去多久,那些揣测字里行间的夜晚,始终让我记忆犹新……

广告正文:尽管,微博成就了我们一条@完所有,微信让我们回到通信基本靠吼,但总有一些人,他们多想被你区别对待,多想收到,你亲自编写的短信问候……

广告正文:装过的陌陌可以卸载,发过的语音可以删除。但你传来的那条短信,却永远躺在我的收件箱里,成为我心底最美好的回忆……

好吧,不煽情了,说点儿实在的。微信拜年?……打字不能群发,语音嘴会说肿;微博拜年?……单@累到吐血,群@毫无诚意……陌陌拜年???别开玩笑了,那是泡妞的。除了短信,你说还能咋整?老传统,挺好的……

2. 旅游宣传类

大卫·奥格威指出:"旅游者不远千里而来,不是为了看那些自家门口就可以看到的东西……要把你的国家最能吸引旅客之处拿来做广告。""你的广告应该为你的读者树立一个难以忘却的印象"。这就为旅游业广告的创作指引了方向。而事实上,大部分的旅游业广告都是顺着这样的思路来展开创意。① 总体而言,旅游广告主要表现的是风景、风情及人文。

1) 风景

几乎所有的旅游地都有自己独特的风景,山、水、气候、地形、地貌、海拔是重要的影响因子。但应注意的是,表现风景的旅游广告要高度提炼主题,将风景的最核心利益点传达出来,才能让消费者清晰区分风景的特色。以下是一组各省风景类广告语。

北京:东方古都,长城故乡

天津:北国水都,天下乐津

内蒙古自治区:美丽青城,天堂草原

西藏自治区:世界最后的一片净土

宁夏回族自治区:雄浑西部风光,秀美塞上江南

广西壮族自治区:三千年魅力广西,甲天下山水桂林

黑龙江省:冰情雪韵,魅力龙江

---

① 蒋水晶,等.服务业广告[M].广州:广东经济出版社,2002.

广告文案

吉林省：雾凇冰雪，真情吉林

青海省：青之韵，海之情，湖之魂

江苏省：水秀山灵，古韵今辉——美好江苏

安徽省：山水含韵，逐梦安徽——中国安徽

浙江省：诗话江南，山水浙江

福建省：福天福地福建游

湖北省：极目楚天舒，浪漫湖北游

海南省：安全的旅游岛，美妙的度假地

甘肃省：多彩陇原，大美甘肃

云南省：彩云之南，万绿之宗

辽宁省：满韵清风，多彩辽宁

澳大利亚的大堡礁是世界上最大、最长的珊瑚礁群，是世界七大自然景观之一，也是澳大利亚人最引以为自豪的天然景观。以下这则文案表现的正是旅游地的独特海景。

大堡礁是我们的海洋乐园。

它绵延2300公里以上，是全球最大的暗礁体系。

探索2900座暗礁中的一座，拜访本地居民。

这里生长着1600多种鱼类。你甚至可以搭乘小艇近距离接触大自然。

900多座岛屿和珊瑚礁，总有一处会触动您的心弦。

在美丽的原始沙滩上休闲放松。

你一定能找到适合您自己的特别地点。

体验一流的豪华时尚场所。

露营在全球最美的沙滩上。

大堡礁是真正的自然奇迹。

2）风情

风情往往与民族有关。少数民族聚居多的地方，每个民族都具有自己的特色，拥有不同的节日，在旅游广告中表现民族风情，具有较强的吸引力。以下是新疆、贵州、四川的旅游宣传广告语。

新疆维吾尔自治区：西域美景令人醉，驼铃声声邀您来

贵州省：走遍大地神州，醉美多彩贵州

四川省：天下四川，熊猫故乡

3）人文

人文不同于风景风情，更关注的是旅游地的人情、风俗、民情、信仰。山东的旅游宣传广告语"好客山东"紧紧围绕山东人的"好客"特性展开，让人联想到山东人的热情与豪放；山西的"晋善晋美"则抓住了晋商的特点，以商人的最高追求——善为特点，巧用成语"尽善尽美"与山西简称"晋"在语言上的谐音关系，提炼出"晋善晋美"，可谓创新独到。以下是部分省的旅游宣传广告语：

山西省：晋善晋美

河北省:彩环京津,休闲河北

　　山东省:好客山东欢迎您

　　广东省:活力广东欢迎您

旅游广告也经常将风景、风情、人文结合起来进行综合诉求。以下是一部分省旅游宣传广告语:

　　河南省:文化河南,壮美中原

　　江西省:世界瓷都,仙鹤乐园

　　湖南省:人文湘楚,山水湖南

　　陕西省:人文陕西,山水秦岭

　　山西省:华夏古文明,山西好风光

菲律宾有一则很经典的旅游广告,广为流传:

　　十大危险!

　　小心购物太多,因为这里的货品便宜;

　　小心吃得太饱,因为这里的食品物美价廉;

　　小心被晒得一身古铜色,因为这里阳光充足;

　　小心潜入海底太久,记住勤出水换气,因为这里的海底世界实在瑰丽;

　　小心胶卷不够用,因为名胜古迹太多;

　　小心上山下山,因为这里的山光云影常使人顾不了脚下;

　　小心堕入爱河,因为菲律宾的姑娘实在热情美丽;

　　小心被亚洲最好的观光酒店庞坏;

　　小心爱上友好的菲律宾人;

　　小心对菲律宾着了迷而舍不得离去。

这则广告,以逆反心理,巧妙传达菲律宾的风景、风情及人文,让人忍俊不禁,挑动消费者的好奇心和欲望,留下无限遐想的空间。

3. 电商服务类

随着互联网运用在中国的普及化,网民数量激增,据中国互联网络信息中心(CNNIC)在京发布的第33次《中国互联网络发展状况统计报告》显示,截至2013年12月,中国网民规模达6.18亿,互联网普及率为45.8%。2013年以网络购物、团购为主的商务类应用保持较高的发展速度。2013年,中国网络购物用户规模达3.02亿,使用率达到48.9%,相比2012年增长6.0个百分点。B2C(Business-to-Consumer)电子商务模式成为面向消费者的重要平台,形成了以天猫、京东、当当网、苏宁易购、国美、亚马逊、易迅等多家电商为代表的销售平台。电商服务类广告注重突出自身的优势服务,亦通过隐性的对比诉求,突显自己的竞争优势。总体而言,电商服务广告主要表现为两方面。

1) 区别传统购物,突出自身特性

电商服务区别于传统购物,这是电商服务最大的特性,通过这一特性所体现的价值、利益,彰显自身优势,这是电商服务常用的广告策略。以下两则淘宝商城广告就是通过告知消费者没人上街,不等于没人逛街;传统商城打烊,淘宝商城从不打烊,来突出

广告文案

淘宝商城平台汇聚的数万个热门品牌的自身特性。

淘宝商城逛街篇

没人上街,不一定没人逛街。30000个热门品牌,汇聚一网。淘宝商城,全新开幕。(字幕:购买品牌正品,从这里开始。)

淘宝商城打烊篇

说一声晚安,然后随风飘散,霓虹渐渐暗淡,暮色到来如此悄然;说一声晚安,告别失望;说一声晚安,愿美梦充满了欲望;说一声晚安,愿美梦充满了欲望。让欲望不再失望。字幕:70000个品牌汇聚一网,从不打烊。Tmall.com,淘宝商城。

下面京东商城的这则广告,则从消费者的角度传达出了上京东"换个活法",改变传统消费方式,轻装上阵,给生活变个说法。

压力其实都是自己给的,轻装也能上阵。抢着吃的是草根;先拍照的是食神;不光要美,还要找对角度秀出美;看清戏里的人生,是为了看透自己;给生活变个说法,上京东换个活法。(字幕:京东网购商城)

2)隐性优势对比,突出自身优势

根据《广告法》第12条规定:"广告不得贬低其他生产经营者的商品或者服务。"我国大陆地区是不允许直接对比广告出现的。但可以通过隐性对比的方式,突出自身的优势。就电商而言,价格历来是电商比拼的必备武器,每年的"双十一"前,针对5折优惠的天猫商城,以京东为代表的其他电商都以"价格"为诉求点,隐性对比,突出自身在价格方面的优势。以下是由京东发起的"价格大战",以隐性对比的方式,直击价格底线。

今年6.18,京东十周年感谢各位友商捧场,大家玩得都很high。双十一快到了,各家又纷纷亮出十八般武器。

很多人来问:你们京东打算怎么玩。要我说,既然玩,那就玩个痛快!一天,不够。最起码十天半月,才给力。五折,不够,快才痛快。做到多少亿不是新闻,别挑肥拣瘦,有本事你一天全送到用户手里,才是新闻。大战未动,游戏先行。

10月28日,来京东打大型猫科动物,每天最多2000万京豆欢乐大放送,真金白银的豆,不是逗你玩的逗。从11月1日到12日,京东狂欢不打烊,欢迎抢精光。无论你是顶梁柱、贤内助,还是IT达人、吃货酒鬼,或者喜欢臭美,这里都有你的菜:

11月1日—11月2日,顶梁柱快抢:家电低至4折,39寸智能电视仅3333元,家具低至3折;

11月3日—11月4日,贤内助快抢:奶粉折上298减30,童装玩具3折起,生活电器,低至5折;11月3日—11月4日,IT达人快抢:电脑数码最高直降2000,爆款手机最高直降千元,5.5英寸智能机8.5折疯抢;

11月8日,吃货酒鬼快抢:五粮液52度618抢,进口食品,营养健康,满

399减100,粮油生鲜低至五折;

11月9日,臭美快抢:美妆护肤、美妆、洗护,满199减100,服装鞋包,对战5折,奢饰品礼包每满1000减150;

11月10日—11月12日,快抢京光,对战5折,最后三天,家电五折起,iPhone、三星惊爆特价,手机全线PK真低价,电脑数码最高直降5000,母婴百大品牌5折起,服饰箱包全场5折封顶。

在全国160个区县,只要你敢在中午11点前下单,我们就敢在当日送达;晚上11点前下单,我们就敢在第二天下午三点前送到。如果你是北京、上海、广州、成都、沈阳等城市的用户,只要你敢买单,我们就敢在三个小时内送货上门。

同时我们也愿意把物流服务,把我们超过两万的物流人员开放给所有平台的商家,我们打开大门,和大家一起来玩,我们没有二选一,只有一个词:开放。

因为无论怎么玩,都不应该去玩弄用户,玩弄商家。双十一,我们既然来了,就说到做到,万事俱备,只待东风。东风来时,希望你也准备好了,只在京东。

电商区别于传统商超,物流是必须要考虑的问题。未来的电子商务是物流与信息流的乘法效应,任何一方缺失,都有可能导致电子商务的失败。物流即是商品实体的转移,信息流则是商品信息的转移。

京东一直视天猫为主要竞争对手,双十一前,京东投放的这则短片,以隐性对比的方式,将京东的价格优势、物流优势、平台优势一一展现,片中出现的"一天不够"、"五折不够"、"来京东打大型猫科动物"、"敢在当日送达"矛头暗指天猫。

4. 航空服务类

旅游业及相关产业的蓬勃发展,带来的是商务和度假旅客出行方式的变化,由陆路走向空路,航空服务业悄然兴起。中国航空运输业的排名已跃升至世界第三位,预计到2020年,中国航空运输业年均增长速度将保持10%左右。航空是让消费者享受到"天上"、"云端"的服务,诉求点可以从设施齐备、体验舒适、价格便宜、服务周到等方面入手,但应注意的是航空最终的目的是品质服务,品牌是航空服务的基石,在此基石之上则是品牌带来的优质服务。要拉近品牌与顾客的心理距离,首先需要在品牌传播的诉求点上下工夫。而航空服务的大众化趋势,也使得航空品牌的宣传诉求围绕普适的价值观念来展开传播。"休闲、舒适、温暖、放松、惬意"自然就成为航空品牌摆脱原先"高高在上"、"雍容尊贵"等冷漠高傲面孔的诉求方向。[①] 总体而言,航空服务类广告主要从两个方面来展开:一是诉诸品牌形象,获得品质服务;二是诉诸空乘人员素质,享受周到服务。通过"天上"、"地下"的品牌形象、人员素质,让消费者享受品质服务带来的价值。

1)诉诸品牌形象

品牌是一个错综复杂的综合体,它是产品、服务的高度抽象,诉诸消费者心灵,强调

---

① 唐文龙.航空广告,品牌"落地"之后的生根发芽[J].广告大观(理论版),2009(04).

的是带给消费者的情感联系,留下美好的意境,难以忘怀。通过航空服务的品牌形象构建,能让消费者体会到"天上"服务带来的高品质享受。

中国南方航空股份有限公司(简称南航)以顾客为导向,致力于提供便捷的满意服务。以下这则广告,表现的就是南航"以顾客为导向"的品牌形象。(见图11-3)

  我们让您看见,世界与您近在咫尺(420多架飞机,600多条航线,每天1500多个航班)。我们让您发现,每次旅程都可以无忧无虑(领先的MC、SMS、SOC系统保障安全飞行)。我们不仅让梦想飞得更远(每年运送旅客达7600万人次),也让心与心贴得更近。我们不断前行,因为您的需求就是我们飞翔的动力(运营中国首架A380大型客机)。让梦想去飞翔,中国南方航空。

图11-3 中国南方航空形象广告

本则广告片以三个乘坐飞机的小孩的所见为切入点,通过小孩的好奇眼光来发掘南航品牌的闪光点。以孩子个体的"小"与南航实力"大"的对比,形成强烈的视觉反差,从而突显南航品牌的特性,广告画面充满动感,气势恢宏,又不失浪漫唯美,全方位展现了南航在航线、安全、规模、机型等方面的优势,表达出旅客需求是南航不断前进的动力,实现旅客的梦想是南航的愿景。

2)诉诸空乘人员素质

航空是直接面向消费者的服务,空乘人员的素质直接影响服务的品质。作为航空服务的"软力量",在外部"硬件"不断趋同的情况下,突出空乘人员的素质,就能为消费者提供高品质的服务。

维珍航空总能给人意外和惊喜。就如"她"的名字一般,"Virgin"挑战英国的保守,挑战人们对品牌的认知。2013年,其新广告融合了《复仇者联盟》和《X战警》两部好莱坞大片的气势,表现每一位小孩都有着一种超能量的特异功能,虽然你也不知如何解释这种神秘现象,但在十几年之后,这些天赋异禀的孩子都无一例外地成为了维珍航空的空中服务人员,提供着最上乘、一流的服务。

  他们生来便与众不同,天资卓越,天赋异禀。他们生而为了挑战现状,开拓创新,改变世界。命运将他们汇聚于此。而今他们飞行以解救苍生。带我们远离平凡、枯燥与冷漠。他们这抹耀眼的红,使这晦暗的天地,熠熠生辉。高手在民间。(维珍航空)

英国航空的一则广告,则与维珍有异曲同工之妙:

  这些第一代年轻人是开拓者、飞行员。他们在未知的蓝天下搭建了超级空中快道,留下自己的妻儿在舒适的家中,和他们吻别,许下一定回归的诺言。翱翔在蓝天下的他们,与风雨和日月相伴。他们的智慧和信念搭建了安全的航行。他们飞到了人迹罕至的地方,将神话中的陌生地方变成了明信片,似家中美丽的花园。此后的追随者,比历史上任何的飞行员都飞得更远、更快、更高。后继者们跨越了时空的界限,飞跃了天堂之巅,飞向了梦想。我们跟着他们飞向美好,回家的许诺从没食言。每个地方的每个航班人员都坚守着同样的信念,他们的服务理念就是,飞翔梦想,尽心服务。

这部浓缩了航空史精华的宣传小片,淋漓尽致地展现了英航文艺而贵族的气质,画面从最早的飞行家展开,重现了一代代飞行人的生活。如今追求更高更远的人们,正驾驶着新型飞机驰骋天际,追逐梦想,尽情翱翔。

关键词

有形诉求　tangible appeal
无形诉求　intangible appeal
优势服务　competitive service
人性共鸣　human resonance

思考题

1. 服务的"无形性"对服务广告文案创作有何影响?
2. 结合具体案例,分析服务广告文案的有形诉求与无形诉求。
3. 搜集湖南、湖北、河南、江西四省全新旅游宣传广告文案,分析文案中蕴含的风景、风情及人文诉求。
4. 阅读聚美优品系列文案,思考文案中激发80后、90后人性共鸣的闪光文字。
5. 分别从有形诉求与无形诉求的角度为京东撰写一则服务文案,用于光棍节前夕宣传。

推荐阅读书目

1.《服务业广告》,蒋水晶等,广东经济出版社,2002年。
2.《中国广告经典案例评析》,金定海、吴冰冰编著,高等教育出版社,2012年。
3.《克莱普纳广告教程》(第15版),J.托马斯·拉塞尔、W.罗纳德·莱恩著,王宇田、王颖、钟莉译,中国人民大学出版社,2005年。
4.《互动广告发展研究》,莫梅锋著,新华出版社,2012年。
5.《广告文案》,崔晓文、李连璧主编,清华大学出版社,2011年。

第十二章 企业广告文案

本章任务

1. 了解企业广告的内涵、功能、类型
2. 掌握企业形象广告及企业公共关系广告文案写作的基本方法
3. 运用企业文化来创作优秀的企业形象广告文案

本章引例

海尔的名称和标识形成历程

海尔集团的前身是1984年由濒临倒闭的两个集体小厂合并成立的"青岛电冰箱总厂"。1984年引进德国"利勃海尔"公司先进技术和设备生产出亚洲第一代"四星级"电冰箱,为体现出双方合作,将产品名称定为"琴岛-利勃海尔",图形标志以德方标志为基础,经加笔画而成,当时从适合国情的冰箱装饰考虑,成功地设计了象征中德合作的两个儿童吉祥物图案,这些视觉及名称是海尔企业第一代识别。

这些识别的广泛及时推广,对企业的发展起到了积极作用。随着企业的成功发展,产品的畅销,出口量的不断增加,也显示出企业标志与德方的"近似",影响国际市场拓展,以及企业名称"青岛电冰箱总厂"与产品名称"琴岛-利勃海尔"不统一、不利于识别等弊端。经过几次变更,1991年企业名称简化为"青岛琴岛海尔集团公司",产品商标也同步过渡为"琴岛海尔"牌,实现了企业与产品名称的统一。与此同时,导入 CI 理念,并推出了以"大海上冉冉升起的太阳"为设计理念的新标志,以及"海尔蓝"企业色,形成了集团 CI 的雏形。这些称之为第二代识别。

这些识别存在着不够凝练,工业感、科技感不强等弱点。伴随着企业的迅猛发展,多角化、国际化经营进一步明确,迫切需要更为超前的企业识别设计及产品品牌定位。1993 年,经过深入调研,海尔将第二代识别中图形标志去掉,将企业名称简化为"海尔集团",将拼音"Haier"作为主识别文字标志,集商标标志、企业简称于一身,信息更加简洁直接,在设计上追求简洁、稳重、大气、信赖感和国际化。为推广"Haier",以中文标准字"海尔"及两个儿童吉祥物与"Haier"组合设计辅助推广,力求建立长期稳固的视觉符号形象。这种抛开抽象、具象图形符号标志,追求高度简洁文字标志的做法,顺应了世界设计趋势,为企业国际化奠定了形象基础,短期内似乎个性不突出,但从长远及集团家电特性出发,经长期推广,就树立起了庄重且可信赖的品牌形象。在此基础上,海尔把企业识别系统看做一个过程而非一种表现形式。在企业发展中,以务实的态度不断完善企业视觉识别各要素,不急于对外宣传不成熟的视觉,经过改进、否定、再改进的不断反复,最终形成了具有海尔特色的 CI 之路。海尔识别的三次演变互相连贯、逐步简化,以极少的宣传投入,成功地实现了自然过渡。

我们一般所见的商业广告,较多的是推销特定的产品或服务的广告,除此之外,还有起宏观的传播作用的广告,这就是企业广告。企业广告区别于普通商业广告的就是它不直接宣传产品(劳务)本身,而是用间接的方式达到宣传企业以及企业旗下品牌、产品(劳务)的目的。因而它被赋予和普通商业广告不同的思维方式及表达内容。

如海尔一样,企业形象的塑造是一个比较长期的过程,在这个过程中,先从企业名称这一简短而精奥的文案创作开始,结合视觉识别系统,一步一步形成相对固定的企业形象。在企业形象的长期传播过程中,企业时刻注意在文化大系中寻找打造企业文化的合适元素,全面而深刻地思考和创作有关企业形象的广告。

第一节　企业广告概述

在企业实施的所有广告活动中,企业广告是非常强大的。美国学者理查德·J.塞梅尼克等人所著的《广告学》一书中说:按最高的估算,大约有 65% 的服务企业、61% 的生产资料生产商、41% 的消费者商品制造商在自己整合营销传播活动中纳入了某种形式的企业广告,每年投向媒介的企业广告费高达数十亿美元。[①]

---

① 理查德·J 塞梅尼克,克里斯·T 艾伦,托马斯·C 奥吉恩.广告学[M].程坪,张树庭,译.北京:机械工业出版社,2002.

一、企业广告的概念

企业是指以营利为目的,运用各种生产要素,向市场提供商品或服务,实行自主经营、自负盈亏、独立核算的具有法人资格的社会经济组织。它的营利目的及经济属性,决定着它各方面都会不同程度地与经济关联。就广告而言,即使是由企业发布的公益广告,尽管其公益广告表明了企业在承担着社会责任,但此广告仍然属于经济行为,即通过公益广告间接传播企业形象,以此促进商品(劳务)最大化推介。所以,企业在媒体发布的公益广告并非我们想象的是纯做好事,媒体也不会为其免费发布的。就企业广告而言,广告内容常常不推销任何特定的产品或服务,而是致力于改善企业形象,对某一社会事件或公益事业表明立场甚至直接参与。因此,普遍认为企业广告就是企业形象广告。

但是,作为广告人,在为广告主(企业)创作企业广告时,如果不深刻理解企业广告的内涵,就很难为广告主(企业)创作出有效传播的广告。比如2011年第四届全国大学生广告艺术大赛,可口可乐公司推出了"积极乐观,美好生活"可持续发展的公益主题,从湖南上交作品来看(全国普遍),绝大部分作品都只有"积极乐观,美好生活"的主题,而忽略了可口可乐,这是不符合企业投放广告初衷的。企业广告,不管它是什么形式的广告,它都是有目的的企业、商品(劳务)信息的传递,表述的广告必须以市场调研为基础,准确地找准目标消费者,真实正确地、创造性地传播信息。在企业广告中,"广告"处在商品(劳务)销售服务的从属地位,服从"企业"的统领。能帮助企业产生销售业绩的广告,才是真正的企业广告。

所以,企业广告应该是指以广告主(企业)的名义,并由其支付一定费用,通过大众传播媒体的公众传递方式,间接传达商品(劳务)和购买者所能得到的利益的信息,以期达到促进企业商品(劳务)销售目的的信息传播活动。可简称为,企业广告即有偿的、有商业目的的信息传播活动,与普通的商业广告殊途同归。

二、企业广告的功能

在广告实践中,以间接推销产品或服务的企业形象广告,它的内容不是直接展示、介绍商品,而是通过塑造产品、商标或企业的整体形象,通过长久巩固和发展这一形象,赢得消费者的喜爱和支持,不管企业的产品发生什么样的更新换代,借助形象广告始终能保证消费者在未来的日子里继续支持本企业,所以,企业广告不仅可为企业近期的销售铺路,也能为企业未来的销售做准备。因此,企业广告具有如下功能:

1. 传播功能

企业与社会环境(含受众)都是不断变化的,只有及时了解、把握并适应内外环境的变化,及时且定期向变化的受众群体传播变化的企业信息,企业才能保证自身的生存与发展。同时,企业与受众是一个建立在分工合作基础上的有机体,企业与受众之间,只有实现了协调和统一,才能有效适应环境的变化。而且,企业的发展是建立在继承和创新基础之上的,只有将企业自身的传统和正在创新的信息传递给受众,才有可能让受众在企业已有的经验、智慧、知识的基础上加以记录、积累、保存,并在此基础上与企业互动,参与到企业中来做进一步的完善、发展和创造。企业广告的传播功能,能实现人际关系传播、群体传播、组织传播等社会传播活动的基本功能,在大众传播中也起着突出的作用。

2. 社会功能

企业广告,也可以说是表达以社会为主体的广告形式。对社会而言,可能是发出自然灾害等警告,促成信息流通;对个人而言,可提高新闻人物的影响力;对统治阶层而言,可以维持和巩固其统治地位;对文化而言,可促进不同文化之间的交流,有利于推动各种文化的发展。凡此种种,都有可能是企业广告的内容。企业广告在表达这些内容时,一方面起着社会协调作用,另一方面起着文化传递作用,有一些还起着娱乐作用。

社会常常可能发现一些事,如有碍社会安定的各种威胁,某些时候、某些事件和某些问题因传播而造成过度刺激,这时除了需要政府有组织地去采取措施以外,企业也可凭着自身应有的社会责任感,通过企业广告来激励和动员大众,提出对策,抵御有碍于社会安定的各种威胁,防止因报道某些事件和敏感问题造成的过度刺激,将公众的注意力集中到某些事件上去,形成论点中心。这样,有助于社会和个人对信息的摄取和利用,也可防止受众因信息过多而无所适从。这就明显可以发挥企业广告在社会中的协调、催化和引导作用。

3. 经济功能

企业广告,它从灵魂上还是离不开它的经济功能,不管是哈药六厂发布的"儿子给妈妈倒水洗脚"的公益广告,还是陈光标 2013 年 12 月 26 日,用 16 吨重人民币百元钞、共约 15 亿元堆成墙助推经济大普查,都离不开企业主对企业发展的精心策划,而且我们不能说他们用高尚掩盖了铜臭,更不能说他们的行为处心积虑,只能说他们的出发点是社会责任感,落脚点除了推动社会进步以外,还间接地宣传了他们的企业形象,给企业所生产的每个商品都镀上了一层鲜亮而看不见的金铂。

企业广告在对企业形象进行宣传的同时,明显就为产品(劳务)做了市场营销,以此在消费者心中树立起了商品信誉度,定然会增加商品的销售量。

正因为企业广告常常以经济目的来承担一些社会使命,所以,广告人在承接企业广告业务时,先要深刻了解企业广告的本质功能——经济功能,同时又要清楚,不能让企业广告完全等同于商品广告,企业广告不应直接去宣传商品的功能及服务。

三、企业广告的类型

本章所说的企业广告的类型,主要是以企业为信息主体进行的分类。按此,可以把企业广告分为三类:企业告知广告、企业形象广告和企业公关广告。

1. 企业告知广告

在企业运作中,有关企业的一些事务需要告知消费者,如创建、招聘、迁址、更名等。

2. 企业形象广告

同一般的商品广告不同,企业形象广告突出企业个性、企业追求和企业优势,全面反映企业形象的内涵和实质。企业形象涉及的面很广,企业形象广告的类型也多种多样。如果从表现形式来看,可以发布到媒体来传播,也可以通过举办各种广告活动来实现,如举办展览会、讲座、搞纪念活动、赞助活动,以及其他社会公益活动,等等,争取机会,显示实力,借以提高企业的知名度和信誉度。

从表现内容来说,包括对企业名称、徽标、理念、商标、品牌等各方面做宣传的广告,也包括宣传企业整体观念、经营宗旨和价值观念的企业理念广告,还包括通过广告的形式向公众展示企业的实力,或通过广告向社会显示企业对社会公共事业和公益事业的热情与关心。

3. 企业公关广告

企业公关广告是企业开展公共关系工作的重要手段之一,其主要目标是唤起人们对企业的注意、兴趣,赢得信赖与好感,以便提高企业的知名度和美誉度。如企业通过广告向社会传播其管理哲学、价值观念、传统风格和组织精神,使企业形象连同它的观念和口号在广大公众中深入人心,或以宣传产品的商标为主要内容。同时,企业也常常需要一些做解释的广告,或发布广告来响应当前社会生活中的某个重大主题,或响应政府的某项政策,还可能用广告来承认错误、消除误解和表示歉意,以取得公众谅解。凡此种种,都属于企业公关广告。

第二节 企业告知广告

一、企业告知广告的作用

在企业运作中,一些招聘、迁址、更名等具体事务信息需要通过广告告知消费者。在企业刚刚诞生时,在企业要进入新的市场环境时,企业告知广告的创作十分重要。它肩负着让公众知晓企业,扩大企业知名度,开拓新市场的重任。

二、企业告知广告的内容

企业告知广告,主要是向受众传达一些招聘、迁址、更名等具体事务信息,这虽然是主要目的,但是,其切入点常常从宣传企业形象着手。企业成立之初,常常会以新闻形式发布告知广告,向受众传播企业的性质、企业的结构、企业的设想等各方面的信息,通过企业自身自信的表现来求得受众对企业的依赖。

三、企业告知广告的写作

传达新创企业或知晓度不高的企业的认知广告,一般用平实的语言,客观介绍企业的历史、规模、等级、荣誉、资本性质和精神理念等。在企业刚刚创立要进入新的市场环境时,企业告知广告肩负着让公众知晓企业,开拓新市场的重任。在企业有了较大规模和有一定知名度的情况下,企业告知广告仍然可以将企业的新信息及时告知公众,扩大企业知名度。

传达企业事务的告知广告,一般比较实用,往往需要得到公众的直接回应,因此更需要在传递企业事务信息的同时,巧妙地使用多种表现手法,使广告具有吸引公众注意的力量。在清楚地传达企业事务信息的同时,不失时机地宣传企业形象。

苹果公司招聘广告的文案[①]

Apple 总是在挑战极限,总是尽可能做到最好,这一点不同于业界的任何公司。在追求最高品质或极致精巧方面,很多公司都会因为困难太大,而在某一时刻止步不前。而 Apple 从来不会因为困难太大、目标太遥远而放弃。世界上没有一家公司如此崇敬专业知识。如果在你所工作的领域,你做得并不是非常出色,你肯定没法来到 Apple。你之所以在这里,之所以会被聘用,是因为你是所在领域的顶尖高手,或者你有潜力成为所在领域的顶尖高手。在这里,存在着一种信仰:小团队也能成就大事情。相信只有找到合适的人选,再加上"让我们做一些了不起的事情"的信念,就一定能有所成就。在思考时突破常规……有趣的是,我们甚至都不会考虑常规。当我们想到做什么事情时,我们不会在一开始就想,"其他人都是怎么做的,并由此想到,最合理的做法是什么,我们又应该怎么做?"我们的想法是,"这件事,能做得多好?"我们从未停下脚步。我是说,我们总是在改进,改进,再改进每一个小到不能再小的细节,直到没有时间再去改进。对我们来说没有做得好,只有做到最好。

Apple 的一大与众不同之处就是其跨团队协作。当我们决定为 Apple 的便携式产品重新设计电池时,目标很简单:设计尺寸更小但更耐用的电池。我们必须在新的化学组分、新的机械设计、完全不同的工业设计这些事情上从头开始。我们的环境团队也加入进来。公司有如此之多的部门都参与进来。这就是 Apple 研发新技术的方式。每个人都参与其中。好产品和优秀产品的差别就在于对细节的关注程度。当我们着手设计 iPad2 时,我们从一开始就深信保护套将会成为整个产品中非常重要的一部分。最大的挑战是,"该怎样连接保护套?"我们选择的磁性吸附方案,真是一项极具挑战性的工程任务。团队里的一位工程师实际上真的成了对磁场进行计算机模拟方面的专家。我们完成的工作之多难以想象。有很多个人参与其中,并且他们在这个产品的开发过程中,成了各种新领域里真正的专家,因为我们必须知道怎样才能让这件产品从计划成为现实。

在 Apple,你周围的人都乐于相互配合。他们充满好奇心,擅长解决问题,而且时刻准备着迎接任何挑战。任何困难都不能阻挡他们前进的步伐。我当然认为辛勤工作很重要,因为无论做什么,都要投入很大的精力,不管

---

① 参见:《苹果公司招聘广告(中文字幕带你走进苹果)》,根据优酷网视频整理。

是产品、营销材料还是什么软件。最后呈现在消费者面前的是极致简单。人们其实并不知道我们在幕后付出了多少努力，但请相信我，我们真的付出了很多努力。解决问题的方法不止一种。灵活性和适应性是在 Apple 工作所需要具备的非常重要的素质。在这里工作的人有能力快速适应始终在变化的环境。

在 Apple 工作最令人自豪的一点是，你可能体会到自己所做的工作成就了比你自己更伟大的事情。你正在以这种方式改变世界。我们制造的产品令人啧啧称奇、新颖独特、人人都想拥有、引发抢购、让人彻夜排队，我很高兴自己为此作出了贡献。你在这里工作两年的收获，会比在其他任何公司工作五年都要多。你可以在很多地方找到快乐。如果安排得当，工作就会成为你真正能够发现价值的少数几个地方之一。而且我认为 Apple 为员工提供的是一个机会，能让他们参与其中，共同成就意义非凡的事情。

在这招聘广告中，让人能看到苹果公司对员工的要求是创新，对人才的要求不拘一格，正如该公司另一个招聘广告所说的："这个世界上有疯狂的人、不适应工作的人、叛逆者、惹是生非的人、与环境格格不入的人、看问题与别人不一样的人。他们不喜欢规则，也不喜欢现状。你可以赞同他们的话，也可以反对他们的话。你可以赞美他们，也可以诋毁他们。你唯一不能做的，就是忽视他们。因为他们可以改变世界，推动人类的发展。可能有人认为他们是疯子，但我们认为他们是天才。因为这些人够疯狂，他们认为可以改变世界。而且他们确实在这么做，用非常规的方式思考。"公司对每个员工都有价值认同。

鸿冠·美克尔酒店的开业广告①，如图 12-1 所示。

图 12-1　鸿冠·美克尔酒店开业广告

鸿冠·美克尔酒店的广告语是"轻松一晚，温情享受"，酒店倡导"和和美美、克己为人"的服务文化，以客为先，以客为本，温存、体贴、和谐的服务，着力打造最具亲和力的时尚高档型精品酒店。

---

① 参见：http://news.ldnews.cn/kjww/201109/90308_2.shtml。

第三节 企业形象广告

一、企业形象广告的作用

企业形象广告,则是适应企业 CI 战略需求而提出的一种广告策略。它主张广告的重点应突出企业标志、企业社会责任感及其特殊使命等非产品因素,强调同消费者和广告受众进行深层的交流,以产生情感的共鸣。在全国性大众媒体包括中央电视台上,经常可以见到这类企业形象广告。比如湘泉酒集团的"人生百年,难忘湘泉"、海尔的"海尔,中国造"、长虹彩电的"太阳最红,长虹更新"及"长虹红太阳一族",铁达时表的"不在乎天长地久,只在乎曾经拥有"、红塔集团的"天外有天,红塔集团",等等。

具体来说,企业形象广告,通过宣传提升企业形象,起到促进产品销售的作用;通过宣传提高企业信誉,可以吸引社会各界投资;通过宣传企业良好形象,广泛吸引聚集人才。总之,企业形象广告,最终目的都是优化企业生存发展环境。

二、企业形象广告的内容

1. 塑造企业形象

对于广告文案写作来说,企业的命名是文案人员的重要工作。企业的命名是企业形象塑造的开始。对于已经创立的企业来说,可以通过企业广告让受众感知企业的存在,通过媒体不断向受众宣传企业的创始、构想及愿景。同时,企业也常常通过征求方式吸引社会公众的注意力,增加其对企业的兴趣,借以提高公众对企业的熟悉程度。例如征求企业的名称、徽标、商标、品牌、意见、稿件,等等。在这过程中,不断创造或完善企业的视觉识别系统和理念识别系统。企业如一张白纸,由企业和消费者共同来添加色彩,一起构建美丽图画,这种交互式的广告形式,不但丰富了企业文化,而且还把广大受众融入到企业中来,长期培养消费者的参与意识。

2. 传播企业理念

作为 CI 核心的企业理念,要向大众传播企业的整体观念、经营宗旨和价值观念。这类型的形象广告向社会传播一种哲学思想、价值观念、理念风格、企业的精神,这样有利于全体员工树立共同的价值观念,培养一种凝聚力,同时也能使广大的社会受众形成良好的印象。

随着主流思想或时代的变化,各大企业也都不断完善企业的理念。如中央电视台的形象广告"心有多大,舞台有多大",宣扬的就是一种哲学思想;红金龙的"思想有多远,我们就能走多远",也是宣传一种哲学理念。再如长虹的"长虹以产业报国,民族昌盛为己任",这主要是长虹价值观的传播;柒牌的"男人就应该对自己狠一点",这是对消费者价值取向的一种肯定。如果要说红塔集团的"山高人为峰",除了给人自信,更有一种价值实现的祝愿;那么成都娇子的"境由心生,自在娇子",既是对消费者心境的一种暗示,同时也是一种道教的传播。特别是在情感诉求方面,企业做了更多的宣传,如太阳神的"当太阳升起的时候,我们的爱天长地久",这是对情感的期望;海尔的"海尔和你在一起",或者"真诚到永远",这都是宣扬一种平等或亲和的情感,通天酒业的"中国的味道",显然带有民族自豪感和爱国情怀。

这类企业形象广告,既是对企业自身形象的塑造,同时也是在发展和繁荣现时代的文化。

3. 展示企业实力

企业实力展示广告,主要是展示经济、生产、技术、营销、人才等方面的实力。这种实力广告的主要目的在于使公众通过对该企业的经济、技术、人才实力的了解,增加对该企业及所提供的产品和服务的信任感,以达到创造购买气氛的目的。比如科龙集团的"容声冰箱连续七年全国产销量第一",春兰的"世界级品牌、春兰空调"等。

4. 担当社会责任

企业的社会担当广告是显示企业对社会公共事业和公益事业热情关心的广告。它或以广告的形式响应社会生活中某个重大主题,以求得社会各界的理解与支持;或以企业的名义率先发起某种运动或提倡某种有益的观念,表明企业积极参与社会生活的态度;或以广告的形式,表明企业对社会存在某种问题的看法,等等。这样做的目的是表明企业不仅为自己打算,而且善于从全社会角度考虑问题,愿为社会的整体繁荣作出努力。这类广告从表面看,有时根本未涉及企业,但它产生的影响却很深远,是树立企业形象的重要手段之一。曲靖卷烟厂连续不断在《经济日报》中缝做"高标准、严要求、做贡献、创一流"及"深化改革是国有企业的唯一出路"等广告,就属于这类型广告,它既突破了大众传媒对香烟广告的限制,又传播了企业形象。

企业的担当广告有相当一部分是结合本企业的品牌来实施广告活动的,以一个公益主题融合企业或品牌来实现形象的有效传播。像丽珠得乐的"其实男人更需要关怀"的形象广告,引发了一场社会大讨论,在讨论中人们记住了"丽珠得乐"。农夫山泉的"每喝一瓶农夫山泉就为孩子捐一分钱",农夫山泉从公益中找到了一条属于自己的品牌建设之路。李宁在奥运期间用"同一血脉,中国制造"的广告,把自己塑造成了民族旗手。

当然,企业的社会担当广告更多是公益广告。企业发布的公益广告,是企业对社会公共事业和公益事业的响应,以企业名义倡导一种精神文明观念,对社会的一种看法。它展示了一个企业的高度社会责任感,以此来博取消费者的赞同或支持,产生一种关注效应,再转嫁这种关注到企业或产品上,提高品牌的知名度和亲和力,这样的手法是目前企业形象广告使用最为广泛的一种。很多的企业公益广告,除了一个标识和企业名称以外,看不出太多的企业痕迹。如,哈药六厂"妈妈,洗脚"的"其实父母是孩子最好的老师"的公益广告,除了最后有哈药六厂的企业标识外,广告其他部分没出现企业和产品的任何信息。

公益广告的制作、播出需要投入大量的人力和财力,企业为公益广告的良性运行提供资金上的支持与保障,给公益广告的发展注入了新鲜的血液,使公益广告更具生机和活力。而且,企业投资制作公益广告是企业承担社会责任和履行义务的一种行为表现。

同时,企业将公益的观念诉诸行动中,这种行为本身就具有新闻价值,就会吸引媒介的关注和报道,所以说,这是宣传公益观念的绝好方式。对企业来说,更主要的还在于公益广告以其受众群体大、传播范围广、到达率高的独特优势,能在更广的范围内和更深的层次塑造企业形象。所以,公益广告对企业的回报是经济效益,因为公益广告是塑造企业形象的有力武器和企业广告的良好形式。也因此,企业公益广告产生的巨大经济效益和良好社会影响正在引起整个企业界和全社会的普遍关注。

三、企业形象广告的写作

1. 企业广告写作原则

1）真实性原则

企业形象广告所传播的信息必须具有客观性、真实性,即实事求是地传播企业的信息,不故弄玄虚,任意拔高。"川酒"和"鲁酒"的广告宣传便是较好的例证。新闻传媒曾有"川酒斗不过鲁酒"的评论,依据是山东的许多酒厂在中央电视台的广告气势锐不可当,几度"标王"都被孔府、秦池等山东酒夺去。但是众所周知,四川是真正出好酒的地方,全国"十三朵金花"（金牌）有 6 朵在四川,包括五粮液、泸州老窖、全兴、郎酒等。事隔多年之后"鲁酒"的广告势头减弱,原因是市场萎缩,直接原因是形象传播超出企业实态,结果是吹得越高跌得越快。秦池酒就是典型一例。①②

2）目标性原则

企业的目标决定企业形象广告目标。如为吸引投资,其形象广告的内容应是宣传企业经营效益、管理水平、企业实力和信誉等。

3）恒久性原则

企业形象广告是一项长期复杂的系统工程,不能搞突击式、集中式的宣传,不能刻意追求时效性,应有计划、分阶段地实施宣传。国外众多知名企业,都是将企业形象广告作为一项长期的无形资产投资经营,每年作出相当比例的投入计划,长年在权威性媒体做形象广告。国内的海尔、科龙、康佳、长虹、金利来、奥妮、娃哈哈等,都是靠恒久性广告建立起企业知名度和美誉度的。

4）系统性原则

企业形象广告在长期宣传过程中,宣传内容要丰富,有变化,切忌单调刻板。如广告的主题、形象、语言等要有适当的变化,以适应公众的接受心理和审美需求。比如 IBM 的一系列"解决问题之道",太太口服液的产品功能系列广告等就是系统性广告的典型表现。

2. 企业形象广告写作注意

1）如果企业的产品处于完全成熟的品牌阶段,则不宜投入大量的品牌形象广告

如 2004 年雅典奥运会期间中国移动的"全球通"子品牌的"我能"广告,"全球通"品

---

① 夏代川. 缘何川酒不敌鲁酒[J]. 中国国情国力. 1996(11).
② 参见:孙延元的《揭秘川酒鲁酒兴衰基因》。

牌作为中国移动的相对较成熟的品牌,如此巨大的广告费用的投入,虽然在某种程度上说可以提高品牌形象的知名度与亲和力,但广告投入与产出不成正比,造成一定程度上的浪费,假如中国移动把这部分广告预算用于新业务的发展,可以预见其效果的显著,中国移动跟中国联通之间的强式广告竞争,可以说一定程度上造成了广告资源的浪费。这就需要广告主对广告的投入做一些理性思考,同时也需要广告人对这些状况做出正确的判断。

2) 以企业社会公益为关注点的企业形象广告,应尽量避免出现商业色彩

企业形象广告特别是以公益为信息内容的企业形象广告,如果商业色彩较浓,会招致消费者的反感。在企业广告中,如果招致"敏感"受众的谴责并在网络上致力于攻击,是一件很可怕的事情,这常常会导致比较大的影响。丰田的"霸道"和立邦漆的《龙篇》,甚至耐克广告等争议广告的发源地都是网络。在农夫山泉《阳光工程篇》的广告中,广告最后,全体孩子齐声说"农夫山泉,有点甜",给受众一种怪怪的感觉,虽然说这个广告是商业广告,不属于公益广告,而是用公益色彩来制作的广告,也同样让人的感觉不太好。这种广告,比较高明的设置应是只显示产品的参与,不特意创作文案,这样应该会减少受众的反感情绪。

任何一个广告都是对企业形象、品牌形象的塑造,所以目前最常用的广告形式是在广告片结尾出现企业的VI标识,这样能节约广告费,无形中产生对企业形象的累积。如宝洁任何子品牌的广告最后都是宝洁VI(视觉设计)的出现,其目的是可以告知该品牌是宝洁旗下的,请消费者放心使用。其二,塑造宝洁的企业形象,再反之刺激购买。甚至有的企业还加入了声音识别系统,自己的企业有自己的特色声音来认识区别。

3) 企业形象广告应以感性诉求为主要形式,塑造个性化、人性化的企业形象

在以企业为信息主体的广告中,一般以感性诉求形式为主。这样可以抓住受众的情感倾向,让受众对企业产生好感甚至依恋。企业形象广告文案的写作要注意将理性诉求与感性诉求结合起来,尽量以感性诉求为主要形式。要体现人性化、个性化的企业特点,注意企业规模、行业、风格的不同,将企业塑造成某种真、善、美的形象化身。

企业形象广告文案总体上可分为理性诉求和感性诉求两种风格。有的企业善于用理性诉求方式塑造企业形象。如有些高科技的企业,根据企业高科技的特点,运用理性诉求的方式将企业塑造成一个科技含量高、未来前景好的象征性形象。有些一般生产性企业,倾向于将自己塑造成实力雄厚,乐于贡献社会的形象。有的企业善于用感性诉求的方式塑造企业形象。如某些服务性企业,因提供的是无形产品——服务,适于运用感性诉求来吸引消费者,扩大企业的知名度,提高企业的美誉度。由于企业形象广告大多数内容是传播企业理念的,而理念的传播要借助形象的事物,受众才易于接受,所以大多数企业形象广告是以感性诉求的方式为主。

要使企业塑造的形象得到公众特别是目标消费者的认同,企业可以将自己塑造成为一个振兴民族工业的英雄、关爱人间的太阳神、时尚的象征人物、科技的创造者和发明者等。一旦广告用形象化的手法赋予企业人的形象、人的灵性、人的个性,公众就会由对这个形象感兴趣,进而发展到对企业感兴趣,甚至将企业视为一个好朋友。

4）广告必须以企业形象的建设为中心

企业欲通过广告提高自己的知名度和美誉度,体现企业与众不同的特点,在企业与目标消费之间建立起沟通的桥梁,必须塑造良好的企业形象。无论是企业告知广告、企业形象广告,还是企业公关广告,都要以企业形象的塑造为中心任务。因此,企业形象广告得到了广告主的广泛的重视。

以企业为信息主体的广告文案写作,一般都是基于这样的目的:提高企业的知名度,提升企业的美誉度,塑造企业的形象,为企业的产品提供坚强的认知后盾。

在企业刚刚诞生时,广告主要以企业告知广告形式,将企业介绍给广大公众和消费者;当企业具有了一定的实力,广告主要通过公关广告宣传为扩大企业知名度、提高企业美誉度创造条件,为企业占领新的领域、新的市场做宣传;当企业处于领先地位时,要使企业在行业中稳居某一地位,在公众心目中保持良好形象,企业广告是企业宣传的一种必要手段。

以企业为信息主体的广告,因每个广告运动的直接目的不同,可以从企业认知、企业公共关系、企业形象、企业事务等方面进行传播。但不论从哪方面进行传播,它们都应该以企业形象的建设和塑造为中心任务。只有建设和塑造一个富有个性的、能与公众及其各种机构之间进行沟通和交流的形象,才能使企业真正地成为消费者进行产品消费的坚强的认知后盾。

广告文案创作者,在策划制作具体的企业广告时,不要忘记塑造企业形象。即便是有关企业事务性的广告文案,也应巧妙地将它作为一个企业形象广告来做。如下面华为的广告文案:

广告标题:华为 3COM　大江汇流　奔腾入海

广告语:合力智慧　创新无限

广告正文:

大江汇流、奔腾入海,澎湃动力、生生不息

华为 3COM,秉承关注客户需求的理念,融合双方资源优势与技术精华,植根中华沃土,放眼广阔世界;继续以高标准、高要求为用户提供全面、创新的产品,以高效、快速的响应能力提供专业化的服务支持,全力为用户创造更高的网络价值。

华为 3COM,永远值得信赖的朋友,伴您奔向更博大的网络海洋。

广告随文:华为 3COM 技术有限公司全称……

网址……

服务热线……

杭州基地及北京分部的具体地址……

该广告文案显然是商业广告,但它紧扣企业理念来撰写,不忘塑造企业形象,提升企业知名度。

广告文案

第四节 企业公共关系广告

公共关系广告的目的是扩大社会组织的知名度,提高信誉度,树立良好的形象,以求得社会公众对组织的理解与支持而进行的广告宣传。公共关系广告既属于公共关系活动的一部分,又属于广告的范畴,它集公共关系的特点与广告的特点于一身。

一般情况下,人们提到的广告大都指商业广告,即广告主为了扩大销售、获取赢利,以商业的方式利用各种传播手段向目标市场的广大公众传播商品或服务的经济活动。

公共关系无疑要运用广告这种重要的传播形式。但广告不等于公共关系,它们之间既有联系又有区别:其联系主要是二者都具有依靠传播媒介传播信息的特征。因此,从某种意义来说,广告在不同程度上起着扩大组织影响、建立组织形象的作用。因而企业公共关系广告有其特殊性:在广告目的方面,是"完善"组织机构的形象,以便商家运筹帷幄、灵活多变,取得更好的经济效益;在手段运用方面,采用广告宣传的方式,让受众了解组织或企业的优点及其产品特点;在观念传播方面,建立全民意识的稳定性及其可行性。

一、企业公关广告的作用

公共关系广告的作用越来越受企业的重视,其原因在于公共关系广告具有无法代替的多方面的重要作用。企业公关广告也和企业形象广告一样,通过树立企业形象、提高企业信誉、治理企业环境,来促进产品销售,吸引优秀人才,为企业的发展打下良好基础。

二、企业公关广告的内容

在当今充满竞争的社会里,企业之间竞争日益激烈,生产技术日臻成熟,企业的形象和知名度成了影响企业产品和服务销售的重要因素,因此对能扩大自身知名度的广告宣传更加重视。与此同时,开始在广告中大量运用公共关系技巧树立企业的形象,于是产生了以树立企业的良好社会形象为直接目的的公共关系广告,即经济单位通过购买大众宣传媒介使用权的方式,向大众宣传企业组织信誉、树立企业形象的一种广告形式。

企业公关广告是企业开展公共关系工作的重要手段之一,其主要目标是唤起人们对企业的注意、兴趣、信赖与好感,以便提高企业的知名度和美誉度。公关广告与其他广告有所不同,一般的广告是自己说自己好,而公关广告是要让公众说自己好。因此,企业公关广告要通过各种手段传播企业的理念、宗旨、口号、名称,同时还要关心社会、关心公众,抓住各种时机,协调好企业与公众的关系,争取让公众对企业有好感,认同企业、信任企业。公共关系广告的最终目的,是建立企业的良好形象。

企业要善于从正面塑造令公众或社会机构及消费者喜欢、敬佩的形象。在表现手法方面,公关广告与企业形象广告区别不大。但在主诉信息方面有一些不同。企业公关广告的主要信息内容包括：表现企业的精神和理念；表现企业对社会现象的看法；表现企业对消费者的关心。

比如在新春佳节之时，有的企业通过广告向公众恭贺新春，表示良好的祝愿；在某些地区遭受自然灾害时，有的企业通过广告向广大灾民表示慰问，并积极捐款捐物，奉献爱心；在中国申奥成功时，有的企业通过广告，表达与全球华人同喜同贺的激情，使企业与民族精神紧密相连。在中国足球冲出亚洲，走向世界之时，许多企业与球迷同喜。企业公关广告要善于利用有利时机，配合企业开展公关活动。

企业公共关系要表现的内容很广泛，常见的如下：

1. 传播企业观念或信誉

这其实基本等同于前文所说的企业形象广告。企业通过广告向社会传播管理哲学、价值观念、传统风格和组织精神，以此培养和形成本企业的价值观念，对内产生凝聚力，对外产生感召力，使企业形象连同它的观念和口号深入广大公众心中。还通过公益广告显示企业对公益事业热心支持，或以企业的名义率先发起某种活动或提倡某种有益的观念，树立与时俱进的新潮流形象。同时，企业通过宣传自己的主张、政策、开发项目、服务水平、举办社会活动、赞助社会福利事业或解决某一社会问题等内容做广告，以此赢得企业的信誉和良好的形象。

2. 宣传产品商标或品牌

商标广告就是以宣传产品的商标为主要内容的公共关系广告。商标广告宣传的基础在于产品质量，许多企业是通过为社会提供优质产品和服务，通过创名牌、保名牌的广告宣传来树立自己的商标和企业的信誉及良好形象，而良好的商标和企业形象，又反过来促进企业产品的销售。

3. 发出企业声明或响应

企业常常需要一些做解释的广告，这是一种表明企业对某些事件的立场、态度的广告。通常适用于两种情况：一是对企业不利的事件，但企业自身并无过错；二是就本企业或社会上出现的重大事件表明态度和期望。这类广告一般先交代缘由，再提出解释或声明，表明态度和期望。

另外，对社会生活中的某个重大主题，作为社会一个组织机构的企业，为了表示响应，或表示对重大社会问题的关心，以求得各方公众的理解和支持，则以企业的名义发布企业广告，以此响应当前社会生活中的某个重大事件，或响应政府的某项政策。

4. 表达企业歉意或谢意

歉意广告是用来承认错误、消除误解和表示歉意，以取得公众谅解的广告。歉意广告要求认真陈述公众希望了解的事实情况，不能隐瞒，不能文过饰非，应明确地表示敢于承担社会责任和知错必改的态度，以取得公众的谅解。这样做不但无损于组织形象，反而会使公众感到组织态度认真，知过必改，从而产生好的印象。

谢意广告是用来对公众或合作者的支持表示感谢的广告。

5. 帮助企业造势或助势

企业以宣传企业的大型活动为内容，比如新厂房落成剪彩、庆典等，旨在创造声势，扩大影响。同时,企业还可能向社会各类公众以贺喜为内容来宣传自己。如某公司新开张,同行的企业纷纷刊登广告:一则表示祝贺,愿意携手合作;二则表示欢迎正当竞争,可以达到广结良缘的效果。这类广告的做法一般是企业向新开张的单位赞助若干广告费,并在新开张单位的广告中署名祝贺,该单位通常也以某种方式表示谢意。这种做法可以使开张单位在经济上直接受益,而赞助单位一方也可视为向对方提供善意帮助,同时借此机会可以增加本单位名称在媒体上露面的次数。

阅读材料 12-1

公共关系广告的基本原则

公共关系广告宣传的主题内容可以不同,所追求的公关目标也可以不同,但公共关系广告应遵循的原则有:

1. 实事求是的原则

实事求是的原则,即公共关系广告应避免弄虚作假,要真实地、客观地进行公关广告设计、编写与制作,以争取得到更多社会公众的信赖。

2. 独具风格的原则

独具风格的原则,即应在特定的公关主题下形成组织或企业自己的风格,以加深社会公众对本组织或企业的印象。

3. 富于创新的原则

富于创新的原则,即要求公共关系广告在具体内容、分析角度、运用手法等方面,新颖别致、富于创新意识,以给予社会公众一种清新的活力和奇特的美感。

4. 寻求佳时的原则

寻求佳时的原则,即公共关系广告必须时机选择得当,否则将导致事倍功半。

5. 避免商迹的原则

避免商迹的原则,即公共关系广告必须避免与商业广告雷同,应体现出公共关系活动的特点,应从维护社会公众利益的角度出发,树立组织或企业的形象,以给组织或企业发展带来长期的社会效益。

6. 注重效果的原则

注重效果的原则,即公关广告必须注重效果。这里的效果是指商誉目标的实现、企业或组织自身的发展和社会整体效益的扩大。

三、企业公关广告的写作

1. 消隐明显的商业功利目的

企业的公共关系广告,在功利目的上,与公共关系的总体目标联系紧密。因此,它在目标上与商品广告有明显的区别。企业公共关系广告是企业本身,其主要目标是唤起人们对企业的注意、兴趣、信赖、好感,创造有利于企业发展的良好的社会环境和气氛。而商品广告的目的则是直接刺激公众的消费欲望,从而达到扩大商品销售额或拓展服务面、增加服务收入的目的。广告目标的不同,决定了公关广告和商品广告在写作过程中功利目的显露程度的不同,公共关系广告文案多是"藏而不露",通过相对客观、冷静的介绍,逐渐在公众中树立形象;而商品广告文案,则要千方百计地增强其感召力,力求给广告受众以紧迫感,促使广告行为的尽快发生,有时甚至出现"买一送一"、"岁末酬宾,礼惠全城"、"存货不多,购者从速"等极富诱惑力的字眼,这种情况在公关广告中是不可能见到的。

2. 利益重心要避己利他

公共关系的行为规范要求公关广告在"利己性"这一广告规则的大前提下,尽可能体现利他性,以服务于公众为宗旨,体现一种类似"社会福利事业"的精神,而商品广告则在"求实"的行为规范要求下,带有比较强烈的"利己性"倾向。行为规范的差异,导致了公共关系广告和商品广告在写作过程中主题确立的不同,前者,虽然其终极目的是"利己"的,但体现在广告文案中的主题思想却是"利他"的;而后者,其最终目的与文案主旨是完全一致的,文案主题的确立无需回避"利己性"。如巨人集团的公共关系广告把广告主题定位于"造福人民,造福国家",这就充分体现出公共关系广告的主题思想的利他性。

3. 用新闻结构创作公关广告文案

有些公关广告直接是以新闻的面目出现的,比如向社会宣传企业取得重大成就、受到表彰情况的公关广告,企业参与社会福利事业捐助活动的公关广告,介绍企业实施新战略、企业法人代表最新重大活动的公关广告,以及以广告形式出现的企业法人代表访问记,等等,其结构要素都具有明显的新闻特征。请看实例:

首届黑茶文化节益阳开幕　益阳正式被授黑茶之乡

红网益阳10月18日讯(记者汤红辉　摄影明健飞　实习生刘玉先)今日的益阳,到处洋溢着琥珀的金色,今日的益阳,到处弥漫着黑茶的醇香!今日,由湖南省人民政府、中国国际茶文化研究会、中国茶叶流通协会、中国茶叶学会、中国食品土畜进出口商会、中华茶人联谊会、国际茶业科学文化研究会联合主办的首届中国·湖南(益阳)黑茶文化节暨安化黑茶博览会在湖南益阳茶业市场开幕,益阳被中国茶叶流通协会正式授予"中国黑茶之乡"。湖南省省委副书记、湖北省人民政府省长周强发来贺信。

出席开幕式的领导还有省委常委、省人民政府常务副省长于来山,中共中央纪律检查委员会原副书记夏赞忠,国家环保部副部长李干杰,国家农业部总经济师张玉香,省人大常委会副主任蔡力峰,省政协副主席阳宝华等。

上午9时,开幕式在益阳茶业市场举行。周强在贺信中表示,安化黑茶历史悠久,名扬天下,举办中国·湖南(益阳)黑茶文化节,是充分发挥益阳黑茶产业优势,为茶叶生产、加工、流通企业搭建交流合作平台的重大举措。益阳

广告文案

黑茶承载着历史和文化,希望以黑茶文化节的成功举办为契机,进一步弘扬黑茶文化,提升黑茶品牌,拓展黑茶市场,扩大黑茶影响,把益阳打造成全国乃至世界知名的黑茶产业基地,为促进农民增收、加快社会主义新农村建设作出更大贡献。

在开幕式上,中国茶叶流通协会秘书长吴锡端宣读了中国茶叶流通协会《关于命名益阳市为"中国黑茶之乡"的批复》,并向益阳市人民政府副市长彭建忠授牌,授予益阳市为"中国黑茶之乡"。随后,于来山朗声宣布"首届中国·湖南(益阳)黑茶文化节暨安化黑茶博览会开幕",现场礼炮轰鸣、彩花飞扬。蔡力峰、阳宝华为安化黑茶文化展示馆揭幕。

开幕式结束后,与会领导和嘉宾一起巡视了节会展示馆。本届节会设安化黑茶文化展示、黑茶产品展销两个区,茶业市场的一楼为118个黑茶交易馆,二楼设安化黑茶文化展示馆、黑茶博物馆、胡林翼生平展示馆、外地参展企业展馆,三楼设黑茶文化艺术展示馆、黑茶民俗博物馆。专业馆主要以黑茶文化展示为重点,分别展示黑茶的起源、种植、加工、贸易的历史。

下午,还举行了中国黑茶产业发展高峰论坛,以及世界冠军龚睿那、黄穗现场签名售茶活动,其中论坛由全国茶行业协会、学会、研究会、商会共同组织,300余名专家、教授和知名黑茶生产企业负责人围绕"文化、健康、创新"的主题进行了激情而睿智的演讲,共同探讨如何进一步做大做强中国黑茶。

本届黑茶文化节为期两天,以"绿色益阳、健康黑茶"为主题,以弘扬黑茶文化,扩大黑茶影响,提升黑茶品牌,开拓黑茶市场,做大黑茶产业为宗旨,以安化黑茶文化为主线,着力为国内外茶叶生产、加工、流通企业在益阳投资搭建一个交流、合作的平台,共吸引了湖南、云南、广西、福建、湖北等地的200多家茶商团体、企业参会。

红网对首届中国·湖南(益阳)黑茶文化节暨安化黑茶博览会进行了全程直播。

这则广告,它本身就是新闻,或者说,这则新闻,它就是广告。

关键词

企业广告　corporate advertising
企业形象　the enterprise image
企业形象广告　corporate image advertising

思考题

1. 企业形象广告文案创作的基本内容有哪些?
2. 挖掘企业名称内涵对企业文化的塑造起什么作用?
3. 为什么说广告要以企业形象建设为中心?

4. 创作一则企业形象广告文案,并说明理由。

推荐阅读书目

1.《现代企业文化的理论与实践》,林国建著,哈尔滨工程大学出版社,2004年。
2.《企业文化通论》,刘志迎著,合肥工业大学出版社,2004年。
3.《企业公共关系策划》,苏宁等编著,陕西人民教育出版社,1991年。

第十三章 公益广告文案

本章任务

1. 了解公益广告的定义，公益广告与商业广告的异同
2. 了解公益广告的历史沿革
3. 了解公益广告的社会作用
4. 掌握公益广告的写作方法与技巧

本章引例

回家——迟来的新衣

在2013年央视春节联欢晚会上，中央电视台首次在春晚中插播了公益广告——《回家——迟来的新衣》。广告播出效果非常理想，感动了无数观众。公益广告讲述的是在广东打工的一群农民工骑摩托车回老家过年的真实故事。其中33岁的汪正年夫妻俩一起在广东打工6年，为了节省车费，每年都要骑着摩托车回贵州老家过年，路程全长1350公里，要骑行五天四夜，恶劣天气、崎岖山路等所有的困难在汪正年夫妇眼里都不算什么。对他们来说，亲手为一年未见的女儿穿上过年的新衣的那一刻，一家人围坐在桌前吃着团圆饭的那一刻，一年的辛苦与一路的奔波都有了幸福的意义。这则广告催人泪下、令人震撼，很多人表示看了广告后"泪奔心酸"。"回家篇"是由台湾知名导演何男宏操刀制作的，在谈及此次"回家篇"最终剪辑配乐的过程时，何男宏导演坦

> 言他本人几乎是听一遍就被感动一遍,"回家就像是候鸟迁徙,不需要理由,这是一种天生本能的反应。而我希望呈现给大家的这部作品中的感情并不是堆砌出来的,而是自然而然的流露"。不是说教,而是感动,这便是公益广告创作的最高境界。

第一节 公益广告概述

一、公益广告的概念

近年来公益广告以其独特的魅力,频频亮相于报刊、荧屏和各种媒介,它已经成为人们最熟悉的一个文明的载体,给我们生活带来了耳目全新的感觉。但到底什么是公益广告?现在还没有一个统一的定义,下面是一些有代表性的表述:

公益广告是为社会公众制作发布的,不以营利为目的,它通过某种观念的传达,呼吁关注社会性问题,以合乎社会公益的准则去规范自己的行为,支持或倡导某种社会事业和社会风尚。(《中国广告词典》,四川大学出版社,1996年版)

公益广告是企业或社会团体表示它对社会的功能和责任,表明自己追求的不仅是从经营中获利,而是通过参与如何解决社会问题和环境问题向消费者阐明这一意图的广告。(《广告用语词典》,中国摄影出版社,1996年版)

公益广告是企业及各社会团体诉求公共服务内容的广告。公益广告机构从事的范围相当广泛,举凡社会、福祉、教育,甚至谋求国际间相互了解的活动都囊括在内。(《现代广告词典》,朝阳堂文化事业股份有限公司,1996年版)

公益广告是为公众利益服务的非商业性广告。旨在以倡导或警示等方式传播某种公益观念,促进社会精神文明建设。(《公益广告初探》,中国商业出版社,1999年版)

公益广告是面向社会广大公众,针对现实时弊和不良风尚,通过短小轻便的广告形式及其特殊的表现手法,激起公众的欣赏兴趣,进行善意的规劝和引导,匡正过失,树立新风,影响舆论,疏导社会心理,规范人们的社会行为,以维护社会道德和正常秩序,促进社会健康、和谐、有序运转,实现人与自然和谐永续发展为目的的广告宣传。(《公益广告导论》,中国广播电视出版社,2001年版)

公益广告是指不以营利为直接目的,采用艺术性的表现手法,向社会公众传播对其有益的社会观念的广告活动,以促使其态度和行为上的改变。公益广告的形式活泼短小,表现手法多样,易为受众所接受。(《公益广告的奥秘》,广东经济出版社,2004年版)

还有其他的表述,如:

公益广告又称"公共服务广告"(在英语中称为 public service advertising),即不以营利为目的,而为公共利益服务的广告,它的发布常常是针对有关社会问题,借以宣传一种想法或意见,推动这一问题的解决。

公益广告,也被译作"公共广告",是广告业发展到一定阶段的必然产物,体现了广告活动主体的社会责任观念。

或者有人认为公益广告是为推动公益活动而诉诸媒体宣传的广告。

综合以上关于公益广告定义的各种表述,我们可以明确地意识到它们都围绕几个核心概念:社会公众—公众利益—公益活动—社会责任—非商业性—非营利—艺术性—社会观念—宣传。

由此,我们整合以上关键词得出下面的定义:

公益广告是政府或部门、社会公益团体、企事业单位组织或个人通过各种传播媒介,采用艺术性的表现手法,为社会广大公众制作发布的不以营利为直接目的,而以传播公益观念、服务社会公共利益为目的的一种非商业性广告。

从以上定义中可以看出,公益广告的性质是一种非商业性广告。就其表现形式来说,一般采用艺术性的手段,其内容一般是传播公益观念,其目的是为公共利益服务,促进人与自然、社会的和谐发展。因此,公益广告既有普通商品广告"广而告之"的特点,又因其内容性质的公益性而显得个性鲜明。

二、公益广告的历史沿革

公益广告的历史悠久,它的产生要早于商业性质的广告。据考证,我国广告的原始状态,是当政者把那些管理条文、规定"榜示天下",以统一意志、统一人们的行动。最早期的文字广告多为这种社会政治、军事性质的社会广告,所以,在我国,非商业广告(包含公益广告)要早于商业广告。

据《左传·宣公三年》记载,夏禹铸九鼎以示天下:"昔夏之方有德也,远方图物,贡金九牧,铸鼎象物,百物而为之备,使民知神、奸。故民入川泽山林,不逢不若。螭魅罔两,莫能逢之。用能协于上下,以承天休。"尧舜禹时期是原始社会末期,夏禹是当时夏部落的首领,他为了管理好自己的部落和天下,把一些管理的条文铸在鼎上"榜示天下",这可以说是最早的有记载的社会公告形式了。

另外,如"夏诰"就是我国奴隶社会早期夏朝的一种训诫勉励的广告,此后各朝各代的"制、策书、诏书、檄文、露布"等,都是社会性广告的一种形式。在这些社会性广告中,大部分是为了维护统治集团的利益,以便于他们的管理。但也有一部分是为了宣传道德观念,维护老百姓的利益,从这个角度来说,社会性广告中当然有一部分具有公益性了。

公元前 207 年,刘邦率军攻入秦咸阳之时,为了争取民心,便以废除秦朝苛法为号召,与关中父老约法三章:"杀人者死,伤人及盗抵罪。"意思是说,杀人的人处死,打伤人或者偷盗者,抵偿相应的罪名和刑罚。如果把这"约法三章"张贴出来,可以说是我国较早的公益广告了,通过广而告之,向民众预告杀人、伤人及偷盗的后果。

相传在明朝中期,杭州学者田艺衡曾竖牌写了一条公益广告让人爱惜花木,全文如下:

名花犹美人也,可赏而不可亵,可爱而不可折。撷叶一瓣者,是裂美人之裳也;掐花一痕者,是挠美人之肤也;拗花一枝者,是折美人之肱也;以酒喷花者,是唾美人之面也;以香触花者,是香美人之目也。看花赏花,莫杀风景……

这是一则出色的公益广告,不仅运用排比、拟人、比喻的创意形态,还体现出了广告创意中的不少表现原则,如形象性原则、通俗性原则以及关联性原则。文中将花比拟成美女,说"撷叶一瓣者,是裂美人之裳也;掐花一痕者,是挠美人之肤也;拗花一枝者,是折美人之肱也",形象生动,比喻恰当,使人看了再也不忍心攀枝折叶了,竖牌在此,起到了很好的警示和劝告作用。

真正现代意义上的公益广告在国外的起源较我国要早,它最初出现在 20 世纪 40 年代初的美国,当时叫做公共服务广告、公德广告,是为公众服务的非营利性广告。在欧美发达国家,公益广告已相当普及,尤其是电视公益广告。欧美电视台播出的公益广告大多是由一些国际性或全国性组织、机构发布的,如国际红十字会、世界卫生组织、美国全国健康协会、联合国儿童基金会等。而一些大公司更是在发布商业广告的同时,不遗余力地制作公益广告。如 IBM 的"四海一家",通用电气的"照亮人生"等。这些大公司敏锐地看到公益广告虽然不直接宣传自身产品,但可以突出强调企业的社会责任意识和爱心,树立企业良好高尚的社会形象,并通过频繁的播出强化了企业的商标印象,所以实际上也起到了宣传自身的作用。这些公司将商业广告和公益广告完美结合,双管齐下,牢牢占据着世界广告的领先位置,可谓一举两得,经济效益和社会效益双丰收。

中国通过电视媒体播出公益广告,最早出现的是 1986 年贵阳电视台摄制的《节约用水》,这是中国第一条经过专业化创作的电视公益广告,标志着中国现代意义上的公益广告的正式诞生。

之后,1987 年 10 月 26 日,中央电视台在黄金时段首次推出一档特殊的电视专题栏目——《广而告之》。这是中国第一个真正意义上的电视公益广告栏目,在中国公益广告发展史上具有里程碑式的意义,从此"公益广告"的概念逐步深入人心。除了电视媒介播出公益广告外,报纸、杂志、广播、互联网、户外媒介等也陆续开展了大规模的公益广告活动。当前,我国公益广告事业有了长足的发展,各大城市公共汽车、道路、显示屏、公共场所的公益广告已十分常见,公益广告的题材和内容也极其丰富,公益广告正以极强的亲和力在倡导健康社会风尚方面产生越来越大的作用。

三、公益广告的作用

从公益广告的定义可以看出,公益广告的基本作用就是传播公益观念,为社会公共利益服务,促进人与自然、社会的和谐发展。从字面上也可看出,"公益"实际上也就是"公众受益"的意思。公益广告的传播对一般社会受众、广告主、专业广告人、广告媒体,对社会进步、经济发展、广告市场等都会产生不可或缺的积极作用。

因此,具体来讲,公益广告的作用可分为两个方面:一是直接作用,即公益广告对社会及公众的宏观效应;二是间接作用,即公益广告对广告市场的微观效应。

公益广告是非营利性广告,其直接作用就是通过传播某种有益于社会公众的观念,营造良好的社会道德风尚,创造和谐的社会生存环境,使人们得以健康文明快乐地生活。一般概括成三个方面:社会教育作用、文化传播作用、舆论导向作用。

1. 社会教育作用

公益广告作为一种现代传播与大众教育的特殊形式,具有明显的社会教育功能,它在传播社会正能量,宣传社会价值取向,提高社会公众思想、道德、伦理、理念、文化水平等方面的作用是不可低估的。社会教育体现为常识教育、伦理教育和法制教育三个方面。

大多数公益广告向广大受众宣传灌输了有关自然、社会与生活的一些基本常识,如环境保护、预防疾病、营养健康、尊师重教、爱国爱民、关爱老人、关心孩子、交通安全、用电安全、防止污染、禁止滥砍滥伐等。通过这些公益广告,社会公众得到了很好的常识教育。

公益广告的伦理教育是在常识教育基础上的一种提升。所谓伦理,就是指在处理人与人、人与社会相互关系时应遵循的道理和准则,它不仅包含着对人与人、人与社会和人与自然之间关系处理中的行为规范,而且也深刻地蕴涵着依照一定原则来规范行为的深刻道理。因此,诸如大多公益广告宣传的人文精神、扶贫济困、互帮互助、诚实守信、孝顺父母、睦邻友好、民主平等、自由博爱、反对战争、反对暴力、反对歧视、保护动物等,对广大受众莫不都是一种很好的伦理教育。

公益广告的法制教育是通过公益广告艺术性的手法,在不知不觉中教给人们法律法规方面的知识。诸如宣传参军拥军、依法纳税、计划生育、反腐倡廉、人口普查、经济普查、遵纪守法、打击犯罪等。

2. 文化传播作用

文化是人类在社会历史发展过程中所创造的物质财富和精神财富的总和。文化包括一个国家或民族的历史、地理、风土人情、传统习俗、生活方式、文学艺术、行为规范、思维方式、价值观念等,是人类之间进行交流且普遍认可的一种能够传承的意识形态。中华民族的文化历史悠久灿烂,学习和保护自己民族的文化是每个公民义不容辞的责任。在我国公益广告的实践中,宣扬和传播自己的民族文化是一个很重要的方面。诸如前面列出的中央电视台在春节前后的黄金时段所做的公益广告"回家篇",就很好地达到了文化传播的作用。春节是中国的传统节日,每到年关,数以万计的在外游子都要回到家中与亲人团聚,广告就很好地宣传了中国传统文化。在2014年央视马年春晚中,公益广告"筷子篇"亲情亮相,在除夕团圆夜传递中国情感,弘扬中国文化,震撼亿万华人。创意者将视角对准餐桌上的普通中国人,用"筷子"这个元素,表达了启迪、传承、明礼、关爱等含义,带给广大受众无限启迪。筷子,不仅仅是我们中国人共同的饮食工具,它还是一个中国符号,一种中国表达,一种对中华五千年文明史的文化传承。一双筷子,温暖亿万人。"多一个人,多一双筷子的事嘛。"四川老乡这句质朴的话语道出了中国传统文化"睦邻友好、远亲不如近邻"的深刻哲理。

同样,北京的"新北京,新奥运"系列公益广告,将北京悠久的历史文化、现代化的城市建设、便捷的交通设施等真实具体地展现在世界人民的面前,对宣传首都北京乃至中国都起到了非常重要的作用。

我国以传播文化为主的文化类公益广告不是很多,然而文化给人的警示和力量是任何物质的东西都无法替代的,一个没有文化风景的城市是不健全的,希望越来越多的以传播民族文化为己任的公益广告出现在祖国的每一个角落。

3. 舆论导向作用

有人认为,现代广告在本质上是一种舆论,它运用多种传播方式和传播渠道,让受众接受其传播的观念,从而影响和支配受众的行为。如果说商业广告是消费舆论代言人,那么公益广告是社会道德舆论代言人。公益广告的价值导向和道德教化功能是在人们欣赏广告时不由自主接受的情况下产生的,因此它更容易渗透人们的精神世界,从而影响人们的价值观、人生观和世界观,起到真正的舆论导向作用。

我国公益广告的舆论导向包括两方面:一方面是对于国家政府层面相关的政策,在一定时期里,提倡什么,反对什么,在政治、经济、文化、意识形态等领域内将有什么重大的动作和改变;另一方面就是社会上的突发事件,如抗洪救灾、遏制病毒、抵抗外侮等。面对这些情况,政府除了通过运用新闻宣传工具加以传播、解释和鼓动外,另一个很重要的途径就是利用公益广告了。

公益广告宣传要把握时代脉搏,唱响主旋律。20世纪80年代末,土地资源的浪费和破坏十分严重,我国政府提倡要珍惜每一寸土地。1989年,中央电视台和各地方电视台制作播出了一批"人类只有一个地球"的公益广告,一时间造成很大的影响。1998年,我国一部分地区发生百年不遇的特大洪灾,公益广告作为一种有力的宣传工具,"万众一心,筑起我们新的长城"的公益广告语响彻云霄,与新闻、社论等一道担负了引导社会舆论的重任。

公益广告的间接作用表现为:公益广告除了纯粹的国家政府、公益团体、个人等非市场主体外,它有时也是一种广告市场行为,它会对广告市场各主体产生间接的积极作用。构成广告市场的行为主体主要包括广告主企业、专业广告代理公司、广告媒介单位。公益广告对广告主企业来说,有利于他们在实际经营过程中建立全新的经营理念,树立良好的社会形象。

对于专业广告代理公司来说,由于公益广告的公益性、无偿性,他们在代理制作公益广告的时候是不能收取代理服务费的,除收取制作的必要成本外,他们不能靠此获得经济利益。但他们的署名会帮助他们塑造行业形象,提高公司的知名度,这反过来无形中又会给他们带来源源不断的客源,为自己开辟更大更广的广告市场。同理,对广告媒介单位来说,虽然没有给他们带来直接的经济效益,但传播公益广告,有助于大大提升自身的品位,树立良好的媒体形象。

从某种意义上说,一个城市、一个地区、一个国家公益广告的水平,是这个城市、地区、国家民众文化道德水准和社会风气的重要标志。一则好的公益广告是可以深入百姓心灵的,它所营造的气氛和声势是其他宣传形式无法比拟的。公益广告无疑应该成为政府、部门、企事业单位、团体组织和社会公众进行沟通、规范社会行为、培育共同价值观念的重要宣传教育形式,公益广告要创新手段,深化内涵,积极传递正能量。

总之,公益广告是社会和谐的标志,社会发展需要公益广告,公益广告促进社会发展。21世纪,中国将完成由计划经济向市场经济的转轨,由传统文化向现代文化的转型,在这个过程中,公益广告大有可为,无疑将发挥越来越重要的作用。

第二节 公益广告写作内容与方法

一、公益广告的写作内容

一句话,公益广告的主要作用是传播社会文明,弘扬道德风尚。因此,公益广告广泛关注社会生活的方方面面,其写作题材与内容之广,可以说是无所不包。凡涉及社会公共利益、社会公共道德观念,以及涉及公众关心的各类社会化话题,都可成为公益广告写作和传播的内容。

通过对大量公益广告作品的观察,我们认为公益广告创作的内容大致包括如下几个方面:社会教化、公共服务、生态保护、慈善救助、政府政治等五个方面。

1. 社会教化

社会教化常常是公益广告宣传的一个最重要的内容,见义勇为、民主公平、自由平等、反对压迫、反对战争、反对种族歧视、反对贪污、反对邪教、反对暴力、乐于助人、节约用水、安全用电、自立自强、尊师重教、尊重知识、关心弱势群体、睦邻友好、团结互助、倡导文明新风、诚实守信、爱岗敬业、孝敬老人、爱护儿童、男女平等等往往是公益广告关于社会教化内容的具体诠释。大凡这些包括社会公德、职业道德、个人修养等社会教化内容的宣传都受到广大受众的欢迎与重视。例如首都文明网的一个公益广告(见图13-1)。

图13-1 首都文明网公益广告

2. 公共服务

公共服务内容的宣传正好体现了公益广告公益性的特点，其内容常常体现为生活常识、交通安全、用电安全、防火防盗、遵纪守法、保护妇幼权益、行业文明、计划生育、打击犯罪、抵制毒品、关注就业、义务教育、援助教育、体育赛事、知识产权、反对假冒伪劣产品、绿色消费、爱护公共财产与设施、营养健康、强身健体、医疗保健、医保政策、捐献器官、义务献血、预防艾滋、预防癌症、戒烟戒酒等。

3. 生态保护

生态保护是公益广告不可或缺的部分。随着人类工业化时代的到来，人类自己赖以生存的地球环境越来越差，生态和谐已经成为各国共同关注的问题。常见的生态保护内容包括：保护水质、保护母亲河、爱惜土地、防止水土流失、植树绿化、森林保护、禁止滥砍滥伐、防止森林火灾、保护鸟类、保护稀有动物、领养宠物、净化空气、预防雾霾、保护资源、节约资源、城市环保、防止噪音、绿色出行、低碳生活等。

4. 慈善救助

慈善救助体现公益广告扶贫济困、服务公共利益的性质。在公益广告的实践中，从来不缺少对弱者的同情与关注。这方面的内容具体表现为：扶贫助残、关怀残障、关注灾区、支援灾区、捐衣捐物、捐献骨髓、希望工程、牛奶工程、免费午餐、失学救助等。

5. 政府政治

政府政治的内容体现了国家民族的利益。政府政治类公益广告的内容包括：反映政府形象的，如军事实力、国防军备、祖国统一、倡导和平、对外政策、国际支援、经济发展、科技水平、教育水平、生活水平等；号召国民积极行动，如依法纳税、人口普查、参军拥军、反腐倡廉、国防军备、计划生育、遵纪守法、打击犯罪、民族和睦、下岗再就业、植树造林、打击走私等；宣传民族文化的，如关于历史遗迹、文物保护、民族传统、民族风俗、破除迷信、党史教育、革命传统教育等。

二、公益广告的写作方法

调查表明，广告效果的50%～75%来自广告中的语言文字，因而进行公益广告创作的时候，对文案的创作不能掉以轻心。广告文案一般由广告标题、广告语、广告正文和广告随文四个部分组成。然而，公益广告文案在形式上却与一般的商业广告文案有些不同。

公益广告标题的诉求与广告语（也叫广告口号或叫广告词）的诉求都是一个对象，具有相同的目标，加上公益广告通常诉求明确、结构简单，因此广告的标题和广告语经常合二为一。另外，根据公益广告的性质以及《广告法》的有关规定，公益广告的随文只能在不显眼的地方标注制作或发布方的名称，不能像商业广告那样标注企业商家的地址、电话、服务等附加性信息，因此，公益广告的随文不属于广告创作范围。大多平面公益广告和户外公益广告的文字非常简洁，广告标题和广告语重合，只有简简单单一句话或几个词，更不用说有长篇广告正文了。

这样,较为复杂一点的公益广告的文案实际上也只有两个部分:广告标题(广告语)与广告正文。

1. 公益广告标题(广告语)的写作方法

公益广告标题直接反应公益广告的主题思想,它是公益广告作品内容的凝练,是公益观念的直接诉求。

公益广告的核心是标题(广告语),标题是公益广告的灵魂。广告标题要求主题鲜明,感情真挚,构思新颖,语言简明。

一个精彩的公益广告标题应简明扼要、抓住重点、直奔主题,应能即刻打动广告受众,还应吸引受众继续阅读正文,并注意广告的其他内容。了解目前公益广告标题的常见类型可以对我们创作标题有所帮助。如下面一些例子:

献血一袋,救人一命。("献血"公益广告)

为了你和家人的健康,请不要吸烟。("禁烟"公益广告)

看看孩子脸上那天真的微笑,我们又怎舍得让这份和平与安宁转瞬即逝呢?("渴望和平,反对战争"的公益广告)

除了相片,什么都不要带走;除了脚印,什么都不要留下。("环保"公益广告)

在公益广告中,一个好的公益广告标题可以瞬间抓住受众的眼球。为了吸引他们读(看、听)完这则公益广告,我们还必须掌握一些具体而实用的标题写作方法。

1) 开门见山,直奔主题

公益广告标题应开门见山、简洁明了,一句话就把所要宣传的主题思想表达出来,不要绕弯子,即刻打动受众。常见的户外平面广告以及以横幅、电子屏幕等表现形式的公益广告常常采用这样的方法。如教学楼经常有这样的直白的公益广告语:

喧哗无助求知,打闹有损文明。

文明用语从我说起,文明举止从我做起。

文明你的语言,优雅你的举止。

有则美国的征兵广告是这样写的——"美国需要你"。这样的标题字字重千斤,字字铿锵有力、掷地有声。它开门见山,主题明确,直指人心,能唤起公民对国家的责任感,同时又能使受众产生一种受到国家重视的自豪感。

2) 艺术表达,独具一格

公益广告标题不等于单纯的口号或标语,受众对一般生硬的口号说辞比较反感,甚至有些厌烦情绪,广告写作者不要低估了受众的文化欣赏水平,别具一格的艺术性的表达方式是普遍受到欢迎的。试比较下面两个主题相同而表现手法不同的关于校园绿化的公益广告标题:

勿摘花草,违者罚款。

绿是生命的延续,请您珍惜。

很显然,第一句是直接诉求,以命令、强行规定的方式开门见山表达诉求;第二句是间接诉求,采用拟人化的艺术手段,把花草的绿色比拟成人生命的延续,有一定的感染力,它同样达到了教育规劝的效果,受众容易接受。

3) 运用幽默，令人称奇

公益广告中的交通安全广告要宣传交通安全法规，要对行人和车辆提出若干限制。通常，这类广告语多是板起一副面孔发出警告，少不了"严禁"、"不准"等强制性的词语，这种严肃当然是非常必要的，但是幽默一点可能效果更好。国外有些广告语就很值得称道，比如丹麦首都哥本哈根街头的交通安全广告语是这样的：

你打算怎样？以每小时40公里的速度开车活到80岁，还是相反？

还有一则美国伊利诺伊州的交通安全广告语更是别出心裁，如：

开慢点吧，我们已经忙不过来了！——棺材匠

这两则交通安全广告语，一改板起面孔训人的架势，语言幽默，妙趣横生，使人捧腹之后，又不能不感受到警告的力量，比之严禁、禁止一类的标题更使人过目不忘。

还有一家旅馆，在所有的盥洗间内贴上"客人们，请把你的歌藏在心底，因为我们的墙壁并非如你想象的那样厚实"的告示，据说，这一招非常灵验，由此可以看出幽默的魅力。

4) 表达含蓄，意蕴深长

公益广告对人们的道德、行为起着很好的规范作用，但不能是干巴巴的政治说教，而应追求意味的丰富与绵长，力求做到含蓄美。含蓄是一种美，它留给人们广阔的思考空间和想象空间，让人感到它内涵的丰富、意蕴的深长。比如台湾玉山旅游风景区保持环境清洁的公益广告：

除了照片，什么都不要带走；除了脚印，什么都不要留下。

这条广告显然比"不准"、"严禁"的禁令式广告要高明得多。其高明处就在于它巧妙地运用了含蓄的表达手法，用一种亲切婉转的语气提醒大家不要损公肥私，不要乱扔垃圾，使人们深思语言魅力的同时，既受到了劝诫，又受到了教育，从而欣然接受。

5) 巧用修辞，生动形象

运用修辞，是为了把语句修饰得优美些、生动些、形象些、感人些。以生动形象的文字，用巧妙多变的修辞手法，准确表达意图，力求简洁鲜明，言有尽而意无穷。比如可以运用对偶修辞，将广告词制作成短小精悍的"对子"，念起来朗朗上口，听来和谐悦耳，给人以美感，也便于记忆。

珍爱生命，远离毒品。（"禁毒"公益广告）

说地地道道普通话，做堂堂正正中国人！（"推普"公益广告）

真情流淌，血脉相通。（"义务献血"公益广告）

仿拟就是套用人们熟知的语句，使其产生一种新的意义，从而达到加深印象的效果。如"鲜血诚可贵，助人价更高"便是化用了裴多菲的名句"生命诚可贵，爱情价更高"；"但愿人长久，热血注心田"是化用苏轼的"但愿人长久，千里共婵娟"。这类语句为人熟知，让人感到亲切。作为公益广告词，有利于赢得人们的好感，也有利于迅速传播。

比喻就是打比方，把甲物比作乙物，如"血，生命的源泉，友谊的桥梁"，把血比作生命的源泉、友谊的桥梁，形象生动地说明了献血的作用。保护海洋的公益广告如"海洋，孕育生命的摇篮——保护海洋，保护生命！"通过设喻，把深奥的道理浅显化，保护海洋的重要性被提高到保护生命的高度，振聋发聩，令人深思！

广告文案

运用设问,可以激起人们的思考,增强感染力。如"你想为社会作点贡献吗?你愿为他人献点爱心吗?请参加无偿献血!"这样的广告构思新颖,提问巧妙,发人深省。还有一则宣扬发扬传统美德的公益广告,广告词是这样写的:"爱心,孝心,诚心,你做到了吗?"广告将传统美德用"三心"浓缩,再用设问发问,同样发人深省,言简而意深。

修辞手法还有很多,如排比、借代、双关、反复等,巧妙地加以运用,公益广告标题创作起来非常方便,效果也相当显著。

6)巧借名言,事半功倍

在公益广告标题的写作中,直接引用名言名句,或者变通使用名言名句,也不失为一种好的方法。广大受众对于名言名句一般耳熟能详,也深知它们的警示作用和教育作用。

学校食堂往往张贴着这样的公益广告:

谁知盘中餐,粒粒皆辛苦。(唐·李绅)

一粥一饭,当思来之不易;半丝半缕,恒念物力维艰。(明·朱柏庐)

历览前贤国与家,成由勤俭破由奢。(唐·李商隐)

这几句广告词提醒、告诫人们爱惜粮食。勤俭节约、爱惜粮食是中华民族的传统美德,看到古人的名言,心中又一次激起波澜,自然会"惜粮如金"。另外,我们的教室里也随处可见名言名句,如:

勤能补拙是良训,一分辛劳一分才。(华罗庚)

耐心是一切聪明才智的基础。(柏拉图)

失败是成功之母。(爱迪生)

自信是成功第一秘诀。(爱迪生)

勿以恶小而为之,勿以善小而不为。(刘备)

这些公益广告劝导学生要勤奋学习、要有耐心、要不怕失败敢于担当、要修身养性等。借名言名句做公益广告,是最省力的方法,它往往事半功倍,大大增强了广告宣传的劝服说理作用。

2. 公益广告正文的写作方法

公益广告正文是公益广告文案的中心部分,它是对广告标题所提示的内容做进一步的说明、解释和论证,以促使受众认同和接受广告所传播的观念。正文是相对于标题而言,一部分平面公益广告、电视公益广告、广播公益广告、网络公益广告等广告的标题(广告语)、正文二者俱全,区分十分明显。

公益广告正文是大型公益广告文案的躯体,也是其所必不可少的部分,有不同的称谓,如印刷广告中称文稿,电视广告中叫故事版本或脚本,广播广告中叫广播稿等。公益广告正文与标题的关系是:一是标题吸引注意,正文进行论证或启发;二是标题提出问题,正文进行回答或警示。

公益广告标题虽然是广告文案的关键点,但标题只能传递简单明了、容易理解的信息,完整全面的诉求主要靠正文完成。正文所起的作用包括:一是配合标题,加强广告主题力度;二是完整地传达诉求内容和信息;三是提醒、实证、警示广告主题观念。

公益广告正文类型多样,风格各异,没有固定的格式和文体,其类型主要由公益广告主题的表现形式来决定。写作公益广告正文的方法,可以是叙事体,也可以是说明、议论、描写、抒情等文体形式;可以是诗歌、戏曲、微电影等各种文学体裁和艺术表现手法。多种多样的文体形式和表现手法会使广告正文生动别致、新颖活泼、富有艺术感染力。

1)叙述体

叙述即记叙和述说。它是一种记人叙事并陈述其来龙去脉的表述方法,它一般包括时间、地点、人物、事件、原因、结果六要素。叙述体公益广告文案内容以把事件交代清楚、把事情叙述完整即可。这样的文体对受众具有一定说服力。

央视公益广告 Family 的广告脚本就是典型的叙述体:

小时候,爸爸是家里的顶梁柱。高大魁梧的爸爸为整个家遮风挡雨。温柔贤惠的妈妈相夫教子,渐渐地,我长大了。少不更事的我早已想挣脱爸爸妈妈的拘束,再次顶撞了唠叨的妈妈。渐渐长大的我体会到了生活的艰辛,这时我发现,爸爸的背早已驼得不成样子。妈妈的身体也早已臃肿。是时候来尽一个子女的责任了,用一双手来保护整个家。做父亲的拐杖,让他有一个肩膀可以依靠。给母亲撑一把爱心伞,为她遮蔽夏日的骄阳。爸爸妈妈我爱你!家,有爱就有责任。

广告动漫设计的动画配合广告脚本的叙说,两者相得益彰,感人至深!

2)抒情体

文案内容以抒发感情为主要表达方式,通过与公益观念相关联的某种情感的抒发引起广告受众的共鸣与认同。抒情体要以情动人,情感包括喜欢、热爱、关心之类的友爱之情,也包括对社会不良行为和丑恶现象的痛恨之情。

公益广告《关爱老人——妈妈的等待篇》便是一首母爱抒情诗,全片以一个连续的长镜头展现了一位母亲陪伴儿子成长的过程。幼儿时的守护,少年时的陪伴,青年时的鼓励,直至儿子长大成人远走高飞,母亲却一直守在家里,痴痴地等待儿子的回归。诗意的画面配以凝练的文字:

爱是什么?爱,是只要你快乐;爱,是陪你走一辈子;爱,是无悔青春流逝。

你的高飞,就是我的安慰。爱,是痴痴等待。

广告以散文诗般的镜头,描绘母亲以无悔岁月陪伴儿子成长的感人过程。特别是跟画面配得恰到好处的文字抒情意味浓厚,令人感动,无不使我们生发出一种久违的"别让爱等得太迟,多回家看看吧"的感慨。

3)议论体

议论是一种评析、论理的表达方式。一篇或一段完整的议论,通常由论点、论据和论证三要素组成。议论体公益广告文案内容以阐发广告制作者和发布者的观点为主要表达方式,论证、倡导某一种公益行为或者警示、规劝某些社会不良行为和现象。议论体一般属于理性诉求,具有较大的号召力和说服力。台湾"饥饿30救援活动"之公益广告,就是一篇散文诗般的议论体公益广告的典范:

广告文案

是救命,不是救济

地球每天有四万人死于饥饿

而你手上的一枚10元硬币,就可以救他一命,让他多活一天

"饥饿30救援活动"在台湾已是第四届

救助了非洲十一国近千万难民

今天我们更迫切需要您的援手

您的慷慨施予,是他们活下去的希望

记住:您每迟疑两秒钟,就有一个小生命饿死

请您立即付出您的爱心与行动

此则公益广告无疑论点、论据、论证三者俱全,具有很强的说理性,它用事实做论据,论证了参与救援活动的紧迫性。用数字来说服受众是这则广告文案的优点,因为它具有文理兼备的特质。广告刊出后曾在台湾引起很大反响,"饥饿30救援活动"因此得到广泛关注和支持。

公益广告正文的文体除了以上常见的三种之外,还有描写体、公告体、诗歌体、戏曲体等,不拘一格,形式多样。有的各种表现手法综合运用,无法归到某一种类型当中去。因为广告实质上是一种打破常规、力求创新的艺术活动,因此,公益广告正文的撰写首先要符合作品主题的需要,符合文案创作的需要,不能囿于文体表现。

阅读材料 13-1

公益广告的类型

从公益广告发布者的身份来分,公益广告主要可分为三种。第一种是媒体直接制作发布的公益广告,如电视台、报纸、杂志、网络等。第二种是社会专门机构发布的公益广告,比如联合国教科文组织、联合国儿童基金会(UNICEF)、世界卫生组织、国际野生动物保护组织分别发布过"保护文化遗产"、"儿童有受教育权利"、"不要歧视艾滋病人"、"保护珍稀动物"等公益广告,这类公益广告大多与发布者的职能有关。第三种是企业发布制作的公益广告,比如波音公司曾发布过"使人们欢聚一堂"、爱立信发布过"关怀来自沟通"等公益广告。企业不仅做了善事,也确立了自己的社会公益形象。

从公益广告载体来看,大体可分为两种:一是媒体公益广告,如刊播在电视、报纸、杂志、广播、网络、手机等媒体上面的广告;二是户外广告,如车站、巴士、路牌、橱窗、霓虹灯、墙面等上面的公益广告。

从公益广告题材上分,可分为政治政策类选题,如改革开放30年、科技兴国、推进民主和法制、扶贫等;节日类,如五一节、国庆节、教师节、重阳节、植树节等;社会文明类,如保护环境、节约用水、节能减排、关心残疾人等;健康类,如全民健身、爱眼等;社会焦点类,如下岗、打假、扫黄打非、反毒、希望工程等。

第三节　公益广告文案创作技巧

公益广告的主题表现形式要通过文案的创作体现出来。围绕公益广告的主题,广告文案创作人员首先要考虑的是,怎样通过艺术性的手段和创作技巧来达到令人满意的效果。下面我们分别从避免说教、诉求单一、深化主题、有震撼力等四个方面来谈谈公益广告文案的创作技巧问题。

一、避免说教

公益广告的基本特点就是以理服人,它向公众推销社会道德观念和行为准则,推行正确的价值观和人生观,应以正面宣传为主、提醒规劝为辅的方式。要把广大受众当成自己人,与他们进行面对面的平等的交流,决不能高高在上,颐指气使,动辄说教。

刘勰在《文心雕龙》里说过,"感人心者,莫先乎情"。说理也好,规劝也好,首先用真情打动受众,让其产生强烈的同情感、道义感,从而引发对社会问题的重视,这无疑是公益广告获得良好效果的重要途径。人的态度是扎根于情感之中的,公益广告的主题和内容,无论是比较严肃的还是比较轻松的,在语言和形式上都要具有亲和力,避免生硬说教。如果能让观念依附在容易被感知的情感成分上,就更容易引起人的共鸣。

现实生活中有许多公益广告文案说教意味浓厚,总是喜欢运用"不准"、"不许"、"禁止"、"严禁"、"罚款"、"赔偿"、"纠正"、"请勿"之类的词语,如这样的广告语经常出现在我们的视线中:"禁止大声喧哗"、"此处严禁摆摊设点,违者罚款一百元"、"禁止攀登"等,这样的广告语虽有一定的威慑力,但语气生硬,不近人情,令人反感,甚至会使人产生逆反心理,你说不行,我偏偏这样。这种板起面孔管人、训人的广告难以让人接受,更不用说起到宣传教化的作用了。

随着生活节奏的加快,来自工作、学习、生活方面的压力越来越大,人们讨厌枯燥的说教、空洞的宣传,期待轻松愉快地获取各种信息。因此在公益广告创意中,以幽默、诙谐的方式,表达严肃的主题,不仅能迅速吸引公众的注意力,而且能够让受众在轻松、愉悦的氛围中,领会公益广告的主旨,增强传播效果。例如某加油站有两例这样的广告:

千万别点着你的烟,它会让你变为一缕青烟。

如果你想吸烟,定时炸弹在身边!

这样的广告语言幽默、诙谐,它比"禁止吸烟,非常危险"的效果肯定要好,它没有说教,用这种轻松的方式同样达到了劝止别人在加油站吸烟的目的。

另外,我们如果把"严禁踏入草地,违者罚款"的广告语改为"小草叮咛:脚下留'青'"或者"小草正在生长,请勿打扰"。试想效果会怎样?当然,这种富有人情味的委婉含蓄的诉求更容易引起受众强烈的心理共鸣。

很多文案创作人员认为公益广告的主要作用就是社会教化,它就是用来教育人的,这种高高在上、好为人师的姿态,其实是很容易被文化程度和广告鉴赏力日益提升的受众所排斥的。

"感动,而不是说教",这是公益广告创作的最高境界。公益广告追求的目标是社会公共利益,讲究"于无声处听惊雷"的效果,因此公益广告在创作中要摒弃那种吓唬人的语句、说教的言辞;要设法集礼貌美、情趣美、生动美于一身;要放下过去那种一味说教和喊口号的面孔;多用生活化的画面、朴素真挚的语言、热情善意的指正、真心真意的鼓励去感染人、说服人,从而达到净化心灵和社会环境的目的。

二、诉求单一

诉求,是制定某种道德、动机、认同,或是说服受众应该去做某件事的理由。商业广告以激发消费者购买行为为目的,商业广告的诉求就是促使消费者采取购买行动。而公益广告以传播某种社会公益观念为目的,它的诉求就是促使广大受众知晓、认同和接受某一公益观念,并自觉贯彻到个人行动中去。

公益广告中,人们经常使用的诉求方式同商业广告的一样,分为三类:情感诉求、理性诉求、情感与理性相结合的诉求。情感诉求是现代社会公益广告中使用最普遍的一种诉求方式。情感是一种人性的体现,情感也是情绪,二者密切相连,一般来说,情感是情绪的本质内容,情绪是情感的外在表现。人是有情感的动物,对于那些与自己情感相连的东西,人们无法不去注意它。公益广告情感诉求形式上有自己的特点,即感动、感化、感染力强,通过文案作品使受众产生特定的情感体验,进而触动心灵,改变态度,从内心深处达到对公益观念的认同。因此,公益广告要善于诱发受众的情感,使受众对广告产生共鸣,从而在情感认同的基础上实现进一步的沟通。

理性诉求是广告活动中传统常规性的诉求形式。公益广告理性诉求是通过直接或间接阐述一种公益观念,使受众直接知晓公益信息的方式。所有公益广告都可以用理性诉求方式直接传达公益观念,其特点是,直接、直观、逻辑性强。但同时又有不足,即容易生硬、过于直白、空泛,俨然一种政治口号,一种纯粹的政治说教。

情感诉求也好,理性诉求也好,其目的殊途同归,都是促使广大受众知晓、认同和接受某一公益观念。公益广告文案的写作需要运用恰当适度的诉求方式来实现公益目的,但是需特别指出的是,公益广告有一个基本的要求,即力求简洁、通俗易懂,一看就清楚它的主题。因此同一广告作品诉求点不能太多,诉求目的必须明确具体。

据调查显示,单一性诉求是广告创意中一个非常重要的概念,是使广告效果良好的最基本的规律之一。大凡成功的广告采用的都是"单一诉求"形式。美国麦迪逊大街的达彼思广告公司,即广告界著名的"独特销售主张",其中的核心观点是消费者只会记住一个文案中的一件事情,或是一个强烈的主张,或是一个突出的概念。正如太阳光线总是聚焦于凸透镜上的一点一样。有报道说,美国一个总统竞选时谈到了14个不同的问题,思路清晰,令人振奋,可第二天调查中却发现,只有不足2%的听众听清楚了他讲的内容。还有一个故事说希特勒面对士兵演讲时总是在重复一句话:"世界是我们的!"而正是这句话吸引了成千上万的追随者。这就是单一诉求的效应。如图13-2这则交通公益广告。

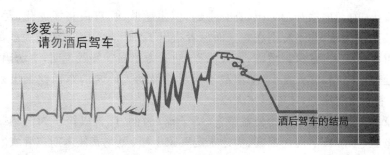

图 13-2　遵守交通规则公益广告

这则平面公益广告的文案非常简单,配合一幅心电图的画面,标题开门见山,直奔主题——"珍爱生命,请勿酒后驾车",一个简单的祈使句起到了建议劝阻的作用,心电波结束之处,配以短语"酒后驾车的结局",震撼人心,使人深思!公益广告无疑达到了劝阻别人"酒驾"的目的。

公益广告的制作者和发布者希望受众越多越好,受众越多社会效果越大。然而受众的年龄大小不一,文化程度不一,理解能力不一,如果一条公益广告主题不明确,诉求点太多,无论文案作者采用情感诉求也好,采用理性诉求也好,结果受众一头雾水,非常模糊,看不懂、猜不透其中诉求的到底是什么,他们也许就会放弃这条广告,注意别的信息去了。

例如"珍惜我,就是造福全社会"这一广告语,虽然创意较好,但诉求对象不太明确和单一,宣传的是"爱护花木",还是"珍惜土地"? 受众不知所云。而"小草对您微微笑,请您把路绕一绕"、"绕行三五步,留得芳草绿"、"节约用水,从点滴开始",这些公益广告语,诉求对象单一,分别是爱护花草和节约用水,非常明确,意思具体明了。

还如《中国青年报》1997 年 9 月 21 的一则保护环境卫生的公益广告,画面上是一个快剥完皮的苹果,在苹果皮上写着一行字:"请放到该放的地方去。"广告并没说乱扔果皮怎么不好,或者应该把果皮扔到垃圾箱里去,但谁都知道"该放的地方"在哪里,广告诉求对象和目的非常明确,传达的意念也非常丰富。很显然,这则广告符合了诉求单一的原则。

三、深化主题

任何广告都有一定的主题,每则广告的主题只能有一个,广告文案的写作就要根据这一主题去酝酿构思,斟酌词句。没有主题,或者主题不深刻,是公益广告写作的大忌。只有深刻的主题才能够启发受众进行深入的理性思考,才能看到问题的本质,从而认同并接受公益广告宣传的观念。

肤浅的概念化的主题不能击中要害,是难以触动受众心灵并引起其重视的。试比较两则内容相同的平面广告:一则的广告标题是"尊师重教",旁边辅以一小学生向一女教师献花的图案;另一则广告左侧是一张描红字贴,上书"老师　中国"四个字,"老师"二字已经被描了,但描得不准,右边是广告语——如果忽视了老师,我们可能连"中国"两个字也写不好。

可以看出,前者虽然开门见山,直奔主题,但主题肤浅、直白且概念化,对这样的广告人们往往熟视无睹,并不特别在意。而后者指出了"师"与"国"二者的关系,揭示了尊师重教的重要意义,主题深刻精辟,发人深省,劝服力很强。实践说明,主题确立后不能过分简单处理,一定要深入挖掘,把潜藏于深层的最动人心魄的东西挖掘出来,只有这样,确立的主题才能深刻,才能震撼人心。

还是拿2013年年底播出的公益广告《筷子篇》为例,广告以筷子为情感载体,串起广东西关老屋、上海长宁现代家庭、福建永定客家土楼、黑龙家佳木斯东胜农家、四川宣汉乡村等场景,描述中国人过春节的生活情感与情节,传播中国特有的传统与美德。广告呼吁大家珍惜与家人、亲友的每一次团聚,弘扬了分享、感恩、明礼、孝敬等中华几千年传承的文化。广告以具有中国标志意义的"筷子"作为切入点,以小见大,让受众感受到了悠久的历史文化传统、浓浓的血脉亲情。《筷子篇》主题恢弘,视野开阔,通过这一系列转换的画面、朴素的语言,揭示出了一个深刻的主题:传承文明、懂得感恩、明礼孝敬、睦邻友好。由于广告主题得到很好的深化,节目播出后,反响强烈,观众备受感动。

近年来,中央电视台连续播出的几个主题性的系列公益广告《常回家看看》、《成长篇》、《幸福中国味》、《中国年——让世界相连》、《"衣加衣"温暖行动》等,都是公众热切关注的焦点问题。由于主题突出深刻、指向明确、感染力强,因此获得了极佳的传播效果。由此可见,公益广告应切合公众心理,选择公众关注的某个热点问题作为主题,并使主题进一步深化、系列化,从而实现宣传上的规模效应,强化公益观念的影响作用。

四、有震撼力

公益广告文案的创作应符合震撼性原则。震撼性原则与相关性、原创性原则是密切相关、相互贯通的,指的是广告对受众心灵能产生一定的冲击力和震撼力。使公益广告产生震撼力,常用的方法有数字说明法、层递论证法、对比法、假设法等。

中央电视台曾播过一条警告吸烟危害生命的公益广告。电视画面中,在醒目的位置上显示出"吸烟"两个大字,背景上是吸烟危及健康的组合画面,"烟"字半边的"火"将一支香烟点燃后熊熊地燃烧着,烧出了一连串惊人的数字。

全世界每年因吸烟所引起的死亡人数达300万,占全年死亡人数的5%;

世界上每10秒就有1人因吸烟而丧命;

我国15岁以上男性吸烟率平均为61%;

……

(深沉的画外音进一步作了本质的揭示):

吸烟是继战争、饥饿和瘟疫之后,对人类生存的最大威胁。

一组惊人的数字,一句振聋发聩的警告,从本质上道出了吸烟的危害,让人们看后胆战心惊,深知后果,从而收到了良好的宣传警示效果。

《人类请尊重自己》的公益广告文案如下。

人类请尊重自己

我们创造了巨大的生产力,大气也跟着变暖;我们吃到了冷冻食品,于是臭氧层就有了空洞;美国人解放了他们的性生活,艾滋病就降临到了人间;当我们面对摆满野味的餐桌，SARS 就坐到了对面……不久的将来，我们还能否看到猩猩的泪水，还能否嗅到玫瑰的清香，还能否感觉到我们自己?!

这则广告以"大气变暖"、"臭氧层空洞"和"艾滋病"作为铺垫，以"非典"作为重大背景和题材，层层推进，揭示的则是人类与自然、环境和生态和谐发展的、不以人的意志为转移的规律。"一损俱损，一和俱和"、"环境保护"的主题因为 SARS 事件的震荡而显得更加迫切、更加重要，鲜明的主题与语言的表意功能相结合，使得这一主题更加突出，更具震撼力。

在公益广告文案的创作中，通过对比手法的使用，也可以制造强烈的反差，使受众更加了解问题的本质，更加知道是非曲直，使受众内心深处产生强烈的震撼力，从而也可以达到良好的宣传效果。

对环保生态健康等问题，人们平时可能没有去认真想过或没有意识到其最严重的后果。在公益广告中，如果用假设的方式把问题的严重后果展示出来，则是一种最直接、最有说服力和最具震撼力的写作技巧。例如，中央电视台播出的珍惜水资源的公益广告直言相告"中国是个水资源匮乏的国家"之后，接着非常夸张地警告人们：如果肆无忌惮地破坏水资源，我们最后看到的一滴水，将是自己的眼泪！画面上一滴晶莹的小水滴从一只美丽的大眼睛中滴落，让人触目惊心。广告具有何等的震撼力！

关键词

公益广告　　public service advertising
社会教育　　social education
文化传播　　cultural communication
舆论导向　　public opinion
避免说教　　avoid preaching
诉求单一　　demands of a single
深化主题　　deepen the theme
有震撼力　　shocking

思考题

1. 什么是公益广告？请你谈谈公益广告与商业广告的异同。
2. 请你谈谈公益广告在当代社会生活中的地位与作用。
3. 请你说出一条你认为好的公益广告语和一条不好的公益广告语，从用语方面做一些分析。
4. 公益广告常见的标题类型有哪些？请你谈谈怎样写好公益广告标题。
5. 请创作两至三则低碳生活、节能减排、拒绝白色污染、减缓全球变暖、保护生物多样性、珍惜水资源、绿色消费、保护森林、开发清洁能源、垃圾分类与回收等跟环保主题相契合的公益广告文案。要求运用避免说教、诉求单一、深化主题、有震撼力等创作技巧进行构思。

推荐阅读书目

1. 《公益广告初探》,高萍著,中国商业出版社,1999年。
2. 《公益广告的奥秘》,张明新著,广东经济出版社,2004年。

第十四章 系列广告文案

本章任务

1. 了解系列广告的概念、特点与作用
2. 掌握系列广告的展开方式
3. 运用系列广告的创作技巧进行创作

本章引例

长城干红系列平面广告

2004年年底,长城干红系列平面广告出现在各大媒体上。一时间,无论是消费者还是广告人都惊叹于这一系列广告中优美、动人的内容,被它别具一格的叙述方式和写作手法所震撼。在这组文案中,作者分别介绍了长城干红的原料选择、发酵过程、品质鉴定、储藏地点和创作周期等重要特质。但每种特质介绍的切入点都匠心独运。体现出文案作者对产品的深入了解和自身过硬的创作能力。这组系列文案也理所当然地成为当年年度最佳文案之一。

优秀的广告文案可以瞬间让你的产品增光着色,有人曾经总结过:好的广告文案一定是艺术的,但绝对不是诗。它不会曲高和寡,让人难以琢磨。它仍肩负着广告最基本的功能,不仅仅是产品特性的感性描述,更能通过文字的力量成功渲染出具象的意境,让消费者在文字阅读中对产品产生"于我心有戚戚焉"的共鸣,从而达到营销的真正目的。下面是此系列广告文案之一。

> 三毫米,瓶壁外面到里面的距离,一颗葡萄到一瓶好酒之间的距离,不是每颗葡萄都有资格踏上这三毫米的旅程。
>
> 它必是葡园中的贵族;占据区区几平方公里的沙砾土地,坡地的方位像为它精心计量过,刚好能迎上远道而来的季风。
>
> 它小时候,没遇到一场霜冻和冷雨;旺盛的青春期,碰上十几年最好的太阳,临近成熟,没有雨水冲淡它酝酿已久的糖分,甚至山雀也从未打它的主意。
>
> 摘了三十五年葡萄的老工人,耐心地等到糖分和酸度完全平衡的一刻才把它摘下,酒庄里最德高望重的酿酒师,每个环节都要亲手控制,小心翼翼。
>
> 而现在一切光环都被隔绝在外,黑暗、潮湿的地窖里,葡萄要完成最后三毫米的推进。
>
> 天堂并非遥不可及,再走十年而已。

第一节 系列广告概说

一、系列广告的概念

系列是指相互关联的成组成套的事物或现象。所谓系列广告是指在广告创作中由两个以上的广告作品构成的组合。这一组的作品具有相同的创意、主题或者风格,但每个单个作品的文字、画面、内容等具体表现方面又有所区别。系列广告既可以有相同的媒介表现形式也可以有所区别,比如一组系列广告,可以都是平面广告,也可以选择平面、广播、电视相组合的广告形式,但不管哪一种选择,它们都具有相同的主题和创意。

在广告创作实践中,单个广告作品往往只能表现一个主题、一个创意或者商品的某一方面特性。而系列广告可以从多角度、多侧面反映商品的特质。比如一件衬衫既穿着舒适又不易变形,如果用一个创意的广告作品囊括这两方面的内容就比较吃力。假如分解开来,用一组系列广告进行表现就要轻松许多,也更能深入、系统地展示广告内容。

系列广告文案,就是在系列广告中出现的文案内容。在具体创作中,要求文案内容在标题、正文、附文、句式、语调、修辞、篇幅等方面统一于同一创意概念或主题风格,同时又保持自身的独立性和完整性。

美国著名的快递公司 UPS 是全球最大的快递承运商与包裹递送公司。在 2008 年北京奥运会期间,UPS 在中国发布了一系列平面广告作品,结合北京奥运会的主题,生动体现了该公司高效快捷的物流运送水平。

文案之一:将北京奥运会送达成功终点,谁正鼎力相助?

文案之二:UPS 为北京奥运成功运送不同物资,无所不能?

文案之三：肩负北京奥运物流和快递重任，UPS力求至臻至美。

文案之四：肩负北京奥运物流和快递重任，UPS表现更胜一筹。

这是由四则广告组成的系列广告文案，虽然每句文案都只有一句话，却在不同方面说明了UPS快递与北京奥运多方面的业务合作关系。2005年，UPS成为北京2008年奥运会官方物流和快递服务赞助商，在第一句文案中，"鼎力相助"的关键词加上微缩鸟巢的形象将这种关系巧妙地体现。第二句中的"无所不能"，道出了UPS超强的业务能力。第三、四句中的"至臻至美"和"更胜一筹"则把奥林匹克精神与UPS公司的服务理念完美融合。这组系列广告可谓是从多方面、多角度、形象化地表现了产品与服务的品质和特点，短小精悍，主题突出。

二、系列广告的特点

系列广告因为其自身优势，在广告实践中运用相当广泛。掌握系列广告文案的创作方法和技巧，就必须先熟悉它的规律和特点。

1. 风格主题统一连续

在定义中我们强调过，系列广告文案的基本特征就是主题、风格的统一，不管一组系列有多少个作品，也不管单个作品是用哪种媒介形式展现。消费者在广告接触的第一时间就能明白这些作品中的共同特性，这就得益于系列广告中统一的风格特点和主题定位。

广告文案的主题定位和广告创意密不可分，主题明确才能有针对性地进行广告创作。不同的主题选择又和产品的不同特性相联系。比如一种食物，既美味可口又营养健康，那么创作者就需要在作品中有针对性地体现产品的一方面特点，从而在作品中贯彻这种主题表现。而广告文案的风格也是天马行空、千变万化，有古语、口语、书面语等不同语体之分，有顺序、倒叙、插叙等语序区别，也有华丽高贵、朴实简约、幽默、庄重等不同语态，更有比喻、拟人、夸张、排比、对偶等修辞手法可以灵活运用。但是，不管采用哪种风格都必须保证整体上的统一和连续，这样才容易被消费者关注和识别。

例如，健力宝饮料童年回忆系列广告文案。这组文案选择了三个不同的生活场景来表现健力宝饮料在人们心中难忘的记忆。把饮料的滋味和童年的生活经历联系在一起，用寥寥几笔塑造出一个个大家所熟悉的生活剪影，勾起了人们心中珍藏的怀旧情愫。怀旧主题明确，抒情风格让人回味良久。（见图14-1）

文案之一：好滋味，难忘怀！小时候，一天外婆给了我五块钱。哇！我成了有钱人。

文案之二：好滋味，难忘怀！小时候，年夜饭上总是少不了它，我喜欢和堂弟干杯！

文案之三：好滋味，难忘怀！小时候，妈妈说写完作业才能喝，所以把它藏得很高。

2. 内容结构相似相近

系列广告通常都是针对的同一个产品，或者是同一类产品的不同型号和不同款式。

图 14-1　健力宝饮料广告

因此广告文案的内容大都基本相同。这样可以给人一种和谐一致的整体感,也避免了单个作品广告效果的微薄乏力。

但内容相同并不意味着内容展示的枯燥与单一,在相同内容的框架下,我们可以通过多种方式向消费者传递产品信息。

广告大师威廉·伯恩巴克的代表作就是他为德国大众汽车品牌甲壳虫所写的系列广告文案。这组经典文案共十一篇,用机智诙谐的语言从不同的角度向消费者介绍了这款刚刚问世,但并不被看好有奇怪车型汽车,包括小巧灵活、价格便宜、质检严格、性能可靠等多个方面。后来事实证明,正是伯恩巴克的神来之笔把甲壳虫汽车从默默无闻一步步带向世界知名轿车品牌的行列。我们选择其中一则文案欣赏一下。

　　它看来或许不太起眼,但是在平凡的外表之下,却有一具生机勃勃的气冷式引擎。它不会过热毁了你的活塞环;它也不会结冻,而毁了你的一生。它位于汽车后面,而后轮承重于后,使得在雪地和沙滩上的转动良好,让你每加仑汽车大约可跑29公里。不久,你将由衷欣赏甲壳虫的一切,甚至爱上它的样子。你发现它的空间足以容下任何人的腿;它的高度足以容下任何人的头——甚至戴上帽子也好。紧贴、舒适的平套座椅。车门密合的程度让你几乎不想关门。(车门是密不透风的,最好一上车你就打开一缝车窗)。朴实、不耀眼的轮子采用四轮悬挂式,当碰撞造成一个轮子跳动时,其他轮子并不跳动。只要你买下甲壳虫,它就变成价值观1585元的东西。丑陋,并未增加车子的任何费用。这正是它的美。

3. 信息表达全面综合

单个广告受制于篇幅或时长,即使有时候创意精彩、文字优美,也会因为势单力薄而效果受限。正所谓"十根筷子坚如铁",系列广告可以使消费者长时间、多角度地接触产品信息,从而让他们从整体出发更加深入地了解目标产品的完整形象。避免因信息不足产生的潜在顾客的流失。

值得一提的是,我们在强调系列广告信息表达应全面综合的同时,也应该注意它的侧重性。每组系列广告都有一个大的主题,而同一组中每个作品又有一个次主题。我们在创作的时候要有大局意识,次主题的作用是服务于大的主题,为了表现这种服务,应该在单个作品创作时有所侧重,用不同的侧面去支撑全局。就像房屋的四面墙壁和屋顶一样,各部分起到的作用是不同的。

4. 表现方式变化多样

虽然有相同的主题和风格,但系列广告不是同一则广告的简单重复。除了在产品信息方面有所变化之外,系列广告作品之间最大的差异就是广告表现的变化。之前曾经提到过,广告文案的基本结构包括标题、正文、广告语、随文这几个基本的要素,文案创作的乐趣就在于不断地将这些要素和要素进行组合,从而实现灵活多样的外在表现。

三、系列广告的作用

1. 增加消费者广告接触,提升信息传播效果

认知心理学研究发现,人们对于某种信息的记忆效果与该信息的重复频率密切相关。重复频率越高,接触次数越多,记忆效果也就越好。广告活动的主要目的就是增加消费者对产品和服务的这种认知,所以一般情况下,广告商会通过在各种媒体轮番轰炸的方式来增加消费者的广告接触活动。

在这种情况下,系列广告的优势就相当明显。一组系列广告作品的推出意味着单纯从数量上就比单则广告更有优势,使得消费者接触广告的概率大大增加。同时,系列广告的一组作品虽然有相同的主题、风格,但其中的每一则广告都有其独特的个性。与单一广告的重复播出不同,系列广告既能延伸出创意的主题,又能够呈现出不同的张力,而且还可以在内容、顺序、组合上做文章——不断变换表现形式。这样一方面实现了唤起受众注意的目的,另一方面也让他们不觉地乏味与厌烦。

2. 产品介绍深入全面,提高消费者的购买认知

广告的信息表达一般强调"单一性"原则,每则广告所传递的信息点最好只有一个。如果信息量过大,容易造成冗余,不利于消费者的理解和消化。但是一般产品的卖点并非只有一个,商品的特点和性能也远非寥寥几句就能说得清楚。因此,将不同的广告信息点加以分解,散落到不同的广告作品中加以传播才是明智之举。

同一系列的不同作品,相互之间可以形成一种合力。每一部分的广告信息承载着产品特性的某个方面,这样就可以让广告作品表述更多的内容,角度也更加丰富,卖点的阐释也更加深入细致。这样就更有利于消费者对产品的了解和把握,从而最终促进购买行为的发生。

3. 提升品牌形象,塑造品牌文化

大卫·奥格威认为每一个广告都是对整个品牌的长期投资,任何产品的品牌形象都可以依靠广告建立起来。品牌形象的优劣取决于广告创意的好坏。单一广告作品要想树立品牌形象,需要极好的创意,对作品的设计与制作要求也相当高。这样算来,好的广告成本投入自然不少。而消费者是"喜新厌旧"的群体,如果一则广告过多出现在他们的视野中,时间一长就容易丧失新鲜感,即使这则广告的创意好。于是广告主常常轻易地变换广告形象、广告风格和主题,来迎合消费者的求新心理。结果却使一些已经成功的形象不断被替换,品牌认可度始终都没有提升,反而无端浪费了很多的人力、物力和财力。

而系列广告可以弥补这一的缺陷。一个好的主题可以延伸出许多在风格上一致的广告系列。并且可以通过统一的主题、相似的风格从不同角度,以不同的表现方法,通过不同的媒体与消费者见面。这样既能经常给消费者以新鲜感,同时又保持了广告作品的一贯风格,能让产品品牌的形象和定位深入人心。在节约成本的同时,为积累品牌形象起到了重要的作用。

阅读材料 14-1

别克凯越汽车:十年,凯越人生

2013 年,在别克凯越汽车上市十周年之际,该公司向十年间 180 万凯越车主发出"凯越人,你好吗?"的主题调查问卷,并从经销商处搜集到了 200 余个车主的真实故事。在此基础上用真人出镜的方式拍摄了系列电视广告《凯越人生》。

在这组系列广告中,创作者贴近生活,用几个生活小片段记录了凯越车主日常生活中的点滴小事,表现了他们对生活中小小幸福的追求与感悟。夫妻之间、父子之间、母子之间、同事之间和陌生人之间的交集与感慨,都是围绕着凯越轿车展开。凯越从这些最平凡的温暖中,表达了"生活,实在不凡"的主题。

在总起篇中,广告文案这样写道:"大多数人以为,不凡是属于舞台上、荧幕中、聚光灯下那些触不可及的人……但,这绝不是不凡的所有!不凡,还属于每一个用心生活的人;属于每天多创造一点幸福的人;属于努力做好每件小事的人;属于比别人多坚持一刻的人;属于在风雨中不离不弃的人;属于为胜利不怕多一次失败的人……不凡,不看财富,不看地位;不凡,属于实实在在的你;属于尊重生活的每一个人!生活,实在不凡"。

虽然相对于其他轿车品牌,上市十年的凯越在消费者心中的地位称不上根深蒂固。但十年之后的它用这样一种平实、朴素的方式将一个个平凡车主的温暖故事串联起来,问候曾经和现在的凯越车主。让消费者在文字中感受到了真诚与坚强,看到了生活中自己的影子,也更加珍惜有车相伴的不凡生活,瞬间拉近了消费者与品牌的距离。

第二节 系列广告文案的展开方式

系列广告的表现形式千变万化,广告文案的创作也可谓是天马行空,不拘一格。虽然有时候闪光的文字依赖于创作者的灵感迸发,但更多的时候我们还是有章可循,有一些基本的套路值得我们学习。本节就主要介绍系列广告文案展开和布局的一些基本方式。

一、重心转换

系列广告中单个作品承载着完成整体目标的任务,那么系列广告文案中的单独篇目就应该避免重复,而要从不同的角度和侧面去说明产品的不同优点和特质。广告受众在连续的阅读或接收的过程中,可以通过各个侧面信息了解到一个全面的广告主体或同一品牌的不同产品特征。这种处于并列关系的广告文案展开方式叫做重心转换。以下是上海魅力宣传系列广告:

(一)

广告标题:幸福的牙齿

广告正文:如果有来生,我愿意做上海的一颗牙齿。这里有价廉物美的传统小吃:丰裕生煎、白玉兰麻球、小绍兴白斩鸡;而五星级酒店里的高级自助餐同样每天宾客如云、夜夜笙歌。来自五湖四海的美食在这里生根落户,四川麻辣火锅、红红火火的老北京涮羊肉、地道的新疆风味的烤羊腿、粤式潮式港式餐厅,苦、辣、酸、甜、咸五味在这里各得其所,成就了包容并蓄的海派风味。来自世界各地的美食同样应有尽有,早晨我亲吻法国羊角,中午品尝日本寿司,葡国蛋塔是下午茶,晚上——晚上面对满街的霓虹灯我无所适从,作为上海的一颗牙齿,我暗自祈祷自己长命百岁。

(二)

广告标题:欣慰的书本

广告正文:如果可以选择,我愿意做上海的一本书。我曾经是高雅的上海书城书柜里的一员,身处四季如春的环境,聆听轻柔美妙的音乐,每天七层的自动扶梯送来如织的人流,人们用爱慕的眼光检阅我,用温柔的手指抚摸我。节假日店堂里总是人潮汹涌,俯视着孩子们认真看书的小脑袋,我真想拥抱这些爱书的人,因为他们从来不会让我感到寂寞。后来我来到上海图书馆,在明亮安静的阅览室里人们一遍遍地翻阅我,也带我回到不同的家,从莘莘学子、白发苍苍的学者到努力打拼的白领眼里,我读懂了同样对知识的渴望对未来的希望,作为上海的一本书我感到欣慰。

(三)

广告标题:幸福的砖头

广告正文:如果再来一次,我愿意做上海的一块砖头。曾经我陪伴着上海人在拥挤的居室里愁眉不展,现在我终于可以扬眉吐气。我是中国第一高楼88层金茂大厦里的一块砖头,见证上海的变迁、浦东的崛起、金融贸易区陆家嘴的诞生;我是淮海路上恒隆广场里的一块砖头,看世界顶尖品牌在这里落户,看幸福的上海人挥金如土休闲购物;我愿意属于曹杨新村、佘山别墅、中远两湾城……在上海的每一个角落,我陪伴着人们在宽敞明亮的新家里开始幸福的每一天。我自豪自己是上海的一块砖头。

(四)

广告标题:骄傲的公交卡

广告正文:如果再次投生,我选择做上海的一张交通卡。上海的交通曾经是老大难问题,公交车挤得像沙丁鱼罐头,路堵得车像蜗牛爬,浦东浦西只有轮渡过渡。现在中心城区有"三环十连"的立体交通网,建成的五条地铁已经成为城市交通的主力,黄浦江上有大桥下有隧道,越江车道总数已经达到54根,冬夏两季路上行驶的公交车大部分是空调车,出租车的规范率在全国名列前茅。1999年诞生的我今非昔比了,公交、地铁、出租、磁浮、高速公路收费……只要轻轻一挥,"滴"的一声全部搞定,我骄傲我是上海的一张交通卡,因为城市道路的日新月异,因为我越来越有用武之地。

一个城市的魅力可以是多方面,上海魅力系列广告文案分别从美食、文化、建设、交通四个方面来介绍上海这座城市的发展和特色。四则文案都是从第一人称的角度进行描述,用牙齿、书本、砖头和公交卡四种具有代表性的物品反映了自身所承载的博大内涵。四则文案角度不同却相得益彰,将上海这座现代化大都市的全新形象生动有效地传递给游客。

二、整体分解

和前一种重心转换的并列展开方式不同,整体分解式的广告文案,单篇之间是先总后分的关系。也就是说第一则广告文案里采用总括性的信息表现,用于对产品服务或者企业形象做一个整体性的概括和说明。而在以后的几则广告文案中,又分列出不同的侧面来表现,将后面多则广告所传递的信息限定在一个预先设定好的范围内。美居家居系列广告如下:

(一) 总起篇

不知不觉,美居六周年了,感谢那些应该感谢的人

不知不觉,美居已经六周年了。

六年,千千万万的广州人在这里买走了椅子、浴缸、灯光,以及整个的家,从家里开始新生活旅程的第一步。

六年,珠江新城美居中心ABCDE座越来越成熟。并且,奥体中心旁的花花世界·美居中心也如期开业,146家旗舰店等待您的检阅——以快乐生活之名。

六年,人们的幸福让我心怀感激——在这个感情频变的时代,没什么比追求一辈子的居家爱情更叫人感动了。我们愿和他们一起分享:对快乐的自爱,对空间的自信,对美学的自觉,对家的想象。

美居中心6周年,感谢那些应该感谢的人。

(二) 水龙头篇

离开美居六年了,最该感谢的仍然是生活

我是一只精致的水龙头,六年前从美居来到这个家。

很奇怪,每次进门,她都会用手拍拍我,这让我幸福。我想,她是爱我的,真心地喜欢。

早上 8 点 30 分,她用精致的骨瓷餐具盛着三明治,还有牛奶,看着这些和我一起从美居中心搬来的伙伴,她就可以有让人妒忌的快乐,这很好。六年了,一直看不厌她吃早餐的样子,她清淡的微笑有种让人心满意足的温暖。

就要出门的时候,她和往常一样站在我面前,却没有任何动作,已经习惯她手上温度的我有些失落,映照在我眼里的是一张略带悲伤的脸,她的眼神有种直指人心的力量。

几分钟后,她突然崩溃似的低下头,温情干净的脸庞分明挂着眼泪。

水哗哗地流着,分不清哪些是眼泪哪些是清水……由它吧,水可以稀释那些无法释怀的感情。

美居中心 6 周年,最该感谢的仍然是生活。

(三) 台灯篇

六年了,美居跟老朋友握个手

夜晚 11 点 45 分,他把 30 mm 厚的文件堆到台面上,从工作包里抽出 25 张账单,空旷的房间里,只有这盏台灯安静地陪着他。

3 年来,一直如此。处理掉五分之三的业务,他往后一靠,长长地舒了口气,揉揉太阳穴,陡然间,觉得有些冷。连天气都变了呢。只有桌面上台灯,始终,不遗余力地释放着能量,一直,保持着它惯有的温暖。

忽然心头一热,他向那盏陪伴自己多年的台灯伸出了右手。

"谢谢你,老朋友。"他微笑着说。手和灯罩的影子交叠在一块,像握手。

想起最初认识这个老朋友的地方,改天再为这房间添置些家具吧。有种温馨,是这些沉默的朋友才能给的。

美居中心 6 周年,和新老朋友们握个手。

(四) 设计师篇

六年了,美居依然是邂逅灵感的好地方

倾斜 45°看墙上的马赛克可以捕捉到光影离合的奥秘;与地板 30°亲密接触能倾听火山岩的心声;60°仰视天花板的灯饰让人有朝圣的感觉;有些地方从天空到地面,都能引发无限的遐思。

6 年了,第 196 次来到美居中心,依然会有意想不到的新鲜感受,灵感自自然然。

灵感是什么?一种可遇不可求的东西,灵感,是美居。

即使最伟大的设计师也不能确定灵感什么时候会出现,就像 Miuccia Prada 也想不到 2006 春夏 Prada 时装的造型是由 20 年代的流行元素中激发。

不过,聪明的设计师懂得到聪明的地方寻觅灵感。

美居中心 6 周年,依然是邂逅灵感的好地方。

整体分解式系列广告文案通常会在开篇提出一个提纲挈领式的框架,这个框架可以是企业理念,可以是品牌形象也可以是产品梗概,然后再围绕这个理念用分镜头展开。这样点面结合的文案布局方式,既可以突出整体的优势,又能体现微观的细致。上面这组文案就是这样的类型,开篇从明确感恩的主题,回顾美居家居六年来的成长,然后选择了三个别样的角度来解读这种感恩,水龙头和台灯是我们的产品,六年来一直伴随顾客生活的左右,设计师的家中充满着创意,而这种创意来自美居家居给予的灵感。全篇文字优美,娟娟感恩之情跃然于纸上,让消费者在看过之后对品牌和产品都能产生好感。

三、角色交换

广告产品的目标受众比较广泛,受众的身份角色也多种多样。广告通常是通过假设消费者的购买体验来进行创作,所以可以通过广告作品中的人物角色变换来展开广告文案。如下面的陆风汽车系列广告(见图14-2):

图14-2 陆风汽车广告 人物篇

广告标题:26年的时间,杨勇用了20年在路上为中国找水

广告正文:"身处绝境的时候,我依然坚信陆丰可以带我继续为中国水资源寻找希望"——杨勇

杨勇,江河守护者,以民间独立科考的力量,26年来踏遍中国水系源头,寻找未来的希望。凭借在各种极端路况的上乘表现,陆风伴随杨勇畅行绝地,成就创行不凡的人生。

广告标题:47岁的何伟,速度却快过20岁的小伙子

广告正文:"中国的越野赛车,应该是民族品牌的天下"——何伟

何伟,中国著名越野赛车手,他率领陆风车队以自主量产车型屡次战胜国外大品牌越野车,扬国威,缔造民族品牌百年辉煌。

陆风汽车,中国越野文化的倡导者,自2002年以来,坚持用量产车型参赛,以越野赛事验证品质,成就创行不凡。

广告标题:明霞是一个孩子的母亲,却有很多个儿子

广告正文:"陆风伴随我,把爱带到被爱遗忘的角落"——明霞

明霞,西藏航空员工,多年来她倾注母爱的力量,一直为援助落后藏区的小学生而奔走,并亲身支教。

陆风汽车伴随她,足迹踏遍四川边远藏区,将母爱无限延伸,共同创行不凡。

越野者的消费者类型是多种多样的,也许每个人的背后都有一个属于自己的故事。陆丰汽车的系列广告文案就是从人物角色以及他们背后的故事展开的。在这组文案作品中,创作者选择了三位有代表性的消费者,以他们的故事为主题设计广告文案。穿越重重险恶与极端孤独的找水人杨勇,他的身上体现了坚忍不拔的意志;越野赛车手何伟,他的身上体现了自强、自立的民族精神;援藏教师明霞,是温情母爱的化身。他们身上的这些品质与产品所要表现的多样精神不谋而合,在不同角色的代言下,陆风汽车的品牌形象具有了鲜活的外形。这也正是角色变换式广告文案所具有的优势。这组系列作品,在诸多入围国际汽车品牌中,夺得第十八届中国国际广告节——中国广告长城奖"形象类金奖"及"汽车类银奖"。

四、连续展开

广告投放是属于企业营销战略的一部分,在市场发展的不同阶段,会有不同的广告投放计划。连续展开式的系列广告刚好契合企业这种中长期发展规划的战略设计。这种系列广告文案用彼此关联,层层递进的方式,由浅入深地向受众传递广告信息。或者在市场发展的不同阶段通过不同的广告作品反映当前的状况。

同时,连续展开式的广告文案还可以用一种故事化的叙事手法向消费者传递广告信息。如果我们将文案写成一个层层展开的完整故事,设置有吸引力的故事情节,并且让企业、产品或者服务在故事中担当重要角色。就能够用一种更加轻松的氛围让消费者了解到我们所宣传产品的功能和效果。

儿童百服咛系列广告　找人篇

第一则

广告标题:她在找一个人

广告正文:那天在火车上,我孩子发高烧,他爸爸又不在,我一个女人家,真急得不知怎么办才好。

多亏了列车长帮我广播了一下,车上没找到医生,还好有一位女同志,给了我一瓶儿童用的百服咛,及时帮孩子退了烧,我光看着孩子乐,就忘了问那位好心女同志的名字和地址,药也忘了还她,你瞧这药,中美合资的产品,没药味,跟水果似的,能退烧止痛,并且肠胃刺激又小,在我最需要的时候,百服咛

保护了我的孩子。

人家帮了这么大的忙,我和孩子他爸都非常感谢她,真希望能再见到她,跟她道个谢!

第二则

广告标题:找到她了!

广告正文:王霞,听说你在找我,其实给你一瓶药,帮你的孩子退烧,只是一件小事。

那天在火车上,我一听到广播里说你孩子发高烧又找不到医生,正好包里有一瓶医生给我孩子开的退烧的药——儿童用的百服咛,可以退烧止痛,肠胃刺激小,而且又是水果口味,孩子也乐意吃,所以就来给你救急了。那瓶药你就留着用吧,我家里还有,我孩子也常发高烧,家里总备几瓶,在最需要的时候,百服咛可以保护我的孩子,都是做妈妈的,你的心情我很了解。希望你以后带孩子出门,别忘了带施贵宝生产的儿童用百服咛!

优秀的广告作品往往能够瞬间打动消费者的心,要做到这一点就需要对他们的生活和心理有深入的理解和把握。上面这组广告文案就是采用一种生活化的视角,用一个温馨感人的列车小故事巧妙地带出广告产品。让人读来更像是真实发生的事而非虚构的情节。在第一则广告中用一封感谢信交代背景,在列车上孩子生病,多亏一个好心人送来儿童百服咛救急。在不知不觉中给观众留下悬念,希望知道这个好心人找到没有。第二则广告交代了结局,好心人看到感谢信,并且用回信点明了百服咛退烧药儿童常备的重要性。这种故事性生活化的文案展开方式往往因为其朴实的风格往往更能打动消费者的心。

五、场景置换

与角色转换一样,系列广告作品中的场景设计也是可以通过文案描述加以置换。虽然场景不同,但每个环节之间都有着相似的主题可以让作品联系在一起。

可口可乐 刘翔系列广告

(一) 教室篇

刘翔:好久没回学校看看了……(走在原来的学校,在教室中坐下)

同学:是刘翔……(推门走进教室)

刘翔:我还以为没人呢……

同学:过年了,来回学校看看……

刘翔:是啊。

同学:来瓶可口可乐。(拿出两瓶可口可乐,两人碰杯)

刘翔:以前我还选过自己当大队长呢……

同学:我还记得全班只有一个人选你……

刘翔:是你,小胖……(突然认出,两人拥抱,音乐响起)

欢聚新年,就要可口可乐

(二)家庭篇

母亲:(打开冰箱)唉,饮料都没了。

刘翔:我去买可口可乐。

弟弟妹妹:哥,我要雪碧,我要芬达……

刘翔抱着饮料回来。

母亲:真快,你又破纪录了……(欢笑声,音乐起)

各取所爱,吉祥新年

以上这则可口可乐系列广告选择了教室和家庭两个不同的场景,一个用来表达友情,一个用来抒发亲情。两个场景的选择都很有代表性,可以迅速将观众带入预先设置好的时空,这样文案展开就自然流畅,在友情和亲情的主题下,表达了可口可乐与亲人分享的产品理念。

阅读材料 14-2

凡客诚品:我是凡客系列广告文案

凡客诚品成立于 2007 年,是一家以互联网平台销售为主,集合男装、女装、童装、鞋帽、家居、配饰、化妆品等七大类的新型电子商务企业。在 2010 年,凡客诚品签约青年作家韩寒和青年演员王珞丹作为其品牌代言人,并制作了一系列电视、平面广告进行品牌宣传。

在平面广告文案创作上,凡客诚品为韩寒和王珞丹这两个依靠自己奋斗获得成功的 80 后偶像量身订制了内心独白式的广告语:

爱网络,爱自由,爱晚起,爱夜间大排档,爱赛车;也爱 59 元的帆布鞋,我不是什么旗手,不是谁的代言,我是韩寒,我只代表我自己。我和你一样,我是凡客。

我爱表演,不爱扮演;我爱奋斗,也爱享受生活;我爱漂亮衣服,更爱打折标签;不是米莱,不是钱小样,不是大明星,我是王珞丹,我没什么特别,我很特别。我和别人不一样,我和你一样,我是凡客。

在这组系列文案中,创作者将明星的平凡之面跃然纸上,即突出了代言明星的特点,也体现了统一的文体风格。在此之后凡客诚品又签约黄晓明和李宇春两位明星加入"我是凡客"代言人行列,在文案创作中同样延续着原来的风格。

让创作者深感意外的是,凡客诚品的广告文案因为其独特的语体结构和叙事方式一经推出就受到大批网友的竞相模仿。人们将这种句式称之为"凡客体",并根据其"我是凡客"的叙事方式创作了大量诙谐幽默、贴切传神的新广告文案,甚至有的读者在看到一些网友作品的时候不能分辨真假,把他们所描述的人物也当成是凡客诚品的代言人。这样的传播效果虽然让创作者深感意外,但足以说明一则好的广告文案所具有的巨大的社会影响力。

第三节　系列广告文案技巧

系列广告文案写作的核心技巧就是要掌握"变与不变"规律。不变的是系列广告文案的主题和风格,变化的是系列广告文案的表现形式。不变策略的实质是在强化产品和品牌的识别特征,而变化策略则是为来保持广告作品的新鲜和活力。

一、保持一致

系列广告的本质并不是把一些外形相似的作品堆积在一起,而是要创作出一组有着共同主题和风格的作品。这里的主题和风格,是一套广告的核心概念,是用你自己的创意对你想要表达的作品的独特、新颖的描述。而所有的作品展开都是围绕这个核心概念开始的,脱离了这个概念,系列广告的一致性就无从谈起。

日本狮王牙膏在日本的销量第一,公司也有120多年的历史。从1972年起,公司聘请了两个普通的家庭为他们的牙膏产品做了十年代言。尽管在这么长的时间里,当年三岁的小演员已经长大,广告作品的形式也不断变化,但狮王牙膏能美白牙齿的广告主题却始终没有改变。1972年该牙膏电视广告的文案是"为了雪白的牙齿请用狮王牙膏正确刷牙"。1975年电视广告的歌词是"有雪白的牙齿真好"。在1980年的电视广告中,文案是"请用白又白,珍惜您没有污垢的白牙齿"。随着时间的流逝,狮王牙膏成为日本家喻户晓的品牌,十年不变的广告主题使该品牌在消费者心中牢固地坚定了"能使牙齿洁白"的良好形象。

二、适当变化

一组系列广告核心概念确定之后就可以在形式上有所分类创新。系列广告文案的形式变化通常有这样几种:标题变化,正文不变;标题不变,正文变化;标题、正文都变化。另外还有一种情况就是标题和正文都不变化,但图片和广告画面发生变化。不管采用哪种形式都是为主题服务的,因为司空见惯的形式会导致消费者的麻木,而不断变化才可以体现系列广告的优势和特征,可以在同样的篇幅中表达最大的信息量和最广的信息面,并且实现观众持续的新鲜感和长久的关注度。

1. 标题变化,正文不变

这种形式的系列广告文案,就是用不同的标题配相同的广告正文。通常文案正文内容需要写得比较详细,这样才能在标题统领下表达完整的意义。

例如,劲牌劲酒的平面媒体系列广告,它获得了第十八届中国广告长城奖平面图形类大奖。三则作品的标题分别是"有朋自远方来"、"余音绕梁"和"听君一席话"。配合隽逸优美的抒情文字作正文,把朋友之间深深的情谊浓缩在共享美酒的惬意中,令人回味无穷。下面是广告正文,供大家欣赏:

所谓盛宴,无关乎佳肴,只在于思想的交汇;所谓盛情,无关乎排场,只关乎真心的关怀;国医祖方,健康之道,没有一定境界,不懂得品味劲牌劲酒。宾主相欢,恳切关爱,没有一定渊源,不适合分享劲牌劲酒。

2. 标题不变,正文变化

这种形式的系列广告文案,就是用相同的标题引导不同的正文。相同的标题比较醒目,容易识别,不同的内容表达不同的概念和信息的诉求点。如下面的舒克牙膏广告(见图14-3):

舒克固齿牙膏　儿童篇

我的家没了,要去奶奶家住。妈妈说:这没什么,咬咬牙就过去了。

舒克固齿牙膏　老人篇

白发人送黑发人,74岁,重新挑大梁。这没什么,咬咬牙就过去了。

舒克固齿牙膏　青年篇

失业第127天,今天只吃一顿,明天交房租。这没什么,咬咬牙就过去了

图14-3　舒克固齿牙膏广告

上面一组广告文案虽然有些悲情,但给人印象深刻。生活的挫折往往不期而遇,我们要做的就是从容面对,用坚强的态度去战胜苦难。标题"像牙齿一样坚强活着",一语中的,点出了牙膏保持牙齿坚硬的产品诉求,也体现了广告作品中少有的人文关怀。

3. 标题变化,正文也变化

这种形式的系列广告文案往往追求单篇作品个性的洋溢,不同的标题配合不同的正文,表现的内容也就可以更加的丰富。但变化是相对的,不管标题、正文怎样独立,要始终保持整体之间千丝万缕的联系,这样才能体现系列广告的特质。比如蒙牛酸酸乳的系列广告作品。

蒙牛酸酸乳　花心篇

郭爷的钢丝、SHE的粉丝、碧咸的小姨子,曲迷＋麦霸＋球通。不花心,

哪来那么多的精彩？蔬菜纤维、水果VC、牛奶营养我都爱，这才是对自己的宠爱！

蒙牛酸酸乳　劈腿篇

耳朵戴iPod陶醉艾薇儿，手上PSP分身太古达人，暂停了先跟死党狂喷MSN，顺便下载最新季《越狱》，跟Milley学纯正美语！生活多滋味，就得狂劈腿！蔬菜香味、水果甜味、牛奶香味，错过哪个都是犯罪！

蒙牛酸酸乳　出格篇

法式炸酱面、水果汉堡包；通俗全改R&B，民歌也得摇滚；写字就是涂鸦，说话必须饶舌。要玩就要玩出新意，新锐滋味才有创意，就出格！蔬菜、水果、牛奶我来组合！

三、相对独立

系列广告作品虽然是以组合的形式面向公众，但每一则广告要保持它自身的相对完整与独立。因为，消费者在广告接触的时候具有随机性，一般不会主动将一个个作品整体看完。所以我们在创作的时候要保证单个作品意义表达的完整性。

但是前面也提到了，某些故事类或者悬念类的系列广告，会在早期的某些作品中用减少信息表达的方式来增加消费者的好奇心，这个时候就要冒着被消费者误解或者忽视的风险。比如广州某报纸上连续几天用半个版面刊登这样的文案，"还有3天，广州就要下雪了"，"还有2天，广州就要下雪了"，"还有1天，广州就要下雪了"，"下雪了，新一代美容保健品隆重面世了！快雪胶囊，美容快餐"。

大家都知道，位居南方的广州是不下雪的，创作者用下雪的广告语的目的是为了引起消费者的好奇心，然后在文案的最后点出"快雪"品牌的名称。但如果读者在前面几期确实看到了两三则广告，但错过了最后谜底的揭晓，那广告效果就大打折扣了。所以，这种情况下，既要保证这类悬念式系列广告系统的完整，又要保持单个作品相对的独立性，就可以在前期作品中加入随文、附文等形式将必要的产品、服务信息补全，这样就不会让受众在接触悬念的时候错失必要的广告信息。

系列广告　series advertisement
展开方式　open manner

1. 系列广告文案的含义及特点是什么？
2. 在何种情况下比较适合采用系列广告进行创作？

3. 系列广告文案的展开方式有哪些？每种方式有怎样的特点？

4. 撰写系列广告文案有哪些技巧？

5. 模仿本章第二节连续展开式系列广告《百服咛——找人篇》，为某功能型饮料设计系列广告文案。

推荐阅读书目

1.《广告文案》，乐剑峰，上海人民美术出版社，2009年。

2.《金牌文案——学校不教的四十三堂文案课》，金牌文案联盟，辽宁科学技术出版社，2011年。

3.《一个广告人的江湖》，黄大，华夏出版社，2012年。

4.《怪诞行为学——可预测的非理性》，丹·艾瑞里著，赵德亮、夏蓓洁译，中信出版社，2010年。

第十五章 广告软文

本章任务

1. 了解广告软文的概念、特点与作用
2. 掌握广告软文的类型
3. 运用广告软文的方法进行创作

本章引例

脑白金的软文广告

如今我们对脑白金的广告印象,是两个憨态可掬的动画老人形象在电视上载歌载舞地重复着"今年过节不收礼,收礼只收脑白金"。这是脑白金在市场成熟期主要的广告策略体现。在这种保健品刚上市的时候,不仅消费者对其功效一无所知,而且同期市场上还有很多老牌保健品群雄逐鹿。如此之下,脑白金的创始人史玉柱和他的团队用广告软文这种新颖的营销手段另辟蹊径,逐渐在市场上站稳了脚跟。

下面一则软文,是脑白金上市时公司策划团队推出的12篇系列软文之一。从内容上看具有很强的科普型,它从肠道功能角度介绍了脑白金对人体的益处。在外在形式上,创作者对其发布时间、发布媒体和发布版面进行精心的策划和包装,在读者眼中,这些文章的权威性和真实性不容置疑。在没有直接对产品进行宣传的情况下,脑白金的神秘色彩被快速营造出来。人们都在讨论"脑白金到底是什么?"的时候,这种新型保健品的概念就这样在大街小巷流传开来。

史玉柱的做法完全颠覆了当时传统的广告模式,这也是软文广告这种营销策略最成功的案例之一。正是这种创新的手法,让消费者在毫无防备的情况下接受了脑白金"高科技"、"革命性产品"等概念,为后面迅速开拓市场奠定了基础。

如果问你:"一天不排泄有什么问题?"也许你说:"不会有什么问题吧!不就晚一天吗?"其实不然,人体会中毒的!不信,你观察大便不正常的人,往往面色发黄,脸上长疮、脾气暴躁。深入了解还有小便发黄、大便发黑。这些都是中毒现象。

人体有一万亿个细胞,但人体肠道内寄生着10万亿个细菌,重达两公斤。提起细菌,许多人面色恐惧。其实,不用怕,人体内的细菌大多数是"好人",叫有益菌,人体离不开它们,它们具有以下作用:

帮助分解食物、吸收营养;

抑制有害菌、阻止病毒进入人体;

减少进入血液中的毒素;

排除体内有害的废物。

包括大米和白面,几乎所有的食物在人体停留时间过长,都会释放毒素。毒素较少时,肝脏可以清除;毒素较多时,肝脏就无能为力了。于是毒素随血液流向人体各个角落,损害人体所有部件。当食物在肠道内停留过超过12小时,释放出的毒素相当于吸三包香烟。这时肝脏只能袖手旁观,眼看着毒素侵害人体。

解决该问题的办法是:帮助有益菌在人体肠道内占上风,使肠道处于年轻状态,减少毒素进入人体,及时排除不断产生毒素的大便。目前世界上最风靡的标准型脑白金(中国国家卫生部批准的脑白金,是胶囊+口服液剂型,否则根本不是脑白金),不但可以使人体各细胞进入年轻状态,增强免疫、防治衰老引起的疾病,同时还使肠道内自身的有益菌快速增殖。见效很快,一般两三天就有明显效果。这时排泄开始畅通,而且浮于水面,这标志着食物营养已被充分吸收,大量毒素尚未产生已被排出体外。

排泄不正常的人,劝别人不抽烟时,是否应该先问问自己。

我戒"烟"了吗?

第一节 广告软文概说

一、广告软文的概念

在广告实践中,业界通俗地将广告产品分为软、硬两种类型,也就是我们常说的"硬广告"和"软广告"。但是在广告学理论上,"硬广告"和"软广告"并没有十分明确的定义,也缺少清晰的范围划分,属于广告行业内部约定俗成的说法。

一般来说,我们在电视、报纸、广播、杂志和互联网上看到的直接宣传产品的性能、特点、价格、生产厂商等信息的广告作品属于"硬广告"。它采用单刀直入的方法向消费者推销产品,有很强的说教性,商业味道也很浓厚,辨识度比较高。

和这种生硬广告相对应的是一种软性的隐形广告。它并不直接介绍产品或服务,而是通过在媒体上发布一些带有主观指导性的文章、画面、短片或通过广告主举办公益活动等方式来提高产品和企业的知名度,从而促进销售的一种广告形式。软广告强调的是引起消费者内心的共鸣,用一种非理性的方式从情感上赢得消费者。

广告软文就是软性广告的宣传材料。在产生之初,它是完全免费的,当时一些平面媒体为了推动广告版面的销售,采取一种买广告送版面的促销举措。这种作为赠品的广告不同于一般意义上的平面广告,而是具有新闻风格的专题性产品介绍文章,这也是今天的"软文广告"的前身。

早在20世纪80年代,"章光101毛发再生精"就曾经使用过这种广告形式。1983年《浙江工人报》以"治疗脱发有妙方"为题报道"101毛发再生精",引起全社会的广泛关注,也由此拉开了中国广告界软文推广的发展序幕。到如今,广告软文因为其自身独特的优势越来越受到广告主的青睐,软文广告的版面费用也日渐高涨,甚至有些时候超过了硬广告,成为广告家族当中不可或缺的一员。

那么究竟什么是广告软文?广告界和学术界至今没有给出一个权威统一的概念。一方面是因为"软文"这种广告形式在国内起步较晚,专门对此研究的学者并不是很多。另一方面,从广告软文诞生之初,它就饱受争议,因为有些时候它披着新闻报道和科学普及的外衣进行产品的推销,对公众所在乎的新闻价值和媒介公信力都造成一定的影响。因此,有些时候虽然广告主和广告公司对"软文推广"的效果大加赞赏,却避而不谈这种隐形推销对消费者价值取向的潜在引导。由此也导致广告软文在广告界的实际使用率要比它的名气大得多。

其实我们可以这样理解广告软文:它是企业的市场策划人员或者广告公司的文案人员撰写的,在报纸、杂志或网络等媒体上付费刊登的,可以提升企业形象和品牌知名度、促进企业销售的单个或系列宣传性、阐释性文章。具体表现形式可以是新闻报道、深度报道、科普知识、生活故事、案例分析、专题采访等。广告软文是用一种文学化的手法把广告产品信息隐秘地传递给消费者的一种新的广告文案形式。因此,有人还将其称之为"广告文学"。

从上面的定义中可以看出广告软文包含的几个关键要素：

第一，广告软文的本质是广告。软文虽然有些时候看起来是一篇普普通通的文章，但是如果细读会发现文章内容带有明确的目的性，它所包含的商业信息对目标受众来说也非常有针对性。这是因为不管广告软文以何种形式出现，它的本质都是广告，是广告主用于发布广告信息的工具。

第二，广告软文是一种付费的广告形式。虽然之前我们曾说，在软文出现初期，它是属于平面媒体的免费赠予。但如今，随着软文作用的日益凸显，不管是媒体发布单位还是广告投放公司都对它越来越重视。因此软文投放早已脱离了免费时代，进入到"字字珠玑"的有偿时代。但是，需要特别注意的是，广告软文不同于有偿新闻。有偿新闻是指企业或个人为了商业利益或者一己私利用物质手段贿赂新闻记者，让其作出有悖于职业道德的新闻报道。其实质是一种出卖自己手中传播新闻的权利、从中牟利的不道德行为。而广告软文是一种信息宣传文本，通过付费方式使用媒体的版面，变换广告推广方式的一种行为，它和有偿新闻有着本质的区别。

第三，广告软文和其他广告的主要区别在于它的隐蔽性。如果一则广告能够让一个非专业消费者轻易地辨别，说明它的广告属性明显，叫卖意图直接。对于公众来说，有时候他们的脑海中甚至都没有软文的概念，不知此类东西为何物，却不知不觉地受到这些文字的影响。相比之下，他们对于硬性广告则有所保留，并不会对它们言听计从。这也就是广告软文"四两拨千斤"的地方。

第四，广告软文的形式多种多样，它是一种非常强调技巧的文案文体。和其他的广告文案作品一样，策划和创意也是软文撰写不可缺少的前提。不同产品和产品的不同属性都可以选择不同的题材和样式进行软文创作。有轻松幽默的故事形式，也有严谨细致的科普形式，还有客观严肃的新闻报道形式，这些外在表现都是其他广告文案所不能比拟的。

二、广告软文的特点

1. 广告软文的优势

法国著名寓言作家拉封丹有一则寓言：北风和南风比试，看谁能把一个行路人的大衣吹掉。北风呼呼猛刮，行路人紧紧裹住大衣，北风无奈于他。南风徐徐吹动，温暖和煦，行路人解开衣扣，脱衣而行，南风获胜。

这则寓言的含义就好似硬广告与广告软文的比较。与传统广告相比，软文的精妙之处就在于它"春风化雨、润物无声"的效果。有些时候消费者对疾风骤雨似的广告信息推广显得谨慎而又小心，生怕被商家的"花言巧语"所迷惑。而对循循善诱的软文引导却毫无"戒心"。在广告信息日趋饱和的当下，这种"以柔克刚、绵里藏针"的营销手段似乎更有效果。

具体说来，广告软文的优势包含有以下几个方面：

广告文案

1）信息传递的隐蔽性

广告软文不同于硬性广告,它没有明显的广告目的。而是将所要传递的商业信息渗透在文字当中,从侧面进行宣传,属于隐蔽性传播。比如一则减肥茶的广告文案中写到"某某减肥茶,5天让您瘦10斤",这样的文案就不能称之为软文,因为消费者一眼就能看出其中的广告意味。但如果一个文案作者以一种网络日记的形式记录了一位女士在喝了"某某减肥茶"之后体重的变化和对身体的良好效果。这样的广告文案在传递商业信息时就具有一定的隐蔽性。

如果能很好地利用软文的这种隐蔽性,则在广告宣传中会实现事半功倍的效果。一方面是因为广告软文的载体往往是一些新闻性、故事性、科普性的文章,除了必要的商业信息之外还有很多有价值的附加信息。消费者阅读时没有距离感,接受起来也比较容易。另一方面,软文采用一种非传统广告形式出现在消费者面前,对于他们来讲这些软文并没有明显的广告痕迹,因此也就不会有明显的抵触情绪。

2）吸引力强、可接受程度高

不可否认,当下消费者对广告或多或少地存在一定的反感。过于频繁的广告接触让他们感到信息泛滥、无所适从。再加上一些不良商家虚假广告的欺骗,更是让消费者对硬性广告持一种怀疑的态度。在这种情况下,广告软文的优势就不言自明。至少到目前为止,它还是一种消费者不加防备的广告形态,具有硬广告所缺乏的亲和力,广告信息的到达率也相对较高。同时,好的广告软文文笔流畅、感情丰富,对于受众来说具有很强的阅读性和欣赏性,能够极大地吸引人们的注意力,信息接受程度也就自然很高。

3）写作方式灵活、形式多样

广告软文的写作类型多种多样,常见的有新闻报道、科普知识、案例分析、生活故事,等等。同一种写作文体也可以有不同的侧重,诸如产品的品牌、特点、功效、价格等。相比之下,硬广告虽然有声音和画面的变化去体现创意,但面对广告信息日趋饱和的瓶颈,同质化现象的日趋严重,企业在广告创作上很难再有特色和创新,而广告软文则为他们开辟了一条新路。

4）表现内容丰富、细致

硬广告往往受到价格成本的限制,在时间表现上以"短、明、快"为主,一般都是直入主题,简单鲜明。这样,在单则广告中能够传递的信息就非常有限。如果载入的信息过多就会造成冗余,给受众带来接收的压力,甚至会让消费者产生反感。而广告软文,一般来说篇幅较长,可以就一个产品的多个方面进行全面的阐释和说明,也可以就产品的一个或多个主题进行系列报道。最大限度地向消费者介绍产品的各种功能和特性,表现产品内容也可以更加丰富、细致。

5）传播成本的低廉性

众所周知,广告的媒体发布费用是广告成本的重要组成部分。好的媒体发布平台往往价格不菲,央视的电视广告甚至达到百万甚至千万之多。对于一些实力较弱的中小企业来说,硬广告虽然效果立竿见影,但囿于高额的投放费,他们也只能望而却步。相比之下,广告软文的投放成本就要低廉很多,软文的刊例价格通常以千字计算,最多也不过几万元。面对电视、广播等其他硬广告的高价,软文的低成本传播优势就相当明显。

另外,在创作环节上,软文广告摆脱了演员、场地、技术等硬性成本的限制,只需要一个好的文案作者就能创作出好的作品。而且创作周期短、发布快捷,这些都是其他硬广告不可比拟的优势。

6) 独特的自传播特性

网络的普及为广告软文的传播提供了新的媒体发布平台。如今,各种各样的广告软文出现在网站、论坛、博客甚至微博、微信等新媒体平台上。网络的迅捷性和开放性为广告软文的传播提供了很多的便利。

与电视、广播、报纸等硬广告传播的单向性不同,网络平台上面的信息传播方式带有很强的自发性和主动性。当网民觉得某则信息很有趣或者很有价值的时候就会将其自动转发。这样的网络行为方式也为广告软文的推广提供了很大的便利。文案作者可以在软文当中加入一些有新闻价值和阅读价值的信息,让文字足够吸引人,不仅会被消费者转发,而且会被一些高级别的网络媒体转载。这样的传播效果自然对企业和产品都非常有利。

2. 广告软文的不足

1) 广告软文混淆了广告与新闻的界限

"隐蔽性"是广告软文最突出的特点,也是它的最大优势,但与此同时这也是软文被广大学者诟病的一个主要方面。比如,现在很多的广告软文是以一种新闻报道的方式出现在公众面前。它混淆了公众对新闻的理解和定义,使得读者不能明辨真假,将他们当做新闻来阅读、接受和传播,从某种程度上来说,这是对消费者的一种欺骗。

具体表现主要有两个方面。一是将广告软文直接放入报纸的新闻版面,完全以新闻的样式出现。这种情况下,广告和新闻从形式上来讲没有区别,读者也就自然很难将他们分清楚。二是在非新闻的报纸版面中,用新闻报道的写作手法来写软文,而不做明显的区分与说明。比如有的软文开头写到"本报记者……"、"本报讯……"等类似语句,这样的处理方式自然会对消费者产生误导。

2) 广告软文存在不实宣传,对消费者进行错误引导

在广告软文创作中经常会用一些科学知识或专家发表的信息来引出广告产品。一些软文就利用人们对专家与知识的认可对产品进行虚假宣传,从而误导消费者。比如,有则题目为"别让爸妈妻子倒在厨房油烟里"的软文,文章中提出,"世界卫生组织和联合国开发计划署发表联合声明指出:厨房里的油烟相当于每天抽两包烟","家庭主妇每天做一次饭所受到的油烟危害,相当于每天吸两包烟"。

而事实上,该项联合声明的实际表述是"家庭做饭时使用诸如粪便、木头、农业生产残渣和煤炭为燃料,会产生有毒的混合气体,吸入过多有毒气体相当于每天抽两包香烟"。在这里,软文就是对真实信息的有意曲解,目的就是诱导消费者购买他们的无烟厨具。

3) 广告软文辨识度不高,视觉冲击力差

相比于画面和声音,单纯的文字内容在辨识度上要逊色很多。在信息爆炸的当下,

消费者的注意力成为广告商竞相争取的稀缺资源。在这一点上，广告软文要比其他硬性广告吃亏很多。有时候优质的广告软文还没来得及展示就在茫茫的信息海洋当中被消费者过滤掉了。但这并不意味着软文在与硬广告的竞争中就会一败涂地。我们可以通过平面广告软性化、加大软文篇幅版面、突出优化文章标题等多种方法来解决这一问题。

三、广告软文的作用

学习广告软文，不可不提的就是史玉柱和他的"脑白金"营销传奇。在"脑白金"初入市场阶段，史玉柱组织了十几名文案写作高手，用十天的时间创作出了《人类可以长生不老吗？》、《两颗生物"原子弹"》、《一天不大便等于抽三包烟》、《夏天贪睡的张学良》等系列广告软文，对"脑白金"的功效进行集中宣传。

后来的市场反映显示，"脑白金"的软文营销所产生的效果要比"脑白金"本身对消费者产生的功效要大得多。虽然在后期，"脑白金"将广告投放重点放在硬性广告上面，不再用软文主打宣传市场，但这一系列经典的广告软文对"脑白金"开拓市场时期起到的关键作用却始终被人津津乐道。

在市场营销学里，广告策划工作应该紧紧围绕着产品的不同生命周期进行。广告软文属于广告策划工作的一部分，在一个产品的导入期、成长期、成熟期的三个关键阶段，它所承担的任务和起到的作用是不同的。

1. 市场导入期，引起关注

新的产品或服务进入市场之后，便进入了产品导入期。此时，消费者对产品还不够了解，只有少数追求新奇的顾客有可能购买，销售量也就很低。为了拓展销路，企业需要大量的促销宣传对产品进行介绍。这个时候，广告软文的主要目的就是向消费者宣教产品或服务的主要特点和功效，用以提高消费者对产品的辨识度和认知度。尤其是一些较为复杂以及高技术含量的产品，更应该使用广告软文这种侧重理性诉求的信息传播方式，大量引介产品的利益、性能、功效和使用方法。

"脑白金"面世的时候，保健品行业刚刚遭遇了"三株垮台"、"巨人倒闭"等连败事件。行业内部和消费者都对保健品信心不足。在这种情况下，史玉柱决定放弃电视、广播、报纸上的硬性广告，而用广告软文打开市场。

他首先推出两篇极具冲击力的软文——《人类可以长生不老吗？》和《两颗生物"原子弹"》，从克隆羊"多利"的创造者苏格兰人维尔穆特博士的另一项伟大的发明入手，向人们介绍一种神奇的元素——"脑白金体"。接着他又用一系列科普软文《一天不大便等于抽三包烟》、《人体内有只"钟"》、《夏天贪睡的张学良》、《宇航员如何睡觉》等，从睡眠不足和肠道不好两个方面阐述了其对人体的危害，并指导人们如何克服这种危害，将脑白金的功效宣传巧妙地融入到科学知识推广中。这些极具权威性和科学性的软文对消费者产生了很强的影响，他们对"脑白金"的功效倍加推崇，产生了很强的心理认同。这一系列广告软文的投放可以说是"脑白金"后期市场发轫的必要条件。

2. 市场成长期，传递价值

成长期阶段的标志是销量的迅速增长，产品被市场接受，市场占有率上升，企业利润大幅增加。在产品的上升阶段,企业广告策略的关键是致力于向更多的消费者传递产品的价值和信息,说服更多的消费者购买本产品,总体说来是以劝服性广告为主。

同时,由于新的市场的开拓,大批的竞争者和跟随者也开始进入市场。企业为了保证自己的市场份额就必须开始与其他对手"厮杀",这时候的广告策略又带有反击和压制的含义。

广告软文作为当前企业广告市场策略的一名主将,必然要在此阶段承担起相应的责任义务。在企业的市场成长阶段,软文的作用也就体现在两个方面。一是向消费者传递更多有价值的产品信息,增加他们对产品的认可。以劝服策略为主,增加消费者对于产品和品牌的好感,使知名度转化为美誉度,并最终转化为实际的购买行为。二是寻找反击和压制竞争对手的方法,从侧面打击竞争产品。当然这种反击是基于法律和道德许可的范围内进行了,任何不正当的市场竞争策略都会受到监管部门的制裁。

3. 市场成熟期,培养忠诚

当市场进入成熟期时,产品已经拥有比较稳定的消费群体,而且消费者的消费习惯已经趋于稳定。所以这一阶段广告软文的最重要作用是强调产品的区别与利益,提醒消费者持续购买,维持品牌忠诚度和美誉度。

比如,可口可乐是全球知名的碳酸饮料品牌,从1979年进入中国市场之后,经过三十多年的市场历练,已经建立了相当稳健的市场知名度和美誉度。在这种情况下,可口可乐广告软文的内容重点放在品牌故事和企业文化介绍等几个方面,着力培养消费者的品牌忠诚。在品牌周年纪念日,该公司发布了《可口可乐——你不知道的历史》等系列软文,向消费者详细介绍可口可乐品牌的背后故事和它在中国的成长经历。让读者在文章中既能体会到国家发展的变化又可以看到可口可乐公司在中国的努力,产生了强烈的情感共鸣。

同时,该公司也热衷于公益事业,积极资助社会公益活动,并用广告软文的形式向全社会报道。比如《关注留守儿童,可口可乐助力弱势儿童新年团圆梦》、《可口可乐积极参与地球一小时"关灯"活动》、《可口可乐牵手"希望工程"20年》等文章,用新闻报道的形式向消费者传递了该公司热衷公益的企业价值,这些软文在企业形象塑造方面都扮演着重要的角色。

阅读材料 15-1

广告软文应符合法律要求和道德规范

《广告法》,是针对涉及广告多方面的事宜进行法律规范的国家法规,主要目的在于规范广告市场,维护消费者权益。其中,第13条明确规定:"广告应当具有可识别性,能够使消费者辨明其为广告。大众传播媒介不得以新闻报道形式发布广告。通过大众传播媒介发布的广告应当有广告标记,与其他非广告信息相区别,不得使消费者产生误解。"

在实际操作中,由于广告软文处于一个比较模糊的灰色地带,经常与新闻报道和公共关系相混淆。所以自广告软文出现以来,对它的批评声也不绝于耳。的确,在某些情况下,广告软文的各种外表会模糊消费者的视线,同时某些操作过程中的不规范性也给媒体的形象带来了不少负面的影响。

对创作者而言,不管采用何种方式撰写软文,首先要符合国家的法律要求和道德规范。不得采用夸大其词、危言耸听的方法使消费者产生恐惧感进而进行消费,更不能传播虚假信息对消费者进行欺骗。要强化自己的媒介法律意识和职业道德感。从创作之初就堵住各种违法违规现象。

近年来,国内一些媒体对这一问题在制度上做了严格的界定,是值得大力提倡和学习的。"如新民晚报社前几年为净化版面制定了新的规定:不得以新闻报道的形式为企业或产品做广告……《华西都市报》也曾做出了具体的规定:对于任何以新闻形式出现的广告稿件,每一关都有"枪毙"的权力。一旦在版面上出现,写稿编稿的记者、编辑、部主任及签发稿件的总编辑或副总编辑、版面编辑,每个人都按每字一元从重处罚。同时规定:凡无重要新闻价值、无可读性、一般读者不关心的一厂一店一种产品的新闻不能见报。"

如果全行业都能自觉守法,不唯利是图,软文广告必将迎来良好的发展前景。

第二节 广告软文的类型

"受众永远想知道有关产品的更多信息",这是广告大师的经典总结。相比之下,硬性广告在内容的承载上面就有明显的劣势。它的特点是在单个、短小作品的基础上不断重复播出,用信息的持续推送带来受众的乏味接受。而广告软文则更强调广告内容的可读性,并以此吸引受众的主动注意。广告软文重在对消费者的引导,所以更具有知识性、艺术性、人文性、科普性和趣味性。正如一位国内广告人总结的那样:"广告软文应该做得像电影一样,观众明知道这是一场戏,但仍然看得有滋有味,被吸引,被感动,并且愿意掏钱购票。"所以为了满足受众的不同喜好,表现产品的不同特性,软文在创作中就需要有多种多样的表现类型。

一、科普型软文

当新的产品进入市场或者一种新技术诞生的时候,需要把它的特点、技术和原理详细地向消费者解释清楚。硬性广告因为版面和时长的限制,会在较长的原理阐释方面显得捉襟见肘。比较明智的做法就是用广告软文的形式把产品通过科学普及的方式宣传出来,突出软文的公益性和社会性主题。这样就能把产品宣传做活了,让读者在了解一些新知识、新概念的同时自然而然地接受广告所传递的信息,并且没有理解上的障碍。

科普型软文适用范围非常广泛,在医疗、教育、保健、科技等诸多领域都可以派上用场。如之前提到的"脑白金"的几篇软文,就是从人的睡眠质量下降和肠道健康受损两个方面来阐释其对人体的危害,并指导人们如何克服这种危害,从而把"脑白金"的科学理论巧妙地融入到文章当中。

值得一提的是,当前,相比于其他行业,医疗保健类产品使用科普型广告软文的频率更高一些。根据我国《医疗广告管理办法》第 16 条规定:"禁止利用新闻形式、医疗资讯服务类专题节(栏)目发布或变相发布医疗广告。有关医疗机构的人物专访、专题报道等宣传内容,可以出现医疗机构名称,但不得出现有关医疗机构的地址、联系方式等医疗广告内容;不得在同一媒介的同一时间段或者版面发布该医疗机构的广告。"

所以普遍流行的做法就是将产品的公益性内涵宣传出来,突出产品的科普性质。一方面可以传递给消费者必要的医疗保健知识,另一方面也可以提升产品的口碑。但事关消费者的健康和安全应特别注意软文内容的真实性和准确性,切忌使用虚假信息蒙骗消费者。

二、功能型软文

消费者在购买产品和服务之前最想要了解的就是它们的功效和特点,以及是否对自己适用。而硬性广告在功能宣传上面都以正面推介为主,很少从侧面体现用户本身的体验感受。功能型软文就是以用户产品使用体验为主要内容的软文形式。

在文案创作中可以把媒体试用和媒体测评的结果写入软文内容当中,同时加入老客户的使用心得和新客户的试用体验。是一种运用先验的方式满足消费者对期望使用产品的印象和回应。

所谓用户体验,也就是用户在使用一个产品或服务之前、使用期间和使用之后的全部感受。包括情感、信仰、喜好、认知印象、生理和心理反应、行为和成就等各个方面。功能型广告软文可以分别从以上几个阶段和几个方面入手进行描写和叙述,多角度、多层次地向用户告知产品的使用信息,必然会收到良好的传播效果。

当然,对于功能型软文创作而言,仅仅停留在说理层面是不够的,还需要有恰当、典型的案例加以辅助说明。这样不仅能够丰富文章的表现力也能够提升产品功效的真实感和说服力。比如美的空调的新产品曾提出一个节能概念——"一晚只需一度电"。在广告宣传方面,美的用一则名为"一晚 1 度电?美的空调招募 500 名用户亲身体验"的软文,详细介绍了美的空调技术人员到用户家中现场测试的情况,用公正、透明的测试结果和用户切身的使用体验来说明产品的优越性,增强了广告信息的真实感。

三、故事型软文

听故事是人类最古老的信息接收方式,因为故事的趣味性和可读性,受众在听故事的时候往往是主动接受并且非常享受的。故事型广告软文就是借用文学创作的手法,将商品和服务的信息融合在一个个感人、温馨、浪漫、凄美、幽默、风趣的故事当中,通过新颖、独特的情节设计展现给受众。由于人们普遍存在好奇心理,如果一个好的广告软文能将产品信息巧妙地融合在一个故事当中,就能够实现很好的推广效果。

但正是由于人们对听故事的热衷,往往对好的故事非常挑剔。故事型广告软文要想引起受众的阅读兴趣,就要打破常规的叙事逻辑,不能平铺直叙,避免平淡无奇。在文章中要善于设置悬念,创造跌宕起伏、引人入胜的情节效果。和其他的文学创作一样,要善于捕捉富有特征性的典型细节,深化受众对信息主体的感受体认,这样才能给他们留下深刻的印象。

创作故事型软文首先需要紧扣产品和服务的主题,情节设计也必须围绕着产品进行。要寻找合适的产品诉求进行切入,适当减少情节铺垫,最大限度提高文案的叙事效率。故事情节要力求真实、可信、引人入胜,并且具有可读性。多采用一些生活化的语言可以迅速拉近与读者之间的距离。

同时,在故事型软文创作的时候还应该注意"度"的把握,要寻找"讲故事"与"说信息"之间的平衡。有些广告软文为了过分追求情节的曲折和故事的可读,极力减少产品信息的传递。结果往往适得其反,故事是被大家记住了,但宣传的产品信息却被消费者轻易地忽略了。

四、新闻型软文

新闻型软文是介于广告和新闻之间的产物,是产品在销售过程中利用或者创造新闻,用于宣传企业或者产品的一种常见的软文形态。这类软文的形式以新闻报道为主,比如我们常见的公司活动事件、新品发布、人员专访、公益事业,等等都可以通过新闻型软文的形式进行发布。

新闻型软文的特点在于它是以新闻报道的样式呈现在消费者面前,所以在外形上需要符合新闻写作的要求。一般的文本结构分为标题、导语、主体、结尾和背景资料几部分内容。

在内容上讲求新闻事件的基本要素齐全,也就是我们常说的5W和一个H:何时(when)、何地(where)、何人(who)、何事(what)、何故(why),以及如何(how)。除此之外还应该注意软文中对新闻价值的提炼,包括时效性、重要性、接近性、显著性和趣味性等几个方面。

创作新闻型软文需要着力发掘广告新闻当中的新闻价值。一则商业信息如果既包含新闻价值又具有广告价值,则可以实现媒体、企业和消费者"三赢"的结果。这类"新闻"常常既符合企业的宣传需要,也符合媒体对新闻的采编要求,同时也为受众所青睐,喜闻乐见,所以具有很强的"专业精神"。

五、事件型软文

"事件营销"是当前企业常用的一种营销策划方式,它可以借助社会上的一些热点新闻事件来展开宣传、策划。"事件营销"之所以受到企业的青睐,是因为热点新闻事件往往能够自觉地引起人们的关注,这可以让企业审时度势地把握传播良机,顺势影响特定的目标群体,这种"四两拨千斤"的营销手段成本低、收效高、影响范围广,尤其是对于一些资金和市场处于劣势的企业,往往能取得意想不到的效果。

事件型软文是"事件营销"的一种主要操作方式,它借助软文的力量实现既定的传播目标。一般说来,"事件营销"分为"借力"和"主动"两种模式。前者是将广告信息传播渗透在公众话题和热点事件当中,后者则是主动制造新闻事件,引领舆论热点,并在此过程中传递商品信息。不管采用哪种模式,广告软文的主要创作原则就是紧紧围绕新闻事件和公众话题展开论述,并有意识地糅合广告意图。

2000年10月,一则《为做无毒广告 经理喝涂料》的软文出现在北京市各大报纸上面。在北京建筑展览馆门前,一家涂料厂的经理为了证明自己的涂料无毒、无害居然当众亲口喝下了自己的涂料。

其实厂家的本来设计是让小猫小狗喝下产品以证明其环保无害,但是由于动物保护者的抗议,经理迫于无奈情急之下竟然自己亲口喝了小半杯涂料。事情的发展本来超乎了组织者的设计,但随着这则软文的播发,随后该产品的市场表现更让企业深感意外。这款名为"富亚"的涂料不仅业务量飘升,更一举夺得了2008年奥运会鸟巢场馆建设专用涂料的特许资格。这起事件也成为国内以新闻报道完成"事件营销"最成功的案例之一,在这其中软文的推广作用也功不可没。

再比如,端午节的时候,一家大型食品厂做粽子产品宣传时,不直接介绍自己的产品,而是先讲端午节的由来、粽子的由来、正宗的粽子是如何制造的等一些端午节的文化,最后才讲他们生产的产品——"最正宗的粽子",效果十分理想。因为消费者在品尝甜美的"最正宗的粽子"的同时,还能品尝出浓郁的端午文化。撰写事件型软文需要敏锐、准确地把握可以借助的势能,并挖掘最恰当的切入点,把自己的产品或品牌,巧妙地结合进去。

阅读材料 15-2

中国历史上最早的一篇营销软文

清朝时候,有个秀才因生活困难,又找不到糊口的生计,秀才娘子就在家泡豆芽菜,秀才就在家门口摆摊卖豆芽菜过日子。但生意一直不好,秀才很无奈。秀才娘子就启发秀才说:书中自有颜如玉,书中自有黄金屋。你应该利用你饱读的诗书文章,为咱家的生意带来一些转机。秀才闻听此言,如梦方醒,略加思考,就写了一副怪联。

长长长长长长长,长长长长长长长

上下联一共用了十四个"长"字。找人裱贴好,挂在摊边,并写明以文会友,猜出联意者,请豆芽菜伴酒一顿。这是在说什么呀?人们挺新奇,都围过来看热闹,有人还在那里瞎猜。看热闹的人就越来越多。等有人猜出来时就大声念,大伙全明白了。原来对联的意思是:

长(zhǎng)长(cháng)长(zhǎng)长(cháng)长(zhǎng)长(zhǎng)长(cháng),

长(cháng)长(zhǎng)长(cháng)长(zhǎng)长(cháng)长(zhǎng)长(zhǎng)。

原来秀才的对联是在说豆芽菜,是盼望着豆芽菜赶紧往长(cháng)里长(zhǎng)。大伙一听全笑了。就争着买秀才的豆芽菜,工夫不大,豆芽菜就卖光了。

从这天起,秀才的怪联就整天挂在那里,招惹得好多人来看,而他的生意也越来越好。从此,秀才的有趣怪联也被人们传得远近闻名,有些大的店铺开张,庆贺都车马相请,让他去写贺联,以求生意兴隆。笔酬当然是很丰厚的了。

第三节 广告软文的写作

现在越来越多的企业意识到软文推广对于企业宣传的重要性,尤其是在当前互联网高度普及的时代,便捷的信息发布和接收的渠道让软文有了更为广阔的发展空间。它对企业的产品、品牌、销售、知名度等方面都能起到很强的推动作用。

然而很多企业和广告公司的文案作者却不知怎么样创作好的软文,很多人以为软文就是广告信息和其他写作题材拼拼凑凑的结果,只要把广告写得不像广告就可以了。殊不知和其他的广告文案写作一样,广告软文写作也有很多的写作技巧,在文章的主题、标题、布局、正文等方面也需要进行深思熟虑的研究和思考。

一、策划系列软文

广告软文写作和其他的广告文案写作一样有单篇和系列之分。这就好比单拳重击和一套组合拳的关系。虽然有些时候一则软文无论是内容还是形式都相当完美,但在茫茫信息海洋中还是很容易被消费者所忽略。而系列软文不仅可以保证消费者长时间的信息接触,也可以实现长篇广告信息的分解和详释。企业在资金和时间条件允许的情况下,应当尽量考虑策划系列软文。

1. 系列软文的优势

1)分解信息,提高受众阅读效率

有学者研究发现,最适应读者阅读体验的文章字数范围是 500~800 字。超过了这个范围,读者会感觉到疲惫,而不愿意继续阅读。而如果字数太少又会让消费者觉得内容不够详细,缺少信息价值。所以,有经验的文案人员都比较注意对于软文篇幅的把握,尽量控制在这个范围之内。

在这种情况下,如果希望全方位展示产品信息,更加详实地向读者宣传和推广,就可以采用系列软文这种方式。在单篇软文中只介绍产品的一种特点和优势,或者针对同一产品使用不同的软文类型。受众在连续阅读的时候像在看连载小说一样,既不费力又可以始终保持兴趣,信息接受效率自然也就很高。

2)详细有序,容易形成链接网络

策划系列软文,可以在一个相同的产品主题下多形式、多角度地进行文案创作。每一个单独的篇幅都可以对产品的某个方面进行详细的论述,而整个系列的软文在发布的时候遵循一定的序列原则。这样不仅能实现系列软文内容上的关联性,也容易形成一种链接。

这种内容上的链接主要是针对广告软文的互联网发布而言的。如今,除了报纸和杂志等传统媒体之外,网络成为了软文发布的最主要的平台。而信息的关联性和链接性也是互联网信息发布的一个主要特点。

系列软文在内容上相互关联,这样在网站发布时就能够形成一种链接网络。他们之间可以相互链接、相互推广,读者在阅读的时候就自然有更多的机会去接触产品信息。这样的效果要比单篇文章的一次性阅读要好得多。

2. 系列软文的写作技巧

1)单独成篇,主题明确

在策划和创作系列软文之前,首先要对自己所推广的产品和服务有深入的了解。明白产品的优势和特点在哪里,从而寻找合适的切入点进行创作。有的文章要作用于产品促销,有的文章要作用于新品推广,有的文章要作用于品牌塑造。不同的主题就是这篇文章所要表达的核心概念。

在系列软文创作中切忌出现"大锅烩"式的主题表现,既要塑造品牌又要促销商品,讲究单独篇幅的面面俱到。结果却常常是主题不明,对消费者没有明显的触动,作品的表现能力大打折扣。

2)列好列表,内容成线

前面曾经提到,系列软文的优势就是能将产品或服务的各种优势一一展示。在实际创作中,文案作者可以将某个产品同系列内容中的所有卖点都列出来,然后按照列出的内容列表,一个个按照计划有序编写。这样就不会因为丢失或者遗忘而导致内容表现得不完整,也不会出现信息传递的重复。

同时,列表信息还可以及时把握自己脑海中随时闪现的关于产品表述的零散观点,对于产品信息的发布时机和发布状态做到心中有数。以便在全局上对系列软文创作进行准确把握。

3)标题多样,避免形似

标题是一篇文章的眼睛,标题的好坏有些时候直接决定了文章阅读量的大小。对于系列软文而言,标题拟定比较困难,因为它们的主题基本一致,所以在确定的时候很有可能产生重复。

比较常用的做法就是在系列软文标题之后加上一、二、三、四或者上、中、下这样表示序列的词语以示区分。比如同仁堂的止渴降糖胶囊的软文《中药治疗糖尿病的新篇章(一)、(二)》两篇软文,采用相同的标题,用数字序列加以区分。

另外一种做法就是从软文不同的切入点进行不同类型的标题创作。比如联邦尖端心脑清的系列软文《六旬老太扔掉贴身"宝贝"》和《心脑血管发病率日益增加》,前者是从人物故事的角度出发,描写了一个老太太在服药之后病情好转,丢掉了随身携带的救心丸的典型案例。标题设计带有明显的故事性。后者是从科学研究新发现的角度引出本产品,在标题上带有明显的新闻性。

二、确定软文主题

从软文写作实战入手来讲,单篇文章的主题选择非常重要。现在的报纸、杂志、网络软文广告都是按字数收费,要在有限的篇幅里把广告信息传递明确,必须要惜墨如金,避免拖泥带水。因此广告软文必须具有很强的针对性,主题设定必须要高度明确、集中。

提炼软文的主题就是明确自己的写作目的,将所要表达的核心概念、思想和广告信息准确地传递出来。在创作一篇软文之前,我们应该明确它的主要诉求是什么,诉求对象是谁,诉求方式应该如何把握。

不同的主题代表着不同的诉求,如果软文写作的目的是推广新产品,则消费者最想了解的是产品的特性和能给他们带来的实际利益,以及与同类产品相比所具有的优势。我们的主题就应该明确为展示产品的功效及特色,以及消费者的实际购买体验。如果文章的目的是为了塑造品牌理念和精神,那么我们的主题设定就应该是品牌故事的介绍和企业文化的宣扬。如果是为了产品促销,主题提炼时应该注意促销氛围的营造和产品销售火爆情况的介绍。

确定软文主题离不开对产品和服务的明确定位,产品定位越明确,软文的主题也就越准确。一个明确的主题意味着为受众提供一个完整的思维过程,意味着更有针对性地将受众引到广告软文所要营造的氛围中去。传递信息越准确,卖掉产品的机会也就越大。

1. 功能性主题

优秀的软文绝对不是用相对更长的篇幅将硬广告中的文案简单地重复和拉伸,而是用更多的文字向消费者传递更多有价值的信息。广告和软文最大的区别在于前者用于树立品牌,后者用于建设品牌。让消费者更加深入地了解到产品的各种功效、特点,围绕产品的核心理念为消费者做出实用性的引导,把对消费者产品功能的疑问解答融入到现实生活的实际问题当中,为他们提供实实在在的功能解读。

2. 竞争性主题

产品进入市场之后必然面临激烈的竞争,尤其是在产品同质化趋势日益严重的情况下,更需要在广告策略上脱颖而出。在不同的产品市场,通常有一些传统品牌和行业的领导品牌。这些品牌和他们的产品在长期的宣传推广中在消费者心里铸建了相对稳固的形象。

不管我们的产品处于市场的何种地位,都可以选择与知名品牌、同类产品进行竞争宣传。使用竞争性主题的广告软文可以充分地进行比较宣传,在对比中凸显自己的特点和优势。如果与行业领导品牌进行比较既可以体现对自己产品的自信,也能够依靠对手的知名度和影响力迅速吸引眼球,加快消费者的认知记忆。如果与同一水平的产品比较,则能够快速建立起自身的竞争壁垒,从侧面向竞争对手展开反击和压制。

3. 情感性主题

人是情感动物,情感共鸣式的传播主题往往更容易打动消费者。亲情、爱情、友情这些人的基本情感都可以很好地融入到软文主题中来。主打情感牌的广告软文就是要用极富人情味的文章,去触动消费者的心弦,带动消费者的情绪、情感,而产生购买动机,实现购买行为。

通常情况下,运用情感性主题软文的目标对象是产品的购买者而非使用者。软文要表现的是产品在生活当中承载感情表达的重要作用。比如妻子给老公购买产品表达关心，晚辈给长辈购买产品表达孝敬，父母给子女购买产品表达关爱。这一类型的软文要把话说到消费者的心坎儿里去，说出他们的心声，引起消费者情感上的共鸣，从而让他们在温馨情感的驱动下认同并购买产品。

4. 目标导入性主题

市场细分是营销学中的一个重要概念，市场细分的目的就是为了明确目标市场和目标受众，从而有针对性地进行产品销售。目标导入性主题就是在市场细分的基础上，针对特定消费者进行的广告软文创作。

以此为主题的软文能够迅速让消费者"对号入座"，通过自己的个人经历和生活体验对广告产品产生直接的兴趣和关注。在创作中在文章标题和内容上可以通过设计一些关键词加以限定，比如"经常失眠人群"、"50—60岁的中年男人"、"长期伏案的白领人士"，等等。确定目标人群之后，需要在文章中建立起他们和产品之间的联系，从他们的身份特征、职业特征、身体状况等诸多方面阐述产品对其影响和作用，从而有效传递广告信息。

5. 趣味性主题

趣味性是软文能够另辟蹊径、独当一面的关键。趣味性意味着文章的可读性和吸引力。将一种风趣幽默的风格转移到软文传播的主题中，通过消费者喜闻乐见的一些新奇曲折、富有情趣的事件，能够让消费者在不知不觉中消除对广告的抵触情绪。

以趣味性为主题的软文比较适合年轻读者，符合他们对新奇、新鲜事物的关注。用一种轻松诙谐的语调将产品诉求和传播主题相融合。创作此类软文时应该注意，趣味事件或新闻要和所宣传的产品与服务建立关联，要在产品宣传中提炼出趣味性，而不是生拉硬拽地把产品强加到某个有趣的故事中。

三、制作软文标题

广告大师大卫·奥格威曾说：阅读标题的人数是阅读正文人数的5倍，也就是说，如果标题无法起作用，那么你就浪费了90％的广告费。由此可见，标题是一个广告或者一则软文引人注目的关键。在如今快节奏的生活方式中，人们的阅读习惯已经发生了改变，"读题时代"已悄然来临。好的软文需要好的标题才能吸引读者的注意，实现有效阅读。另外在网络高度发达的现在，出色的标题才能被网络搜索引擎收录，增加网络用户的搜索量、点击率和转发率，实现文章的海量推广。

一般来说，好的软文标题可以分为以下几种类型。

1. 新闻热点式标题

在软文类型中我们曾经提到用新闻报道的样式撰写广告软文。和正文内容一样，软文标题也可以结合时事热点撰写成新闻报道样式。创作新闻热点式标题，要善于从产品和企业本身提炼出有价值的新闻线索，将最有价值的新闻要素体现在标题当中。

2. 悬念疑问式标题

悬念疑问式新闻标题是将软文内容中最吸引人的部分先在标题中用提问或者暗示

的方法展示出来,在读者心中留下悬念,以引起读者的注意,产生共鸣与思考。悬念疑问式标题可以直接把软文所传递的产品信息用答案的形式在标题中显示。也可以只问不答,引导消费者在正文当中寻找答案。

悬念疑问式标题利用的是人们的好奇心,但需要注意的是这种好奇心要在软文当中得到满足。如果设置的悬念和疑问与正文信息联系不大,或者仅仅是用标题吸引人而没有在正文当中解释。观众难免会产生上当受骗的感觉,甚至会对广告信息产生厌恶情绪。

3. 情感渗入式标题

广告软文非常适合于情感表达,软文的标题也经常使用情感渗透的方法对读者动之以情,晓之以理。这种类型的软文标题常常借助人们在情感上的某种共通点进行利益诉求,亲情、友情、爱情构成了情感式标题的基本内容。

使用情感渗入式标题,意在渲染一种温馨的气氛,引发人们的内在情感,唤起人们的热情和注意,从而引导消费者产生购买欲望。因此,这种标题在设计上应该选择能够打动人心的句式。尽量使用一些温馨、甜蜜、幸福的词汇。也正是由于这些特性,这类标题一般运用的对象产品多是保健品、儿童用品、化妆品等家用日常消费品。

4. 竞争比较式标题

竞争比较式软文标题主要展示的是企业自己的产品和同行、同类产品在某些领域的比较优势。加深读者对我们所宣传的产品、服务的了解认识。值得一提的是,竞争比较式标题有可能涉及自己的同行及竞争对手,一般情况下标题中应避免指名道姓,而采用泛比和一些抽象概念。以免伤害到其他同类产品,出现恶性竞争。

5. 幽默趣味式标题

幽默是一种智慧,是丰富想象力的展现,它可以让人感觉轻松,令人读后回味无穷。幽默趣味式标题就是用生动、趣味的语言令人发笑,这种幽默不单单是搞笑,更需要一定的智慧。创作此类标题需要注意,我们不是单纯地追求幽默,而是要把广告内容结合起来,不能离开产品和服务去"幽默"。文案创作者需要明白,幽默只是手段,而标题的最终目标是推销产品,增加产品的市场占有率。

6. 夸张震撼式标题

此类标题的直接目的就是赚取眼球。通常会为此使用一些惊悚、夸张的字眼来直击读者的内心,让消费者产生心灵震撼。同情感类标题刚好相反,夸张震撼式标题采用的是反情感诉求的方式,用耸人听闻的字眼增加对消费者的吸引。比如《高血脂、瘫痪的前兆》、《中年——一个狂吃垃圾的年龄》、《老爸老妈中毒了》、《悲剧!为女人敲响警钟》等等。这样的标题往往能在短时间内抓住观众的眼球,但如果处理不当,把握不好夸张与恐吓之间的度,则往往会遭人诟病。

以上是软文标题常见的六种类型,除此之外还有承诺式标题、诱惑式标题、比喻式标题、拟人式标题、证言式标题、历史典故式标题、寓言式标题等多种类型。不管采用哪种类型的标题都应该保证所传递信息的真实、准确。切不可只为追求关注,把标题写得匪夷所思,让人不知所云。也不可过分夸张、做作,弄巧成拙失去消费者的兴趣。

四、软文正文写作

"题好一半文",明确了主题,拟定完标题,一篇好的软文只是成功了一半。接下来的工作就是用好的构思和创意创作出优秀的正文内容。让读者真正接收我们所传递的信息,进入到我们用文字营造的情景和氛围中去。

1. 寻找最佳切入点

正文内容是一篇广告软文的主体,是文章标题的深化和主题思想的全面展开。软文的特点在于"润物细无声"地与消费者产生情感共鸣,而不能生硬地将产品信息罗列。要做到这一点就需要在产品信息中寻找合适的切入点进行展开。切入点的选择一方面来源于企业和产品所提供的各种资料,另一方面还要结合文案创作者本身的生活经验。选择好的切入点才能使文章看起来浑然天成,没有生拉硬拽的痕迹。

1) 从产品和服务本身寻找切入点

创作软文的基本思路应该是首先了解我们所介绍的产品和服务的基本特点,这是软文写作的理论依据。详细了解我们的宣传对象,才能为它量身定做华丽的"外衣"。比如我们要写某个零食的软文,它的特点是味道甜美,但吃完之后热量小,不易发胖。和其他甜食相比更适合女性消费者。这样我们就可以从它的特点入手,结合女性消费者希望保持苗条身材的心理特点进行创作。从女性如何保持完美体型入手,联系到低热量零食的正确选择,最后引出我们的产品。

2) 结合热点新闻事件寻找切入点

在软文类型中我们介绍过新闻型软文和事件型软文,他们的主要特点就是借助热点新闻和社会事件进行软文创作。这些热点事件本身就有很高的曝光率和关注度,如果能在产品特性的某些方面寻找和热点事件的联系,就能产生"好风凭借力,送我上青云"的良好传播效果。

比如前一段时间,好莱坞女星安吉丽娜·茱莉为了预防乳腺癌的发生而做了皮下乳腺切除手术。从这则新闻入手可以创作一篇关于乳腺癌方面的软文,以科学普及的方式提醒女性呵护乳房的重要性,并以此推广医疗保健等方面的信息。

3) 从生活场景出发寻找切入点

生活中相同或相似的人生经历往往更能打动消费者的内心。软文设计的生活化和故事化一般都能起到很好的宣传效果。在创作中我们可以选择产品或服务在生活中真实展现,以此为核心展开故事。既能展现产品的实际用途,又有生动的故事情节打动人心,可谓是一举两得。

例如,一则名为"闺女,谢谢你给我的晕车药"的软文,讲述的是一位老人的孙子考上了大学,要坐车去北京上学,可他们一家都有晕车的习惯,为了让孙子平安报到,老人跑遍了市里大大小小的药店,终于找到了一种既防晕车又不犯困的良药"飞赛乐"。文章从小的生活场景入手,将药物功效和身边故事结合起来,让人读来感动贴心。

2. 合理安排正文结构

和其他文体写作规范一样,软文写作也有着相对固定的结构要求。一般包括开头、主体和结尾三个部分。每一部分承载的内容和作用不同,写作技巧和方法也多种多样。

1) 首段部分要足够吸引人

一篇软文的首段至关重要,它可以让读者在读完之后准确把握文章主旨,这对用户体验来说非常重要。世界顶级文案大师约瑟夫·休格曼曾做过一个测试,一旦一个读者认真读完广告文案的前25%而不感到厌烦,他就会认真看完整则广告。这种现象被称之为"滑梯效应"。

一般来说,软文的第一部分写作分为"直接型"和"迂回型"两种主要风格。

"直接型"首段要在第一部分开门见山提及全文主旨,让读者马上获知全文的重点和主题。比如这则《工行"两卡一网" 为您提供全方位理财服务》的软文,在首段中写到:"有些人因不知如何方便理财而伤神,有些人因不知选用何种银行卡和对电子银行的安全性而担忧。工商银行为解决这一问题,推出'两卡一网'工程。就是持一张工行借记卡和一张信用卡,通过个人网上银行,就可以办理日常账户管理、资金汇划、费用缴纳、投资理财、购物消费等业务,真正把银行搬回家。"软文用开门见山的方式介绍了该行的新理财业务,然后在正文中用不同类型消费者的实际体验,印证了该业务的方便性和快捷性。

"迂回型"首段写作一般采用逐层递进的方法,用抛砖引玉的方式逐层代入文章主题。如在新闻型软文中先介绍新闻事实,在故事型软文中先讲一个有趣的故事,在事件型软文中先引出热点事件。所做这些都是为了引出后面的广告信息做铺垫。持续留住消费者的目光。

2) 主体部分要层次分明

软文主体部分搭载着最主要的广告信息,也是文章主题集中表达的区域。对于主体部分的创作应该持段落清晰、层次分明的原则。第二段与首段之间有流畅的衔接和过渡,并自然地进入主题阐释部分。

主体部分写作时需要注意,单独段落不可太长,这样才能方便读者阅读。有经验的文案人员都喜欢把连贯性的大段文字分开,并用每一个小段落集中说明一个观点。在读者随意性阅读的过程中,这种分散式的信息推送可以满足不同读者的不同关注点。随时引起读者目光的停留。一般来说每段文字应以100字以内为佳。

段落与段落之间要有关联的部分,应紧紧围绕主题展开论述。在创作时可以参考新闻消息的"倒金字塔"式写作结构,将每一段的核心内容体现在每段的段首,多用一些概括性的语句引出主题。而把一些细节解释的句子放在后面。这样就可以更加有效地利用消费者的目光和注意力。

3) 结尾切忌头重脚轻

软文的结尾通常被初学者忽视。部分软文作者,会在结尾部分一笔带过,内容空洞。这样整篇文章给人一种头重脚轻的感觉,影响了读者对文章和产品的印象。好的软文结尾不仅能起到画龙点睛的作用,更主要的还在于真正打动消费者内心,促进实际购买行动,这也是一篇软文的关键所在。

通常一篇软文的结尾有这样三种写法:第一,通过主体部分的论证,总结一些经验和启示,引起消费者的共鸣和思考。第二,概括正文主要内容,再次强调软文观点。第三,留下广告信息的主要线索,方便读者咨询购买。

3. 丰富多样的材料表现

和其他好文章一样,优秀的广告软文除了有引人注目的标题,合理的行文结构之外,还要有"金玉其中"的内涵。这种内涵就是软文丰富多样的材料表现。

在材料表现时,首先应该注意的是对产品形象化的处理。广告大师有句经典话语:"不要卖牛排,要卖嗞嗞声",说的是形象化对于产品卖点推广的重要意义。软文创作也应该注意这种形象化的描述方式,让受众更直观地了解产品的特性。比如《一天不大便等于抽三包烟》,用三包烟对人的伤害形象性地解释了宿便的危害,让人一听即懂。

木竭胶囊上市时有一篇《8000万人骨里插刀》的软文,形象地指出了骨病人群的痛苦:

> 骨病之痛苦,连患者亲友都不忍目睹,常见患病的人突然间倒吸几口冷气,牙缝间嗖嗖作响——骨刺又发作了!俗话说:得了骨病犹如骨里插刀……

这种丝丝入扣的形象描述,在消费者心里产生了强烈的共鸣,引发了消费者的高度认同。

其次应该注意写作语言的通俗化。软文读者年龄层次和教育背景千差万别,如果使用过于专业的词汇、过分华丽的辞藻来修饰难免会让一部分消费者不知所云。好的软文首先应该以让人看懂为主要目的。一篇能打动消费者的软文一定是能被人轻松阅读并理解的,这是前提和基础。没有语言的通俗易懂,软文只能曲高和寡,没有回应,自然也谈不上带动销售。

例如某甲壳素类降血脂产品,为了说明甲壳素能吸附血脂的功能,软文用了"绑走血脂"的说法,让复杂的医学机理变得浅显易懂、形象生动。有一个番茄红素产品的软文,为了说明番茄红素在清除氧自由基方面强大的能力时这样描述:"一个番茄红素分子在战斗中能敌过数千个敌人——氧自由基。"将艰涩的道理浅显化,消费者不但能理解而且深刻地记住了这种说法。

第三要善于使用数据和对比强化观点。软文论证中数据的作用不容忽视,数据,可以增加广告信息的说服力,增强信息的真实性,加深消费者对产品信息专业性的信任。

例如,在《常吃鲁花油 轻松来补"锌"》的这篇软文中提到:"'鲁花'牌特香纯正花生油中,含有多种维生素及锌、钙、磷、铁等多种微量元素。其中锌元素每百克含量中达到8.48毫克。"精准的数据加深了消费者对产品效果的印象。

第四要善于利用对比论证的方法增加产品在消费者心中的比较优势。对比论证包括将广告产品进行横向和纵向的比较。比如一个用户在使用某保健品前后的身体变化,这属于纵向比较。还有横向比较,这是该产品和同类产品比较所具有的特点和优势。这些比较信息对于消费者来说都很有说服力。

五、媒体与版面设计

软文的本质是广告。软文创作完成之后,应该有明确的传播计划和传播目标,这样才能保证目标消费群体受到影响,产生实际的广告效果,引导消费者实现购买行动。好的软文效果不仅依靠于软文本身的文字魅力,还得益于最优的媒体投放选择、最佳的发布时间和版面位置、排版样式的精心设计。

1. 发布媒体选择

广告软文的发布和推广是其与消费者见面的最后一道环节。软文营销的核心在于软文创作,而投放媒体的选择无疑是使软文营销价值最大化的加速剂。

报纸、杂志和网络是软文推广的三大平台。报纸、杂志等传统平面媒体具有发行量大、覆盖面广、读者群体相对固定等优点。但报纸媒体种类繁多、发行量的地域差别也很大。如果将读者细分之后,目标读者相对变小。这种情况下,一般适合医疗、教育、房产、家装、生活用品等具有普适性的行业或产品投放。可以不受市场细分的影响,避免了广告不必要的投入浪费,提高效率。

对于一些目标受众较小的行业和产品,可以选择把软文投在专业性报纸、杂志上面,虽然这类报刊发行量较小,但因其是细分后的分众媒体,目标读者十分集中,如电子行业、化妆品行业、家具行业这类专刊专报很多,广告效果也相对明显。

如果资金和时间宽裕,企业还可以通过目标群体调查的方式来了解受众的媒体关注情况。这样就可以做到有的放矢,做到广告投放的精准化、科学化。

网络媒体是当前最受青睐的媒介发布形式,一方面是因为其成本低廉、发布快捷,另一方面是因为当前网民数量激增,网络平台的传播力和影响力也愈发强大。网络媒体发布一般选择具有较强影响力的门户网站,比如新浪、搜狐、网易、人民网、新华网、凤凰网,等等。还可以选择专门的网络发稿公司代为发布。

高质量的广告软文,能够获得大型门户网站首页展示的机会,这些网站每日的访问量大、覆盖面广,可以快速推广产品,提升企业形象。另外,好的广告软文还可以获得互联网的有效搜索和转载,通过网络自传播的这种优势,加速自己广告信息的推广。

2. 发布时间的选择

广告软文的发布应该有很强的计划性和周期性。和新闻一样,广告软文也应该强调它的传播时效性。不同的发布时间,其效果也有很大差别;行业特点不同,发布的黄金时间也不同。

对于报纸来讲,周六、周日读者数量有所下降,效果可能相对较差。周二至周五受众的注目率比较高,适合大众产品的信息发布。另外,不同的行业,发布时间也应有所区别,比如医疗保健品行业,周二、周四是最佳发布时间。如果进行长期的活动推广还需要在活动前、中、后几个阶段分别进行媒体推广,让软文发布与活动节奏相契合,这样才能取得更好的效果。

网络平台因为不受出版时间的限制,所以可以随时发布网络软文。某些网络媒体发布平台调查显示,每天早上8点半到9点半是信息搜索率和转载率最高阶段。

3. 版面位置选择

合适的版面和版位对软文的传播效果也会产生很大的影响。报纸一般会根据所刊登的新闻内容对报纸版面进行分类。好的版面位置自然能得到更好的关注。

版面位置要根据不同类型的软文形式来选择,最好投在新闻版或行业专版,可以增加软文的权威性和公信力。切不可刊登在广告版中,让观众一眼就能看出文章的广告性质,这样也就失去软文的意义。

在脑白金的广告营销战略中,史玉柱要求产品的软文要刊登在地方党报上面,因为党报的权威性最高。另外他还要求,每种媒体每周刊登1~3次,每篇文章占用版面,对开报纸为1/4版,四开报纸为1/2版。脑白金的软文不出现在广告版,而是选择在健康、体育、国际新闻、社会新闻版面刊载,周围不能出现其他公司的新闻和软文。这样读者在阅读的时候就会更加专心,传播效果也更加明显。

4. 排版样式的选择

广告软文的版式设计也不可忽视,好的版式设计会给文章内容增光添彩,甚至可以直接提高软文的阅读量。

总体说来,软文的版式要和它所在的版面风格保持一致,这样才能保持和谐、统一的效果。在标题设计上以大标题为主,标题设计可以相对较宽。适当加以颜色区分,可以让标题更加醒目。

可以适当加入副标题,对主标题进行解释说明,让消费者更加清楚文章内容。比如某软文标题为"治疗高血压可以不用药",读者看完满腹疑问,这时加上副标题"降压护腕让高血压'低头'"。既解释了主标题的困惑,又可以引导读者继续阅读。

另外,在排版顺序上,横排格式要比竖排格式好,因为横排格式符合人们的阅读习惯,并且可以放大标题,增加醒目度。竖排会在整体上显得非常狭小,不能最大限度引起人们的注意。

关键词

软文广告　soft advertisement
软文策划　soft advertisement plan

思考题

1. 广告软文的概念、特点,以及其在营销传播中的作用?
2. 在实际操作中如何区分广告软文和有偿新闻?
3. 相对于硬广告,广告软文有哪些优势和不足?
4. 如何策划撰写系列广告软文?
5. 为某搬家公司撰写广告软文,分别采用故事型和功能型两种软文文体,字数不少于500字。

推荐阅读书目

1.《软文营销实战之道》,梁文著,中国华侨出版,2013年。
2.《字里行间的商业秘密——软文营销》,严刚著,清华大学出版社,2012年。
3.《网络营销决胜武器:软文营销实战方法、案例、问题》,徐茂权著,电子工业出版社,2013年。

CHAPTER 16 第十六章 品牌命名艺术

本章任务

1. 了解品牌命名的作用与意义
2. 掌握品牌命名的原则、方法和流程,英文品牌名称汉译方法,中文名称的英译方法
3. 能够运用本章知识进行中英文品牌名称的命名

本章引例

宏基选择 Acer 作为品牌名称

被誉为华人第一国际品牌、世界著名的宏基(Acer)电脑1976年创业时的英文名称叫 Multitech,经过十年的努力,Multitech 刚刚在国际市场上小有名气,但就在此时,一家美国数据机厂商通过律师通知宏基,指控宏基侵犯该公司的商标权,必须立即停止使用 Multitech 作为公司及品牌名称。经过查证,这家名 Multitech 的美国数据机制造商在美国确实拥有商标权,而且在欧洲许多国家都早宏基一步完成登记。商标权的问题如果不能解决,宏基的自有品牌 Multitech 在欧美许多国家恐将寸步难行。在全世界,以"-tech"为名的信息技术公司不胜枚举,因为大家都强调技术,这样的名称没有差异化;又因雷同性太高,在很多国家都不能注册,导致无法推广品牌。因此,当宏基加速国际化脚步时,就不得不考虑更换品牌。宏基不弃成本,将更改公司英文名称及商标的工作交给了世界著名的广告公司——奥美广告。为了创造

第十六章 品牌命名艺术

> 一个具有国际品位的品牌名称,奥美动员纽约、英国、日本、澳大利亚、中国台北地区分公司的创意工作者,运用电脑从4万多名字中筛选,挑出1000多个符合命名条件的名字,再交由宏碁的相关人士讨论,前后历时七八个月,终于决定选用Acer这个名字。
>
> 　　宏碁为了更改品牌名和设计新商标共花费近一百万美元。应该说宏碁没有在法律诉讼上过多纠缠而毅然决定摒弃平庸的品牌名Multitech,改用更具鲜明个性的品牌名Acer,是一项明智之举。

第一节　品牌命名概说

一、品牌命名的概念

美国当代营销大师艾·里斯曾经说过,从长远观点来看,对于一个品牌来说,最重要的就是名字——名正则言顺,好的品牌名称往往具有事半功倍的效果。因此一个好的品牌名称往往可以为品牌的发展奠定基础。有专家甚至专门撰写了《品牌命名攻略》,并指出:"品牌名称是现代企业品牌行销战略中一个最为重要的组成部分。国内企业对此战略不重视,导致有88%的企业因命名不慎,最终退出市场。"

"品牌"的英文单词brand,源出古挪威文brandr,意思是烧灼的烙印。古代人们用这种方式来标记家畜等需要与其他人相区别的私有财产。到了中世纪的欧洲,手工艺匠人用这种打烙印的方法在自己的手工艺品上烙下标记,以便顾客识别产品的产地和生产者。这就产生了最初的商标,并以此为消费者提供担保,同时向生产者提供法律保护。现代意义上的品牌已成为用以识别销售者的产品或服务,并使之与竞争对手的产品或服务区别开来的商业名称及其标志。因此一件商品进入市场之前如何拥有一个合适的受到法律保护的品牌名称就是品牌命名需要解决的问题,品牌命名是创建品牌的第一步。

二、品牌命名的作用

现代的品牌命名策略不单单是给某一产品取个名称,实际上,"品牌命名"是一个高难度的思考过程,是品牌定位深入过程的开始。我们之所以通常说"品牌命名",而不用"产品命名",就是因为"命名的过程"是一个将市场定位、形象、情感、价值等转化为营销力量并启动市场定位与竞争的过程。品牌名称,不是一个简单的记号,它能强化定位,参与竞争,而且还以其可能隐含的形象价值"使某一品牌获得持久的市场优势"。

1. 好的品牌能传达品牌的关键信息

一个好的品牌名称是品牌被消费者认知、接受、满意乃至忠诚的前提,品牌的名称在很大程度上对产品的销售产生直接影响,品牌名称作为品牌的核心要素甚至直接影响一个品牌的兴衰。日本索尼公司前董事长兼首席执行官OHGO先生曾经说:"我们最大的资产是四个字母S、O、N、Y,它不是我们的建筑物或工程师或工厂,而是我们的名称。"此语并非夸大其词,品牌名称是品牌最重要的组成要素之一,它表明了该品牌最基本的核心要素。一个好的品牌名称本身就是一句最简短、最直接的广告语,能够迅速而有效地表达品牌的中心内涵和关键联想。比如BENQ就是以"Bringing enjoyment and quality to life(享受快乐科技)"为理念,打造数字时尚领导品牌,并将此理念提炼成了四个字母。

2. 好的品牌能提升产品或品牌形象

好的品牌不仅能够传达品牌的关键信息,还能够提升产品或品牌形象。好的品牌名称不仅是一个简单的符号,还应该包含丰富的品牌联想和品牌内涵,让消费者通过联想对产品或品牌产生深刻的记忆,也同时因为品牌丰富的内涵而对产品和品牌产生好感。如洋河蓝色经典"天之蓝"、"梦之蓝"、"海之蓝"的命名,让人不由自主地联想到辽阔的天空,蔚蓝的海洋,回忆起品牌鲜明的蓝色产品包装,更回味起广告语"世界上最宽广的是海,比海更要高远的是天空,比天空更博大的是男人的情怀"所蕴含的意境。

3. 好的品牌能反映产品和企业的特点

每一种产品都有其特殊的功能特性,一个消费者在消费这一产品时总能产生和期待产生某种切身的心理、身体上的感受,许多产品就是以这种产品能带给消费者的消费感觉来进行市场竞争定位的。

三、品牌命名的原则

如果品牌是一个人,那么品牌的名称就像一个人的名字,是品牌最直接、最原始的符号,对品牌的影响终其始终。好的品牌名称可以成就一个品牌,比如国内的"娃哈哈"、"旺旺"、"农夫果园"等,国外如Coca-Cola、BMW、SONY等,同样一个不理想的品牌名称可能会影响到品牌的发展,比如未更名前的IBM、更名后的谷歌。当然,品牌名称的创意要远远复杂于人名字的命名,人名只是一个人的代码,生僻一些、独特一些,甚至奇怪些都无大碍,但是品牌名称却不仅仅是产品的代码而已,它是消费者同企业理念、企业文化的一种沟通,我们要考虑:它容易记住吗?能不能够吸引消费者?消费者会产生何种联想?在消费者心目能否留下深刻的印象?

总而言之,品牌名称的命名面向的是品牌所对应的消费者,因此,命名最重要的就是取得消费者的认同。那么如何取得消费者认同呢?首先品牌名称的创意应该符合以下的原则:

1. 利于传播的原则

1)简单易记

IBM是全球十大品牌之一,作为世界上最著名的电脑制造商,它被业界誉为"蓝色巨人"。殊不知当年的IBM全称是"International Business Machines"(国际商用机器公司),这样的名称显然不易读写、不易记忆,给品牌的传播带来了诸多障碍,后来国际商用机器公司想出了一个折中的办法,取三个英文单词的大写字母,设计出了字体简洁流畅、简单易于识别的"IBM",也成就了 IBM 的辉煌。

殊途同归的还有著名的 BMW。BMW 原是慕尼黑的一家汽车厂,德文全称是"Bayerische Motoren Werke",后改为 BMW。可见品牌名称的简洁性是保证品牌传播力的首要因素。要做到品牌名称的简洁性,可以把握这样一个"四简法":字数越简短越好、笔画越简洁、文字越简单越好、音节越简明越好。一个品牌名称首先应该具有简洁、易认、易记、直观、一目了然的特点,只有这样才有助于提高消费者对品牌的识别和认知能力,拿国内的品牌来讲,诸如海尔、海信、双星、白沙、999、万科、统一、美的等品牌名称的命名都是遵循了简单易于记忆的原则;再如国外的 SONY、LG、GE、Intel、DELL、IKEA 等也无一例外。

2) 流畅易读

品牌的传播力不仅取决于视觉上的易于识别、易于记忆,还取决于听觉上的流畅悦耳、清脆有力。所以在品牌名称的命名上,我们还要注意品牌名称的发音,是否易读、易说、流畅顺口,朗朗上口的品牌名称可以加速品牌传播。典型的如台湾地区品牌"旺旺",该品牌能迅速打开市场、童叟皆知,与该品牌名称的响亮、流畅、易发音以及吉祥的品牌联想都分不开。再比如"娃哈哈",1987 年一家校办工厂凭借一个好名字,成就了一个全国妇孺皆知的知名品牌,这个名字不单朗朗上口、易念好记,便于传播,还是一首广为人知的儿歌。

再如联合后的索尼爱立信,虽说两个品牌都大名鼎鼎,但捆绑到一块,无论中文名称还是英文名称的音节都过长,难以发音。为此索尼爱立信苦恼不已,放弃品牌资产重新命名太可惜,不换名称又面临品牌传播的尴尬境域。摩托罗拉的问题似乎好解决些,被中国人瘪着嘴叫了数十年的摩托罗拉终于意识到品牌发音的问题,删繁就简,将原有的四个音节简化为两个音节,现在的"MOTO"不仅发音更为简洁,而且生机焕发,年轻了不少。

3) 启发联想

视觉和听觉对品牌的传播大有帮助,但感观上的心理体验也会加速品牌传播的效率。一个好的品牌尤其不能忽略它给消费者带来的心理联想和意境体验。到过武汉的外地人不一定知道"小蓝鲸"、"三五醇"、"太子轩",但可能会记住有一家餐饮店名叫"艳阳天",倒不一定是因为"艳阳天"的服务和美食吸引了他们,而很有可能是因为这个名字的原因。听到这个名字,消费者心理会涌现出与"明媚而灿烂的阳光"、"风和日丽的日子"等有关的美好事物,甚至会进一步联想到酒店金碧辉煌的装饰环境、服务生灿烂而亲切的笑容,这些心理联想会在消费者脑海中形成一幅具象的画面,甚至是一种体验,从而帮助品牌在消费者脑海中形成深刻的记忆。再比如,南方地区的超市连锁品牌"好又多"和北方地区的超市品牌"美特好",堪称超市品牌名称创意的经典制作。这些品牌名称不仅易读、易记、易识别,更重要的是它可以第一时间刺激消费者对超市产生美好的印象,而这种美好的印象会最终转化为实际的消费行动。这样的品牌名称正是我们创意人和经营者所力图追求的。在我们日常所接触的品牌中,娃哈哈、康师傅、清嘴、尖叫、蒙牛、谭木匠、雕牌、小护士的认知度很高,恰恰因为这些品牌都具有较好的品牌想象力。

广告文案

品牌联想是一种心理体验,所以必然有积极的也有消极的,消极、负面的品牌联想对品牌的传播有百害而无一益。曾经看过某保健品拍的一则广告片,片子的调性温馨,意境很美,文案也非常到位,但当片子最后以标版的形式打出产品品牌名称时,所有的感觉都被破坏了,该品牌叫做"铁骨晶",从字面上理解,厂家是想强调保健品的强身健体、强壮骨骼的功效,但联想是丰富的、是天马行空的,你实在无法阻止有些消费者会从"铁骨晶"联想到"白骨精"。就像摩托罗拉的中文译名长久以来都摆脱不了"卖拖拉机"、"卖摩托车"之类联想的阴影,不得已只有取消中文名称,而 Google 大张旗鼓、大费周章地进行"汉名选秀",最后选定的"谷歌"竟被反对者以一个字"土"给"否决"了,在这些反对者看来洋派、年轻、富有朝气的 Google"莫非要进军中国农村……"可见,启发联想一定要是正面的、积极的、符合消费者心理的。

2. 强化定位的原则

20 世纪 70 年代,里斯和特劳特提出的"定位"理论让营销学界和广告学界都兴奋不已,在现阶段的品牌竞争中,只有具有鲜明定位的品牌才能控制消费者的心智,既然定位如此重要,如果能够在品牌名称中有效传达定位,一方面可以让品牌迅速抢占消费者心智,一方面也可以让品牌定位与品牌名称的传播双管齐下,一箭双雕,节省了另外推广品牌定位的推广费用。

1) 反映品牌定位

在品牌名称中反映品牌定位,特别适合一些有独特性、独占性的产品。比如"白加黑",它的品牌名称就鲜明地透露出这种药片"白天吃白片不瞌睡、晚上吃黑片睡得香"的定位;满婷则意指"螨停",顾名思义是一款定位"去除螨虫"的护肤品;"立白"和"汰渍"则分别在名称中从"迅速亮白"、"去除污渍"来反映品牌的独特性和差异性;再如"飘柔",强调洗发后的飘逸柔顺;"舒肤佳"诉求于对皮肤、对健康的呵护;"农夫山泉"望文生义一定是矿泉水而非一般的纯净水;"他+她-"则暗示这是一款基于性别细分市场的产品;"动感地带"这一品牌名称则明确地把年轻群体独立开来,宣言自己是专为年轻群体服务的通信服务品牌。

2) 暗示产品/行业属性

有一些产品,人们可以从它的名字一眼看出来是什么类别的产品。这是因为品牌命名时也可以适当地暗示产品或行业的属性,比如谭木匠、阿香婆、老干妈、小护士、商务通、创可贴、金嗓子、背背佳。谭木匠,一定是以手工艺著称的木制产品,阿香婆、老干妈则是同传统工艺有关的调味品。创可贴是专门针对较小的伤口用的包扎贴,金嗓子是保护嗓子用的药品或保健品。它们中的一些品牌甚至已经成为了同类产品的代名词,让后来者难以超越。例如,商务通,俨然成为了掌上电脑的代名词,消费者购买掌上电脑时会直接指明购买商务通,甚至认为掌上电脑即商务通。但此类品牌名称因为意义比较狭窄,不宜做品牌延伸,日后若要实施多元化战略,则需从长计议,一般只能作为旗下的子品牌,而不能作为主品牌。

3. 蕴含远景的原则

2003 年,联想在全球范围内更改了英文名称和商标(见图 16-1),将原有的英文名称"Legend"更改为"Lenovo",而究其原因是英文名称"Legend"在很多国家都无法注册,此次换标花费了联想公司大量的推广费用,但也势在必行,因为联想的国际化发展战略需要联想具有一张国际化的面孔,但反思其举措,联想也承认,"人无远虑,必有近忧",如果一开始就考虑品牌发展的前景,一定不会发生这种情形。因此品牌名称在命名上还需高瞻远瞩、高屋建瓴,考虑品牌日后的发展,品牌的多元化发展战略、品牌的国际化发展战略,不致浪费辛辛苦苦积累下来的品牌资产。

图 16-1　联想的英文新名称

1）利于品牌延伸

如果基于日后品牌延伸的考虑,一般比较中性、意义比较宽泛的名称当属首选。比如"海尔"。"海尔"的中文名称没有特别的含义,所以海尔可以毫无顾忌地实施它的一牌多品的品牌战略模式,涉及的行业从最初的白色家电到黑色家电,再到医药、保险、房地产,等等。再如"SONY",由于当年"SONY"的灵魂人物盛田昭夫的深谋远虑,该品牌的命名用了一个没有特定意义、自创的词汇,正是这一考虑使得"SONY"也可以尽情地施展自身的品牌魅力,无论什么产品、无论何种领域,在全球的何种地区,一律使用"SONY"一个品牌。

按照这种规律,显然有些品牌没有这么幸运,比如春兰。春兰这一品牌用在家用电器上,能给人舒适温馨的感觉,但后来春兰空调向其他领域延伸,春兰摩托车、春兰轻卡、春兰压缩机,经营都不算成功。再比如童叟皆知的"娃哈哈",如果娃哈哈向童装领域进军的话,是预料之中,涉足纯净水领域还不足为怪,但如果娃哈哈生产酒的话,消费者恐怕就不能接受了,因为娃哈哈企业的名称、企业的形象已经深入人心,即便这个时候启用一个子品牌"关帝酒",但大家仍然感觉有些难以适应。

因此,你的企业如果准备日后进行品牌延伸或采取单一品牌策略的话,那么更适合采用中性、宽义的品牌名称;反之,你不准备品牌延伸,或准备采取多品牌策略的话,则无妨采用窄义的品牌名称。

2）具有全球视野

2003年的联想换标事件引起了国内著名品牌的普遍反思。我国的绝大多数品牌在注册之初,只是关注于中文名称,对英文名称并不在意,但随着企业的发展壮大,当企业走出国门之时,才发现自己根本没有或相当于没有英文名字。因为大多数品牌的英文名字就是中文名称的拼音,例如国内的一些著名品牌长虹、春兰、夏新都是如此。字母虽大体相同,但外国人根本不懂汉语拼音所代表的含义,更重要的是不知道如何发音,连音都发不出来,品牌又如何去传播呢？如长虹的英文品牌就是"ChangHong",但"ChangHong"在外国人眼里没有任何含义。但同属家电品牌的海信,则具备了全球视野,注册了"Hisense"的英文商标,"Hisense"来自于 high sense,是"高灵敏、高清晰"的意思,体现了海信主打产品的特质,同时 high sense 还可以理解为"远见卓识",体现了品牌的文化理念。

全球发展战略，不仅是英文名称问题，既然走出国门，就不能回避区域文化的差异性。由于世界各地的消费者，在历史文化、风俗习惯、价值观念上存在一定的差异性，所以他们对同一品牌的看法会有所不同。在一个地区是非常美好的意思，到了另一个地区其意义可能会完全相反。比如蝙蝠电扇，在我国因为"蝠"与"福"同音，被认为有美好的联想，但在英语世界里，"bat"却有吸血鬼的意思。当然，国际品牌也无法回避区域文化的问题，尤其是在历史文化源远流长的中国，一些国际品牌通常会为他们的中文名称十分头痛。大多数的国际品牌的中文译名都是根据发音音译，比如"SONY"译为"索尼"，"Intel"译为"英特尔"，"DELL"译为"戴尔"，音译不乏上乘之作，比如"可口可乐"、"百事可乐"、"奔驰"、"宝马"、"宜家"、"爱立信"、"家乐福"等，但多数音译都乏善可陈，甚至会让人产生完全不相干的联想，如"摩托罗拉"、"雀巢"、"京瓷"等。"京瓷"会让人联想到这可能是京城一家生产瓷器的老字号，或者是生产陶瓷产品的品牌，殊不知，这是日本一家通信公司的中文译名，但是这样的译名不仅同产品毫不相干，甚至会造成误解，相信没有谁会愿意用感觉像陶瓷做的手机。

3) 符合时代精神

品牌的命名还要考虑时代的因素，用一句时髦的说法，就是要与时俱进。一些带有太浓厚的时代色彩、有深深的时代烙印的名称虽会一时流行，但风险也大，从长远来看迟早会落伍，也会更快地被时代所抛弃。比如当年风靡一时的品牌"解放"、"凤凰"、"北京"、"牡丹"、"胜利"等，现在来看有些与社会的发展脱节，有些"土"气，倒不是提倡"崇洋"，只是因为品牌面对的是消费者，消费者在更新换代，消费的心理发生了很大的变化，如果品牌无法迎合他们的口味，是无法打开市场的。所以品牌名称一定要经得住时间的考验，要考虑它的永久性和可持续发展，即使不能保证永久不变，也起码要在相当长一段时间内不要落伍。

第二节 品牌命名的方法与流程

一、品牌命名的方法

1. 功效法

在进行品牌命名时，可以从产品的特点、功效或属性的角度入手，让消费者一接触品牌名称就能了解甚至记忆产品的特点，使消费者能够通过品牌对产品功效产生认同。如"脑轻松"就是一种健脑益智的营养口服液的品牌；"飘柔"洗发水，以产品致力于让使用者拥有飘逸柔顺的秀发而命名；"立白"、"汰渍"洗衣液，则是用洗衣液净白去污的功效来进行品牌命名的。运用功效法命名品牌，可以使消费者看到品牌名称，就联想起产品的功能与效果。诸如此类还有"快译通"、"好记星"、"泻痢停"，等等。

2. 目标法

即将品牌与目标客户联系起来,进而使目标客户产生认同感。"太太口服液"是太太药业生产的女性补血口服液,此品牌使消费者一看到该产品,就知道这是专为已婚妇女设计的营养补品;同样,"太子奶"品牌,就使人马上联想起这是给孩子们消费的乳制品,还有"好孩子"童车、"娃哈哈"儿童口服液、"乖乖"儿童食品,也是孩子产品的绝好品牌;著名的品牌"商务通",把目标客户直指那些在商场上"大有作为"的老板们,创造了一个电子产品的奇迹。运用目标法来命名品牌,对于获得消费者认同具有强大的作用。

3. 人名法

就是将名人、明星或企业首创人的名字作为产品品牌,充分利用人名含有的价值,促进消费者认同产品。如李宁牌,就是体操王子李宁利用自己的体育明星效应,创造的一个中国体育用品的名牌。世界著名的戴尔电脑,就是以创办人戴尔名字命名的品牌。还有"王老吉凉茶"、"王致和腐乳"、"张小泉剪刀"、"福特汽车"、"邓亚萍牌体育用品"、"乔丹运动鞋"、"松下电器"、"本田汽车"等。

4. 时空法

以产品相关的历史渊源作为产品品牌命名的要素,使消费者对该产品产生正宗的认同感。众所周知的"道光廿五"(酒),就是在 1996 年 6 月,凌川酒厂的老厂搬迁时,偶然发掘出穴藏于地下 152 年的清道光乙巳年(公元 1845 年)的四个木酒海(古时盛酒容器)。经国家文物局、锦州市人民政府组织考古、酿酒专家鉴定,这批穴藏了一个半世纪的贡酒实属"世界罕见,珍奇国宝"。企业于是抓住历史赋予的文化财富,为用这种酒勾兑的新产品酒取名"道光廿五"。"酒是陈的香",消费者只要看到"道光廿五",就会产生喝到祖传佳酿的感觉。因此,运用时空法确定品牌,可以借助历史赋予品牌的深厚内涵,迅速获得消费者的青睐。

5. 地域法

通过将企业产品品牌与地名联系起来,使消费者从对地域的信任,进而产生对产品的信任。著名的青岛牌啤酒就是以地名命名的产品,人们看到"青岛"两字,就会联想起这座城市"红瓦、绿树、碧海、蓝天"的壮美景色,使消费者在对青岛认同的基础上产生对青啤的认同。同样,飞速发展的蒙牛牌乳制品,就是将内蒙古的简称"蒙"字,作为企业品牌的要素,消费者只要看到"蒙"字,就会联想起"风吹草低见牛羊"的壮观景象,进而对蒙牛产品产生信赖。再如,电视广告中一种叫"宁夏红"的酒,就是以宁夏特产枸杞为原料酿制的滋补酒,其品牌就是以突出产地来证实这种酒的正宗。由此可见,将具有特色的地域名称与企业产品联系起来。确定品牌的方法,有助于借助地域积淀,促进消费者对品牌的认同。

6. 数字法

就是用数字来为品牌命名,借用人们对数字的联想效应,促进品牌的特色。如"三九药业"的品牌含义就是:"999"健康长久、事业恒久、友谊永久。"7-11"是世界最大的零售商和便利店,在北美和远东地区有 2.1 万家,该公司"7-11"则是用自己从 1946 年推出的深受消费者欢迎的早 7 点到晚 11 点开店时间的服务特色命名的,目前已成为世界著名品牌。还有"三一重工"、"361°"等。运用数字命名法,可以使消费者对品牌增强差异化识别效果。

7. 价值法

就是用企业追求的价值观的凝练语言,来为品牌命名,使消费者看到产品品牌,就能感受到企业的价值观。如上海"盛大"网络发展有限公司、湖南"远大"企业,突出了企业志存高远的价值追求。兴业银行,就体现了"兴盛事业"的价值追求。武汉"健民"品牌突出了为民众健康服务的企业追求。北京"同仁堂"、四川"德仁堂"品牌,突出了"同修仁德,济世养生"的药商追求。因此,运用价值法为品牌命名,对消费者迅速感受企业价值观具有重要的意义。

8. 中外法

就是运用中文和字母或两者结合来为品牌命名,使消费者增加对产品"洋"感受,进而促进产品销售。如"TCL"就是单独用英文字母;"乐百氏"是用的"Robust"的音译作为品牌,使名称更洋气。

9. 形象法

就是运用动物、植物和自然景观来为品牌命名。如"七匹狼"服装,给人以狂放、勇猛的感受,使人联想起《与狼共舞》的经典情节;"圣象"地板,给人产生大象都难以踏坏的地板形象;还有"大红鹰"、"熊猫"、"美洲豹"、"牡丹"、"飞鸽"等。运用形象法命名品牌,借助动植物的形象,可以使人产生联想与亲切的感受,提升认知速度。

10. 企业名称法

就是将企业名称作为产品品牌来命名。如飞利浦电器、三洋电器、IBM、3M、海尔、海信、春兰、美的、万宝路、荣事达等。国外著名品牌一般是采用缩写的形式,像 IBM、3M、NEC,采用的是缩略语,即公司(企业)名称的每一个词的第一个字母组合起来构成一个新词,其特点是简练,但不能说明企业的特征。运用企业名称法来进行产品品牌命名,有利于形成产品品牌,并使其与企业品牌相互促进,达到有效提升企业形象的目的。

二、品牌命名的流程

1. 前期调查

在命名之前,应该先对目前的市场情况、未来国内市场及国际市场的发展趋势、企业的战略思路、产品的构成成分与功效,以及人们使用后的感觉、竞争者的命名等情况进行摸底,并且以消费者的身份去使用这种产品,以获得切身感受,这非常有助于灵感的降临。

2. 选择合适的命名策略

前期调查工作结束后,便要针对品牌的具体情况,选择适合自己的命名策略。一般情况下,功效性的命名适合于具体的产品名;情感性的命名适合于包括多个产品的品牌名；无意义的命名适合于产品众多的家族式企业名。人名适合于传统行业，有历史感；地名适合于以产地闻名的品牌；动植物名给人以亲切感；新创名则适用于各类品牌尤其是时尚、科技品牌……当然，在未正式定名之前，也可以各种策略进行尝试。

3. 动脑会议

在确定策略后，可以召开动脑会议，碰撞火花。在动脑会议上，任何怪异的名称都不应受到责难，都应该记下来。一次动脑会议也许得不到一个满意的结果，但可以帮助我们寻找到一些关键的词根，这些词根是命名的大致方向。

4. 名称发散

由一个字联想到100个词语，由一个词语，发展出无数个新的词语，在这个阶段，是名称大爆发的阶段，发动公司所有的人，甚至向社会征集，名称越多越好。

5. 受众测试

专家对品牌名称的评价和筛选的结果还需通过目标受众的测试。测试的内容不仅仅是消费者对品牌的偏好度，还包括品牌的可回忆性、品牌的属性和联想性。品牌是主体与受众心灵的烙印、思想共鸣的产物，因此要充分考虑受众的感受，谷歌就是前车之鉴，殷鉴不远，闻者戒之。通常可采用问卷调查、电话访谈、网络聊天等形式了解受众对品牌名称的反应。如果测试的结果表明目标受众并不认同被测试的名称，那么不管专家还是老板多么偏爱这个名称，一般都不应该采用而须重新考虑。

6. 注册审查

通过受众测试的名称，还要经过详细充分的注册审查。这个过程既费钱又费时，但至关重要，因为不能注册就得不到法律的有效保护。例如，有时一个名称可能会遭遇许多的异议，在这种情况下，就应当分析为何有这些异议存在，通常还要与提出异议者保持联系，有时还需签署必要的商业协定。

7. 确定注册

通过注册审查的名称可由老板们根据偏好做出选择并最终确定，尽快进入法律程序进行相关注册，在没有确保注册通过之前最好能够保密，不要事先发布，以免遭人暗算。例如，Google的中文名谷歌就犯了这个错误，让另一家公司抢先注册，导致了不必要的法律纠纷。

阅读材料 16-1

Pentium（奔腾）名字诞生的来龙去脉

1989年英特尔开始研制代码为P5（俗称586）的处理器，期望1992年秋天导入市场。由于由数字构成的名字不能作为商标，于是英特尔公司任命Karen Alter负责P5

广告文案

的命名工作。

Karen Alter 迅速组建了一个广告团队来为新处理器选择一个名字。他们要求新的品牌名字既要体现自己的特点,又要指出新芯片是第几代的。在具体阐明 P5 名字的选择标准时,团队决定名字的必要条件是:①竞争者难以仿造;②可作为贸易标志;③指出新一代技术,以便有效地从上一代过渡过来;④有积极联系,且适应全球;⑤支持英特尔品牌资产;⑥听起来像一个部件,以便它能与英特尔合作伙伴的品牌名字相配合。在选择名字过程中,团队的初期目标受众是零售消费者。尽管一个关键目的是建立早期采用者(行业技术专家)对新产品的信任,但他们知道这个群体不会真正关心微处理器的真实名字。英特尔销售团队在为期 2 个月的时间里对大量顾客进行的关于他们不采用数字名字的想法的调查中,有些消费者告诉英特尔不使用"586"而改变行业语言是不可行的。他们认为,行业变化太快,市场已经达到一定成熟水平,产品太复杂,重新教育消费者很困难。而另一些人,特别是技术老练的原始设备制造商(OEM),则喜欢这种区分英特尔技术的想法。他们认为,一个区别性的名字有利于将他们的产品与 PC 市场低级制造商的产品区别开,也有利于在工作站和服务器市场区别于不同的竞争者。

为了给 P5 找一个好名字,英特尔进行了一项历史上最昂贵的调查研究。除了任务团队自己采用脑力风暴法产生的数以百计的名字之外,英特尔雇用了一家叫 Lexicon 的命名公司为他们服务。同时在公司范围内举办命名竞赛,全世界有 1200 名英特尔雇员参加,其中一些较为幽默的入围名字包括:"iCUCyrix"、"iAmFastest"、"GenuIn5"、"586NOT"等。业内出版物 Computer Reseller News 甚至自己进行命名比赛。此外,公司还收到来自世界各地许多个人主动提出的建议。全部选择过程一共产生 3300 个名字。KarenAlter 对这过程作如下描述:"与 586 相比较,其他名字听起来都是可怕的,因为它缺乏×86 命名图式的熟悉感。"

但大量的征集中似乎没有令人激动的名字,广告团队将所有名字分成三个类别:①与英特尔密切联系的;②技术上"冷酷的",如建筑风格的名字;③全新的,但有某些代的概念嵌入其中。在名字选择过程中,英特尔公司进行非常具体的全球化的研究,以确保每个名字不会被复制,确保每个名字在各种语言中都是有效的。在确定了每个名字都是可注册的和符合语言规则的之后,公司测验了每个名字以及该名字与管理资讯系统(MIS)和美国、欧洲终端用户相关的概念,以确定每个名字符合已经设定标准的程度。团队还专门要求参加者评价每个名字的正面和负面联想、是否容易记忆、使用的意愿、对产品的适合性以及促销的能力。类似的测验除了在欧美进行外,还在亚太地区和日本进行。任务团队对 10 个测验名字的每一个进行讨论,并从每个类别中选择一个呈送给名字选择最高执行官。

终于,一个新品牌名字诞生了,它的名字就是"Pentium"。Pentium 的"Pent"来自希腊语,意思是"5",暗示新的芯片是家族的第五代;而后缀"ium"使得芯片看起来像基本元素。这些特点都符合最初公司对这一品牌的命名要求。

第三节 品牌名称的翻译

随着市场经济的全球化,品牌已然不再是某一个国家或地区的专属符号,它开始代表一个企业的国际形象,成为全球化的消费文化符号。走出国门的品牌能否在国际市场上获得成功,品牌名称的翻译是首当其冲,以瑞典品牌"IKEA"为例,其中文品牌名"宜家"摘取《诗经》中"之子于归,宜其室家"就为其品牌文化加分不少。本节将从外国品牌的中文翻译以及中文品牌的英译两个方面总结品牌名称的翻译问题。

一、英文品牌的汉译方法

1. 音译

在英文品牌翻译过程中,音译是一种不可忽视的手段,具有极强的普遍性。音译是指在不背离汉语语言规范和不引起错误联想或误解的条件下,按照原品牌名称的发音,找到与之语音相近的汉语字词进行翻译,其优点是简单易行,译文有异国情调,可使产品具有一定吸引力。

音译又分为纯音译、谐音译和省音译。

纯音译即根据英文的读音逐字地用相近发音的汉字进行匹配的翻译。主要适用于专有名词,如人名商标和地名商标。这种翻译法是商标在译为中文时,因无法找到相应的汉语表达而不得不采用的翻译方法。如:Walt Disney(沃尔特·迪斯尼)制片公司,是根据公司创始人 Walt Disney 的姓名而定;Pierre Cardin(皮尔·卡丹)时装,是根据该时装的制造者 Pierre Cardin 的姓名而定。Pond's(旁氏)化妆品,是为了纪念美国纽约州尤蒂卡的药剂师 Theron T. Pond。

谐音译是以音为引子,经常是在纯音译的基础上改动个别字眼,这些字眼与原品牌读音谐音又能体现出产品特点。比如为纪念航空公司创始人 Willian Edward Boeing,人们以其姓氏确定的航空品牌 Boeing,译作"博音",但如果改用谐音"波音"则可以使人们对这类超音速飞机产生无尽的遐想。Mazda 源于古代波斯宗教中的"光明之神"、"最高之神"、"王权的保护者",纯音译为"马兹达",但作为汽车商标,译者将"兹"换成"自",诙谐幽默地暗示了这种车极易驾驶,无需操心便会自动到达。

省音译是根据中国人的朗读习惯,简化音节的翻译方法。有些英文商标单词较长,音节较多,如果逐字翻译,读起来拗口且不便记忆,可采用省音译来简化。例如,Rolls-Royce 若纯音译为劳尔斯-罗伊斯,念起来费劲又记不住,省音译为"劳斯莱斯"就好记多了。McDonald's 不译为"麦克唐纳德",而译为"麦当劳",也是用了省音译。

2. 意译

意译是根据原商标的意思,翻译为意义相同或相近的汉语。意译能较好地体现原品牌确立者的初衷和希冀,对一些形象鲜明、寓意优雅、词语华丽的品牌可采用意译。意译可分为纯意译、择意译和增减意译。

某些商品的商标本身具有鲜明的意思,并且在中西方文化中都具有优雅美好的含义,这时可以用纯意译。例如:Blue bird(蓝鸟)汽车,就是取自比利时作家 Maurice Materlinek 于 1911 年所获诺贝尔文学奖的童话剧 Blue bird 中的 Blue bird,象征未来幸福,而汉译为"蓝鸟",因为"蓝"意为"青","蓝鸟"即"青鸟"。Nestle(雀巢)食品是以其创始人 Nestle 名字命名的,并以母鸟在巢中喂食雏鸟的图案作为其商标图形,它所体现的是"舒适地安顿下来"和"依偎"。而 Nestle 与 nest(雀巢)为同一词根,故用"雀巢"来做此翻译。用它作奶粉的品牌体现无限的母爱,表现商品在日常生活中的作用。

有些商标如果按照其字面含义进行直译的话,可能无法将商标的内涵完全表达出来,或者有些商标字面含义有好几层,无法用简练的文字把这几层意思都完整地用汉语句表达出来。这时就必须对商标的意义进行选择,选取其中最佳的、最具代表性的一个意义。例如:Good Company(良友)香烟,Good Company 可译为"好朋友"、"好伙伴"、"良友"、"好公司"等,从这些翻译中选择最佳的——"良友"作此商标。Play Boy(花花公子)服饰,Play Boy 可译作"爱玩男孩"、"玩耍男孩"、"花花公子",而"花花公子"之前是杂志的名称(1953 年创刊)。这个商标沿用了其名。

增减意译是根据原商标的意思适当增加或减少其原商标所包含的意思,使翻译后的商标更适合消费。例如:Transfer,原语商标意思是"变形"、"变换",但译者"根据中国潜在消费者的心理巧妙添加了"金刚"二字。"金刚"为汉民族文化所特有的,因其手拿金刚杵而得名,在中国人心目中,"金刚"力大无比、武艺超群、勇斗妖魔、百战百胜,是无坚不摧的勇士的化身。"金刚"成了孩子们心中的偶像,也成了家长们教育孩子勇敢坚强的教具之一。因此以"变形金刚"为商标名的玩具深受中国儿童喜爱。这种翻译属于增意译。减意译的例子有香烟品牌 Marlboro,即 Man Always Remembers Love Because of Romantic Only 的首字母缩略词,但汉语无此修辞手法,翻译时只好舍其内涵而留其读音译为"万宝路"。

3. 音义结合

有些商标是由臆造词组成的,文化内涵成分大,就需要用音义结合的翻译方法。音义结合即"将'音译'和'意译'结合起来进行翻译。也就是说,将英文商标中一部分或全部灵活选取'音译'或'意译'的适宜方法,并加以结合使之成为适宜的商标"。这是较为复杂的翻译方法,除了臆造词外,也适合于某些专有和普通名词。

有些品牌多为专有名词或臆造的词语符号,根据原商标的语音,将中华民族的五千年的文化积淀溶于翻译中而创造出来的新的品牌,这种品牌既意义深刻又有中国特色。例如:BMW(宝马)汽车,商标 BMW 是源于德文 Bayerishe Motoren Werke(德国巴伐利亚汽车公司)的三个首字母缩略而成的。译者根据辛弃疾之"宝马雕车香满路"将其译为"宝马",使中国消费者联想到日行千里的宝马,将汽车性能与宝马的特性联系在一起。

近音联想法要求商标译名与原商标发音相近,也可与其部分读音相似,联想某些美好的中文意思并将产品的特点结合进去。英特尔芯片"Pentium"是从 3300 个建议中选出来的,"Pent"在希腊文中表示"5",而"ium"则是拉丁文后缀,表示化学元素的词尾。那么商标可以表示处理器强大处理能力和高速性能的第五代产品,译为"奔腾"可联想到骏马奔腾的那种迅捷、飘逸,正反映了该处理器的功能特点——运行速度迅速。

二、中文品牌的英译方法

2003年联想在全球范围内更改英文名称和商标,而究其原因是原有的英文名称"Legend"在很多国家都无法注册,此事件一出也引发了很多品牌的反思,随着市场的全球化和消费全球化,中文品牌从一开始也应该拥有一个国际化的名字,如何将中文品牌巧妙地英译,在中文品牌英译中应该注意什么问题呢?

1. 对等翻译法

对等翻译就是从英语中找出对应的词,把汉语商标直接用英语表示出来。换句话说,也就是通常所说的直接翻译。这种方法最容易、最直接,而且可以最理想地实现真正意义上的等值、等效翻译。如 Hero(钢笔)就是一个"英雄"完全对等的商标名称;另如王朝葡萄酒——Dynasty,小天鹅(洗衣机)——Little Swan;白天鹅(宾馆)——White Swan;Forever——永久牌自行车,七匹狼(服装)——Septwolves,太阳神(饮料)——Apollo,三枪(内衣)——Three Gun 等。

根据英文商标命名的简短原则,对等翻译而成的商标名称音节不宜过长,最多不超过10个字母为宜,最好控制在4~8个字母。此外,对等翻译局限性很大。因为中西方文化、民族心理、审美心理、消费心理等方面存在着很大差异,对等翻译法是不可盲目使用的。只有在了解中西文化的基础上,才可使用。在实际应用中,一般只局限于那些在中西文化中寓意都美好的普通词语,如 lucky(幸运的),flower(花),star(星),founder(奠基者、创立者、缔造者)等。

2. 谐音反译法

谐音反译法即从意到音,先拟定一个英语命名符号,再根据其语音选择合适的汉语形式命名的翻译方法。

例如:匹克(运动鞋)就是先选定了英语单词 PEAK(最高点、绝顶、山顶),再根据其语音形式译成汉语,汉语商标"匹克"会使人情不自禁地联想到神圣的奥林匹克。又如:帝舵(钟表)源自 Tudor,捷安特(自行车)来自 Giant,波导(手机)来源于 BIRD,乐凯(胶卷)源于 Lucky。

上海民乐公司生产的"力波"啤酒,英文商标 REEB 是 BEER 一词的字母颠倒,谐音反译为"力波"。因中国文字是象形表意文字,英语是表音文字,从形式上,汉字商标会摆脱明确表意的传统形式,但不会走上只有字形、字音而无实际意义的当代西方模式,而会中西合璧,走出一条自己的路子。

这种语音在前,符号在后的命名形式,给汉语商标走向世界创造了较大的、较自由的选择描述性或联想性英语语言符号的空间。

3. 拼音英化法

拼音英化法就是利用汉语拼音与英语字母部分接近、相似的规律,将由汉语拼音构成的商标名称,通过增、删等调整方法,使汉语商标的汉语拼音接近英语。如 Galanz(格兰仕家用电器),Rossini(罗西尼手表),Fiyta(飞亚达手表),新科(Shinco 电子产品),澳柯玛(Aucma 冰柜),立白(Liby),Erdos(鄂尔多斯)等。这种翻译方法,虽然商标本身已没有什么实际意义,但发音响亮、易读、易记,符合英语商标名称的命名原则。在意义与读音两者不能兼而得之的情况下,那就选择读音,这也是当代西方商标的一个命名趋势。

4. 拼写变异法

拼写变异法即在原来英文单词拼写的基础上,利用人们自己的经历对某些字母的偏好,及丰富多样的各种英文字体进行创意,对某个单词进行增减字母或变换某个字母。如 Softto(索芙特化妆品)是从 soft(柔软的、柔滑的、光滑的)演变而来,消费者一看到 Softto 这个商标,就会联想到使用该化妆品后的舒适感觉。另外一个比较成功的例子是上海的美加净化妆品 MAXAM,它由 maxim(普遍真理、箴言、格言)演变而来,它通过改动一个字母,使之成为对称,又给以美好的汉语译音,从而造成了极好的效果,以至于几年前 MAXAM 商标被外商高价买走,后经中方多方努力,重金赎回。另如 Polaris(北极星钟表)来自 polar,Youngor(雅戈尔服装)由 Younger 而来,Gree 来自 green,Xtep(特步)来自 step by step 等。这些商标都是锦上添花、中西合璧的典型。

5. 组词拼缀法

组词拼缀是对原有的两个词进行组合或剪裁,取舍其中的首部、中间或尾部,然后组成一个新词。如河南新飞冰箱英文商标词为 FRESTECH(fresh+technology),意为"保鲜新科技"。沈阳飞龙的英文商标为 Pharon(Pharmacy 医药+on 医药类后缀),既与汉语商标谐音,又释义。海信,其对应英文为 Hisense。英语中常用的商标命名后缀很多,而且词缀意义丰富,这给组词拼缀法提供了相当的自由创作空间。同时组义拼缀法还可以最大限度地减少汉英语之间的语言障碍,吸收英文的长处。

此外,在把汉语商标翻译成英语时,要注意符合英语的表达习惯。在中国,企业爱用某某牌来作为商品的商标,如燕牌洗衣粉,雕牌洗衣皂,王牌彩电,柒牌西服,等等。原文中的"牌"译成 brand 没错,但不符合国际商品商标的英语表达法,一般情况下英文商标中都不会出现 brand,这是中英文商标所不同的地方,所以我们在翻译这些商标时就要注意。

还有些译者把原本很有含义的汉语商标翻译成英语时,使本意全无而且此词在英语中无任何意义。如爱妻牌洗衣机深受许多家庭的喜欢,尤其是受许多细心的丈夫的喜欢,但是在翻译成英语时译成了"Aiqi Washing Machine",却只给英语本族语者一个冷冰冰的符号,表达不了汉语商标那种美好的用意。

三、中西文化差异

广告是一种面向大众的重要宣传手段,是一种重要的文化,广告翻译应了解受众的文化传统以及消费心理,对于千百年来形成的民族风俗、审美心理,应予以尊重,否则就会出现失误,影响产品的销路。中英文商标互译既应注意其对等性,又要结合中英文两种不同文化背景的异同,通过巧妙的翻译将企业产品的精神、品质、特点、宗旨等思想表达出来,达到深刻、独特的目的,尽量减少理解上的误会。

如上海产的白翎牌钢笔,其英译为"White Feather",出口到国外时,在讲英语的国家这种钢笔无人问津。起初生产厂商百思不得其解,后来经过一番调查研究后才发现原因。原来在英语中有句成语:to show the white feather,意思是临阵逃脱,白色羽毛象征胆小鬼。这对于英美人而言,是不可接受的。上海的大白兔奶糖如果译为 White Rabbit 出口到澳大利亚等国可能会收到相反的效果,澳大利亚人不喜欢兔子,因为兔子四处掘洞,破坏草原并与牛羊争食。芳芳牌化妆品,其英文名称即拼音"FangFang",而"fang"在英语中指"有毒的毒牙",这样的化妆品谁人敢用。再如我国出口的白象电池,在东南亚地区十分受欢迎,因为白象在东南亚地区是吉祥之物,但到了欧美市场却无人问津,因为"White Elephant"有累赘无用,令人生厌的意思。还有蓝天牙膏,其译名为"Blue Sky",意思是企业回收不来的债券,这样的名字肯定会影响产品的品牌和推广。另外,如英国人不喜欢大象、颇喜欢熊猫;意大利人和西班牙人喜欢玫瑰花,忌用菊花;日本人忌讳荷花、狐狸,而喜欢樱花、乌龟和鸭子;俄罗斯人则认为黄色的蔷薇花意味绝交和不吉利;法国人和比利时人认为核桃、孔雀和菊花是不祥之物,等等,这些许多与中国文化存在明显的差异。

自古至今,中国人一直把龙(dragon)视为权利、力量、吉祥的象征,但是绝大多数西方国家的人都把 dragon 视为一种十分凶暴的动物,视作恶魔与艰难的化身。所以大家熟悉的亚洲"四小龙"在译成英语时便成了"Four Tigers"(四小龙)。在这里用 tiger 代替了 dragon,同样也基本表达了原意。

正是由于中西方文化上存在着许多差异,所以我们在翻译时尤其要注意这个问题。翻译理论家尤金·奈达指出:"对于真正成功的翻译而言,熟悉两种文化甚至比掌握两种语言更重要,因为词语只有在其作用的文化背景中才具有意义。"

关键词

品牌　　brand
品牌命名　　brand naming
命名艺术　　the skill of brand naming

思考题

1. 请选择 10 个知名品牌,查阅资料,了解其品牌的来由及释义。
2. 请推荐 10 个你认为中文品牌名翻译巧妙的外国品牌,并说明原因。
3. 再推荐 10 个你认为英文品牌名翻译巧妙的中文品牌,并说明原因。

推荐阅读书目

1.《品牌传播与管理》,舒咏平、郑伶俐著,首都经济贸易大学出版社,2008 年。
2.《品牌聚合传播》,舒咏平著,武汉大学出版社,2008 年。
3.《品牌管理》,陈祝平著,中国发展出版社,2005 年。

参考书目

[1] 高志宏,徐智明.广告文案写作[M].2版.北京:中国物价出版社,2006.
[2] 张立梅.广告文案创作——商人的诗行[M].北京:经济管理出版社,2010.
[3] 鹏程,梁岩.大创意——与生俱来的戏剧性[M].北京:机械工业出版社,2005.
[4] 罗伯·鲍德瑞.广告文案写作教程[M].许东旭,译.上海:上海人民美术出版社,2009.
[5] 约瑟夫·休格曼.文案训练手册[M].杨紫苏,张晓丽,译.北京:中信出版社,2011.
[6] 杨先顺,陈韵博,谷虹.广告文案写作原理与技巧[M].3版.广州:暨南大学出版社,2009.
[7] 文武文.方法:国际著名广告公司操作工具[M].北京:线装书局,2003.
[8] 刘勰.文心雕龙全译[M].龙必锟,译注.贵阳:贵州人民出版社,1992.
[9] 艾·里斯,杰克·特劳特.广告攻心战略——品牌定位[M].刘毅志,译.北京:中国友谊出版公司,1991.
[10] 余华东.创新思维训练教程[M].北京:人民邮电出版社,2007.
[11] 徐玉红,沈彬.广告文案创作[M].杭州:浙江大学出版社,2007.
[12] 初广志.广告文案写作[M].北京:高等教育出版社,2006.
[13] 丹尼斯·希金斯.广告文案名人堂[M].顾奕,译.北京:中国财政经济出版社,2003.
[14] 胡晓云.广告文案[M].杭州:浙江大学出版社,2009.
[15] 大卫·奥格威.一个广告人的自白[M].林桦,译.北京:中信出版社,2010.
[16] 柴少恒.广告文案写作与赏析[M].北京:经济管理出版社,2006.
[17] 沈虹.广告文案创意教程[M].北京:北京大学出版社,2008.
[18] 乔治·费尔顿.广告创意与文案[M].陈安全,译.北京:中国人民大学出版社,2005.
[19] 菲利普·沃德·博顿.广告文案写作[M].7版.程坪,等,译.北京:世界知识出版社,2006.
[20] 苏夏.影视广告创意与制作[M].上海:上海人民美术出版社,2009.
[21] 乐剑峰.广告文案[M].上海:上海人民美术出版社,2009.

[22] 孙会.影视广告[M].北京:中国传媒大学出版社,2012.

[23] 汤姆·范德莱.广播广告[M].呼和浩特:内蒙古人民出版社,2002.

[24] 谢理琳·赛格勒,赫伯特·霍华德.广播电视广告教程[M].北京:新华出版社,2000.

[25] 路克·苏立文.文案发烧[M].赵萌萌,译.北京:中国人民大学出版社,2000.

[26] A 杰罗姆·朱勒,邦尼·L 德鲁安尼.广告创意策略[M].北京:机械工业出版社,2003.

[27] 菲利普·科特勒,凯文·莱恩·凯勒.营销管理[M].王永贵,于洪彦,何佳讯,陈荣,译.上海:上海人民出版社,2009.

[28] 威廉·阿伦斯,迈克尔·维戈尔德,克里斯蒂安·阿伦斯.当代广告学[M].丁俊杰,程坪,陈志娟,等,译.北京:人民邮电出版社,2010.

[29] 克劳德·霍普金斯.我的广告生涯 & 科学的广告[M].邱凯生,译.北京:中国人民大学出版社,2008.

[30] 何辉.广告文案[M].北京:北京大学出版社,2009.

[31] 植条则夫.广告文稿策略——策划、创意与表现[M].俞纯麟,俞振伟,译.上海:复旦大学出版社,1999.

[32] 蒋水晶,等.服务业广告[M].广州:广东经济出版社,2002.

[33] 金定海,吴冰冰.中国广告经典案例评析[M].北京:高等教育出版社,2012.

[34] J 托马斯·拉塞尔,W 罗纳德·莱恩.克莱普纳广告教程[M].15 版.王宇田,王颖,钟莉,译.北京:中国人民大学出版社,2005.

[35] 莫梅锋.互动广告发展研究[M].北京:新华出版社,2012.

[36] 崔晓文,李连璧.广告文案[M].北京:清华大学出版社,2011.

[37] 苏宁.企业公共关系策划[M].西安:陕西人民教育出版社,1991.

[38] 高萍.公益广告初探[M].北京:中国商业出版社,1999.

[39] 张明新.公益广告的奥秘[M].广州:广东经济出版社,2004.

[40] 金牌文案联盟.金牌文案——学校不教的四十三堂文案课[M].沈阳:辽宁科学技术出版社,2011.

[41] 黄大.一个广告人的江湖[M].北京:华夏出版社,2012.

[42] 丹·艾瑞里.怪诞行为学——可预测的非理性[M].北京:中信出版社,2010.

[43] 梁文.软文营销实战之道[M].北京:中国华侨出版社,2013.

[44] 严刚.字里行间的商业秘密——软文营销[M].北京:清华大学出版社,2012.

[45] 徐茂权.网络营销决胜武器:软文营销实战方法、案例、问题[M].北京:电子工业出版社,2013.

[46] 舒咏平,郑伶俐.品牌传播与管理[M].北京:首都经济贸易大学出版社,2008.

[47] 舒咏平.品牌聚合传播[M].武汉:武汉大学出版社,2008.

[48] 陈祝平.品牌管理[M].北京:中国发展出版社,2005.